배움의 조건

영화 속에 담긴 13가지 교육 이야기

배움의 조건

영화 속에 담긴 13가지 교육 이야기

초판 1쇄 펴낸날 | 2017년 9월 8일
2판 1쇄 펴낸날 | 2020년 10월 20일

지은이 | 유성상
펴낸이 | 류수노
펴낸곳 | (사)한국방송통신대학교출판문화원
　　　　03088 서울시 종로구 이화장길 54
　　　　전화 1644-1232
　　　　팩스 02-741-4570
　　　　홈페이지 http://press.knou.ac.kr
　　　　출판등록 1982년 6월 7일 제1-491호

출판위원장 | 이기재
편집 | 박혜원·이근호·안봉선
본문 디자인 | 티디디자인
표지 디자인 | 김민정

ⓒ 유성상
ISBN 978-89-20-03853-2 03370

값 22,000원

유성상 지음

배움의 조건

영화 속에 담긴 13가지 교육 이야기

지식의날개

감사의 말

이 책을 기획하는 데 꽤 오랜 시간이 소요되었다. 가끔 취미 삼아 보아 왔던 영화들에 대한 감상과 평가를 체계적으로 정리해 볼 수 있지 않을까를 아주 오랫동안 고민해 왔다. 어느 순간에 이르러서는 수업 시간에 학생들과 함께 영화를 보며, 내가 가졌던 생각과 정리되지 않은 감상들을 논의해 보기도 했다. 단순히 영화의 줄거리와 감독의 제작 의도를 설명하는 것을 넘어, 교육에 대한 이해를 보다 심화할 수 있는 글이 될 수 있기를 머릿속으로 수도 없이 그려 보았다. 꿈속에서 글을 쓰는 것만큼 허망한 것이 있을까 싶을 정도로, 꽤 정돈되고 새로운 생각거리들이 머릿속을 헤집고 다니다가도 시간이 지나면 언제 무슨 생각을 했었는지 새까맣게 잊어버리는 것이 다반사였다.

다행히 나의 머릿속에서만 맴돌던 이야기는 뜻하지 않은 계기를 통해 이렇게 세상에 글로 마주할 수 있게 되었다. 나는 2015년 한국방송통신대학교 출판문화원이 주최하는 〈제1회 도서원고 공모〉 교양도서 부문에 집필계획서를 냈다. 사실 이러한 공모전이 있다고 귀띔해 준 분이나, 공모전에 집필계획서를 낸 본인이나 그 결말을 조금이라도 짐작할 수 있었을까? 주최 측에서 처음 시행하는 공모전이었던 만큼 매우 훌륭한 작품들이 참가할 것이라고 예상했다. 그러나 의외로 '영화로 읽는 교육 이야기'라는 제목을 단 나의 집필기획서는 교양도서 부문 최우수상으로 선정되었다. 기쁨과 감사함이 교차되는 시간을 뒤로하고 잠시 조용히 이 결과를 돌아볼 수 있었다.

도대체 무엇이 이 기획서를 높게 평가했을까? 자세한 책의 내용이야 곧 본문의 첫 장을 열면 알 수 있을 것이니, 자세하게 언급하는 것은 괜한 일을 하는 것이리라. 그러나 적어도 나의 머릿속에서만 맴돌던 '교육에 대한 이야기'가 어떤 의미를 지니는지는 간단하게 정리하는 것이 필요하지 않나 싶다.

나에게 있어 교육은 세상을 잘 살아가도록 하는 방법 혹은 수단이 아니었다. 적어도 교육학을 공부하겠다고 대학원에 입학한 이후부터 교육과 교육이 아닌 것에 대한 나름의 가치판단과 논쟁은 나의 머릿속을 늘 어지럽혔다. 그리고 시간이 지나면서 교육은 누구의 혹은 어느 하나의 개념과 잣대로 정의되는 것이 아님을 깨닫게 되었다. 이는 헤겔이 스스로 정리한 철학적 논증을 '변증법'이라 명명하고는 더 이상의 철학은 없다고 선언한 것이 얼마나 잘못되었는지를 깨달아 가는 과정이기도 했다. 서울 '강남 아줌마'들의 강력한 입시 전략으로서의 대상도 교육이고, 또 보이지 않는 마음의 성장을 이야기했던 고전 인문철학자들의 대상도 교육이다. 교육을 어떻게 표현하든 간에 오늘을 사는 우리 주변에서 발생하는 모든 교육은 정말 다양한 사람의 다양한 삶을 메워 주는 필수적인 요소이자 곧 근본적인 토대로 작동하고 있다.

그런데 안타깝게도 나에게 교육이란, 모든 것이 옳은 것은 아니고, 모든 것이 허용될 수 있는 배움의 방향도 아니라는 것이다. 교육을 가치 판단의 영역으로 이해한다면 어떤 가치를 담지하고, 어떻게 그 가치를 실현해 나갈 수 있도록 할 것인지에 대한 부단한 논쟁이 필요하다. 적어도 내가 하고 있는 교육과 교육학에 대한 고민은 이러한 가치 있는 활동으로서의 교육의 방향과 방법에 대한 것이 된다. 영화라는 매체를 통해 읽는 삶의 단초들은 수많은 해석을 가능하게 한다. 그리고 교육과 교육학을 공부하는 '나'는 영화의 텍스트들을 '무엇이 교육적인 삶인가'라는 질문의 대답으로 읽게 했고, 또 그에 따라 이 책의 틀을 짜게 되었다.

지금의 이 책은 공모전에 집필계획서를 제출했을 때와 그 모습이 상당히 바뀌었다. 구체적이지 않았던 틀과 그 틀의 내용을 채워 나가야 하는 요소들은 그때그때 조정되었다. 그리고 한 편의 영화가 던지는 메시지를 교육 현상의 특정한 영역에 한정하려던 계획도 글을 써 나가면서 포기했다. 그것이 불가능했기 때문이다. 모든 것이 모든 것에 연결되어 있는 것처럼, 특정한 영역에 대한 전문적인 글쓰기는 오히려 저자뿐만 아니라 이 글을 읽는 독자들에게 교육에 대한 이해를 편협하게 할 가능성이 있다고 보였기 때문이기도 하다. 순서도 바뀌고, 한 묶음으로 엮으려는 영화의 종류도 달라졌다. 그래도 이 글을 대하는 독자들에게 읽는 어려움은 별로 없을 것이라 생각한다. 각각의 영화가 갖는 내적 독립성만큼이나 그 글에 대한 해석 또한 독립적으로 기술되어 있기 때문이다. 언제 어디서 책을 펼치더라도 독자가 좋아하는 영화, 주제를 따라 읽어도 무방하리라 믿는다.

그러나 한 가지 분명한 것은 이 책에 실린 글들은 제도화된 교육으로서 '학교'의 개혁과 혁신을 이야기하는 것이 아니라는 점, 더욱이 어떤 교육이 더 나은 것인지를 따져 묻는 논쟁적인 글이 아니라는 점이다. 오히려 제도와 집단에 속한 개인이 자신의 공동체 속에서 어떤 삶을 살아가고 있는지 살펴보는 데 방점이 찍혀 있다. 개인과 사회가 어떻게 교육(비록 이 말을 쓰지 않는 경우가 대부분이라고 하더라도)적 상황에서 교차하고, 새로운 삶의 가치들을 만들거나 파괴하는지를 말이다. 나는, 교육이라는 이름으로 이루어지는 작금의 수많은 처방과 간섭 때문에 교육 고유의 이상과 생각거리들을 떠올리고 되돌리는 것은 불가능하다고 생각한다. 누구도 교육이 특정한 사회의 제도적 틀 속에서 보이는 오염된 생각의 흐름을 달리 해소해 낼 수 있는 방법이 없다. 그런 점에서 이 책에서 쓰고 있는 영화 이야기는 교육이라는 말보다 '배움'의 의미를 강하게 따져 묻는 이야기라고 해야 할 것이다. 이 책의 제목에서 '교육'이라는 용어 대신, '배움'을 넣은 이유이기도 하다.

결국 이 책은 또 하나의 텍스트가 되어서 독자의 해석을 기다리게 될 것이다. 무엇하나 완성된 이야기라고, 완전한 설명이라고 할 만한 것이 있을지 싶다. 그러나 이 책을 통해 교육이란 무엇이고, 교육적이란 과연 어떤 가치를 지향하는 현상인지에 대해 강한 논쟁이 이어지기를 기대한다. 영화가 아니어도 소설, TV 드라마, 예능 프로그램, 다큐멘터리, 정치 지형을 매개하여 교육이란 무엇이고 교육적인 가치가 무엇인지에 대해 평론할 수 있는 다양한 이야깃거리가 등장하기 바란다. 적어도 영화라는 매체가 갖는 호의적인 소재가 독자에게 이러한 이야깃거리들을 조금은 더 쉽게 전달하고, 또 이야기해 볼 수 있도록 하는 화제가 될 수 있다면 좋겠다.

이 책이 출간되기까지 정말 많은 이들의 도움이 있었다. 한국방송통신대학교 출판문화원의 도서원고 공모를 주관했던 분들과 심사를 맡아 주셨던 분들에게 먼저 감사를 드린다. 이야기의 가능성만을 보고 영예로운 상을 수여한 만큼 괜찮은 글이 되어 이 세상에 등장할 것인가에 대해서는 여전히 대답하기 어렵다. 그러나 교육이란 아직 피어나지 않은 가능성과 잠재력에 대한 투자라고 하던가? 적어도 이 책의 출간에 가장 중요한 투자자가 되어 준 방송대학교 출판문화원에 아낌없는 박수와 감사의 마음을 전한다.

그리고 집필계획서를 구체적인 저서계획서로, 다시 저서계획서를 각 장의 글로 만들도록 끊임없이 독촉하고 안내한 박혜원 선생님에게 감사의 인사를 전한다. 그리고 원고 교정과 수정, 내용에 맞는 영화 장면을 편집하는 데 수많은 시간을 보낸 이근호 선생님께도 감사의 마음을 전한다. 그리고 공모전에 신청서를 내보도록 독려해 주어 결국 이 책을 빛나게 해 준 이두희 선생님께도 깊은 감사의 마음을 전한다. 그리고 영화를 함께 보며, 교육과 교육적인 가치에 대해 함께 논쟁해 준 내 수업의 학생들에게 큰 고마움을 전한다. 지금 가르치고 있는 서울대학교와 이전 직장이었던 한국외국어대학교의 미래 교사로 성장할 학생들의 예리한 지적과 논평은 머릿속 감상을 다양한 논쟁거리로 만들어 내도록 한 밑거름이었다.

사실 원고를 쓰는 과정이 쉽지는 않았다. 열 번도 넘게 본 영화도 있었고 그렇지 않은 것도 있었지만, 글을 쓰기 위해 영화 대사들을 적고 새롭게 해석하는 것은 영화를 감상하는 것, 머릿속으로 많은 생각거리를 떠올리는 것과는 전혀 다른 과정이었다. 이 글을 쓰면서 가장 힘들었던 것은 꿈속에서 그토록 많은 글을 썼다 지웠다 한 경험이었다. 아침에 눈을 뜨면 도대체 그 괜찮은 문장들이 안개처럼 사라져 버렸기 때문이었다. 더욱이 글을 쓰는 중간 중간 막내아들의 장난 어린 방해를 짐짓 모른 척하고 글에 집중하는 것은 또 다른 어려움이었다. 그럼에도 글의 완성을 바라며 적절한 시간과 분위기를 만들어 주려 애쓴 가족 모두에게 미안함과 함께 깊은 고마움이 앞선다. 사랑하는 가족과 함께 공부하는 동학들에게 소홀했던 많은 시간의 빚이 이 책의 출간으로 조금은 갚아졌으면 하고 소망해 본다.

차 례

Part Ⅲ
절망에 갇힌 학교

Part Ⅳ
희망을 향한 배움

프롤로그: 영화로 교육 읽기

이야기로 전해지는 인간의 삶, 영화

어마어마한 자본시장이 장악하고 제작, 배급, 상영이 조직적으로 이루어지고 있는 곳이 영화계다. 우리가 극장에서 보는 한 편의 영화는 제작 후 극장에서 상영되는 순간까지 잘 짜인 또 한 편의 스토리다. 미디어들은 자본이 투입된 영화가 대중에게 인기가 있었는지의 여부나 수익의 규모에 대해 관련 기사들을 쏟아내기 바쁘다. 마치 관심을 끄는 작가 혹은 인물의 책이 출간되고 그 이야기를 세상이 어떻게 받아들이고 해석하는지 촉각을 곤두세우듯 영화의 성공과 실패는 곧 투자 비즈니스의 성공이냐 실패냐로 연결된다. 그러나 영화는 단지 수익성에 관한 문제만은 아니다. 공감할 수 있는 '스토리'와 관련한 사람들, 연기자들, 제작 기술, 영상 기술 등 영화 한 편에 연관된 많은 일들이 향후 사회에 어떤 파급 효과를 지니는지에도 큰 관심이 모아진다.

두 시간을 전후한 분량의 영화 한 편으로 우리는 다양한 사람들의 삶을 엿볼 수 있다. TV에서 보는 드라마, 다큐멘터리, 뉴스, 혹은 다양한 예능 프로그램과 달리 영화는 한 편의 작품에 이야기의 시작과 끝을 담고 있다. 완결된 이야기에서 한 인간이 겪는 긴장과 갈등, 웃음과 슬픔, 행복과 불행을 함께 공유하도록 한다. 비록 영화 속 이야기가 얼마나 완성도가 높은지, 얼마나 현실적인지와는 상관없이 한 편의 영화는 보는 이로 하여금 그 영화의 이야기 속에 완전히 녹아들도록 만든다. 이를 통해 가끔은 통제 불가능하고 난해한 문제와 싸우는 전사가 되기도 하고, 사소한 행복을 함께 공유하는 일상의 평범한 인물이 되기도 한다. 또한 상상할 수도 없었던 환상에 빠져들도록 하는가 하면, 치유할 수 없는 고통 때문에 함께 분노하고 슬퍼하기도 한다.

이 책은 영화 이야기를 다루고 있지만 정작 글을 쓰는 저자는 영화에 대해 아는 것이 많지 않다. 좋아하는 감독과 극작가, 혹은 연기자들에 대해 꼼꼼히 찾아보지도 않는다. 개봉 영화들의 입소문에 민감해 특정 영화를 챙겨 보거나 하는 것도 아니다. 마음은 굴뚝같지만 상황이 여의치 않을 때가 많기 때문이다. 그러나 기회가 되면 영화에 빠져들고, 그 영화의 '스토리' 속에서 다양한 의미들을 짜맞추어 보는 일을 즐긴다. 도대체 이야기의 배경은 어떻게 되는지, 등장인물(비록 가상의 인물이라도) 설정이 가능할 수 있었던 문화적 맥락은 무엇인지, 혹 실화라면 인물의 실제 모습은 어떠했는지 등등. 해외 출장이 잦은 관계로 요즘은 오가는 비행기에서 영화를 접한다. 비행기에서 영화를 보면 국내 극장을 찾는 것에 비해 누릴 수 있는 한 가지 장점이 있다. 쉽게 접하기 어려운 다양한 언어권의 영화들을 볼 수 있다는 점이다. 많은 영화를 보고 각 영화에 관한 독특한 비평을 할 능력은 없지만 영화의 스토리들 속에서 평소 관심 있는 주제인 '교육'과 '교육적'인 의미들을 탐색하고, 이를 표현하는 상징들을 찾아내는 작업을 즐긴다. 그리고 이 책은 이러한 작업의 작은 결과물이다.

다양한 관점으로 영화 읽기

사실 영화의 스토리 혹은 영화라는 매체 자체를 바라보는 관점은 다양하다. 누구나 영화를 똑같은 관점으로 볼 수는 없다. 어떤 사람은 영화가 해피 엔딩으로 끝나는지에만 관심을 기울이기도 하고, 어떤 사람은 영화 주인공들이 입고 나오는 의상에 주로 관심을 기울인다. 혹은 영화 속 과학과 기술의 표현 방식, 혹은 앞으로 이루어질 가능성에 대해 언급하고 싶어 한다. 영화에 등장한 장소에 관심을 표명하는가 하면, 영화의 배경 음악이 얼마만큼 대중적 인기를 얻을 수 있을지 그 유행 정도에 민감한 반응을 보이기도 한다. 등장인물들이 연기하는 캐릭터의 특성들을 다른 영화에서의 연기와 비교해 보기도 하고, 영화의 제작 배경에 특정한 사회 정치적인 맥락이 있는지에 대한 논평을 내기도 한다. 영화의 소재 및 영화에 동원된 자원들에 대한 관심을 넘어 영화의 스토리를 특정한 세계관에 비추어 설명하려는 시도도 있다. 여기에는 당대의 철학 사조에 비추어 연출된 연기나 대사를 분석하거나 내러티브 흐름의 특성을 조명해 보고자 하는 시도들이 포함된다. 특정 종교의 관점에서, 혹은 조직 논리나 공중 보건, 계급-계층 갈등을 중심으로, 혹은 사회 정치적 권력 관계를 중심으로, 차별 및 인권 침해를 기준으로 영화가 분석되기도 한다. 사실 분석이라는 말을 쓰고 있지만 사람마다 보고자 하는 시각에 따라 영화는 전혀 다르게 보이기 때문에 영화의 내용이 특정한 시각에 따라 무엇이 중요하고, 또 왜 중요한지를 다시 진술하는 것 정도로 이해하는 것이 좋을 듯하다.

어떤 관점에 따라 영화를 재해석하고 재진술하든 이것은 온전히 영화를 보고 새롭게 읽고자 하는 사람의 자유다. 예를 들어 보자. 「겨울 왕국(The Frozen)」은 2014년 디즈니 사에서 내놓은 애니메이션이다. 「겨울 왕국」에 등장하는 주인공 엘사, 안나 그리고 그 영화에서 흘러 나왔던 주제곡 'Let It Go'는 대중적인 노래로 성공했고, 여전히 많이 불리는 노래다. 이 영화에 대해 다양한 분석들이 있었다. 주인공인 엘사의 심리를 분석하고자 한 사람도 있고, 엘사와 안나의 관계에 집중하여 왕가의 두 딸이 만들어 내는 갈등에 초점을 둔 경우도 있다. 비록 영화의 배경이 되는 시대를 명확히 하지는 않았지만 이 영화의 배경인 아렌델 성을 보다 역사적·사회적으로 재구성해 보고자 하는 시도도 있었다. 엘사의 통치 방식을 현재의 통치자 유형으로 분석해 보고자 했던 경우도 있고, 계급 사회로서 아렌델 성의 공동체가 갖는 한계에 대해 논평하고자 하기도 했다.

과연 어떤 분석, 어떤 관점이 「겨울 왕국」이라는 영화를 제대로 잘 분석한 것일까? 특정한 관점을 토대로 한 논평은 다른 관점에 의한 논평, 분석에 비해 더 낮거나 못하다고 할 수 있을까? 이에 대해서는 누구라도 동의할 만한 대답을 내놓기 쉽지 않다. 즉 영화는 하나의 독립적인 텍스트로 세상에 던져진다. 이에 대한 수용과 해석은 전적으로 영화 그 자체의 논리와는 거리가 멀다. 비록 그것이 의도하고 목적한 메시지를 전달하고자 했을지라도 이에 대한 해석과 수용은 전적으로 그 영화를 보는 이의 몫이다. 영화에 관한 전문적인 지식을 갖춘 사람들의 도움을 받는다면 보다 엄밀한 분석을 할 수 있겠지만, 영화를 책과 같이 우리에게 던져진 텍스트로 받아들인다면 텍스트가 갖는 독립적인 특성을 오히려 더 강한 색채로 유지하고 해석하는 것이 필요할지도 모른다. 이는 필자가 영화에 문외한이면서도 감히 '교육의 눈'을 빙자해 몇몇 영화를 새롭게 해석해 보고자 마음먹을 수 있었던 기초가 된 논리이기도 하다.

교육의 눈으로 영화 읽기

이 책은 열세 개의 영화 텍스트를 다루고 있다. 대중적으로 잘 알려진 것도 있지만 제목조차 낯선 것도 있다. 「죽은 시인의 사회」, 「쿵푸 팬더」, 「패치 아담스」, 「빌리 엘리어트」는 대중적인 인지도 문제를 넘어 상업적으로도 성공을 거둔 영화들이다. 그에 비해 「불을 찾아서」, 「천상의 소녀」, 「아름다운 세상을 위하여」, 「더 리더: 책 읽어 주는 남자」, 「디 벨레」, 「더 퍼스트 그레이더」, 「고독한 스승」, 「솔저」 등은 개봉이 되었던 영화인지조차 모르는 사람들이 많다. 가장 최근의 영화 중 「책 읽어 주는 남자」나 「채피」 등은 그래도 제목 정도는 알려져 있을지도 모르겠다.

도대체 이런 영화들 속에서 어떤 교육, 어떤 교육적 의미를 발견하겠다는 말인가? 영화를 교육의 눈으로 본다는 말의 의미는 무엇일까? 교육의 관점으로 영화를 본다고 하면 다른 관점으로 보는 것과 어떤 차이가 있는 걸까? 도대체 교육의 관점으로 영화를 다시 진술한다고 하면 어떤 것이 중요하고, 어떤 것은 덜 중요하게 보이는 것일까? 과연 이것이 가능한 이야기일까?

다시 이야기하지만, 영화는 영화다. 따라서 영화의 내용은 있는 그대로의 텍스트로 대하는 것이 중요하다. 관객이 영화를 하나의 완성된 스토리로 받아들이도록 하기까지 영화 한 편에 들어간 공은 어마어마하다. 소설이 작가 한 명의 상상력, 주제 설정, 자료 수집, 글쓰기를 통해 만들어지는 것과는 완전히 다르다. 영화는 하나의 종합 예술이라 할 수 있다. 이렇게 다시금 영화의 특징에 대해 소소하게 반복하는 이유가 있다. 영화를 영화 이상의, 혹은 영화적 속성 이외의 논의로 바꿔 보려는 시도는 영화 본연의 특성들이 무시될 수도 있고, 원래 기획했던 영화 제작자들의 노력과 늘 일치하지는 않는다. 그들의 노력과 의도를 몰라서라기보다는 교육이라는 눈에 의해 다시 읽히고 되새김될 필요가 있기 때문이다.

이 작업을 위해서 한편에는 영화를 하나의 독립적인 텍스트로 놓고, 다른 한편에는 '교육'이라는 관점을 두어야 한다. 그리고 '교육'과 '교육적'이란 말의 의미를 설명해야 한다. 즉 이 글은 영화에 문외한인 교육학자가 영화의 내용을 교육이라는 눈으로 다시 돌아보고, '교육적'이라는 말의 의미에 대해 성찰하는 것이다. 성찰의 대상이 어떤 것인가에 따라 그 내용은 완전히 달라질 수 있다. 즉 텍스트가 어떤 것이냐에 따라 분석하고자 하는 내용, 다룰 수 있는 주제도 달라진다. 그런 의미에서 이 글에서 다루고자 하는 영화는 저자의 흥미와 관심, 그리고 교육을 바라보는 관점을 반영한 것이다. 이 글에서 다루는 '영화 속 교육 이야기', '교육적'이라는 말의 의미는 저자의 경험과 성찰의 결과일 뿐 여전히 논쟁의 대상으로 남아 있다. 이 책의 내용들은 '교육'과 '교육적'이라는 말을 기술하고 설명하려 할 뿐 그것을 정의하거나 '정답'을 제시하는 글이 아니다. 이 글에서 다루어지는 영화들은 하나의 독자적인 텍스트일 뿐만 아니라 이 영화들을 관통하여 제시하고자 하는 교육의 의미를 드러내기 위해 의도적으로 선택, 분석되었다고 보면 된다.

교육과 '교육' 그리고 "교육"

　우리는 도대체 교육을 어떤 방식으로 인식하고 이해하며 사용하고 있는가? 교육은 뭔가 대단히 근엄하고 엄중한 행위로 구별된 장소와 시간에 오롯이 종속되어 있는 것인가? 교육에 종사하고, 교육에 관여한다는 말은 그 자체로 신성한 것으로 여겨져야 하는가? 이에 대해 간단히 답하기는 어렵다. 우리 주변에서 보고 경험하는 교육은 너무도 일상적인 행위이면서도 그에 대해 접근하는 것은 일상적이지 않기 때문이다. 한마디로 교육은 한 개인에게 있어서도, 사회 전체적으로도 파악하기 어려운 대상이다.

　사람들이 생각하는 교육의 정의는 한 가지가 아니다. 오천만 명이 어깨를 맞대고 사는 이 땅에는 교육에 대한 오천만 가지의 생각과 정의가 존재한다고 해도 과언이 아니다. 물론 비슷한 생각을 가진 무리들이 있긴 하나 각 개인의 경험과 성찰의 과정에서 이는 늘 새롭게 재구성된다는 점 때문에 개인의 맥락을 무시할 수 없다. 교육의 개념이 결코 합의되기 어려운 이유다. "내가 경험해 봐서 아는데", "내가 아이를 키워 봐서 아는데", "내가 가르쳐 봐서 아는데"와 같이 교육은 경험의 영역이고, 경험된 내용들이 구체적인 사례와 삶의 결과로 기술된다. 즉 개개인은 교육과 교육적인 상황, 교육적인 조건을 재구성해 나간다는 점에서 교육은 하나의 고정된 개념이 아니다. 교육을 결코 하나의 세련된 관념적 문구로 만들어 내기 어려운 이유다.

　교육학을 공부하고 연구하는 사람들에게 교육은 대체로 '인간 행동의 계획적 변화'로 정의된다. 1954년 서울대학교 교수로 부임한 정범모의 교육 개념은 최근까지 큰 변화 없이 교육에 대한 정의로 받아들여지고 있다. 네 개의 단어로 이루어진 간단한 정의지만 각 단어가 갖는 의미를 분석적으로 제시해 보면 몇 권의 책으로도 다 설명하기 어렵다. 여기에서는 이 개념에 더해, 간단히 교육의 정의를 짚고 넘어가는 것이 좋을 듯하다.

우선, 교육은 인간에 관한 일이다. 인간이 아닌 동물, 식물, 혹은 무생물에 관한 것은 교육의 주체나 대상이 될 수 없다. 여기서 인간과 인간 아닌 것의 구분을 간단하게 생각하면 오산이다. 시간이 지날수록 과학 연구는 인간과 인간 아닌 것을 구분하는 것이 어렵다는 것을 실증적으로 보여 주고 있다. 특히 기계 덩어리, 수많은 정보의 흐름, 혹은 전산 장치로 불리는 컴퓨터는 '인공 지능'이라는 이름으로 인간과 인간 아닌 것의 구분을 복잡하게 만들고 있다. 고유한 인간의 특성이 점차 침범당하고 있고, 생명체로서 인간과 인간 아닌 동물과의 차이에 따른 구분이 어려워지고 있다.

둘째, 교육은 인간의 행동을 대상으로 한다. 행동을 이야기하려면 행동과 행동이 아닌 것을 구분할 수 있어야 한다. 행동이 아닌 것과 구분되는 행동의 특성은 '보이는 것'이다. 보이지 않는 것은 교육의 대상이 될 수 없다. 그러면 감정, 이성, 지식, 느낌, 도덕, 윤리 그리고 인성 등의 개념들은 교육의 대상이 될 수 없는 것인가? 그렇지 않다. 보이는 것을 특징으로 하지만 보이지 않는 것들은 '보이도록 만들면' 된다. 즉 감정은 얼굴이나 신체의 표현으로, 이성이나 지식 등은 특정한 생각의 경로를 통해 도출되는 답안으로 '보이는' 행동이 된다. 도덕이나 윤리, 인성 등도 마찬가지다. 따라서 보이지 않는다고 여겨지는 전통적인 영역의 문제들은 인위적으로(이를 '조작적'이라 부른다) 보이는 단어나 대체할 수 있는 개념으로 바꾸어 표시하게 된다. 그러나 어찌되었건 행동은 보여야 하고, 교육은 보이는 것을 위한 특정한 '과정'이 된다.

셋째, 교육은 계획을 전제한다. '계획한' 혹은 '계획된' 것으로서의 인간 행동만이 교육의 개념 안에 포함된다. 아무런 계획 없이 '우발적으로' 혹은 '자연적으로' 혹은 '계획과 달리' 나타난 것들은 앞에서 정의된 교육의 범주에 포함되지 않는다. 물론 누구의 계획인가에 따라 교육에 포함될 수 있는가 그렇지 않은가가 달라질 수 있다. 흔히 가르치는 사람의 의도와 계획이 중요한지, 혹은 배우는 사람의 의도는 고려될 수 있는 것인지, 혹은 가르치는 사람과 배우는 사람 이외의 제3자가 갖는 의도와 계획은 어떻게 이해되고 판단되어야 하는지에 관해서는 복잡한 논쟁이 남아 있다. 어찌되었건 '이것은 분명히 교육'이라고 하려면 그것이 전제하는 '계획', '의도'가 무엇인지 설명할 수 있어야 한다.

넷째, 변화가 수반되어야 한다. 인간의 행동, 즉 보이는 것으로서의 행동은 계획에 따라 결과를 내놓아야 한다. 그리고 이 결과는 계획 이전의 행동과 계획에 따른 활동 이후의 행동이 서로 다르다는 것을 전제한다. 결국 교육은 인간 행동을 계획적으로 바꾸는 것이다. 변화가 없으면 교육이 아니다. 교육은 계획에 따라 무엇인가를 알게 하고, 익히게 하고, 특정한 행동 양태를 바꾸어 원하는 '인간 행동'을 만드는 것이라 할 수 있다. 그러나 이 변화라는 개념은 모호하기 이를 데 없다. 중간고사에서 평균 80점을 받은 학생이 기말고사에서도 80점을 받아 같은 성적을 내면 이 학생은 아무런 성적의 변화를 만들어 내지 못했다고 할 수 있다. 그렇다면 이 학생이 그동안 해 온 공부는 '교육'이라 볼 수 없는 것일까? 이렇게 따지고 들자면 한도 끝도 없다.

결국 교육이란 '인간 행동의 계획적 변화'라는 개념으로는 충분히 설명되기 어려운 보다 다차원적이고 복잡한 것이다. 이상에서 이야기한 네 가지 범주의 설명과 비판 이외에도 가장 중요하게 다루어져야 할 한 가지가 더 있다. 다음의 이야기를 예로 들어 보자. 아버지가 아들에게 자신이 지닌 놀라운 기술을 가르쳐 주고 싶어 한다. 자신이 하는 일이 좀 위험하기는 하지만 위험을 감수한 만큼 얻는 것이 많다. 그래서 다른 사람이 아닌 아들에게 이 기술을 전수하려 한다. 이 기술은 금고를 여는 것이다. 이 세상의 어떤 금고라도 그는 어렵지 않게 열 수 있다. 아버지인 그는 금고 따는 기술을 아들에게 가르치기 위한 내용과 방법, 일정을 정한 후 이에 따라 완벽하게 자신의 기술을 전수하였다. 이제 아들도 그 어떤 금고라도 잘 열 수 있는 전문적 기술자가 되었다. 그런데 이 사람의 직업은 다름 아닌 '도둑'이었다. 이 상황에서 생기는 질문이 있다. 도둑이 자신이 가진 기술을 누군가에게 훌륭하게 성공적으로 잘 전달하면 이 또한 '교육'이라 부를 수 있고, 교육적인 과정이 되는 것일까? 교육의 개념, 혹은 교육이라 불리는 행위에 포함된 '옳고 그름'의 판단 기준, 즉 가치의 문제는 어떻게 이야기되어야 할까?

이러한 문제들을 자세하게 따져 묻자면 내가 알고 있는 교육이 다른 사람이 알고 있는 '교육'과 항상 동일하기는 어렵다는 점을 쉽게 발견하게 된다. 기독교인이 바라보는 교육과 이슬람교인이 떠올리는 교육, 그리고 교육적이라는 것은 같지 않다. 전쟁을 겪은 어르신들의 세대가 전쟁이 끝나고도 한참 이후에 태어난 세대와 어떤 교육이 좋은지에 대해 공감하는 바는 서로 다를 수밖에 없다. 태어나면서부터 '디지털 기기'와 '디지털 프로그램'에 익숙한 사람들이 기대하는 교육의 성과는 도서관과 책만이 유일한 지식의 보고라 여기던 사람들이 기대하는 교육의 성과와는 판이하게 다르다. 적어도 교육이 무엇인가에 관한 논쟁은 어떤 가치가 특정한 사회 속에서 실현되어야 하고 실천되어야 하는가에 관한 문제만큼이나 복잡하다. 교육이라는 이름으로 우리는 공통의 무엇인가를 실현하고 있다 생각할 수 있지만 교육과 교육적이라는 말을 통해 우리는 보다 다양한 사회를 발견하고, 다종의 가치 속에서 서로 다르게 살아가고 있다는 점을 발견할 수도 있다. 즉 교육을 하나의 명쾌한 개념으로 정의하기보다는 하나의 명쾌한 개념으로서 교육을 해체하고, 한 사람의 삶과 성찰에 기대어 '그 개념'을 늘 새롭고 다르게 재구성해 내는 것은 아닌가 싶다. 따라서 우리 주변에는 서로 다른 의미의 교육과 '교육'과 "교육"이 공존하고 경쟁하고 있다.

교육과 학교 교육

믿거나 말거나 우리는 교육을 학교 교육으로 한정하여 보고 싶어 한다. 이 말은 그러해야 한다는 뜻이 아니라 '교육은 곧 학교 교육이다'라는 생각에서 잘 벗어나지 못한다는 뜻이다. 어떤 이는 이를 '학교태'에 갇혀 있다고 이야기하고, 또 어떤 이는 더 이상 교육이라는 개념을 쓰지 말고 학교 바깥의 교육을 포함할 수 있는 '학습'이라는 개념에 집중하자고 한다. 그럼에도 불구하고 학교 교육은 여전히 교육을 설명하는 거의 전부인 양 대우받고 있고, 또 학교 교육을 위한 노력과 쟁점들은 우리 주변에 차고 넘친다. 여기에는 학교만 아니라 학교 교육, 혹은 학교에서 이루어지는 일과 관련한 것들이 모두 포함된다. 그렇다면 학교 교육은 어떤 교육적 전제를 토대로 만들어졌고 유지되고 있는가?

학교는 교육이 이루어지는 공간으로서 그 속에서의 행위들은 '교육적'이라 가정된다. 학교를 구성하고 있는 환경과 주체, 학교에서의 활동은 학교 바깥의 것들과 구별되어 존재하는 것처럼 여겨진다. 물론 정말 그러한가와는 달리, 교육은 구별된 시간과 공간 속에서 진행되어야 한다는 믿음에 따라 학교라는 시간과 공간의 구별이 이루어져 왔다. 학교는 대체로 고대 이후 중세를 거쳐 오면서 종교적인 가르침이 이루어진 공간의 연속선상에 있다고 볼 수 있다. 종교적 교리가 전수되는 공간으로서 신전, 교회, 사당, 수도원과 역할 면에 있어서 크게 다르지 않다.

얼마 전 타계한 움베르토 에코(Umberto Eco)의 소설, 『장미의 이름』을 영화화한 「장미의 이름」을 보면, 중세시대 서로 다른 교리를 따르는 수도회 수사들 간의 논쟁이 산속 수도원에서 이루어진다. 그 수도원에는 수도회에 소속된 수사들을 가르치고 훈련시키기 위한 책들을 보관하기 위해 도서관이 구비되어 있었고, 수사들 간의 교리문답식 교육을 위한 교실이 구비되어 있었다. 수도원은 세속적인 환경을 떠나 고립된 공간 속에서 신의 계시를 발견하고 해석하며, 좀 더 신의 뜻에 헌신하는 삶을 실천하는 공간이었다. 이를 위해서는 필연적으로 신의 계시를 담고 있는 경전을 읽고, 해석하고, 필사하고, 또 전파하기 위한 훈련이 수반되었다.

지금의 학교라고 해서 이와 크게 다를 것 같지 않다. 한 사회에서 합의된 지식 체계를 교과서의 지식으로 정리하여 발간하고, 이를 얼마나 잘 익히는가에 따라 사회적 지위를 차등 분배한다. 이 과정에서 보다 높은 지위를 차지하기 위한 경쟁이 생겨나고, 경쟁 관계에 있는 교육 참여자들은 지식의 참됨에 대한 고민보다는 지위 경쟁에 참여하는 동료들과의 갈등에 더 큰 비중을 두게 된다. 학교는 상식이라 받아들여지는 세속적 담화에 거리를 두고 '합리적 지식'을 익히는 장소로 전제된다. 그리고 이러한 지식 체계를 익히는 것은 곧 보다 '합리적인 의사소통 체계'를 바탕으로 사회의 주요한 일들을 맡을 수 있는 준비 단계로 여겨진다. 학교는 따라서 학교 바깥의 일상적인 소통 체계나 비정형적인 정보의 세계와 구분되어야 한다고 믿는다. 수도원에서의 교육은 산 아래 웃고 떠드는 저잣거리 사람들의 세계와는 구분되는 것을 배워야 한다고 믿는 것과 마찬가지다.

그래서인지 학교에서의 교육은 누구나 참여할 수 있는 것으로 간주되지 않는다. 전문적인 훈련을 받아 자격증을 소지한 사람들이 적절한 과정을 거쳐 선발된 사람들을 상대하는 것으로 여겨진다. 그리고 학교와 교실에서 이루어지는 이들 간의 활동은 당연히 전달되어야 할 내용이 전달되고, 이런 과정은 당연히 '교육적'이라 가정된다. 이는 종교적 교리가 보편성을 염두에 두고 논의된다는 측면에서 공적인 것으로 인식되는 한편, 신앙은 신과 인간 개인 간의 철저한 일대일 관계라는 점에서 사적인 인식과 행위의 문제로 여겨지는 것과 같은 맥락이다. 따라서 학교, 교육의 내용 그리고 학교에서의 관계는 정당한 것이라 여겨진다.

이러한 측면에서 교육은 '무엇을 왜 가르쳐야 하는가'라는 질문에 대한 활동이 아니라 주어진 것을 '얼마나 잘 가르칠 수 있는가'에 관한 활동으로 여겨져 왔다. 사실 주류 교육 연구들은 전자보다는 후자에 대한 답을 주로 찾아왔다. 이 두 질문이 별개의 것은 아니라 할지라도 두 질문에 답하는 방식은 상당히 다르다. '얼마나 잘 가르칠 수 있는가'를 묻고 이에 답하려는 사람들은 이미 '우리'에게 주어진 것들은 반드시 배우고 익힐 필요가 있는 것들이라 가정한다. 적어도 이들에게 무엇을 배울 것인가라는 질문은 주어진 지식의 내용을 보다 분명히 하기 위한 지식의 세분화와 개념의 명료화 정도라고 보아야 할 것이다. 이 또한 더 잘 배우고, 더 잘 가르치기 위한 방편이다.

'잘'이라는 말은 다양한 의미로 읽힌다. 익혀야 할 내용을 궁극적으로 익혔느냐는 결과를 묻는 말로서 얼마나 효과적이었는가를 묻는 질문이기도 하고, 익혀야 할 내용을 얼마나 빨리 익힐 수 있었는가를 묻는 말로서 효율성을 묻는 질문이기도 하다. 이는 특정한 지식 체계를 익혀야 하는 주체로서 '학습자' 혹은 '학령기 아동'의 능력을 지적, 정서적, 심리적으로 구분하여 확인하고 적용하려는 연구와 관련된다. 또한 학습의 효과성과 효율성을 가리려는 측정, 평가의 연구와 관련된다. 즉 지식을 세분화하는 교육 과정 연구와 지식의 과정이 전달되는 심리적 특성에 관여하는 심리학적 접근이 교육 연구의 대세로 작동하게 된다. 지식의 전달 과정에 관여하는 다양한 문제들을 연구하여 보다 효율적인 방법으로, 목표에 도달하게 하기 위한 노력이 공학적인 접근으로 발달해 왔다. 교육을 '인간 행동의 계획적인 변화'로 개념화하고, 궁극적인 목표로서 '목표'를 달성하기 위한 방법을 강구하는 것이 교육학 연구이고, 교육적인 과정으로 인식되어 왔다는 것은 납득할 만하다.

그러나 교육에 대해 '무엇을 왜 가르쳐야 하는가'라는 질문에 답하려 한다면 위에서 가정한 것과는 전혀 다른 가정을 내세우게 된다. 이 가정은 우리에게 주어진 '지식 체계'는 왜 '지식'으로 주어진 것일까, 라는 질문에서 시작한다. 지식은 곧 의심의 대상이고, 성찰의 대상이지 무조건적인 수용과 익힘의 대상이 아니라는 것이다. 이러한 의심을 탐색하는 방법에는 철학적·사회학적·문화인류학적 방법이 동원된다.

교육은 결국 인간에 대한 이해

교육이 무엇인지, 그리고 교육이 아닌 것과 어떤 차이가 있는지를 따져 보는 것은 우리 삶에서 대단히 중요한 일이다. 또한 이 일은 일상적으로, 생각보다 더 흔하게 일어난다. 아무것도 아닌 일에 대해 '교육'이라는 말을 붙여 정당화하고, 그 일이 꼭 필요한 것인 양 포장한다. 교육이라면, 교육적이라면, 교육을 목표로 한다면 그 일이 무엇이건 반드시 해야 하는 것인 양 말이다. 그 이유는 무엇일까? 교육은 결국 인간에 대한 이해이고, 인간의 인간다운 삶을 향한 가장 보편적이면서도 숭고한 행위다. 이것이 눈에 보이건, 보이지 않건 교육이란 목표와 교육이라는 행위는 인간이 인간답게 살아온 일들에 대한 성찰을 의미한다. 또한 적어도 지금보다 조금 더 나은 삶을 지향한다는 의지의 표현이다. 오늘 이후 내일 삶에 대한 통찰이 보다 나을 것이라는 삶에 대한 낙관, 긍정의 표현이다.

교육은 인간에 대한 이해에서 시작되지만 결국 인간을 보다 인간답게 하는 삶을 만들기 위한 노력으로 해석된다. 우리의 일상은 이런 일들로 가득 차 있지만 제대로 된 해석 없이 지나친다. 보다 나은 내일을 위해 오늘 지금의 내 행위를 돌아보고 해석하는 일은 중요하지 않다. 당장 지금 배를 채울 경쟁에서 살아남는 것이 더 중요할 뿐이다.

그래서 인간의 행위를 텍스트로 되돌아볼 수 있도록 하는 것이 중요하다. 역사 연구처럼 사료에 근거하여 사실과 사실에 대한 해석을 함께 제공하는 텍스트들도 있지만 우리가 보는 텍스트들은 벌거벗은 사실들만을 보여 주는 경우가 대부분이다. 방송 화면에서 볼 수 있는 수많은 영상들이 그렇고, 신문이나 잡지의 지면을 통해 전달되는 기사의 내용들이 그렇다. 물론 '프레임'이라는 아주 정교하게 기획된 이데올로기의 도구로 언론과 매체들이 사실을 교묘하게 편집하고 편파적으로 노출 강도를 통제하지만 그렇다고 사실이 사실이 아닌 것이 되기는 어렵다. 사실은 사실로만 전달되고, 사실에 대한 해석과 수용은 늘 보고 읽는 사람의 몫으로 남는다. 그런데 사실을 편집할 수 있는 사람에게 마치 누군가의 뇌를 조종할 수 있는 힘이 있다는 점 또한 인정해야 한다. 하지만 비록 편집자의 전능을 인정한다고 하더라도 전해지는 기사를 접하는 독자, 시청자가 원하는 대로 해석, 수용하지 않는다면 그의 힘은 말짱 헛것이 된다. 즉 사실은 늘 해석의 여지를 남겨두고, 이 해석으로 사실은 새로운 또 하나의 '사실'을 재탄생시킬 여지를 안고 있다. 교육은 인간에 대한 이해에서 시작하지만 결국 인간의 또 다른 수준의 이해로 나아가게 한다. 왜냐하면, 교육이 바로 모든 개인들의 '해석'을 넓거나 깊게, 혹은 좁거나 형편없게 만들 수 있는 행위이기 때문이다.

다시, 영화 속 교육 찾기

교육은 어느 순간, 어느 관계, 어느 곳에나 있다. 우리가 해야 할 일은 교육을 찾고, 또 해석해 내는 일이다. 그리고 교육이 무엇인가를 정하는 자신의 안목을 갖는 것이 중요하다. 남이 일러 주고, 남이 옳다고 하는 교육을 무비판적으로 받아들여 자신의 관념적 지식으로 쌓아 놓는 것은 교육의 본질이라 할 수 없다. 교육은 자신에 대한 이해의 깊이를 더하는 것, 나 아닌 타인의 삶에 대한 공감의 폭을 더 넓히는 것, 그리고 나와 타인이 함께 살아가는 시공간을 '우리의 것'으로 인식하고 이를 보다 공적인 시공간으로 함께 만들어 나가기 위한 공동의 노력이다. 이를 위해 모든 개인은 자신의 경험과 축적된 지식 속에서 밖으로 나와야 할 필요가 있다. 오로지 자신의 경험에 비추어 '내가 해 봐서 아는데'의 경험적 논리로 세상을 재단하고 후벼 파는 태도는 곤란하다. 적어도 자신의 경험을 타인의 경험에 견주어 무엇이 같고, 다르며, 왜 같고 다른지, 또한 어느 것이 보다 우월한 설명력을 가진 경험과 설명인지 나눌 수 있어야 한다. 이것이 교육이 추구하는 가장 본질적인 활동이고, 교육이라는 이름으로 이루어질 수 있는 가장 고귀한 행동이 될 수 있다.

그런 점에서 교육은 결코 하나의 성과에 도달하기 위한 수단적 활동으로 인식될 수 없다. 교육은 특정한 텍스트에 기반하여 하나의 해석을 오롯이 전달하고, 또 전달받는 일련의 기계적인 과정으로 축소되어서도 안 된다. 교육은 무언가가 매개된 교호 작용인 것은 분명하지만 서로 관계를 맺고 관계를 이어 가는 각 주체들은 스스로의 인식의 틀을 끊임없이 깨부수고 그 순간 또 다른 인식의 틀로 옮겨 가는 경험을 지속하게 된다. 유아기 시절의 인식 수준을 자신의 세계관으로 안고 있는 사람들을 두고 결코 상식적인 수준의 성인이라 보기 어려운 것처럼, 자신의 고정관념 속에 오랫동안 머물러 있는 사람들은 결코 세상과 세상의 변화하는 개별자들과 소통할 수 없다. 이들이 내다보고 있는 세상, 해석하고 배설하는 세상에 대한 이야기는 세상에 관한 것이 아니라 자신이 결코 바꾸고 싶지 않은 세상의 이야기를 배설하는 것에 그치는 것인지도 모른다. 교육은 변화를 전제로 한다. 그러나 그 변화는 결코 고정된 것이 아니다. 지향해야 하는 지점이나 변화의 방향, 변화의 주체가 늘 유동적이다. 이런 측면에서 일련의 세련된 제도로 기능하는 교육은 자신이 만든 체제 속에서 늘 새롭게 재구성되어야 할 비판의 대상이 된다. 이것이 교육의 본질이고, 교육적이란 말의 의미이다.

영화 속에서 교육을 찾겠다는 이 책의 구상은 적어도 우리 삶에서 공감할 수 있는 텍스트, 관심을 가지고 바라볼 수 있는 텍스트로서 영화가 기능하기 때문이다. 서로 취향이 다를 수 있지만 적어도 약 두 시간 동안의 시공간 속에서 영화 한 편이 던져 주는 이야기를 '교육'이라는 이름으로 읽어 내는 것을 감내하는 것이 그리 어렵지는 않을 것이라는 믿음 때문이다. 그만큼 우리 핏속에 '교육'과 '교육적인 삶'을 지향하는 열정이 '집착'이라 표현될 만큼 집요하게 자리 잡고 있기 때문인지도 모른다.

다양한 영화 속에서 드러나는 현실적인 문제와 긴장, 갈등을 교육의 이름으로 해석하는 것이 이 책의 소박한 목표다. 평화는 오로지 전쟁과 갈등 속에서만 그 의미가 증폭된다. 평화를 간절히 바라는 사람들은 그 평화가 가져올 희망적인 메시지가 버티고 서 있는 긴장과 갈등 그리고 물리적 충돌로서의 전쟁을 가정한다. 교육이 적어도 희망이라고 믿고 있는 모든 사람들에게 우리의 삶을 대변해 보여 주는 다양한 영화 속 장면에서 교육을 찾아내고 해석하며 우리 삶이 보다 '교육적'이기를 소망해 보는 것은 즐거운 여행이 되지 않을까 생각한다. 아니 그렇게 되기를 간절히 바란다. 아직 제 모습으로 비추어지지 못하고, 비판적으로 성찰되어 새로운 것으로 구성되어 보지 못한 우리 안의, 우리 주변의 '교육'을 찾아보자. 그리고 새로운 나만의 '교육'으로 만들어 나가는 일을 해 보자. 적어도 이 일에 영화 속 교육 찾기라는 이 작업이 조그만 디딤돌이 될 수 있기를 간절히 소원해 본다.

Part I

교육, 운명에 맞서다

Chapter 1

포, 용의 전사 되다

쿵푸 팬더

영 화 명 : 쿵푸 팬더
원   제 : Kung Fu Panda
감   독 : Mark Osborne, John Stevenson
제 작 사 : DreamWorks Animation
제작 연도 : 2008년

영화의 내용

팬더, 포는 쿵푸를 좋아한다. 제이드 궁전은 쿵푸의 고수들이 모여 있고, 쿵푸 기술이 전수되는 상징적인 장소다. 포는 이 근처에 살면서 늘 이곳을 동경한다. 그는 쿵푸와 관련된 것이라면 무엇이든 관심을 보인다. 최고의 쿵푸 고수는 누구였고, 어떤 일들이 있었는지 모조리 꿰고 있다. 뚱뚱하고 움직임이 둔한 팬더에게는 전혀 어울리지 않을 것 같지만 쿵푸 고수가 되는 것이 꿈인 그는 꿈속에서 세상의 악과 맞서는 쿵푸 전사가 된다. 그러나 그가 살아가는 현실은 그의 꿈속과 너무도 다르다. 포의 아버지 핑은 오리다. 그는 나름 그 동네에서 국물 맛 좋은 국수 가게 주인이다.

영화의 무대는 아주 작은 마을을 배경으로 주인공의 일상을 보여 주는 것으로 꾸며져 있다. 그러나 이 평범한 가운데서도 제이드 궁전의 쿵푸 고수들은 악으로 가득한 세상에서 선함과 덕의 가치를 지키는 임무를 수행한다. 세상을 지배하고 싶어 하는 악한의 등장은 언제고 예견되어 있고, 이들의 힘에 맞설 수 있는 수단이자 방법으로 쿵푸 기술을 개발하고, 개발한 쿵푸 기술을 후대에 가르친다. 무엇보다도 이들은 쿵푸 기술을 온전히 마스터하고 새롭게 할 수 있는 전사 중의 전사인 쿵푸 고수를 기다리고 있다. 그는 이름하여 용의 전사(dragon warrior)라 불리는 쿵푸계의 후계자다. 쿵푸 고수의 계보는 우그웨이(거북이) 대사부에서 시푸(레서판다) 사부로 이어져 왔고, 이제 시푸 사부는 자신의 길을 이어 세상을 지켜낼 용의 전사를 가려 뽑고자 한다. 후계자를 뽑아 세우기 위한 노력을 쉬지 않았던 시푸 사부에게는 뼈아픈 경험이 있다. 자신이 애지중지하여 키워 온 타이렁(표범)이 타고난 싸움꾼으로 쿵푸 기술을 훌륭하게 익혔지만 정작 자신의 마음은 평정하지 못해 결국 용의 전사 후보에서 밀려난 것이다. 더욱이 타이렁이 용의 전사가 되어 세상을 지배하겠다고 욕심을 부린 탓에 반란도 일으켜 무질서를 초래했다. 그의 타고난 쿵푸 고수로서의 재능 때문에 이를 제지할 수 없었던 상황은 여전히 시푸 사부에게 돌이킬 수 없는 아픔이자 과오로 되새김된다. 우그웨이 대사부가 나서서야 타이렁은 붙잡혔고 누구도 탈옥할 수 없는 먼 산 감옥에 가둘 수 있었다. 그런데 우그웨이 대사부는 이 타이렁이 다시 살아 돌아올 것이며, 그로 인하여 엄청난 재난이 초래될 것이라고 예측한다. 여전히 타이렁이 마음 한 곳의 큰 짐으로 남아 있는 탓에 언제고 마음의 평정을 누리지 못하는 시푸 사부는 우그웨이 대사부에게 용의 전사를 빨리 지명할 것을 재촉한다.

제이드 궁전에서 후계자 수업을 받던 모범적인 다섯 학생들(타이그리스, 몽키, 맨티스, 바이퍼, 크레인)이 실력을 겨루게 되었고, 적어도 이 자리에서 다섯 학생들 중 후계자 지명이 있을 것으로 기대되었다. 그러나 아주 만화적인 상황의 결과, 대사부 우그웨이는 뚱보 팬더인 포를 용의 전사로 지명한다. 오로지 포를 지명한 우그웨이를 제외하고 다른 이들에게는 용의 전사 지명 자체가 무의미한 일, 혹은 상황 판단을 완전히 잘못한 일이 된다. 심지어 용의 전사로 지명된 포조차도 우그웨이의 선택을 받아들이지 못하고 당황스러워한다. 우그웨이 대사부의 선택을 도저히 받아들이지 못하는 시푸 사부는 대사부에게 따지지만 알 듯 모를 듯한 말만 남기고 우그웨이 대사부는 이 땅을 떠난다. 오로지 '그를 믿어야 해'라는 말만이 시푸 사부의 귀에 맴돌 뿐이다.

그사이 타이렁은 자신의 힘으로 깊고 깊은 감옥에서, 정말 불가능해 보이는 탈옥을 감행하고 용의 전사가 되기 위해 제이드 궁전으로 향한다. 이를 막기 위해 다섯 명의 쿵푸 전사들은 제이드 궁전을 떠나고, 시푸 사부와 늘 먹을 것에 굶주려 있는 뚱보 팬더, 포만 궁전에 남았다. 시푸는 어떻게든 포에게서 용의 전사로서의 기질과 능력을 확인하고 싶었지만 그저 절망의 연속이다. 그런데 포가 먹을 것에 집착하는 과정에서 시푸는 평소 그가 보여 주지 않는 기이한 능력들을 보게 되고, 이를 통해 포가 쿵푸 기술을 익힐 수 있다는 점을 발견한다. 통제 불능의 폭군 타이렁이 제이드 궁전을 향해 달려오고 있는 상황에서 시푸 사부는 포에게 비로소 그에게 적합한 쿵푸 기술 전수를 시작한다. 타이렁을 막고자 애썼던 다섯 명의 쿵푸 고수들은 죽기 직전 가까스로 제이드 궁전으로 옮겨졌고,

타이렁이 궁전을 덮치는 것은 시간 문제였다.

시푸 사부는 타이렁을 막을 수 있는 유일한 방법으로 용의 전사만이 가질 수 있는 전능한 쿵푸 기술을 용의 문서를 통하여 얻을 수 있다고 보았다. 그러나 정작 그 용의 문서를 꺼내 보았더니 아무것도 쓰여 있지 않은 백지였고, 이를 확인한 모두는 허탈감에 빠져든다. 백지 상태의 용의 문서를 들고 집으로 돌아온 포는 마을 주민들과 함께 대피하려는 아버지 핑으로부터 기가 막힌 국수 국물의 비법에 대해 듣게 된다. 그 비법이란, '비법이 따로 없다'는 것이다. 이 대답을 들은 포는 아무것도 쓰여 있지 않은 용의 문서를 떠올리고, 곧 그 의미를 터득한다. 결국 용의 문서 속에 뭔가 대단한 것이 있을 것이라 믿었던 모든 사람들에게 용의 문서는 아무것도 아니었다. 오로지 그 문서를 대단한 것이라고 믿는 것, 그것이 새로운 능력을 만들어 낼 수 있는 중요한 기초가 되었다. 타이렁과 맞닥뜨린 포는 자신 안에 내재된 용의 전사로서의 능력을 감지하게 되고, 그를 바탕으로 누구도 넘볼 수 없는 용의 전사로서의 쿵푸 기술을 선보인다. 잘 훈련된, 그리고 타고난 싸움꾼이었던 타이렁은 내내 초보 쿵푸 전사인 포보다 우월했지만 쿵푸를 사랑하고 자기 안에 내재된 능력을 새롭게 선보인 쿵푸 전사 포를 이길 수 없었다. 그렇게 포는 타이렁을 무찌르고, 자신의 마을과 제이드 궁전 그리고 쿵푸의 자존심을 지켜내게 된다. 비로소 포를 둘러싼 모든 이들이 포를 용의 전사로 인정하며 경의를 표한다.

들어가며

만화적인 논리의 비약을 감안하더라도 국숫집 아들인 팬더 포가 세상의 운명을 바꿔 놓을 용의 전사가 된다는 내러티브는 지나친 면이 있다. 할리우드식 흥행을 염두에 둔 드림웍스 픽처스사의 만화적 느낌이 충만한 오락거리로 비추어지기 딱 좋다. 그러나 본 영화의 배경이 쿵푸의 본고장인 중국을 연상케 하고, 스승과 제자와의 관계를 보여 주는 장면 하나하나가 동양의 교육적 과정을 잘 묘사하고 있다는 점, 거기에 이 영화의 대본 책임자(Jennifer Yuh Nelson)가 한국인이라는 점은 이 영화가 단순히 흥행을 위한 오락거리에 그치지만은 않는다는 생각을 갖게 하였다.

교육은 보이지 않는 인간의 능력을 끌어내는 과정이다. 어떤 사람이든 자신이 할 수 있는 일에 대한 생각이 다르고, 이를 성취할 수 있는 자기 능력에 대한 인식이 다를 수밖에 없다. 하고 싶어 하는 것과 하고 싶은 것을 할 수 있는 능력이 늘 일치한다고 할 수는 없다. 교육은 개개인의 능력이 어떻게 자신의 실제 삶으로 연계되고, 또 소망하는 바를 이룰 수 있도록 할 것인지 인도해 내는 과정이 된다. 교육을 이런 식으로 개념화하면, 「쿵푸 팬더」라는 영화는 곧 모든 장면 하나하나가 교육이 무엇이고, 교육적 과정이란 무엇인지를 보여 주는 교육 영화라는 점을 읽어 낼 수 있다. 오락적 즐거움으로 팬더 포가 용의 전사로 거듭나는 과정을 '교육'이라는 키워드로 읽어 낼 수 있는 기회를 놓쳐서는 안 될 것이다.

그런데 다양한 상징으로 등장하는 영화의 장면들을 교육이라는 눈으로 읽어 내는 데 있어 본 영화는 어떤 관점을 제공해 줄까? 금방 찾아낼 수 있는 주제들로는, 주인공인 팬더 포와 쿵푸 사부 시푸와의 갈

등과 화해, 이를 통해 이루어 낸 악의 화신 타이렁을 무찌르는 과정을 이해하는 것이다. 그리고 궁극적으로 이 영화는 교육을 상징하는 소재들을 통하여 다음과 같은 질문들을 제기하고, 또 이에 대한 답변을 만들어 보도록 요구한다. '도대체 잘한다는 것의 기준은 무엇인가?', '어떻게 하면 교사들은 학생들의 잠재력을 찾아낼 안목을 기를 수 있을까?', '지금 당장 눈에 보이진 않지만 이러한 상황을 보다 긍정적으로 바꿀 수 있도록 하는 계기는 무엇일까?', '믿고 바라보는 것 그리고 자신을 믿는다는 것의 의미는 무엇일까?'

이러한 질문들을 묶어서 이 장에서는 교육자와 학습자가 특정한 교육의 목표를 두고 벌이는 긴장과 갈등에 집중하고자 한다. 이러한 긴장과 갈등은 '국숫집 후계자'라는 포의 숙명을 둘러싼 갈등으로, 포에게 붙여진 용의 전사라는 호명과 그의 현실적 정체성이 만들어 내는 긴장 관계, 마지막으로 보이지 않는 것을 믿어야 하는 시푸 사부의 딜레마를 주제로 다루어 볼 것이다.

국숫집 후계자 vs. 쿵푸 전사

올바른 세계관과 자기 성찰을 이끌어 내는 공간

무술을 연마하고 이러한 과정에 참여하는 스승과 제자는 많은 영화의 소재로 채택되어 왔다. 특히 중국 무술을 다룬 영화의 주제에서 쿵푸는 고전적인 소재다. 그러고 보면 팬더가 쿵푸의 전사가 된다는 만화적인 상황을 빼면 이 영화도 이런 공식에서 크게 어긋나지 않는다. 그런데 이를 교육이라는 이름으로 읽어 보자. 쿵푸는 '지식'을 상징한다. 쿵푸 고수는 지식을 연마해 스승의 반열에 오른 사람들이고, 끊임없이 지식을 연마하고 가르치는 데 열중한다. 제이드 궁전은 요즘 방식대로 이해하자면 지식을 연구하고 전수하는 곳인 '학교'를 의미한다고 할 수 있다. 제이드 궁전에 드나드는 일 자체가 신성한 일이고, 이곳에서 하는 유일한 일은 쿵푸 실력을 키우는 것이다.

쿵푸라는 지식을 사이에 놓고 고수인 스승과 실력을 쌓아 나가는 초보 제자들의 관계가 만들어진다. 둘의 관계는 이미 실력이 높은 고수로 잘 알려진 스승을 대하는 제자의 태도에서 결정된다고 볼 수 있

다. 그러나 이들의 관계는 이미 전제된 것을 토대로 유지되는 것이 아니라 쿵푸를 매개로 매일의 생활과 훈련 속에서 새롭게 형성된다. 쿵푸 실력은 상대적인 것으로 언제든 서로의 겨루기를 통해 증명되고 재구성된다. 그리고 보면 영원한 스승이나 영원한 제자라는 개념은 없다고 보아야 한다. 시푸 사부가 자신이 기른 타이렁에게 호되게 당하는 모습을 보자. 또한 그 타이렁이 늦깎이 쿵푸 고수인 포에게 결국 패하지 않는가?

제이드 궁전은 쿵푸 최고의 교육 기관으로서 지식을 만들어 내고 전수하며 확산시키는 곳이다. 쿵푸를 중심에 두고 쿵푸의 역사를 보존하고, 전통을 만들어 나가는 곳이기도 하다. 이곳에서 맺어지는 관계는 오로지 쿵푸 실력을 토대로 형성되는 것으로, 그 외의 속성과 삶의 방식은 부차적인 것으로 치부된다. 어쩌면 제이드 궁전은 상당히 폐쇄적인 공간으로 사회·경제·문화적 계층과 계급을 온전히 보존하고 유지하는 기능을 담당하는지 모르겠다. 즉 쿵푸 실력을 키우기 위한 훈련 방식을 정하고, 이를 규율화하여 철저히 그 규율에 따라 움직이도록 한다. 공동체로서의 제이드 궁전에 속하는 것 자체만으로도 많은 이들의 존경과 신망을 받으며, 이들은 소위 제이드 궁전을 우러러보는 '대중'에 대해 리더십을 발휘한다. 적어도 이곳은 쿵푸를 둘러싼 역사와 기술들이 보존되고 이를 통하여 사회적 역할과 위치를 확인시켜 주는 기능을 하고 있으며, 이러한 제이드 궁전의 전통은 대중에게 신화로, 전설로 그리고 역사로 전달되고 있다. 그런 점에서 쿵푸를 매개로 한 제이드 궁전은 엘리트 중심적인 교육의 핵심이다.

이런 차원에서 주인공으로 등장하는 우그웨이 대사부, 시푸 사부, 타이렁, 5인의 쿵푸 전사, 포는 교육적 관계를 상징하는 바가 크다. 이들은 이미 자신의 삶 속에서 각자의 특징과 능력을 바탕으로 훈련, 연마, 단련, 수련을 쌓아 왔으며, 각자의 실력대로 쿵푸의 고수를 지향하고 있다. 흥미롭게도, 이들은 쿵푸를 단지 싸움의 기술로 인식하는 것을 넘어 바람직한 사회를 만들고 유지하기 위한 수단으로서 이를 연마한다. 물론 타이렁은 예외다. 이들은 쿵푸가 하나의 중요한 수단이고 기술이지만 이를 연마하면서 '바람직한 사회'에 대한 세계관과 '보다 나은 사회'를 위한 자신들의 역할을 성찰하는 것이다. 그리고 이러한 세계관과 자기 성찰은 어쩌면 후천적인 훈련을 통해서보다는 타고나는 것이 더 큰 요인일 수 있다는 점을 암시한다. 즉 똑같은 스승 밑에서 자랐지만 타이렁이 끝내 자신의 욕심을 버리지 못하고 비뚤어진 쿵푸 고수로 남을 수밖에 없었다는 점, 그리고 아무런 준비도 되어 있지 않은 포의 핏속에 쿵푸 전사로서의 흔적이 있다는 것을 발견한 점, 이것이 발현되기를 기다렸다는 점 등이 이를 뒷받침한다.

용의 전사를 선발하는 축제의 장

용의 전사가 의미하는 바는 무엇일까? 쿵푸를 수련하는 당사자들뿐만 아니라 이들을 바라보는 대중 또한 큰 기대를 걸고 있는 중요한 인물로서의 용의 전사 말이다. 비록 타이렁을 막는 것이 용의 전사가 해야 할, 혹은 할 수 있는 가장 첫 번째 일이었지만 용의 전사는 쿵푸의 전통을 잇고 세계 평화를 유지시켜 주는 절대적인 지도자상으로 그려지고 있다. 앞서 쿵푸가 지식을 상징한다고 언급한 것을 돌아보면, 용의 전사는 지식을 통달한 절대적 엘리트가 된다. 마치 플라톤이 언급했던 철인(哲人) 지도자의 상이랄까? 그런 점에서 용의 전사를 가리기 위한 시합은 쿵푸 실력을 겨루는 것이었고, 최고의 쿵푸 실력을 가

진 인물이 용의 전사가 되는 것이 당연해 보인다.

용의 전사를 선발하는 시합에서 5인의 쿵푸 전사가 보여 주는 천편일률적인 대결 모습에서 이를 확인할 수 있다. 사실 이 자리에서 쿵푸 전사로서의 용맹성과 실력을 가장 잘 갖추었을 것이라 여겨지는 인물은 티그리스였다. 티그리스는 표범인 타이렁과 유사한 호랑이로, 타이렁만큼이나 출중한 실력과 함께 리더십을 갖춘 5인방의 선두주자였다. 그런 점에서 그는 용의 전사를 가리는 시합에서 자신이 선택되지 않은 것에 대한 실망이 클 수밖에 없었다. 많은 사람들의 기대를 한 몸에 받는 용의 전사로 선택되기 위해 무대에 서는 것조차 쉽지 않아 보이지만 이 무대는 이미 제도화라는 것을 통하여 우리 삶 깊숙이 익숙한 형태로 자리 잡고 있다. 바로 시험이란 형식으로 말이다. 측정과 평가라는 딱딱한 표현을 쓸 수밖에 없지만 쿵푸 실력자들이 서로 겨루어 자신의 실력이 남보다 낫다는 것을 보여 주는 것은, 배운 지식을 평가하는 방식으로서 오늘날 '시험'이라는 형태로 진화했다.

이 영화에 등장하는 무대로서 제이드 궁전과 용의 전사를 뽑는 시공간은 용의 전사가 되고 싶어 하는 사람, 용의 전사를 뽑고 싶어 하는

사람들 그리고 이 역사적인 장면을 눈으로 보고 싶어 하는 사람들의 거대한 축제의 장으로 그려지고 있다. 너무도 뻔한 결과를 단지 지켜보는 것만으로 끝나는 것이 아니라 무대를 함께 만들고 무대에서 대결하는 후보자들을 응원하고 함께 축하해 주는 그런 축제 말이다. 포가 이 자리에 참여하고 싶었던 이유도 이러한 축제를 타인이 아닌 자신의 축제로 만들고 추억하기 위함이었다. 교육은 어쩌면 그것이 공식적이든 혹은 비공식적이든 교육이라는 행위에 참여하는 모든 이들의 축제인지도 모르겠다. 혹독하리만치 힘든 배움의 과정의 결과를 보여 주는 것만으로도 의미를 가질 수 있지만 누군가의 배움을 응원하고 또 그 배움의 의미와 결과를 공유하면서 자신의 배움과 연계해 보도록 하는 장으로서의 교육은 곧 축제의 장이 될 수 있다.

스승의 극적인 선택

이 영화에서 여전히 쉽게 납득하기 어려운 부분이 있다. 우그웨이 대사부는 왜 용의 전사를 5인방 중에서 뽑지 않고 포를 선택했을까? 물론 이야기의 전개상 포를 지명하고, 포가 용의 전사로 성장, 변화하

는 모습을 보여 주는 것은 극적 효과를 높인 요소임에 분명하다. 그러나 우그웨이 대사부는 포가 어떤 존재인지 전혀 알지 못했다. 게다가용의 전사를 지명하는 순간 포가 우연히 무대에 등장하게 된 것은 하늘에서 뚝 떨어진 것이나 다름없는 상황이었다. 이는 적어도 자신들중 한 명이 지명될 것이라고 기대했던 5인방도 그렇고, 이를 자연스럽게 기다리고 있던 시푸 사부의 바람과도 완전히 다른 결정이었다. 우그웨이 대사부는 왜 고집스럽게 자신의 결정을 수정하지 않았을까? 도대체 우그웨이 대사부는 무엇을 보고, 어떤 기준으로 포를 용의 전사라고 지명하게 된 것일까?

우그웨이 대사부는 모든 이들의 존경과 신망을 받고 있는 인물이다. 거북이로 그려지고 있는 그는 오랜 세월 쿵푸를 수련하고 가르쳐온 쿵푸의 고수이자 모범적 스승의 상을 보여 주고 있다. 누구보다도용의 전사가 어떤 역할을 담당해야 할지 잘 알고 있었고, 용의 전사가지녀야 할 능력에 대해 정확하게 판단할 인물이었다. 더욱이 그는 용의 전사가 가지게 될 힘과 지도력에 대해 큰 기대를 걸고 제자를 훈련시키고 있는 시푸의 마음을 훤히 알고 있었을 것이다. 겉으로 보기에도 뚱뚱한 팬더인 포가 움직임이 둔하면서도 다급한 성질의 소유자로 한 번도 쿵푸를 제대로 배워 본 적이 없다는 것 정도도 '단번에' 알아보 았을 것이다. 이 상황을 단지 비상식적이고 극적인 이야기가 가능한 만화이기 때문에 '그러려니' 하고 받아들일 수 있을까?

사실 똑같은 일이 우리 교육 현장에서 일어나거나, 혹 일어날 개연 성이 있다고 상상해 보자. 학습의 성과로서 시험을 치른 아이들이 있 고, 그 결과가 공개된다. 그런데 시험 결과를 바탕으로 학교 임원을 뽑 는다거나, 혹은 시험 결과를 토대로 상위 학교로의 진학을 결정하는 일, 혹은 소수의 취업 기회를 놓고 사투를 벌이는 사람들에게 우그웨 이 대사부가 한 것과 같은 납득불가한 결정은 어떤 상황을 야기할 것 같은가? 우그웨이 대사부의 결정은 불공정하고, 불투명하며, 근거가 부족하고, 지나치게 독선적이며 직관적인, 그리고 미리 공지된 선발의 내용과 절차를 무시한 비민주적인 결정이 될 것이다. 비록 그가 평생 에 쌓아 온 높은 쿵푸 실력을 인정받고 대사부로서 사회적 존경을 받 는 인물이라 하더라도 그가 내린 '우연적인' 결정은 모든 이들의 삶과 공동체의 질서를 허무는 배반의 행위로 낙인 찍힐 것이다.

그런데 결정을 되돌릴 수 없다는 것을 안 시푸와 5인방은 형식적이 긴 해도 우그웨이 대사부의 결정을 받아들였다. 정작 문제를 일으킨 우그웨이 대사부는 사실 나몰라라 하고 있었고, 시푸와 5인방은 쿵푸 실력에 있어서만큼은 형편없는 포를 참아내기 어려웠다. 이들은 여전 히 마음속으로 포를 받아들이지 못하고 있었고, 현 상황을 뭔가 잘못 되어 바로잡아야 하는 것으로 인식했다. 여기에는 포를 쫓아내는 일도 포함되었다. 여기서 만약 대사부 우그웨이의 '우연적'이라 여겨지는 결 정을 제자들이 받아들이지 않았거나 못했다면, 혹은 거부했다면 어떤 일이 일어났을까? 사실 현실에서는 이러한 상황이 얼마든지 일어날 수 있다. 교육 주체 간의 긴장과 갈등은 늘 존재하고, 이러한 긴장과 갈등은 어떤 방식으로든 판단되어 이행의 길에 들어서게 된다. 이러한 긴장과 갈등을 어떻게 이해하고 설명해야 할까?

그런데 이 영화에서 긴장과 갈등은 겉으로 표면화되지 않는다. 용의 전사를 선택하는 문제를 놓고 우그웨이 대사부와 시푸 사부와의 관계에 존재하는 긴장은 시푸 사부 스스로 문제를 해결하겠다는 입장으로 일단 수용되기 때문이다. 시푸는 절대적으로 우그웨이 대사부의 말을 따르는 유형으로, 비록 이해되지 않고 받아들일 수 없는 상황에서도 이를 받아들인다. 그리고 시푸는 그의 스승이 그에게 남긴 말들을 되새기고 그 의미를 찾고자 노력한다. 즉 긴장과 갈등은 스승의 뜻과 예지를 채 파악하지 못하고 알지 못하기 때문에 발생한 것으로 여겨지고, 이를 극복하는 방법은 스스로의 내공을 채워 가는 것으로 간주된다. 이렇게 스승의 결정을 따르는 것이 제자의 도리이고, 교육의 순리인 것처럼 말이다.

나라면 그 모욕을 인내할 수 있었을까

　우그웨이 대사부의 결정을 쉽게 납득하지 못하는 시푸 사부는 대사부의 결정을 거부하지 못하고 어정쩡하게 받아들인다. 그러나 자신조차도 넘어서는 쿵푸 실력을 갖추었을 것으로 기대될 용의 전사를 기대해 왔던 그에게 형편없는 포의 모습과 쿵푸 실력은 실망을 넘어 절망, 어쩌면 그 이상의 처절함을 안겨 주었다. 더욱이 쿵푸 전사는 타이렁을 포함한 세상의 악과 대면해야 하는 모든 이의 지도자여야 했다.

　사부로서 결코 제자로 받아들이기 어려운 상대, 포를 대하는 시푸 사부의 태도는 명확하다. 쿵푸를 위해서도, 자신이나 당사자인 포를 위해서도 그를 내보내는 것이 최선의 방법이라고 생각했다. 즉 시푸 사부에게는 나름의 명확한 기준이 있었고, 그 기준을 넘어서지 못하는 이는 누구도 인정할 수 없었던 것이다. 어쩌면 여기에는 엘리트 사회에 맞지 않는 인물에 대한 계층 의식과 계급 의식을 결부시킬 수도 있겠다. 교육이 이루어지는 장소에 대한 접근 자체가 폐쇄적이진 않은지, 수월성이라는 쟁점이 곧 접근성과 연계되는 상황에서 이러한 문제는 부득불 발생할 수밖에 없는 것은 아닌지 말이다. 포와 시푸 간의 불편하고 부당한 상황들이 이어지고, 시푸 사부의 노력에도 불구하고 포와 제이드 궁전의 나머지 쿵푸 전사들에게는 절망적 상황들이 끊임없이 반복된다.

　그런데 포의 반응 또한 놀랍다. 적어도 자신이 쿵푸 전사가 될 수 없다는 생각을 했을 법도 한데, 그럼에도 불구하고, 그는 결코 포기하지 않는다. 견디기 힘든 훈련 강도와 모욕을 마치 모르는 듯 받아내면서 참아낸다. 왜 그랬을까? 계층과 계급적 차별 그리고 인식, 능력 차이의 존재에도 불구하고 포는 정말 자신이 용의 전사라는, 혹은 용의

전사가 될 수 있다는 생각을 한 것일까? 만약 포가 그 자리를 벗어나려 했다면 어떤 일이 벌어졌을까? 포에게도 아픈 것은 아픈 것이고, 모욕적인 것은 모욕적인 것이다. 어쩌면 가르침이라는 과정에 참여하는 교육의 주체들 사이에 존재하는 긴장과 갈등은 시푸 사부와 포처럼 수많은 모욕과 평가절하, 무시, 편견으로 가득 차 있을지도 모른다. 마지막 순간 시푸 사부가 포의 재능을 알아내고 이해하려는 태도를 채 깨닫기 전 시푸 사부의 관심은 오로지 무능한 포를 쫓아내는 데 있었다는 점을 잊어서는 안 된다. 만약 포가 그때의 모욕을 참지 못하고 쫓겨났다면 이 이야기는 어떻게 전개되었을까? 안타깝지만, 현실에서 우리는 포가 보여 준 유머스러운 인내심을 가지고 있지 않다. 영화 속 포를 우리 중 하나라고 보고 싶지만 정작 우리가 영화 속에서 시푸 사부를 대하는 포라면 첫날도 채 넘기지 못하고 포기할 수밖에 없었을 것이다.

자기주도성이 우선시된 개별화된 훈련 방식

타이렁을 막기 위해 5인방이 제이드 궁전을 떠난 후 시푸와 포만이 제이드 궁전을 지키게 된다. 스스로 떠나면서 용의 전사를 믿어야만 한다고 당부한 우그웨이 대사부의 유언을 떠올리며 타이렁에 대적할 만큼 강한 쿵푸 전사로서의 포를 떠올려 보지만 시푸 사부에게 뾰족한 수가 있을 리 만무했다. 그러나 타이렁이 온다는 말에 겁을 먹고 도망가려는 포를 그는 일단은 붙잡아 놓는다. 시푸 사부는 뭘 어떻게 해야 할지 몰랐지만 포가 부재한 상황은 막고 싶었다. 궁전에 남아 있는 동안 둘 사이에 서로를 알 만한 기회가 많았을 것 같지만 시푸는 포에 대해 거의 관심을 갖지 않았다. 적막한 제이드 궁전을 소란하게 만든 소리 때문에 놀라 달려간 부엌에서 자신이 직접 보고도 눈을 의심할 광경을 보기 전까지는 말이다.

시푸는 자신의 배를 채우기 위해 포가 사방을 날다시피 움직이는 장면을 목격했다. 시푸는 그때 비로소 포의 재능에 대해 관심을 보이기 시작했다. 흥미로운 것은 포조차도 자신이 어떤 능력을 지니고 있는지 알지 못했고, 혹 그것을 인지했다고 하더라도 그 의미를 알지 못했다는 점이다. 거구를 유지하기 위해 '늘 배고픈' 팬더였던 포는 먹을 것 앞에서 자신의 모든 능력을 쏟아내야만 했다. 그리고 그런 일이 일상적인 것처럼, 음식을 찾기 위한 처절한 사투는 단지 '먹고살기 위한'

반응 정도로 여겨졌다. 포 스스로 자신의 능력을 돌아볼 수 있는 계기란 따로 없었다. 그는 오로지 온몸의 감각과 신체적 능력을 동원해 해야 할 일에 집중할 뿐이었다. 그리고 이를 가능하게 하는 유일한 통로는 '음식'이었다. 그다지 무거워 보이지 않는 국수 수레를 제이드 궁전까지 끌고 가는 데 포가 얼마나 힘들어하는지 첫 장면에서 우리는 너무도 인상적으로 보지 않았는가? 그는 자신이 정말 하고 싶지 않은 일에는 힘이 집중되지 않았던 것이다.

사실 포의 능력이 어떠했는지는 당사자도 모르는 지경인데, 누군들 이 상황에서 포의 능력을 높이 평가하겠는가? 포가 음식을 찾겠다고 난장판을 만들어 놓은 부엌을 보면 대부분의 사람들은 그 현실을 한탄하거나 그 난장판을 다시 질서정연한 상황으로 바꿀 것을 명령하게 된다. 무질서는 바로잡아야 할 상황일 뿐이다. 그러나 시푸의 눈은 전혀 다른 곳을 보고 있었고, 그의 머릿속은 푸가 만든 무질서가 아니라 그것을 가능케 한 그의 힘을 좇아가고 있었다. "도대체 거긴 어떻게 올라갔는데?", "너를 잘 봐. 그렇게 안 된다던 다리찢기를 완벽하게 하고 있잖아?" 그리고 시푸 사부는 포를 만난 이래 처음으로 미소를 짓는다. 마치 '이제는 어떻게 해야 할지 알겠어' 하는 듯 말이다.

시푸와 포는 쿵푸의 발상지로, 우그웨이 대사부와 자신이 쿵푸를 연마했던 곳에 이른다. 시푸 사부는 포에게 다음과 같이 이야기한다.

시푸 사부: 쿵푸를 배우기 원하느냐?
포   :
시푸 사부: 그렇다면 이제부터 내가 네 스승이다. 그런데 지금까지 내가 저지른 실수가 컸다. 내가 5인방을 훈련시켰던 방법으로 너를 훈련시킬 수는 없어. 이제야 너를 어떻게 대해야 할지 알겠구나.

바로 음식을 갖고 말이야……. 네가 훈련을 잘 받으면 (이 음식을) 먹을 수 있을 거야.

시푸 사부가 포를 자신의 정식 제자로 받아들이면서 고백한 말이다. 시푸 사부는 비로소 포가 가진 능력을 밖으로 끌어내어 훌륭한 쿵푸 전사가 될 수 있도록 훈련을 시작한다. 스승은 제자의 능력에 무언가를 더하는 것이 아니라 제자가 자신도 알지 못하는 능력을 끌어내어 조직적으로 훈련시키는 것이 아닌가 싶다. 따라서 스승에게 가장 중요한 것은 제자를 믿는 것이고, 제자를 믿는다는 것은 그 제자가 가진 능력이 충분히 발현될 수 있다는 점을 믿는 것이라고 해야 할 것이다. 이 점에서 우리는 우그웨이 대사부가 시푸 사부에게 마지막으로 던진 "용의 전사를 믿어야만 해"라고 한 말을 이해하게 된다. 그렇다고 믿는 것, 그 하나만으로 족하진 않다. 시푸 사부는 포를 대하는 데 있어 훈련 방법을 개별화했다. 훈련을 개인에게 최적화하여 제공한다고 할 때 그 시작과 과정은 포의 흥미와 능력에 따른 자기주도성이 우선시되었을 것이다. 그리고 이러한 방법에 따라 스승은 제자에게 적절한 지도와 모범을 보여야 한다.

개별적인 교수-학습이라고 할 경우 서로 공유할 수 있는 방법이 있는가 하면 결코 공유할 수 없는 방법, 계기, 또한 평가가 있을 수밖에 없다. 자신의 내공이 점차 깊어지고 뭔가 아래를 내려볼 수 있는 실력이 쌓여 가면서 비로소 제자는 스승을 인정하게 된다. 유치원생들과 초등학교 저학년생들이 자신을 가르치는 교사들에게 자신에게 익숙한 세계를 알지 못한다고 나무라는 모습을 본 적이 있는가? 세상이 자신을 중심으로 돌아가고, 자신이 아는 것이 세상의 모든 것이라고 생각하는 사람들에게 자신이 아는 것을 모르는 사람은 '무지'해 보이는 것이다. 이와 같은 인식론은 딱 유치원생 수준의 내공을 대표한다. 제자는 적어도 스승의 내공을 가늠할 수는 없다고 하더라도 스승에게서 보다 높은 삶의 질, 보다 나아질 수 있는 기술의 내공, 세계관의 깊이가 있음을 알게 된다. 이러한 둘 사이의 관계가 시작되면 가르침이라는 구체적인 교수-학습 속에 점차 '믿음(신뢰)'이 깊어지게 된다. 교육이 만들어 내야 할 가장 중요한 성과라면 바로 이것이다.

용의 문서에 숨은 교육적 의미

이 영화에서 가장 허무맹랑하다고 여겨지는 포인트 두 가지가 있다. 하나는 우그웨이 대사부가 포를 용의 전사로 선택하는 장면으로 이미 앞에서 언급했다. 다른 하나는 용의 문서, 그렇게 절대시하고 신성시하며 누구의 접근도 허락되지 않았던 문서에 아무것도 적혀 있지 않았다는 것이다. 반전에 반전을 가져다주는 놀라운 일이다. 적어도 다음에 무엇이 일어날지를 가늠하기 어렵게 만든다는 점에서 이 두 장면은 교육에 관한 가장 극적이고도 역설적인 장면이라고 할 수 있다.

말 그대로 허무맹랑해 보이지만 그렇게 용의 문서는 아무것도 쓰여

있지 않은 빈 문서로 밝혀진다. 용의 문서는 용의 전사로 거듭나도록
돕는 비법으로 알려져 있었다. 이것의 시작이 어떠했는지, 그 안에 어
떤 내용이 있는지 그 누구도 모르는 가운데, 용의 전사로 선택된 쿵푸
전사가 비로소 진정한 용의 전사가 될 수 있도록 하는 마법과도 같은
기술이 담겨 있을 것으로 믿어졌다. 소문은 하나의 커다란 신화를 만
들어 세대에서 세대로 이어지게 했고, 신화는 하나의 역사가 되어 무
엇이 진짜인지 그리고 왜 그러한지에 대한 설명도 없이 전수되었다.
그로 인하여 쿵푸라는 지식을 매개한 스승과 제자의 교육적 관계는 신
화화된 용의 문서 속 비법을 욕망하는 탐욕적 목표로 대체되어 왔다.
적어도 타이렁이 자신에게 최선을 다한 스승과의 관계를 깨뜨려도 좋

다고 생각한 이유도 용의 문서 때문이었다. 용의 전사라는 자격은 곧 용의 문서가 보여 줄 비법으로 전수된다고 믿어졌기 때문이다. 용의 문서 속 비법이 무엇인지 정확하게 알지 못하지만 그것으로 얻게 될 절대적인 힘은 용의 전사에게 곧 절대적인 권한을 부여할 것이라 여겨졌다. 세상에 두려울 것 없는 존재가 되는 가장 빠른 길이 바로 용의 문서에 담겨 있을 것이었다.

절대적인 힘을 담고 있다는 용의 문서, 그런 것이 있다고 믿는 것 그리고 그것을 자신 바깥에서 얻을 수 있다고 보는 것은 우리가 사는 세상에서 너무도 흔하게 볼 수 있는 현상이다. 특히 교육이라는 이름으로 이루어지는 수많은 '단기 속성 비법'은 현대를 살아가는 사람들에게 신화로서의 '용의 문서'가 실재함을 선전하고 있다. 어쩌면 인간의 의식이 세상과 맞닿아 있는 상황에서 언제고 누구라도 '용의 문서'와 같은 비법을 찾는 일은 끝나지 않을지 모른다.

그러나 역설적이게도 용의 문서는 그러한 절대적인 비법이 자신의 바깥에 있는 것이 아니라 자신 안에 있다고 이야기한다. 그 속에 아무것도 없다는 철학적 가르침을 통해서 말이다.

용의 전사로 선택되고 이제 가까스로 쿵푸 전사로서의 첫 발을 뗀 포는 타이렁을 막아야 하는 다급함에 용의 문서를 열 수 있는 자격을 얻게 된다. 천정 가까이 매달려 있는 용의 문서를 내릴 기술도 그리고 꽉 닫혀 있는 용의 문서 통 뚜껑을 열 수 있는 능력도 보여 주지 못하는 그는 여전히 용의 전사 자격이 의심되는 존재다. 그러나 일단 포를 믿기로 마음먹고, 포에게 모든 것을 내맡긴 시푸 사부와 5인방은 그런 포의 어리숙함을 흘려 넘긴다. 이들의 가장 큰 관심사는 그러한 어리숙한 포가 용의 문서 속 비법으로 자신들 마음속에서 그려 온 진정한

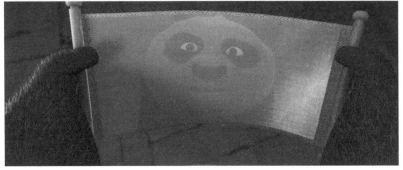

용의 전사가 되는 것이다. 포가 용의 문서를 꺼내 펼치는 과정에서 이들이 보여 준 표정과 함성이 이들이 가졌을 법한 기대를 엿보게 한다. 그러나 모두의 기대를 깨뜨리고 포에게는 아무런 변화도 일어나지 않았다. 무엇보다 그 용의 문서는 말 그대로 백지였다. 그렇게 포와 시푸 그리고 5인방은 용의 전사다운 용의 전사를 마음속에서 지운다. 모든 것이 허무맹랑한 신화였고 그 신화란 아무것도 아니었다는 절망을 느낀다. 더욱이 현실 속 타이렁을 대면해야 하는 두려움은 사라지지 않은 채 말이다.

그런데 용의 문서가 지닌 비밀은 의외의 상황에서 드러난다. 타이렁을 피해 이주하는 와중에 팬더 포의 아버지인 오리 핑이 국수의 비법을 설명한다. 핑이 운영하는 국숫집은 국물 맛이 좋기로 유명하다. 핑은 이 국수 가게의 역사가 오래된 만큼 국숫집의 국물 맛에 전통적으로 내려오는 비법이 담겨 있음을 공공연하게 이야기하곤 했다. 그러나 누구에게도 이러한 비법에 대해 이야기한 적은 없었다. 피난을 떠나는 와중에 이제 국숫집을 물려받아야 하는 아들 포에게 그는 그 비법을 귀띔한다. 그런데 그 비법이란, 놀랍게도 '비법이 따로 없다'는 것이었다. 핑은 아들 포에게 "무언가 특별하게 만들려고 한다면 단지 그것이 특별하다고 믿으면 된다"고 말한다. 국수 국물을 특별하게 만드는 특별 재료라든가, 가문 대대로 내려오는 특별 소스가 있기보다는 만드는 사람이나 그것을 먹는 사람이 특별하게 생각하고 맛있게 먹으면 되는 것이었다. 그것이 평범한 보통 육수로 우려낸 국수를 아주 특별하고 맛있는 국수로 만드는 비법이었다. 아버지의 뜻하지 않은 국수 국물의 비법을 들으면서 포는 아무것도 쓰여 있지 않은 용의 문서가 전하는 비밀을 터득한다. 용의 문서에는 용의 전사가 스스로 용의 전사라는 믿음을 갖도록 하는 훌륭한 비법이 담겨 있었던 것이다. 즉 빈 문서는 '비법이 따로 없다'는, '자기 능력 바깥의 절대적인 힘'의 도움 없이 스스로 문제를 해결해 나갈 수 있다는 믿음을 전해 주는 의미였다. 용의 문서가 없더라도 실력을 키울 수 있지만 자신에 대한 믿음을 강조하기 위한 수단으로서 용의 문서라는 상징을 사용한 것이다.

우리 주변에 있는 용의 문서로는 어떤 것이 있을까? 어쩌면 활자화된 지식의 체계, 뭔가 많이 쓰여 있고, 그것이 가진 권위로서 교과 지식을 용의 문서라고 할 수 있을까? 비록 교과서가 아니라도 우리에게 책은 어떤 의미일까? 어떤 지식을 담고 있는 책 자체는 우리 삶에 아무것도 전달해 주는 것이 없을 수도 있다. 이를 이해하고, 해석하고 다시 되새겨 실천하게 하도록 매개할 뿐이다. 그것들이 내 삶에 얼마나 소중하고 필요한 것인지, 내 인식의 폭과 세계관에 어떤 영향을 주는 것인지 의미부여하는 일이 필요할 뿐이다. 책 그 자체가 무언가를 가져다주지 않는다면 어쩌면 그 속에 무엇이 쓰여 있든, 혹은 아무것도 쓰여 있지 않더라도 나와는 별 상관없는 일인지도 모른다. 그런 점에서 용의 문서가 전달하는 이 비밀이 어쩌면 이 영화에서 가장 교육적인 부분이 아닐까 싶다.

교육은 주어진 숙명을 극복하게 할까

꿈을 짓밟는 아버지의 역설적인 사랑

극의 전개가 애당초 논리적이라기보다는 비약과 억지가 가득한 우화에 가깝다는 점은 팬더 포와 오리 핑이 서로 부자지간이라는 점에서도 잘 알 수 있다. 어쩌면 사람이 아닌 동물들의 이야기이기 때문에 이들 간의 관계를 보다 만화적으로 볼 수 있는 여지가 있지 않았나 싶다. 하여간 아들 포는 팬더고 그의 아버지 핑은 오리다. 아버지 핑의 직업이 국숫집 주인이라는 점은 이상할 것이 없어 보이지만 포는 그의 아버지를 이어 국숫집을 할 생각이 전혀 없다. 비록 있다고 하더라도 그 일을 자기 일이라고 생각지 않았다. 그럼에도 불구하고 그는 아버지 앞에서 자신의 진짜 꿈을 이야기하지 못하는, 해서는 안 된다고 훈육받은 '착한' 아들이었다. 그래서 쿵푸 전사로서의 자신의 꿈이 국수 꿈이 되어 버린 것이다.

그러나 아버지 핑은 자기 아버지, 아버지의 아버지, 아버지의 아버

지의 아버지가 해 왔던 것처럼 자기 아들에게 국숫집을 물려주는 것을 운명으로 생각하고 있었다. 흥미로운 것은 포는 자기 운명을 자기 내면에서 찾고 있었다면 포의 아버지는 자신의 운명을 외부에서 찾았고 또 그것을 스스로 해석하고 실천해야 할 숙명으로 받아들이고 있었다. 포는 아버지의 가게를 물려받아 국숫집 주인이 되는 것이 곧 그의 숙명이었다. 아버지 핑에게 있어 중요한 것은 '어떻게 자신이 하고 싶은 일을 하며 사는가'보다는 '아들 포가 굶지 않고 남들처럼 평범하게 사는 것'이었다. 이를 위해서 자신이 할 수 있는 것은 포가 그 목표를 이루는 데 좀 더 쉽게 도달할 수 있는 길을 찾아 주는 것이었다. 그는 그것이 포의 '유일한' 아버지로서 자신이 할 수 있는 일이라고 생각했다. 그렇게 국수 꿈은 포와 상관없이 포의 꿈이 되어야 한다고, 그것이 포의 숙명이라고 아버지는 믿고 있었다.

아버지가 가진 포의 숙명으로서 국수 꿈은 포의 삶을 늘 곤혹스럽게 했다. 꿈속에서의 흥미진진한 쿵푸 전사로서의 느낌은 핑이 국숫집의 역사와 전통을 들먹이는 통에 일순간 사라져 버렸다. 용의 전사를 뽑겠다는 공고를 보고 안달하는 포는 사람들이 많이 모이는 곳에서 국

수를 팔아야 한다는 아버지의 주문을 거역하지 못하고 국수 수레를 준
비하고, 결국 그는 역사적 볼거리를 눈앞에서 놓쳐 버린다. 용의 전사
로 뽑혔지만 타이렁 앞에 무력한 아들을 대한 아버지 핑은 다시 한 번
포에게 용의 전사가 아닌 국수 꿈이 그의 숙명이라고 설득한다. 아버
지 핑은 아들을 진정으로 사랑하는 평범하지만 너무도 훌륭한 아버지
였다. 그러나 그의 숙명은 포가 자신의 관심과 삶의 태도를 집요하게
포기하도록 반대하는 것이었다. 아버지 핑의 이러한 태도는 그가 그의
아들 포를 너무 사랑하기 때문이었다. 역설적이지 않은가? 핑은 포의
삶에 안정적 환경을 제공해 주었지만 포가 살면서 지향하는 희망을 무
참히 짓밟는 존재였다. 포에게 오리 핑이 자신의 진짜 아버지일까 하
는 생물학적 문제만큼 자기 삶의 관심을 둘러싼 아버지 핑과의 숙명적
인 대결은 긴장 그 자체였다.

자기 정체성 실현을 위해 거쳐야 할 과정

과정이야 어찌되었건 포는 용의 전사를 지명할 특권을 가진 우그웨
이 대사부로부터 용의 전사로 호명된다. 용의 전사라는 호칭을 부여받
고 포에게는 어떤 변화가 있었을까? 그는 자신이 그렇게 그리워하던
제이드 궁전에 머물며 존경하는 쿵푸의 고수들과 함께 지내게 된다.
누구보다도 훌륭한 쿵푸 사부인 시푸로부터 훈련을 받는다. 하루 아침
에 이루어진 이 정도의 변화면 포는 분명히 자신이 꿈을 꾸고 있다고
생각할 수 있다.

그러나 포에게 주어진 호칭으로서의 용의 전사는 이러한 삶의 장소
가 바뀌고, 새로운 인물들을 만나는 것을 의미하는 것에 그치지 않는
다. 용의 전사는 쿵푸계를 대표하여 세상의 악과 싸우고, 세상의 살아

있는 것들을 지키고 보호할 책임을 지고 있기 때문이다. 더욱이 쿵푸 고수들의 지도자로서 쿵푸 세계를 발전시켜야 할 막중한 임무도 주어진다. 그것이 오랜 쿵푸 역사와 전통 가운데에서 수련을 하는 쿵푸 고수들이 용의 전사를 기다려 온 이유다. 그런데 포는 어떠한가? 뚱뚱하고 굼떠 보인다. 이런저런 쿵푸에 대한 지식은 있지만 도무지 할 줄 아는 쿵푸 기술이 없다. 폼만 잡을 줄 아는 한마디로 허풍쟁이 사기꾼으로 보인다. 우그웨이 대사부의 호명에도 불구하고 포에게는 아무런 변화가 없었고, 심지어 용의 문서를 받아 든 이후에도 포에게는 아무런 변화가 없었다. 포 스스로도 그렇고 포를 바라보는 제3자들도 그렇고, 용의 전사로서 포는 도무지 어울리지 않는 조합이었다. 포는 절대 용의 전사로 호명되지 말았어야 할 존재였다.

그런데 이러한 일로 가장 큰 갈등을 겪을 주체는 포 자신이다. 도대체 나는 왜 용의 전사로 호명되었을까? 당장은 자신이 평소 꿈꾸어 오던 장소에 있다는 것만으로도 신기해했지만 자신에게 요구되는 책임과 의무가 터무니없다는 것을 깨달은 포는 그 상황에서 벗어나고자 한다. 타이렁이 온다는 이야기를 듣고 제이드 궁전을 떠나려는 마음, 그것이 포의 본심이었다. 자신에게 부여된 정체성과 자신이 자신에게 부여하는 정체성 간의 긴장 때문에 포는 화가 치밀어 올랐다. 먹성 좋은 포가 음식에 집착하게 된 이유도 여기에 있었다. 포는 스스로 서로 다른 두 정체성 간의 조화를 만들어 낼 수 없었다. 이 일을 매개한 것은 포가 아닌 스승 시푸였다. 시푸의 인내심과 깨달음으로 포의 능력이 발산할 수 있는 계기가 마련되었다고는 해도 포가 운명적으로 자기 꿈을 실현할 수 있었던 것은 결국 포 스스로의 성찰 때문이었다. 아무것도 쓰여 있지 않은 용의 문서 때문에 자신이 놀림받았다는 생각이 들었지만 결

국 용의 문서에 담긴 놀라운 비밀을 깨닫고 용의 전사로서의 임무를 완수한 것은 포 자신이었다.

　교육의 최종 목표는 스스로 깨달음에 이르도록 하는 것이고, 이는 교육에 있어서 가장 교육적인 과정이라고 할 수 있다. 이 영화에서 결론적으로 포는 자기 깨달음에 이르게 된다. 즉 자신이 정말 좋아하는 일을 하는 것이 좋다는 것, 자신을 믿는 것이 필요하다는 것, 외부의 요구와 기준에 맞추기보다는 자신의 능력과 역량을 발휘하도록 스스로 단련하고 연마하는 것이 필요하다는 것, 스승의 가르침은 결국 무엇인가를 나에게 억지로 주입하는 것이 아니라 내가 가진 능력이 소중하다는 것을 확인시켜 주는 것임을 깨달았다는 점에서 그렇다. 또한 '비법' 같은 것은 없다는 것, 자신이 방법을 만들고 그 방법을 보다 발전시킬 주인이라는 것을 깨닫게 된 점에서도 그러하다. 그렇게 포는 자신에게 호명된 정체성이 현실과 전혀 조우되지 않는 상황에서 정체성을 실현하기 위한 깨달음의 과정을 거쳐 왔다. 이는 이 영화가 오늘의 우리 교육 현실에 던져 줄 수 있는 가장 질적으로 필요한 교육적 메시지가 아닌가 싶다.

잠재력에 대한 믿음을 가져라

"믿는 것이 먼저일까? 아니면 이해하는 것이 먼저일까?" 이는 철학에서 오래된 논쟁이다. 인식론의 문제이고, 종교와 신앙을 어떻게 이해하고 받아들일 것인가에 관한 신학적 논쟁이기도 하다. 이 글을 읽는 독자들은 어떤 생각을 갖고 있을지 모르겠다. 존재에 대한 물음으로 구성되는 형이상학, 존재를 어떻게 알아나갈 수 있는지 묻는 인식론, 어떻게 살아가는 것이 옳은가를 따져묻는 윤리학, 철학의 이 세 가지 근본적 질문에서 '믿는 것'과 '이해하는 것' 중 어느 것을 우선시 할 것인가에 대해서는 상당히 다른 접근법과 답변을 내놓는다. 플라톤은 보이지 않는 것, 그것이 있다고 믿는 것이 보이는 것을 이해하고 설명할 수 있는 기준이 된다고 했다. 이에 반해 아리스토텔레스는 보이는 것을 우선하여 이해하고 설명함으로써 보이지 않는 것에 대한 존재와 그에 대한 지식을 쌓아갈 수 있다고 보았다.

이러한 둘 간의 차이는 중세시대 신적 존재를 믿고 이해하는 방식에 있어 서로 다른 접근으로 구분되게 했다. 성 어거스틴(St. Augustine)은 신의 사랑과 은총을 강조하며 신을 믿는 것이 그를 이해하는 것의 토대라고 주장했다. 그의 이러한 관점은 플라톤의 철학적 해석을 수용한 것으로 교부 철학의 근간을 이루었다. 토마스 아퀴나스(Thomas Aquinas)는 신앙을 보다 이성적으로 설명하고 이해하는 것이 필요하다고 보아, 기존의 교부 철학에서 배제되었던 이성의 역할을 회복하도록 했다. 이러한 입장은 아리스토텔레스의 철학적 해석을 반영한 것으로 이후 스콜라 철학으로 발전하여 왔다. 물론 이런 주제에 대해서는 이렇듯 단편적이고 간단하게 설명할 만한 사안이 아니라는 점을 잘 안다. 그러나 '믿음'과 '이해/설명' 중 어느 것을 우선해야 하는가는 무엇인가를 행하는 데 있어 여전히 중요한 판단 준거가 되고 있다.

팬더 포가 주인공으로 등장하는 이 영화에서 가장 불쌍한 인물을 꼽으라면 단연코 시푸 사부라고 할 수 있다. 시푸는 쿵푸 전사이자 쿵푸를 후세에 전하는 스승이다. 그는 이미 잘 알려진 쿵푸 전사들을 키워 내고 이들과 함께 세상의 평화를 보호하는 지도자의 역할을 수행하고 있었다. 그러나 외양상 지도자와 위대한 쿵푸 전사들의 스승으로 비추어지는 모습과는 달리 시푸는 마음의 평정을 누리지 못하는 불안한 인물이다. 그가 키워 낸 또 한 명의 쿵푸 전사인 타이렁 때문이다. 자신이 너무도 사랑한 제자에게 쏟아부은 열정과 노력이 용의 전사를 향한 제자의 욕망으로 거부되면서 시푸는 누구도 믿지 못하는 마음의 상처를 안고 있었다. 거기다 용의 전사를 선발하는 자리에서 전혀 엉뚱한 팬더 포가 지명되는 바람에 용의 전사를 중심으로 세상을 지키겠다는 자신의 계획은 엉망으로 틀어졌다. 일을 저지른 대사부 우그웨이는 알 듯 모를 듯한 말만 던질 뿐 뾰족한 해결책을 제시해 주는 것도 아니다. 선택된 용의 전사에게서는 용의 전사다운 면모를 전혀 찾을 수 없다. 용의 전사 포는 쓸모없는 사기꾼으로까지 보였다. 그래서 그에게서 어떤 능력을 찾아볼까를 고민하기보다 어떻게 하면 그를 쫓아낼 것인가에 골몰했던 것이다. 설상가상으로 타이렁이 그 깊고 깊은 감옥에서 탈출했다고 하고, 자신이 사랑하던 제자들은 죽음 직전까지 몰렸다. 이 와중에 타이렁을 제압했던 우그웨이 대사부는 이 땅을 떠나 다른 세계로 가 버렸다. "용의 전사를 믿어야만 해." 이 한마디를 남기고 말이다. 짊어지지 않아도 될 짐을 온통 혼자 짊어지고 있는 듯한 시푸의 모습과 '세상 일 참 내 마음대로 안 되네'라는 하소연을 하루 종일 내뱉을 법한 그의 현실이 눈에 선하다.

시푸 뜻대로 돌아가는 것이 하나도 없었다. 그렇다고 길이 없는 것은 아니었다. 형편없는 팬더 포를 용의 전사가 되도록 훈련하거나, 지금 당장은 없지만 곧 드러날 그의 능력을 찾아내거나 하는 방법이 있다. 그런데 어느 것도 가능해 보이지 않는다. 능력을 타고난 타이렁을 가르쳐 본 경험과 놀라운 쿵푸 기술을 연마한 5인방의 성장을 지켜본 경험을 놓고 보면, 포는 구제불능이었다. 백 번 양보해 눈에 보이는 바가 다가 아니라고 해도, 팬더 포는 국숫집에서 국수나 파는 것이 제격인 듯해 보였다. 그런데도 우그웨이 대사부는 오로지 그를 믿어야 한다는 말뿐이다. 타이렁 이후 그는 누구에게도 온전한 사랑으로 믿음을 주어 본 적이 없다. 시푸는 이제 누구를 어떻게 믿어야 하는지, 그것이 어떤 것인지조차 알기 어려운 지경에 이르렀다. 타이렁이 세상을 파괴할 악마로 숨통을 조여 오는 상황에서 무엇이든 하지 않으면 안 되는 시푸의 심정을 떠올린다면 말 그대로 속이 타들어 간다는 말이 정확할 것이다.

도대체 믿는다는 것은 무엇일까? 아무것도 눈에 보이지 않는데 믿는다는 것이 가능할까? 문제는 이런 일이 교육이 이루어지는 곳이면 항상 존재한다는 점이다. 생명이 태어나 신체가 발달하고 정신이 발달하는 것 그리고 인지 능력이 발달하는 과정은 눈에 당장 보이지 않는다. 태어나 자기 몸 하나 가누지 못하는 생명체가 앞으로 어떤 방식으로 성장하고 사회와 조우하며 지내게 될지는 알 수 없다. 당장 내 앞에서 책을 읽고 있는 아이들이 자신이 읽고 있는 책의 내용을 어떻게 해석하고 그것을 어떻게 구체적으로 활용할지는 알 수 없다. 시푸가 이 영화 내내 보여 주는 마음의 불안함, 쿵푸의 지도자이자 스승으로서 운명적 용의 전사를 대하며 직면하는 딜레마는 오늘날 모든 부모, 학

교의 교사 그리고 사회 지도자들이 가진 딜레마이기도 하다. 지금 당장 무엇을 어떻게 하는가에 따라 내 앞에 있는 자녀, 학생 그리고 사회 구성원들의 삶과 태도가 달라질 수 있다. 그러나 내가 무언가를 하려면 내 앞에 놓인 존재에 대한 선이해가 있어야 하고, 이러한 선이해는 아무것도 없는 진공 상태에서 만들어지지 않는다. 따라서 보이지 않는 것에 대한 기대로 믿음을 앞세울 것인지, 아니면 눈에 보이는 것에 근거해 앞의 길을 제시할 것인지 판단하고 행동할 수밖에 없다.

그러한 점에서 시푸가 포의 잠재된 능력을 확인할 수 있었던 상황은 행운이었다 할 수 있다. 눈에 보이는 그 어떤 변화의 증거, 스스로를 설득할 수 있는 이성적 논거가 없는 상황에서 그는 포의 능력을 인정할 수도, 그렇다고 무작정 처음부터 차근차근 가르칠 수도 없었다. 화가 나 음식을 찾는 포의 무의식적이고 잠재된 능력을 확인하고서야 시푸는 그의 잠재력에 대한 일종의 믿음의 끈을 잡을 수 있었다. 이렇듯 교육적 상황에서 교육자들이 가져야 할 학습자의 잠재력에 대한 믿음을 시푸에게서 배우게 된다. 시푸는 난장판이 된 부엌이 아니라 난폭해진 포가 어떤 능력을 발휘할 수 있는지에 눈을 돌렸고, 그것을 다시 확인하고 싶어 했다. 이는 그가 자신과 포와의 관계를 어떻게 형성해 갈지에 대한 관심이 있었고, 우그웨이 대사부가 던진 화두, '믿어야만 해'라는 유언을 어떻게 실현할 것인지 계속 되뇌이고 있었기에 가능한 일이다. 신뢰는 한쪽의 일방적인 행동과 목표로는 성립하지 않는다. 이는 시푸가 포에게 쿵푸를 가르치기 앞서 포가 쿵푸를 배우고 싶은지, 그렇다면 자신이 포의 스승이 되겠다는 선언을 함으로써 둘 사이의 신뢰 관계를 만들려는 행동에서 찾을 수 있다. 이 둘 간의 신뢰는 짧은 시간 동안 포 안에 잠재되어 있던 능력을 끌어내도록 했고, 결국 포가 용의 전사로서 갖추어야 할 능력을 발휘하도록 했다. 이러한 신뢰의 계기를 발견하고, 상호 믿음의 토대를 쌓아 가며, 점점 그 깊이를 더해 나가는 과정, 이것이 곧 교육이라 할 수 있다. 포와의 신뢰를 만들 수 있는 틈을 찾아낸 시푸가, 영화의 마지막 순간 포에게 자신이 잠자도록 내버려 두라고 하는 장면에서 둘 사이의 신뢰가 만들어 낸 마음의 평화를 읽게 된다. 신뢰는 곧 마음의 평화를 가져오는 길이 된다. 적어도 교육적 상황에서는 말이다.

나가면서

포의 이야기를 다룬 「쿵푸 팬더」는 흥행에 성공한 할리우드 애니메이션이다. 몇 사람이 보았고, 얼마를 벌어들였느냐는 사실보다 이 영화에 이어서 후속편들이 만들어졌다는 점이 이를 증명한다. 2편이 2011년에, 3편이 2016년에 각각 개봉되었다. 2편은 포 출생의 비밀을 밝히고, 세상을 악에 빠뜨린 공작 셴을 물리치는 내용으로, 3편은 친아버지를 만나 고향을 찾고 궁극의 악한 카이를 제압하는 이야기로 꾸며져 있다. 2편과 3편의 후속작들은 유사한 배경과 인물들이 등장하지만 이미 용의 전사로 활동하는 포의 기술에 집중하다 보니 1편에서처럼 교육적 의미를 찾아 분석하기 쉽지 않다. 어쩌면 1편의 정적인 내용과 달리 동적인 흥미에 집중했는지도 모르겠다. 아무리 봐도 1편에서의 의미를 2편, 3편에서 확장하여 살펴볼 수 있는 여지가 거의 보이지 않는다. 그래서 이 장에서는 2편과 3편의 내용을 빼고 1편에만 집중하여 살펴보았다.

개인적으로 우그웨이 대사부가 시푸 사부를 향해 던진 마지막 화두, '믿어야만 해'라는 말과 용의 문서를 상징하며 포의 아버지 핑이 '특별하도록 믿으면 돼'라고 말하는 두 장면이 가장 인상적이다. 교육학자로서 가장 의미 있고 놀랄 만한 통찰을 던져 주는 장면이 아닐 수 없다. 여기에 쿵푸를 지식으로, 전통과 역사에 대한 신뢰, 이를 기반한 스승과 제자의 관계, 선과 악에 대한 태도, 축제와도 같은 최고를 향한 대결, 결국 신뢰를 바탕으로 한 자기 발전은 이 영화가 교육을 상징으로 하는 이야기라는 점을 보여 준다. 또한 억압의 도구가 되어 버린 전통, 숙명이란 이름으로 호기심과 관심을 꺾는 행동, 스승과 제자 사이의 권위주의적 관계, 능력과 수월성이라는 이름으로 발생하는 차별과 배제, 다양성과 가능성에 대한 몰이해, 단일한 평가 방식, 단일한 일방향의 교수법 등은 교육이라는 소재를 통해서 현재의 교육 현실을 되돌아보게 하는 성찰적 장면이기도 하다.

이러한 상징 속에서도 가장 눈여겨보게 되는 부분은 포의 변화다. 결론적으로 포는 아주 짧은 시간 동안 이루어진 자신에게 주어진 운명과도 같은 일을 해냈다. 물론 만화이기 때문에 가능했다고 생각한다. 그럼에도 불구하고 이 영화에서 핵심적인 포인트는 포가 자신의 깨달음을 토대로 즉각 실천했다는 점이다. 물론 중간중간 주저하고 꺼려

하는 모습을 보이기는 했지만 그는 숙명과도 같은 자신의 임무가 무엇이고 정말 그것을 해야 한다고 할 때는 가능성에 대한 판단보다는 꼭해야 한다는 생각을 먼저 했다. 자신이 타이렁과 싸워 이길 수 있다고 생각했을 리가 없다. 제이드 궁전에 들어가 시간을 보내면서 자신이진짜 쿵푸 고수가 될 수 있으리라고 생각하지 않았을 것이다. 그렇다고 누구를 탓하지도 않았다. 자신에게 주어진 운명과도 같은 임무에임했고, 그것을 즐겼다. 아프고 힘들었겠지만 그 과정에서 한 발짝 한발짝 나가는 스스로를 발견하고 또 그러한 과정을 즐겼다.

알기만 하고 행동하지 않는다면 어떻게 될 것인가? 철학을 이루는세 가지 질문, 즉 존재에 대한 물음, 존재를 어떻게 인식할 것인가에대한 물음 그리고 무엇을 어떻게 실천할 것인가에 대한 물음에 답하는것은 교육의 과정이자 목적이다. 만약 포가 자신에게 주어진 운명을알고, 또 어떻게 성취할지 알았지만 정작 움직이지 않고 적과 대면하지 않았다면 이 이야기는 성립하지 않는다. 자신에게 주어진 운명과도같은 임무가 중요하다는 것을 알지만 정작 자신이 그것을 해낼 수 있다고 믿지 않아 적극 임하지 않았다면 그 또한 아무 일도 일어나지 않았을 것이다. 자신도 모르는 능력을 지녔다는 점을 스승이 알아보고가르치려 하지만 자신을 둘러싼 숙명과도 같은 환경 때문에 그 능력을발현하는 것에 두려움이 앞섰다면 시푸 사부와 포의 가벼운 농담을 보여 준 영화의 마지막 장면은 존재할 수 없었을 것이다. 결국 자신이 좋아서 일을 시작한 사람 그리고 그 일을 하는 과정에서 겪는 갈등과 긴장, 도전을 즐기는 사람을 이길 수 없는 법이다. 포와 시푸 사부에게서볼 수 있듯이 말이다.

Chapter 2

광부의 아들, 발레 고수가 되다
빌리 엘리어트

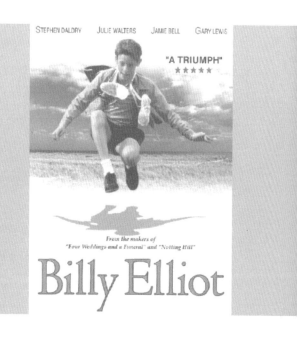

영 화 명 : 빌리 엘리어트
원　　제 : Billy Elliot
감　　독 : Stephen Daldry
제 작 사 : Working Title
제작 연도 : 2000년

영화의 내용

빌리는 영국 더럼(Durham)에 살고 있다. 이곳은 주변에 일찍 자리 잡은 공장 지대에 석탄을 제공하는 탄광촌으로 거의 대부분의 인구가 탄광 노동자로 살아가고 있다. 빌리는 어릴 때 엄마를 여의고, 치매에 걸린 할머니, 탄광 노동자인 아버지, 형 토니와 함께 살고 있다. 11세의 빌리는 춤추는 것을 좋아한다. 비록 잘하지는 못하지만 피아노 치는 것도 즐긴다. 그러나 노동자의 집안에서 자라 온 그에게 늘 강요되는 것은 노동자의 아들답게 강하고 거친 노동자가 되는 것이다. 그 사회에서 살아남기 위한 전략으로 강해지는 것, 무엇보다도 남성다워지는 것은 더럼 지역의 모든 남자아이에게는 숙명과도 같은 미래였다. 이 때문에 빌리는 복싱을 배우고 있지만 그닥 취미도 없고 잘하지도 못한다. 그는 오히려 같은 공간 한 켠에서 이루어지는 어린 여자아이들의 발레 수업에 관심을 가졌다. 그리고 은근 슬쩍 발레 수업에 참여하기 시작했다. 일인당 하루에 50펜스의 수업료를 받고 발레를 가르치는 윌킨슨은 여자아이들 틈에 끼어 수줍지만 즐겁게 발레 수업을 받는 빌리에게 관심을 보이기 시작한다.

빌리가 발레에 관심을 보이는 것과 달리 빌리의 다른 식구들은 생계 문제로 정신이 없다. 대처 정부하의 대규모 노동계 구조 조정에 따라 생명처럼 여기며 다니던 탄광이 문을 닫을 지경에 처했다. 결국 인근 지역의 광부들로 구성된 노동계의 파업이 몇 달째 진행되고 있었다. 시간이 지나면서 궁여지책으로 파업에서 이탈하는 조합원들이 늘어나고 있고, 이로 인하여 파업에 참여하는 사람들은 보다 강력하고 폭력적인 양상을 보이기 시작했다. 누구보다 빌리의 아버지와 그의 형 토니는 파업의 지속과 참여에 열정적이었다. 그런 빌리의 아버지는 발레에 빠져 있는 빌리를 고깝게 여길 수밖에 없었다. 여자아이들이나 좋아할 만한 것에 미쳐 그것 때문에 아버지에게 고함을 치고 저항하는 그를 아버지는 용서할 수 없었다. 이 와중에 빌리를 지도하던 윌킨슨은 춤에 대한 그의 열정을 보고 왕립 발레 학교의 오디션을 받아 보라고 권한다. 그리고 이를 위하여 자신이 일대 일로 지도할 것을 약속한다. 빌리는 당장 자기에게 이러한 기회가 주어진 것에 감사했지만 아버지와의 갈등은 커져만 갔고 그로 인해 자신이 춤을 추는 것은 애시당초 가당치도 않은 꿈이었다고 자책한다. 이런 상황에 처한 빌리는 자신에게 오디션을 주선했던 윌킨슨에게도, 자신의 꿈을 방해하고 막아서는 아버지에게도 해서는 안 될 반항적 태도를 보인다.

그럼에도 불구하고 윌킨슨의 포용적 태도로 빌리는 춤 연습에 몰두하게 되었고, 결국 오디션을 보기로 했다. 자신의 고집으로 이러지도 저러지도 못하는 빌리의 상황을 보면서 아버지는 결국 빌리에게 져주기로 한다. 빌리에게 기회를 주어 보는 것, 하고 싶은 일을 위하여 적어도 기회를 가져 보도록 하는 것이 그가 아들 빌리에게 해 줄 수 있는 일이라 생각했다. 다음 문제는 돈이었다. 그는 빌리가 오디션을 보러 다녀오는 데 소요되는 경비를 마련해야 했다. 결국 아버지는 필요한 돈을 위해 파업에 불참한다. 그리고 배신자라는 동료들의 고함을 뒤로한 채 탄광으로 향한다. 전 생애를 통해 그에게 이러한 치욕적 순간은 다시 없을 것이라 생각했다. 심지어 빌리의 형 토니도 아버지의 행동을 이해하려 하지 않았다. 빌리는 오디션에 참여했다. 부족한 춤 솜씨, 어설픈 인터뷰에도 불구하고 빌리는 원하는 학교에 합격했다. 전혀 예상하지 못했던 결과였다. 누구라도 들어가고 싶어 하는 학교, 예술인을 꿈꾸는 모든 아이들이 가고 싶어 하는 학교에 노동자의 아들이 합격한 것이다. 자신의 고향인 탄광촌을 떠난 빌리는 결국 세계적으로 유명한 현대 무용가로 우뚝 서게 되었다. 자신을 떠나 세계적으로 성공한 빌리를 아버지는 뜨거운 눈물로 대면한다.

들어가며

영화의 주인공은 현대 무용수, 빌리 엘리어트다. 독자는 빌리 엘리어트의 삶이 영화 속에서 어떻게 투영되었고, 그의 파란만장한 삶의 여정이 사람들에게 어떻게 전달되었는가가 주요 관심사겠지만 이 장에서는 전형적인 탄광촌의 광부인 영국 노동 계층의 둘째 아들로 태어나 자란 빌리 엘리어트가 도대체 어떻게 그곳을 떠나 현대 무용수가 되었는가에 집중하고자 한다. 물론 영화의 대부분도 그가 어떻게 더럼이라는 곳을 떠나게 되었는지, 그가 자신의 출신 성분인 노동자 신분을 벗어나 어떻게 계층 이동이 가능했는지에 맞추어져 있다. 이는 다름 아닌 교육으로 가능했고, 안타깝지만 그가 꿈을 실현하는 데 있어 그의 발목을 잡았던 것 또한 교육이라는 이름으로 이루어진 전통과 상식, 일상적인 삶의 관계들이었다. 이 장에서는 영국 사회의 고착화된 계급 구조와 이에 토대한 일상적인 삶이 개인의 삶 속에 어떻게 녹아들어 있고 또 재생산되고 있는지에 대해 이야기해 보고자 한다.

광부의 아들 vs. 발레 무용수

영국 노동자 계층의 일상

빌리는 산업혁명의 본거지인 더럼에서 노동자의 둘째 아들로 태어났다. 비좁고 초라한 집에서의 일상생활은 고되다. 아버지와 형 토니는 매일 탄광으로 출근한다. 원래는 탄차를 타고 탄광에서 탄을 캐고 날랐지만 요즘은 탄차를 타는 대신 회사 입구에 설치된 노조 파업에 참여한다. 수개월째 계속되고 있는 일이다. 집에 남아 있는 빌리는 치매

에 걸린 할머니를 돌보는 일이 쉽지 않다. 안타깝게도, 빌리의 엄마는 병으로 일찍 세상을 떠났다. 온 집안일이 빌리의 몫인 것이다. 그는 자기 일상에 대해 하소연할 틈도 없다. 학교를 마치고 돌아오면 동네 체육관에 들러 복싱을 배워야 한다. 도무지 자신 없고 재미도 없지만 빌리는 아버지의 고집으로 복싱 연습을 하기 위해 체육관에 다니고 있다.

이 영화는 1984년 영국의 산업이 재구조화되는 시기를 배경으로 하고 있다. 1980년대에 들어서면서 영국은 미국과 함께 경제 부흥을 위한 국가 주도의 시장 자유화 바람이 일고 있었다. 이 바람을 몰고 온 지도자는 1981년 미국의 대통령이 된 로널드 레이건(Ronald Reagan, 재임 기간 1981~1989)과 함께 영국을 이끌던 마거릿 대처(Margaret Thatcher, 재임 기간 1979~1990) 총리였다. 1979년부터 내각을 이끌면서 대처는 레이건과 함께 강력한 경제 개혁 정책을 이끌었다. 두 지도자는 영국에서는 대처리즘(Thatcherism)으로, 미국에서는 레이거노믹스(Reaganomics)라 불리는 정치·경제적 이데올로기를 이끈 주인공들이 되었다. 국가적 특징이 있기는 했지만 이 두 이데올로기는 작은 정부를 지향하고 국가의 통제와 규제를 풀어 경제 문제에 있어서의 정치적 간섭을 최소화하는 것이었다. 기업에 의한 자유 경쟁을 통해서 강한 기업만이 냉혹한 시장 질서에서 살아남도록 하였다. 효율성을 통해 최대 이익을 올리는 기업을 추구하도록 국가는 사회 경제 생태계를 유지하도록 했던 규제를 풀고 민영화를 부추겼다. 굳이 국가가 손해되는 기업을 붙들고 있을 것이 아니라 능력 있는 기업이 기업을 맡고 그 이윤을 국가가 세금으로 거두면 될 일이었다. 지금은 신자유주의라 불리는 시장 만능의 자유주의적 경제 체제가 두 국가뿐만 아니라 국경을 넘어 전 지구적으로 확대되어 왔다. 세계화, 자유 경쟁, 민영화, 기계화-정보화 등의 그럴듯한 구호를 앞세워 전통적인 산업체들은 내리막길을 걷기 시작했다. 특히 육체 노동에 의존해 왔고, 인건비가 기업의 지출에서 큰 부분을 차지했던 국영 기업들은 폐쇄의 기로에 놓이게 되었다. 빠른 속도로 발전하고 있는 기계 설비를 투입하여 인건비를 줄일 수 있게 되었고, 같은 성과를 내기 위해 효율성을 강조해야 했다. 따라서 기업은 사회적으로 지켜 왔던 공공성-공익에 대한 가치보다 성과에 집착하는 방향으로 급격하게 전환하게 되었다.

빌리의 아버지 재키와 형 토니가 생계를 위해 다니던 탄광은 이미 시작된 대처 정부의 신자유주의 경제 체제 개편에 따라 폐쇄될 전망이었다.

(TV 뉴스) 어제 영국 보수당 연설에서 대처 수상은 현재 파업 중인 전국 탄광 노동조합원들을 '내부의 적'이라고 언급했습니다. 이 연설이 발표된 것은 지난 몇 달 동안 있었던 노조원들의 파업과 이를 저지하던 경찰 간의 폭력 사태에 따른 것입니다.

산업혁명 이후 수요가 폭발했던 석탄은 점차 다른 에너지원에 비해 덜 중요하게 여겨졌다. 사람을 쓰는 것보다 기계를 쓰는 것이 효율적인 경영 방식으로, 혹은 아예 다른 나라에서 보다 싼값으로 수입해 들여오는 것이 나은 일이 되었다. 고용 노동자들은 자신의 직장을 잃을 수도 있는 중요한 문제인 만큼 가만히 있을 리가 없었다. 이들은 이미 결성되어 있는 노동조합의 이름으로 폐쇄 직전의 탄광 근무를 거부하고 있었다. 영국은 전통적으로 노동 계층의 강한 결집으로 노조의 힘이 셌다. 특히 육체 노동에 종사하는 노동자들의 노조는 강한 연대를 바탕으로 했다.

영국은 사회 계층 간 위계와 특징이 잘 나타나는 국가로, 노동 계층과 중산층 이상의 사회 계층과의 생활방식, 교육에 대한 기대, 심지어 언어 습관이 상당히 다르다. 무엇보다도 특정 계급에 소속되어 있다는 계급의식이 사회·경제·정치·문화적으로 발달해 있어 계급과 계급 간의 긴장과 갈등이 상대적으로 높은 수준이라 할 수 있다. 따라서 탄광에서 일하는 노동자들의 경우 노조원 간의 화합, 연대는 무엇보다도

중요한 가치였다. 이는 빌리의 형 토니가 슈퍼마켓에서 물건을 사고 있는 게리에게 왜 시비를 걸고 있는지 알 수 있게 해 주는 대목이다.

> 토니: 배신자가 먹긴 잘 먹나 보지?
> 게리: 넌 내 가장 친한 친구야.
> 토니: 노조 첫 번째 규정은 절대 배신하지 않는 거야, 게리. 네가 그걸 안
>   지키면 모두 망해!

이와 같은 상황은 파업에 참여하고 있는 노조원들이 탄광으로 들어가 일하겠다고 나서는 노동자들을 향해 '비겁한 배신자'라며 외치는 'scab(파업을 무시하고 '빵 부스러기를 줍기 위해' 일하는 노동자를 가리킴)'이라는 표현으로도 설명할 수 있다. 노동자들은 강한 결속력을 중요한 가치로 여기는 만큼 누군가에게 배척당하고, 배신자로 낙인찍히는 것을 참기는 쉽지 않은 일이었다.

사내다움을 강요당하다

빌리는 11세 남자아이다. 이제 사춘기가 시작되는 시기이기도 하

다. 이 시기에는 성장이 빨라지는 것을 포함하여 성 호르몬 분비로 인해 남성은 남성답게, 여성은 여성답게 바뀌어 가는 2차 성징이 시작된다. 신체적으로 나타나는 성징에 의해 남자와 여자가 구분되어 가는 것은 세상의 이치다. 사회적 성 역할은 자연스럽게 신체적 구분에 따른 성 구분을 보다 고착화시키고 이를 사회 속에서 보다 분명하게 구분 짓는 방식으로 발전해 온 듯하다. 특히 노동자 계층의 경우 성에 따른 사회적 역할은 가정에서부터 일찍 길러진다. 바로 빌리의 집에서처럼 말이다. 일상생활에서 표현되는 영국 노동자 계층의 남자다움은 빌리가 달성해야 할 목표처럼 보였다. 남자, 남자다움, 11세 남자로서의 모습, 언어, 옷차림 그리고 갖추어야 할 사회적 관계 등. 영국에서 남자아이를 가리키는 단어로 'lad'가 있다. 해석하면, '사내놈', '사내 녀석' 정도 될까? 'boy'라는 표현보다 아버지나 아이들끼리 서로를 가볍게 부르는 표현으로 'lad'가 더 많이 등장하는 것은 결코 우연은 아닌 듯하다. 그렇게 빌리는 열한 살짜리 '사내놈'이었다.

'사내놈'을 다루는 방식은 거칠다. 아버지와 형은 빌리에게 점잖게 이야기한 적이 없다. 큰소리를 치고, 다그친다. 뿐만 아니라 핀잔이 섞인 말과 함께 손찌검도 다반사다. 머리를 친다거나 등짝을 때린다거나, 더 심하게는 주먹을 휘두르고 발길질을 한다. 이미 빌리는 이에 익숙한 듯 상황이 자기에게 불리할 듯하면 냅다 도망가기 바쁘다. 도망가는 데 실패할 때면 한 대 맞고 끝날 일도 훨씬 더 심하게, 더 많이 맞게 된다. 아버지와 마찬가지로 토니 형도 빌리를 그런 식으로 대한다. 이미 사내놈으로 자라 사내다운 남자들이 모인 노동자들 틈에서 일한 토니는 꼭 아버지를 닮았다. 그러니 빌리도 반드시 사내처럼 자라야 할 운명이었다.

아버지가 빌리에게 권투를 하라고 종용하는 이유도 빌리의 사내다움을 가르치기 위한 방편이다. 1파운드도 안 되는 50펜스는 한 번 연습하는 데 드는 비용이다. 늘 돈에 쫓겨 사는 노동자들에게 별도의 교습을 위한 비용을 대기란 쉬운 일이 아니다. 그럼에도 보다 남자다운 남자로 커 가길 바라는 마음으로 재키는 아들 빌리의 권투 교습을 지원한다. 가끔 먼 발치에서 링에 올라 손을 뻗어 연습하는 아들 빌리를 보는 것으로 그는 돈의 가치를 깨닫는다. 남자다움이라는 것을 권투로 키워 낼 수 있을까? 상식적으로 그렇다고 할 것이다. 권투 글러브를 끼고 샌드백을 때리는 사람들, 사각링에서 죽도록 치고 맞으며 힘과 정신력의 한계를 시험하는 사람들을 보면 그럴 만도 하다. 적어도 남자라면 무엇에도 굴하지 않을 힘을 길러야 하고, 어떤 고난에도 포기하지 않을 정신력을 갖춰야 한다. 노동자로 자랄 노동자의 아들은 앞으로 노동자가 되었을 때 그들에게 일을 시키는 사람들에게 맞서 훌륭히 잘 싸워야 했다. 빌리의 인생이 아버지나 형과 같은 운명이라면 빌리는 반드시 자기 몸을 단련하고 사내로서 갖출 정신력을 쌓아야 했다.

이를 키우는 데 권투만 한 것이 없었을 것이다. 더럼이라는 마을에서 빌리가 사내로서 가질 수 있는 체력 단련의 수단은 권투 정도가 거의 유일했다.

그런데 빌리는 이러한 '사내다움'이 마뜩지 않다. 정확하게는 하층 노동자 집안의 사내로 태어났으니 사내로 살아가야 하는 것이야 어쩔 수 없지만 자신을 사내답게 만들겠다고 하는 아버지와 형의 대우가 못마땅했다. 툭하면 쥐어박고, 큰소리로 떠벌리고, 곱고 우아한 태도는 도저히 눈 뜨고는 못 본다. 그래서 집 안 한쪽에 치워져 있는 피아노를 두드리는 빌리를 아버지는 용서하지 않는다. 용서하지 않는 것이 아니라 남자가 해서는 안 될 일이라도 하는 양 몰아붙인다. 그 피아노는 엄마가 치던 것으로 빌리는 엄마와 함께 피아노를 쳤던 기억이 많다. 그러나 엄마가 돌아가시고 없는 집에서는 피아노 소리가 나서는 안 되는 것처럼 되어 버렸다. 사내놈은 피아노를 쳐서는 안 된다.

따라서 빌리가 발레를 하다가 아버지에게 들켰을 때 아버지는 당연히 화를 냈다. 발레는 남자에게 어울리지 않는 것이었다.

아빠: 발레하려고?

빌리: 발레가 어때서요?

아빠: 발레가 어떠냐고?

빌리: 지극히 정상적인 거예요.

아빠: 지극히 정상적? 여자들에게는 정상적이지만 남자들에게는 아니야, 빌리. 남자들은 축구나 권투, 레슬링을 하는 거야. 발레는 남자가 하는 게 아니야.

빌리: 어떤 남자가 레슬링을 하죠?

아빠: 말꼬리 잡지 마라.

빌리: 난 뭐가 잘못된 건지 잘 모르겠어요.

아빠: 뭐가 잘못됐는지는 너도 잘 알고 있잖아?

빌리: 몰라요.

아빠: 알고 있어.

빌리: 모른다니까요.

아빠: 정말 잘 알고 있다니까…….

발레는 남자가 하는 것이 아니라는 아버지 재키의 단호한 목소리가 들리는 듯하다. 계급 의식이 확실한 하층 노동자 계급에서 이러한 성 역할에 대한 인지가 보다 분명하게 나타나는 이유는 무엇일까? 각 계층별로 즐기는 문화 유형이 다르기 때문이다. 굳이 달라야 할 이유가 있느냐고 묻는다면 답변이 복잡해질 수밖에 없지만 서로 다른 계층은 그들이 향유하고 즐기는 문화가 다른 것으로 구분한다. 마치 먹는 것, 입는 것, 주거를 위한 장소에 대한 의미 부여 그리고 무엇이 더 아름다운지에 대한 기준이 다른 것과 마찬가지다. 이러한 계급에 속한 구성원들의 생활에서 무엇이 중요하고 중요하지 않은지, 어떻게 사는 것이 의미 있고 그렇지 않은지를 특징 짓는 구분 또한 그룹에 따라 달라지게 된다. 성별로 가질 수 있는 문화의 종류, 즐길 수 있는 삶의 방식이 다르다고 전제하는 것 또한 노동 계층에게서 나타나는 특징이라 할 수 있다. 에리히 프롬(Erich S. Fromm)은 이를 '사회적 성격(social character)' 이라고 해서 개념화하고, 각 사회 조직과 문화 집단이 갖는 공통된 삶의 방식의 형성 및 재생산을 설명하고자 했다.

그런데 빌리를 동정하고 춤, 그것도 발레를 배우러 다니는 빌리의 취향을 지지하는 동성 친구가 등장한다는 점을 주목할 필요가 있다. 이름은 마이클이다. 같은 동네에 살고 있고, 그의 부모 또한 노동자다. 그에게는 엄마가 살아 있다는 것을 제외하면 빌리와 마이클의 삶에 있어 서로 다른 배경이란 존재하지 않는 듯하다. 그러나 마이클은 가끔 누나 혹은 엄마의 옷을 입어 보고, 얼굴에 화장도 하는 별난 친구다. 춤을 좋아하지만 늘 아버지와 부딪히는 빌리를 동정한다. 발레를 배우고 싶어 한다. 그러나 선뜻 나서서 하고 싶다는 이야기는 못한다. 그리고 동성인 빌리를 좋아하는 것 같다. 마이클은 사실 동성애자였고 이 사실을 오직 빌리에게만 말해, 빌리만 알고 있다.

프롬이 이야기했던 것처럼 사회적 성격이 형성되고 그것이 유지된다고 해서 변화의 싹이 사라지는 것은 아니다. 여자아이들 틈에서 누구보다도 열심히 발레를 배우는 빌리는 특정 계층의 문화가 유지해 온삶의 방식에 변화를 가져올 수 있는 가능성을 의미한다. 그러한 변화는 우연이나 충동에 의한 것이라기보다는 기존 질서에 반항하고 저항할 수 있는 강한 동기에 기초하고 있다. 비록 마이클처럼 감히 자신이 '동성애자'라는 말을 꺼내지도 못하는 상황이 있기는 하지만 빌리처럼 그러한 자신의 감정과 흥이 결국은 구체적인 언어, 구체적인 행동으로 표현된다. 따라서 노동자들이 무리 지어 사는 더럼이라는 광산촌에서 누구나 우러러보는 남자 현대 무용수가 탄생할 수 있게 되는 것이다.

글러브를 벗고 발레복을 입다

윌킨슨은 발레 교습 선생이다. 자기 연습실은 고사하고, 권투 체육관 한 켠에서 발레를 가르치는 '싸구려' 교습 선생이다. 발레 교습을 받으러 오는 어린 동네 아이들에게서 한 번 교습비로 50펜스를 받는다. 여느 때처럼 발레 교습이 이루어지고 있던 어느 날 웬 남자아이가 멀뚱히 쳐다보더니, 어느 순간 끼어들어 함께 움직이기 시작한다. 바로 옆에서 권투 샌드백을 두드리던 남자아이, 빌리였다. 권투용 장화를 신고, 권투 글러브를 손에 낀 빌리가 중간에 끼어들어 춤을 추는 모습은 어쩐지 우스꽝스러웠다. 이 순간 윌킨슨 부인의 머릿속에는 50펜스를 더 받을 수 있는 기회라는 생각뿐이었다. 그런데 도무지 춤다운 춤을 출 것이라 예상치 못했던 이 남자아이에게서 어느 순간 춤을 즐기고 있다는 느낌을 받는다. 비록 50펜스 때문에 여자아이들 틈에 끼어넣기는 했지만 발레복을 입고 있는 그 어떤 여자아이들보다 춤에 흥미를 보이고 있다는 것을 알게 된다.

윌킨슨: 너도 50펜스 내야지.

빌리　 : 내가 왜요?

윌킨슨: 다음 주에 올 때 가지고 와.

빌리　 : 안 돼요. 권투해야 해요.

데비　 : 넌 권투도 못하잖아?

빌리　 : 아니에요. 잘해요.

윌킨슨: (그나저나…… 발레를) 즐기는 것 같던데…… 잘 생각해 보렴.

　춤에 흥미를 느끼는 듯한 빌리를 살짝 떠본 윌킨슨의 말에 정작 빌리는 내심 화들짝 놀랐다. 자신이 춤을 좋아한다는 사실을 들킨 것이 창피한 듯 말이다. 자신이 잠시 발레를 하는 아이들 틈에 끼었던 것은 단지 호기심 때문이었다. 다른 이유는 없었다. 그래서 윌킨슨의 딸인 데비가 춤추는 남자, 특별히 발레를 하는 남자에 대해 이야기했을 때 자신은 발레에 관심이 없다고 단호하게 말해 버린다.

데비: 남자들도 발레 많이 해.

빌리: 돌았냐. 어떤 미친 놈이 발레를 해.

데비: 여기선 안 해도, 다른 데선 많이 해.

빌리: 호모나 하지.

데비: 꼭 호모인 건 아냐.

빌리: 누가 있는데?

데비: 웨인 슬립은 호모 아냐. 운동선수만큼 단련됐어.

빌리: 달리 톰슨과는 비교도 안 될걸.

데비: 경주는 몰라도, 체력은 더 좋을걸. 내일 와서 구경해 봐.

빌리: 안 돼. 권투하러 가야 해.

그러나 빌리는 권투 글러브에 권투 장화를 신고 체육관에 나타나 결국 발레 교습에 참여한다. 여전히 머뭇거리는 빌리에게 윌킨슨 부인은 빌리를 다시 한 번 떠본다. 빌리의 마음속에 발레는 여전히 '계집아이(sissy)'들의 취미 정도라는 이미지가 있다. 그래서 50펜스를 내고 본격적으로 배우기 민망해한다. 50펜스를 내고 배워야 할 것은 여전히 권투라는 생각에 사로잡혀 있다. 물론 아버지의 불호령 같은 고함소리도 빌리의 이러한 주저함의 큰 원인이기는 하다. 더욱이 돈을 내고 배우는 것이 발레라니. 그런데 빌리는 떠나고 싶지 않다. 오지 않을 거면 발레 신발을 반납하라는 윌킨슨 부인의 단호한 말에 빌리는 더 이상 반항하지 못하고 '배우겠다'고 결정한다. 그럼에도 발레는 여자아이들의 것이라는 생각을 떨쳐버리지 못했다. 마이클과 나눈 대화를 보면 빌리가 매주 발레 교습을 받는 것은 비밀이다. 그리고 발레 옷(tutu)은 오로지 계집아이들을 위한 것이라고 생각한다. 발레복을 입은 자신의 모습은 괴상할 것이라고 이야기한다. 그래서인지 빌리는 춤을 추는 시간을 즐기지만 정작 아버지에게 들킬까 봐 그리고 자신이 춤추는 모습을 누군가 보고 이상하게 생각할까 봐 집중하지 못한다.

월킨슨은 빌리가 단지 취미로 발레 교습을 받는 여자아이들과는 다르다는 점을 알아본다. 그토록 남성과 여성의 성 역할의 차이, 취향의 차이가 당연하게 여겨지는 더럼의 노동자 계급 사회에서 발레 교습소를 찾는 빌리는 관심의 대상일 수밖에 없었다. 그러나 월킨슨은 단지 남자아이이기 때문에 빌리에게 관심을 보인 것이 아니다. 그녀가 빌리에게 관심과 열정을 쏟을 수밖에 없었던 이유는 그가 보여 주는 발레에 대한 애착, 수업에 대한 흥미 그리고 자신의 춤을 발전시켜 나가는 빌리의 태도에 있었다. 비록 늦게 발레를 시작한 빌리였지만 월킨슨은 여자아이들과 빌리를 구분해 가르치는 상황이 되었다. 결국 월킨슨은 빌리에게 좀 더 전문적인 발레 학교에서 성장할 수 있도록 오디션을 주선하게 된다. 발레의 기초도 모르는 빌리에게 말이다. 바로 영국 최고의 발레 학교인 '왕립 발레 학교'의 오디션을 보게 한 것이다.

빌리　　：선생님, 못하겠어요.

월킨슨: 네가 집중을 안 하니깐 그렇지.

빌리　　：집중하고 있어요.

월킨슨: 시도도 안 하고 있어.

빌리　　：하고 있어요.

월킨슨: 다시 해 봐.

빌리　　：못 한다니까요.

월킨슨: 다시 한 번 해 봐.

빌리　　：싫어요! 젠장!

월킨슨: 미안하구나.

빌리　　：선생님은 상관 안 하겠죠. 선생님이 하는 게 아니니까……..

월킨슨: 알고 있어.

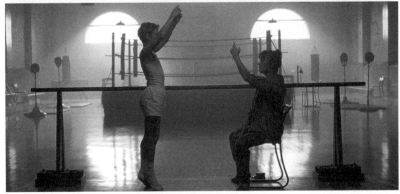

빌리 : 선생님은 아무것도 몰라요. 자신에게 화난 남편이랑 멋진 집에 살
면서 뭘 알아요? 선생님도 똑같아요. 나에게 시키기만 하잖아요?

윌킨슨: 뭐? 잠깐만…….

빌리 : 난 그 바보 같은 오디션 받기 싫어요. 선생님을 위해서 시키는 거
잖아요?

윌킨슨: 이봐, 빌리…….

빌리 : 당신은 실패했으니까요.

윌킨슨: 너, 말조심해…….

빌리 : 적당한 발레 교실도 가지고 있지 않잖아요. 선생님 인생이 실패한
걸 나한테 보상받으려 하지 말라고요.

도대체 윌킨슨은 빌리의 어떤 면을 보았던 걸까? 발레는 여자아이들의 것이라고 생각하는 더럼에서 발레 교습을 막 받기 시작한 빌리에게서 윌킨슨은 도대체 어떤 능력을 확인할 수 있었던 것일까? 무례한 빌리의 언행에도 불구하고 그를 보듬어야 한다고 생각한 윌킨슨의 마음은 어떤 것이었을까? 빌리 말처럼 실패한 자신의 인생을 보상받기 위한 것이었을까? 아니면 허전한 자신의 일상을 채워 줄 수 있는 삶의 소일거리였을까?

교육은 계층 이동과는 아무 상관이 없다?

　빌리의 아버지 재키 엘리어트는 전형적인 노동자 계급의 가장이다. 토니와 빌리, 아들 둘과 함께 치매에 걸린 어머니를 모시고 살고 있다. 아내는 몇 년 전 병으로 먼저 세상을 떠났다. 빠듯한 살림을 꾸려 나가기가 쉽지 않지만 적어도 자신이 일하고 있는 광산에 문제만 없다면 그리 큰 문제가 없다. 이미 큰아들 토니도 광산에서 일하기 시작했기 때문이다. 둘째 아들 빌리가 열한 살이기는 하지만 학교를 졸업하면 곧 돈을 벌 수 있는 노동자가 될 것이다. 그러므로 상황이 더 나빠질 일은 없어 보인다. 그런데 광산에 문제가 생겼다. 수년 전부터 정부 차원의 대대적인 산업계 구조 조정 이야기가 불거져 나왔었는데, 드디어 광산에까지 그 바람이 불어닥친 것이다. 적자를 면치 못하지만 자원을 개발하는 회사로서 정부의 지원을 받아 왔었는데, 그 지원이 중단된 것이다. 즉 광산이 문을 닫을 것이라는 소문이 퍼지기 시작했고, 광산 폐쇄 결정은 기정 사실로 인식되기 시작했다. 이는 재키와 토니를 비롯해 노동자들이 광산 폐쇄 결정을 되돌리기 위한 파업에 돌입하게 된 계기이기도 했다. 벌써 몇 달이 지난 지금 상황은 점점 더 나빠지고 있다.

　지금 당장 그에게 가장 중요한 일은 광산에서의 일이 정상화되는 것이지만 이를 위해서는 광산 노동자들을 규합하고 파업에서 빠지려는 사람들을 동참하게 하는 일이 중요하다. 그들을 '배신자'라며 욕하고 있지만 파업 기간이 길어지면서 생계 문제 때문에 불가피하게 파업에서 빠지는 사람들이 늘고 있는 것을 인정하지 않을 수 없다. 출근길에 경찰과 파업 노동자들 간의 대치선을 만들고 매일 광산 탄구로 향하는 사람들이 탄 버스를 향해 소리도 질러 보고 계란도 던져 보지만 딱히 효과는 없다. 가끔 파업 이외의 장소에서 맞부딪히는 사람들과 실랑이를 벌여 보지만 그렇다고 상황이 좋아지는 것도 아니다. 노동자로 훈련받고, 오로지 노동자로만 살아온 재키는 노동자와 노동조합 그리고 하층 노동 계급의 생활방식을 벗어난 그 무엇도 믿을 수 없다고 생각한다.

　자신이 살아온 배경과 마찬가지로 토니나 빌리도 하층 노동 계급의 삶을 벗어날 가능성은 크지 않다. 사실 이곳을 벗어난다는 일 자체가 상상도 해 보지 못한 일이다. 오로지 자기 가족의 삶은 이전 세대가 그러했듯 이곳 광산촌 더럼에서 이어질 것이다. 더럼에서 노동자로 살아 가려면 남자는 남자다워야 한다. 생존의 법칙이다. 노동자들은 건강하고 다부진 체격이 생존의 조건이 된다. 만약 그렇지 않다면 생존 경쟁에서 밀려날 수밖에 없다. 더욱이 지하 갱도에 들어가 탄을 캐내야 하는 거칠고 고된 일을 하면서 다부진 체격과 단단한 근육을 키우는 일은 필수다. 그리고 이렇게 거친 일을 위해 모인 남자들의 세계란 나름의 규칙이 있기 마련이다. 얼마나 거칠게, 그러면서도 성공적으로 일을 해낼 수 있는지 경쟁이 이루어지고, 가장 남자다운 인물이 남자들의 세계를 지배하게 된다. 비록 노동자들의 세계라는 것이 반드시 힘과 체격의 문제만은 아니라는 점은 분명하지만 당장 주어진 일을 해내는 데 있어 남자가 남자로서 갖추어야 할 남자다움이 기준이 되는 것은 어쩔 수 없다.

둘째 아들 빌리는 재키나 토니에 비해 남자다운 면모가 부족한 듯하다. 복싱을 시켜 보지만 체육관에도 잘 가려 하지 않고, 사각링에 올라 하는 행동을 보고 있자면 답답하기 그지없다. 늘 한 대 맞아 축 늘어지기 일쑤다. 아직 어려서 그런가 싶다가도 자신과 토니와는 다른 뭔가가 있나 싶으면 걱정부터 앞선다. 그래서인지 빌리가 피아노 앞에 앉아 건반을 두드리는 모습을 본다거나 쓸데없는 상념에 사로잡혀 멍하니 있는 모습을 가만히 지켜볼 수 없다. 빌리를 강하게 키우기 위해 재키는 소리를 지르고, 쥐어박고, 피아노 뚜껑을 닫아 버리는가 하면 가끔 혹독할 정도로 때리기도 한다. 이미 빌리는 재키의 이러한 행동에 익숙해진 듯 어떤 때는 잔뜩 겁을 집어먹기도 하고, 어떤 때는 체념하고 모든 것을 받아들이기도 한다.

그런데 복싱을 하러 다니는 줄 알았던 빌리가 발레 교습을 받고 있

는 아이들 틈에서 춤을 추고 있는 것이 아닌가? 뭔가 잘못 본 것 같다고 생각하지만 아무리 눈을 씻고 봐도 자신의 둘째 아들 빌리가 틀림없다. 발레 교습을 받다가 재키와 눈을 마주친 빌리는 어쩔 줄 몰라 한다. 그런데 정작 식탁을 사이에 두고 나눈 이야기에서 빌리는 자신이 발레를 배우고 싶다는 의지를 분명히 밝혔고, 이후로도 발레 교습을 멈추지 않았다. 재키가 권투 체육관을 다시 찾아갔을 때 빌리는 여전히 발레를 즐기고 있었다. 오히려 빌리는 더 이상 자신이 발레를 한다는 것을 아빠 재키 앞에서 감추려 하지 않았다. 자랑스럽게 자신이 좋아하는 발레, 춤을 추는 자신의 모습을 보여 주고 싶어 했다. 그렇게 빌리는 재키가 생각하는 남자다운 모습과는 거리가 멀어져 가고 있었다.

어쩌면 재키는 자신의 삶에서 중요한 결단을 해야 할 시기가 다가오고 있음을 감지하지 않았을까 싶다. 노동자로 살아오면서 생명처럼 여겼던 노동자라는 정체성, 노동조합에의 헌신 그리고 계급의 이해관계를 위한 단결, 단체 행동, 결코 노동자 계급의 이해에 반하는 행동을 해서 안 된다는 생각, 이것이 재키의 몸속에 체화된 것들이었다면 발레 무용수를 꿈꾸고 보다 넓은 세상에서 발레 교육을 받고 싶어 하는 빌리에 대해 아빠로서 감당해야 할 경제적인 의무감은 이에 대한 일종의 도전이었다. 파업으로 당장 필요한 돈을 마련할 수 없다는 자괴감이 결국 재키로 하여금 평생의 신념을 내동댕이치게 했기 때문이다. 빌리가 발레를 배우는 것에 대해 결코 동의할 수도, 인정할 수도 없었지만 그렇다고 미친 듯이 발레에 빠져 들어가는 아들 빌리를 내칠 수도 없었다. 그가 '배신자'라는 욕을 먹어 가며 광산의 갱도를 향하는 버스에 올라타게 된 이유다.

비록 '경제적인 어려움에 따른 재키의 변심'으로 읽히겠지만, 교육과 관련 지어 생각해 보면 이야기는 그리 간단하지 않다. 재키는 노동자 계급의 테두리에서 아이들의 미래가 결정되리라 생각했다. 이는 자신이 노동자 계층으로 태어나, 결국 노동자로 살아갈 수밖에 없었던 사회 경제적 구조의 한계다. 결국 학교 교육이든, 사회 교육이든, 어떤 명분과 수사를 동원한다고 하더라도 한 인간이 선택할 수 있는 삶의 경로는 그가 속한 사회 경제적 구조 내에서 결정될 수밖에 없다. 적어도 이것이 재키가 경험했고, 또 자식들에 대한 가장 현실적인 판단이

었다. 그런 면에서 꽤 오랜 시기 공교육 체제를 만들고 학교에서 모든 사람들에게 공통의 시민성을 가질 수 있는 교육 과정이 진행되고 있지만, 이러한 과정이 실제 사람들의 삶에서 사회적 지위의 이동 기능을 할 것이라 여겨지지는 않았다. 특히 계급에 기초한 사람들의 삶의 방식에 학교는 그다지 큰 영향을 미치지 못했다. 비록 학교에서 배우는 내용들이 세세한 일상생활의 내용과 일치하는 부분이 있기는 했지만 사회적으로, 문화적으로 학교에서 이루어지는 교육이란 이름으로 이루어지는 내용들은 딴 나라, 딴 사람들의 이야기일 뿐이었다. 결국 모두가 공평하게 교육받아 무엇이든 될 수 있다는 이야기와는 달리 노동자의 자식들은 학교 교육을 받은 이후에도 노동자로 살아가게 되어 있었다. 폴 윌리스(Paul Willis)는 1977년 간행한 자신의 책 『학교와 계급 재생산(*Learning to Labour: How working class kids get working class job*)』에서 노동자 계층의 삶이 학교 교육에서 어떻게 재생산되는지를 잘 보여 주고 있다. 결국 재키는 요즘 식으로 말하면 '아들 바보'로서 아들의 꿈을 실현시켜 주기 위해 희생하는 부모로 그려지기보다는, 자기 계층의 이해관계를 떠나 교육이 가져다주는 새로운 기회와 그 기회의 가치를 배워 가는 인물이었다고 볼 수 있다.

춤추는 빌리

사실 빌리는 가정 형편도 그렇고, 아버지의 배경도 그렇고, 내세울 것이 별로 없는 아이다. 비록 발레를 배우기는 했지만 자신을 가르친 윌킨슨 부인은 최고의 발레 강사도 아니었다. 빌리는 뭐 하나 내놓고 잘한다고 이야기할 만한 것이 없었다. 남자에게 발레를 금기시하는 작은 촌동네에서 발레를 배웠고, 그것을 더 발전시켜 보겠다는 꿈을 가지고 있을 뿐이다. 더욱이 발레를 잘 배워 무엇을 어떻게 하겠다는 잘 계획된 미래를 그리고 있는 것도 아니다. 빌리의 유일한 소망은 계속 발레를 하는 것뿐이다.

사실 빌리가 처음부터 발레를 하고 싶어 했던 것은 아니다. 빌리의 사고방식과 언어생활은 자신이 살아온 11년 동안의 사회 경제적 · 문화적 구조를 기반으로 형성되었다. 그런 만큼 자신을 상습적으로 쥐어박는 형 토니와 고운 말이라고는 할 줄 모르는 아빠 재키에게 빌리는 결코 밀리지 않는다. 비록 힘으로는 이기지 못하지만 적어도 말싸움에서는 지지 않으려 한다. 결국 권위적인 집안 분위기 때문에 "말을 말아야지" 하는 상황에 부딪히기 일쑤지만 그렇다고 처음부터 물러서지는 않는다. 적어도 빌리가 집안 식구들과 살아가는 방법 중 하나였다.

음악 듣기, 피아노 치기, 춤이라고 하기는 어렵지만 몸을 움직여 즐겁게 놀기는 빌리에게는 복싱보다 더 나은 놀이였다. 하나의 놀이로 생각했지만 그렇다고 이러한 것들을 좀 더 잘 배워 보겠다 고민해 본 적은 없다. 그냥 아무도 모르는 공간에서 마음 편하게 할 수 있으면 그만이었다. 권투 글러브를 낀 채 발레 교습 온 여자아이들이 눈에 들어오기 시작했을 때도 발레를 배워 볼 생각은 없었다. 아버지가 생각했던 것처럼 빌리는 발레를 여자아이들의 전유물이라 생각했었다. 남자와 여자가 좋아하고 즐길 수 있는 일이라는 것이 정해져 있다고 생각했고, 그렇게 자신은 별로 즐겁지 않지만 복싱을 해야 한다고 생각했었다. 그러나 머릿속에서의 생각과는 달리, 몸은 발레를 하는 아이들과 함께 있고 싶고, 그러한 느낌으로 몸을 움직여 보고 싶어 했다. 빌리는 그렇게 자신도 모르게 발레를 하는 여자아이들 틈에 있는 스스로를 발견하게 된 것이다. 여전히 머릿속으로는 발레를 자신과 아무 상관없는 것이라 생각하고 있지만 이미 몸과 마음은 발레에 빠져들어 가고 있었다. 마이클에게 발레는 계집아이들, 혹은 동성애자들이나 하는 것이라고 이야기했던 것이나, 윌킨슨 부인에게 발레가 아닌 복싱을 해야 한다고 말했던 모든 것이 점점 아련하게 잊혀 가기 시작했다.

빌리가 얼마나 발레를 하고 싶어 했는가 하는 것은 아버지 재키 앞에서 춤을 추는 모습에서 느낄 수 있다. 재키는 친구들과의 술자리로 거나하게 취해 귀가를 하고 있었다. 그러던 중 권투 코치가 권투 체육관에 불이 켜진 것을 우연히 보게 되고, 그곳에서 빌리와 마이클이 발레 체험을 하고 있는 '이상한 장면'을 재키에게 전해 준 것이다. 그렇지 않아도 술에 취해 정신이 하나도 없는 재키는 빌리를 혼낼 요량으로 체육관에 들어가 빌리와 마이클의 발레 연습을 목격한다. 그런데 재키의 등장에 당황한 마이클이 발레 복장인 투투를 급히 벗어 버리는 것과 달리, 빌리는 잠시 고민하더니 재키 앞에서 지금까지 배운 발레 동작을 그 어떤 때보다도 큰 동작으로 당당하게 보여 주었다. 얼굴에는 당찬 기운이 서려 있었고, 누가 뭐라 하든 자신은 발레를 멈출 생각이 없

다는 듯 어쩌면 발레를 그만두라고 호통을 치는 아버지 재키에게 자신다운 모습으로 대답하고 있는 듯 말이다.

　이러한 빌리의 행동은 왕립 발레 학교 오디션에서 심사위원에게 쏟아 낸 말에서 설명된다. 빌리가 가진 배경이나 현재의 실력 그리고 발레에 대한 지식 등을 볼 때 그는 결코 발레 학교에 입학할 수준이 아니었음은 분명했다. 어리숙한 재키와 빌리 부자의 등장에 그다지 큰 인상을 받지 못한 심사위원이 체념한 듯 인터뷰를 마치려고 한 그때 한 심사위원이 빌리에게 다음과 같이 질문한다. "춤출 때 어떤 느낌이 들지?" 이 질문에 심사장을 나서려던 빌리는 발걸음을 멈추고 엉거주춤한 자세로 답변한다.

　　모르겠어요……. 그냥 기분이 좋아요……. 처음엔 좀 어색하지만 일단 추게 되면 모든 걸 잊게 돼요. 내가 아닌 것처럼요. 내 몸이 변하는 느낌이 들어요. 마치 불이 붙은 것처럼 뜨거워져요. 마치 제가 나는 것 같아요. 새처럼요. 마치 전기에 감전된 것처럼요.

문학을 공부해 어떻게 자신의 마음을 표현해야 좋을지 아는 사람처럼 열한 살 빌리가 쏟아 낸 말이다. 이제 막 발레를 배우기 시작하고 그 흥에 겨워 춤을 추는 자신을 빌리는 '전기에 감전되어 불이 붙은 듯 뜨거운 새' 같다고 했다. 이 책의 다른 영화에서도 이러한 순간을 전하는 장면이 있다. 「불을 찾아서」에서 주인공은 불씨를 옮겨 다니는 것이 아니라 나무 막대기를 비벼 불씨를 만드는 장면에서 뜨거운 눈물을 흘렸다. 이는 온몸을 감싸고 있는 '불'의 문제를 해결하기 위한 지금까지의 노력을 단번에 날려 버릴 수 있을 정도의 천지개벽할 일이었다. 머리로도, 가슴으로도 생각해 본 적 없는 삶의 궁극적인 존재를 초월하는 경험이었다. 언어로 전달할 수도 없고, 혹 언어로 전달한다고 하더라도 그 짧은 순간의 초월적 경험과 느낌을 영화라는 2차원적인 매체로 제대로 전달할 수 있었을까? 그런 점에서 울음과 감동이라는 것을 깨닫지도, 표현하지도 못하는 원시 인류의 초월적 경험을 표현하기에 '눈물'은 놀라운 상징이 아니었을까 싶다. 춤은 바로 빌리에게 이러한 경험을 가져다주는 매개였다. 눈물까지 흘리지는 않았지만, 한 번도 전기에 감전되어 본 적 없지만 빌리는 춤을 추는 순간 자신의 몸이 뜨거워지고 날아다닐 만큼의 자유를 느낄 수 있었다. 그렇게 하늘을 나는 새의 자유로움을 빌리는 춤을 통해서 느끼고 경험하고 즐길 수 있었다.

　이 점에서 영화의 마지막 장면은 감동적인 모습으로 기억된다. 발레 공연이 막 시작되었다. 사람들이 꽉 들어찬 공연장에 약간 늦게 도착한 재키와 토미가 자리를 잡는다. 누군가가 토미에게 아는 척을 한다. 예쁜 화장을 한 남자 얼굴의 그는 여자들이 입을 법한 옷을 입고 있다. 그는 자신을 빌리의 오랜 친구인 마이클이라고 소개한다. 그가 동성애자로 행복한 얼굴을 하고 인사한 것이다. 빌리의 공연을 한 번도, 한순간도 빼놓지 않고 보아 왔다는 마이클의 등장에 토미는 기겁한다. 그 순간 무대에서는 남자 무용수들이 음악에 맞춰 절제된 움직임으로 발레 공연을 보여 주고 있다. 아직 빌리는 무대에 없다. 무대를 가로지르는 남자 무용수들은 곧 등장할 한 무용수를 위한 길을 닦는 듯하다. 그리고 무대 옆에서 한 남자 무용수가 곧 등장할 준비를 하고 있다. 고개를 이리저리 돌리며 곧 펼쳐질 자신의 무대를 어떻게 이어 갈지 머릿속으로 상상하는 듯 그의 눈은 반쯤 감겨 있다. 멋진 몸매의

남자 무용수, 그는 바로 빌리다. 재키와 토미가 공연장에 와 있다는 전 갈을 받았지만 얼굴 표정에 미동 하나 없다. 단호한 모습의 빌리는 자 신의 등장을 기다리는 사람들의 시선 속으로 뛰쳐 나간다. 그리고 하 늘을 향해 날아오른다. 마치 전기에 감전되어 온몸이 타오르는 듯 어 쩔 줄 몰라 하늘로 솟구치는 새처럼 말이다.

교육은 계층 재생산을 넘어서게 할까

직업으로 발레를 하고 싶어 하는 아이, 정말 멋진 꿈을 지닌 아이라 고 할 수 있다. 그런데 그 아이가 남자라면 한번 고개를 갸웃하면서 "남자가 무슨" 하는 말을 던질 수 있다. 특별히 그 남자아이가 노동 계 층 출신의 하층 노동자의 아들이라면 그 말은 상투적이면서도 좀 더 진한 핀잔이 담긴 말로 변할 것이다. "주제 파악을 해야지. 먹고살기도 빠듯할 텐데……." 남자아이의 아버지가 탄광에서 일하고, 엄마는 세 상을 떠났고, 그래서 집에 홀로 남아 치매 할머니를 돌보아야 하는 상 황이라면 그 남자아이의 꿈인 '발레 무용수'는 그냥 한번 던져 보는 쓸 데없는 이야기로 치부되고 말 것이다. 누구도 관심 가져 주지 않을 노 동자 아들의 꿈은 '정말 멋진 꿈'에서 실현 가능성 없는 '쓸데없는 망상' 으로 바뀌어 버린다. 도대체 왜 이들의 꿈은 달리 해석되는가?

늘 반복되는 노동 계층 가정의 일상은 고달프다. 땀 흘려 일해야 먹 고살고, 힘든 일에 대한 보상으로 술과 오락거리에 목숨을 걸 듯 매달 린다. 바깥에서 돈을 벌어 오는 것이 남자들이 해야 할 일인 만큼 여자 들은 집안일에 매달린다. 거친 남자만큼 여자도 거칠다. 그러나 남자가 할 일, 관심 가져야 할 일과 여자가 할 일, 관심 가져야 할 일이 따로 정해져 있다. 그것이 노동자 계층이 살아가는 방식이다. 술과 오락에 찌들어 살다 보면 툭하면 싸우게 되고, 싸움은 늘 남자들의 의리와 힘 자랑으로 이어지곤 한다. 조용한 노동 계층의 사람들이란 존재하기 힘든 이유다. 늘 시끄럽게 스스로의 존재를 내보이고, 이를 통해 노동 계층 바깥의 다른 계층들과 선을 그어 고유한 자신들의 삶의 공간을 지켜내고자 한다. 노동 계층은 다른 계층으로 사회적 지위 이동이 어렵고, 또 이동시켜 주지도 않을 것이다. 노동 계층은 어쩔 수 없이 노동 계층의 피를 이어 갈 수밖에 없다. 그렇다면 노동 계층의 계급 의식은 가정 내에서, 지역사회에서, 노동의 장에서 보다 분명하게 정립하고 키워 가는 것이 필요하다. 괜히 다른 것에 정신 팔아 봐야 도무지 써먹기 어렵다. 그것이 노동 계층이 생존하고 살아가는 방식이다. 이것이 빌리의 아버지와 형 토니가 매일을 살아가는 방식이고, 이 같은 생활방식은 보다 견고해져 갔다. 파업은 이러한 노동 계층의 생존을 둘러싼 계급 의식을 보다 공고히 해 주는 계기가 되었다. 제아무리 친근했던 관계라도 노동의 현장에서 아군과 적군을 구분해 주는 것은 파업의 참여 여부로 결정된다. 그래서 태어나 함께 자란 토니의 절친인 게리는 토니의 적이 된다. 노동자들에게는 노동자로서의 삶과 그 안에서 생존해야 하는 익숙한 질서가 존재한다. 노동자들의 의식 바깥을 너머 볼 수 있는 눈과 이를 인식하도록 하는 모든 일은 불순한 것으로 간주된다. 흥미롭게도 이는 노동자 내부자들만 아니라 노동자 바깥의 사람들에게도 마찬가지다.

그러고 보면 꿈은 사회적 상호관계의 결과일 뿐이다. 꿈을 크게 가지라고 하지만 정작 누군가의 꿈은 자신이 속한 사회 구조, 정치-경제-문화적 맥락 속에서 만들어진다. 그것이 꿈이라는 것을 인식하지도 못하는 순간부터 자신의 삶이 어느 곳을 향해야 하고, 맞닿을 수 있는지에 대한 가능성까지 고려해 철저하게 만들어진다. 따라서 누군가 하고 싶어 하는 모든 것을 자신의 '꿈'이라고 표현한다고 해도 그 '꿈'은 한계를 가진 꿈일 수밖에 없다. 그 꿈이 하고 싶은 것과 몸과 마음이 요구하는 '하고 싶어 하는 것' 또한 그 폭과 깊이가 만들어진 것이기 때문이다. 결국 꿈은 모든 개인에게 서로 다른 기회와 선택의 가능성을 부여한다고 볼 수 있다. 즉 모든 개개인이 갖는 꿈은 결코 평등하지도, 공정하지도 않다. 그래서 꿈을 묻고, 꿈을 이루어 나가도록 하는 사회 시스템의 압력은 정의롭지 못하다.

빌리에게 자신의 몸이 원하는 예술적인 감각은 부모로부터 물려받았을 것이다. 그러나 태어나 이제 뭔가 자신이 원하는 것을 하고 싶다는 생각이 들 무렵부터 빌리는 무엇을 좋아해야 하고, 어떤 삶이 선호되는지, 사람들에게 어떻게 비추어지고 그래서 자신의 삶이 어떻게 만들어져야 하는지를 배운다. 좋아하는 색깔, 좋아하는 모양, 좋아할 만한 맛, 향기 그리고 몸짓 하나, 얼굴 표정까지도 말이다. 그런 점에서 열한 살이 되어 빌리가 권투가 아닌 발레에 흥미를 느끼는 것은 계급 사회에 길들여져 왔던 자신의 마음에 반하는 것이었다. 빌리의 친구 마이클이 스스로를 남자가 아닌 여자로 생각하게 된 것 또한 크게 다르지 않다. 남자로서 입어야 할 옷, 남자로서 익혀야 할 훈련, 그래서 남들에게 보이는 자신의 모습이 남자 그 자체여야 한다는 생각에서 크게 벗어난 것들이었다. 빌리와 마이클의 몸과 마음이 원하는 것들은 계급 의식이 분명한 더럼의 광산촌에는 어울리지 않는 것이었다. 성 정체성을 찾아 나가는 마이클과는 달리 빌리는 자신의 꿈이 이 광산촌

에서 허물어져 가는 모습을 충분히 상상할 수 있었다.

그렇다면 빌리가 겪는 갈등과 긴장은 도대체 교육과 어떤 관련이 있는 것일까? 도대체 빌리의 재능과 호기심은 왜 학교 바깥에서 중요한 계기를 갖게 된 것일까? 만약 빌리가 자신의 꿈을 표현하고 이루기 위하여 학교에서의 활동과 관계에 좀 더 매진했다면 학교는 빌리의 꿈을 실현하는 데 도움이 되었을까? 이에 대한 답변은 교육 사회학에서의 '재생산 이론'이 도움이 된다.

교육을 사회의 한 현상으로 보고 학문적 관심을 기울이는 연구 분야를 교육 사회학이라고 한다. 이에 따르면 빌리의 관심과 흥미는 결코 학교 교육을 통해서 실현되기 어려웠을 것이라 본다. '재생산 이론'으로 불리는 논의에서 학교를 매개로 하는 교육은 체제 순응적인 인간을 양성하도록 한다. 체제라는 것이 계급의 이해관계를 반영한 사회 구조이고 보면, 학교 교육은 계급의 이해관계를 경제적이고 문화적인 방식으로 재생산하는 도구 역할을 한다. 교육 과정은 중산층 이상의 계급이 향유하는 문화적 요소들을 반영한 것이고, 학교 내외의 활동에서는 각 계급의 일상적인 삶에서 경험하게 될 계층 역할을 연습하도록 한다. 따라서 학교 교육은 가르치는 내용이 '공식적(official)'이라 인식되면서 학교 교육에 참여하는 모든 계층의 아이들을 특정한 사회 계급의 구조에 다시 배치하게 된다. 이러한 배치는 학생들의 배경이 되는 사회·경제·문화적 계급 구조를 반영하여 이루어진다. 학교 교육의 궁극적 목표는 모든 사람에게 동등한 기회를 부여하여 자신의 출신 계급이나 가정 배경, 신체적 특징과는 무관한 삶을 꿈꾸게 하고 이를 실현할 수 있는 기회를 갖도록 하는 데 있을 것이다. 그러나 학교 교육은 특정한 이해관계를 가진 사회 집단에 의해 계획되고 실행되는 만큼 학교가 자리하고 있는 사회·문화·경제·정치적 맥락에 따른 영향을 받을 수밖에 없다. 무엇보다도 자본주의가 무르익은 사회에서 가장 중요한 이해관계라면 학교 교육이 반영하는 핵심적 구조는 계급과 계급 구조라 할 수 있다. 즉 학교 교육은 본질적으로 개개인의 필요와 자유로운 선택을 가능하게 할 수 있는 이상적인 장이지만 현실에서의 학교는 개개인의 꿈과 이상이 특정한 사회적 맥락에서 끼워 맞춰지고 어그러지도록, 그리고 그러한 과정이 공식적이고 상식적인 것이라 받아들이도록 하는 역할을 한다.

교육은 누구도 거부할 수 없는 공식적으로 공표된 교육 과정, 사회와 유리되어 있다고 여겨지는 학교 공간, 전문적인 훈련을 받은 교사, 엄격하게 이루어지는 시간 통제, 체계화된 훈육이 구체적인 재생산을 위한 과정에 헌신한다. 학교에서는 개개인의 특성과 호기심, 학교 교육 이전의 학습 경험은 무시된 채 주어진 것에 대한 수용만이 강요된다. 만약 수용을 거부하거나 수용을 위한 과정에 익숙해지지 않으면 '지진아' 혹은 '부적응아', 결국에는 '실패자'로 간주된다. 성공이라는 이름으로 교육은 모든 사람들에게 희망을 갖게 하지만 정작 희망을 가지고 성공을 향해 매진할 수 있는 개인은 그리 많지 않다. 학교 교육을 통해 대체로 이러한 가능성이라도 가질 수 있는 사람들은 학교 체제가 반영하고 있는 사회·문화·경제·정치적인 맥락에 익숙한 경우라고 해야 한다. 즉 학교 교육을 통해 하층 계급은 다시 사회의 하층으로, 중산층 이상의 계급은 다시 사회의 중간 이상에 배치될 수 있는 가능성이 커지게 된다.

안타깝지만 빌리의 학교 경험도 이와 다르지 않다. 실제 영화에서 학교를 많이 보여 주지 않았기에 빌리가 학교에서 어떠한 긴장과 갈등을 경험하게 되는지는 확인할 수 없다. 그러나 빌리가 오디션 장소에서 직면하는 상황을 보면 빌리가 얼마나 학교와 학교의 틀이 요구하는 것에서 멀리 떨어져 살고 있는지 확인할 수 있다. 마치 빌리를 부르는 호칭이 '빌리'와 '윌리엄'만큼의 차이라고나 할까? 빌리가 오디션을 받기 위해 심사장에 들어선 이후의 모습을 돌아보자. 자기 이름을 이야기하라는 안내자의 말에 빌리는 '빌리 엘리어트'라고 답한다. 그러나 명단에 '빌리 엘리어트'는 없다. '윌리엄 엘리어트'가 있을 뿐이다. 자신을 가리키는 사람들은 전부 그를 '윌리엄'이라고 불러 준다. 그러나 정작 빌리는 이를 거부한다. 호칭에 더하여 상투적인 표현 또한 중요한 차이를 보여 준다. 학교 관계자들은 빌리가 상한 마음을 표현하는 일상적인 표현에 기겁을 한다. 빌리가 아무렇지 않게 내뱉는 말과 행동이 학교 관계자들에게는 '폭력'으로 비추어진 것이다. 심사위원 중 한명은 빌리에게 위협적으로 경고한다.

엘리어트 씨, 유감스럽지만 우리 학교의 학생이 되려면 예의와 규율을 절
대적으로 존중해야 합니다. 이런 폭력은 어떤 상황에서도 절대 허용할 수
없다는 걸 잘 아시겠죠? 이 일은 아주 심각하게 고려될 것이며 최종 결정에
영향을 줄 겁니다.

시험을 치르기 위해 온 학생에게 이 정도로 말한다면 대놓고, '너
떨어뜨릴 거야'라고 호통을 친 것이나 다름없다.

이미 빌리와 빌리의 아버지 재키는 왕립 발레 학교가 던져 주는 웅
장함과 숨막힐 듯 정제된 언어, 몸짓에 잔뜩 주눅이 들어 있었다. 빌리
는 품행뿐만 아니라 실력에서도, 답변에서도 어디 하나 세련되게 훈련
되었다는 인상을 주지 못했다. 심사위원은 그의 아버지 재키를 향해
다음과 같이 질문한다.

우리 학교는 최상의 학생을 선별하고 있습니다. 단지 발레뿐만이 아니라
학교 성적도요. 가족의 전폭적인 지지가 없다면 성공할 수 없습니다. 빌리
를 전적으로 지원하십니까?

빌리의 발레 실력과 답변은 정말 학교에 입학하고 싶은 생각이 있기는 한 것인지 의심스울 정도였다. 따라서 심사위원들은 빌리에 대한 심사를 정해진 순서에 따라 형식적으로 끝내려고 했다. 이는 특히 왕립 학교로 귀족 계층의 교양으로서의 문화를 전수하고 훈련받는 공간의 특징을 잘 보여 주는 대목이다. 영국에서 평생을 살아왔음에도 한 번도 런던에 와 본 적이 없는 재키와, 더럼에 있는 유명한 '성당'에 대해 들어 본 적도, 아예 가 본 적도 없는 빌리 모두 발레 학교의 엄격함과 절차에 숨이 막힐 지경이었다. 즉 서로 어울리지 않는 맥락에서 서로를 감내하고 있는 것에 지나지 않았다. 발레 학교 관계자들은 빌리와 재키를, 빌리와 재키는 그들대로 딱딱한 규칙과 훈련에 익숙한 심사위원들을 참아 내고 있었다. 만약 빌리에게 던져진 마지막 질문, 춤을 출 때의 기분을 묻는 그 질문만 없었다면 빌리와 발레 학교는 서로 익숙하고 편한 방식대로 영원히 만날 일이 없었을지 모른다. 즉 학교는 학교의 지식과 관계 그리고 학교의 공간 구조와 훈육의 방식을 통해 이에 어울리는 사람과 그렇지 않은 사람, 익숙해지도록 노력하는 사람과 그렇지 않고 튕겨져 나가는 사람들을 구분해 낸다. 이러한 구분은 학교 바깥의 사회에서 꼼꼼하게 얽혀 있는 사회적 배치라는 말로서 계급 구조에 다시 반영된다.

흥미롭지만 빌리의 이야기는 여기에서 끝나지 않는다. 그는 학교와 학교 바깥의 엄격한 구조적 틀을 초월하여 자신의 꿈을 이룬다. 훌륭한 발레 무용수가 된 것이다. 열한 살의 촌뜨기 빌리가 스물다섯 살이 되어 전국적인, 어쩌면 세계적인 현대 무용수가 된 것이다. 누구나 그가 등장하는 공연을 보기 위해 줄을 서고, 그가 등장하는 무대에서 눈을 떼지 못하도록 무대를 압도하는 공연을 하게 되었다. 빌리의 성공은 앞서 꽉 막힌 듯 근대적인 계급의 틀 속에 갇힌 구조적 한계를 초월할 수 있는 교육의 가능성을 상징한다. 계급 편견과 성 편견에 사로잡힌 그의 삶이 어느 순간 계급과 성적 모순을 초월하게 된 것이다. 겨우 '계집아이'나 하는 일이라며 우습게 보았던 발레는 남자와 여자의 구분과는 아무 상관없는 인간의 예술적 표현으로 바뀌었다.

이야기의 중심에 있는 빌리만 인식이 바뀐 것이 아니었다. 빌리를 옴짝달싹 못 하도록 붙들어 두고자 했던 빌리의 아버지 재키 또한 변화하였다. 단지 어쩔 수 없어서 인정한 듯하지만 재키가 빌리의 공연장에서 빌리가 등장하기도 전에 보이기 시작하는 눈물은 그의 삶에서 어떤 변화가 일어나고 있는지를 잘 보여 준다. 또한 발레는 여유 있는 사람들만이 즐기는 교양과 여가를 위한 것이 아니라 누군가의 꿈이었다는 점을 상기해야 한다. 즉 교육은 특정한 사회 · 정치 · 경제 · 문화적 이해관계를 반영하여 이에 충실하게 기능하는 것이 아니라 교육에 참여하는 각 개개인의 관심, 흥미, 호기심, 저항, 반항, 개입, 질문, 대답, 비판 그리고 창조적 변화로 늘 새로운 도전에 직면하는 것이어야 한다. 정해진 틀에 따라 상품을 찍어내는 공장과 달리, 학교와 교육이 사회의 변화에 관여한다면 적어도 학교는 학교가 처한 맥락과 상황에 밀접히 관련되어 있으면서도 이와는 다른 방식으로 사회를 바라볼 수 있는 눈을 키워 주어야 한다. 적어도 학교에서 전달되는 지식은 그 자체로 완결된 진리가 아닌 각 개인이 추구하는 진리를 위한 인식 전환의 소재로 활용되도록 해야 한다. 즉 지식 덩어리는 보다 작은 부분은 깨지고 분해되고 재조립되고 다시 만들어지면서 보다 나은 지식, 보다 나은 배움이 무엇인지 개개인들에게 선택할 수 있도록 기회를 부여해야 한다. 학교가 단일한 권위의 공간으로 특정한 학습자들의 배움을

지도하는 것이 아니라 오히려 독특한 배움과 배움의 방식을 가진 개인이 학교라는 공간을 늘 새롭게 만들어 가고 바꾸어 나갈 수 있도록 해야 한다. 그것이 학교가 사회의 구조를 있는 그대로 반영하는 시공간이나 시종적인 역할에 그치는 존재가 아니라 오히려 사회의 구조를 바꾸어 나가도록 하는 보다 주체적인 시공간이 될 수 있는 길이다.

이런 점에서 빌리가 아버지에게 대들면서까지 자신의 마음에 충실하고, 자신의 꿈을 이루고자 상식적인 사회적 관계를 초월하고자 했던 용기는 깊이 새겨 볼 필요가 있다. 교육과 함께 보다 나은 교육을 위한 교육적 행위는 오로지 한 개인이 가진 용기가 최대로 발휘되는 상황에서 나타나게 될 것이다. 빌리가 '윌리엄'이 아닌 '빌리'를 고집하면서, '계집아이'가 아닌 '남자'이면서 발레의 수준을 올릴 수 있었던 용기를 보여 준 것처럼 말이다. 적어도 교육에 희망이 있다고 할 수 있는 근거, 교육을 통한 희망은, 빌리가 처한 환경에서처럼, 바로 꽉 막혀 어느 곳 하나 여유로움이란 없어 보이는 교육의 암담함에서 시작한다고 볼 수 있다.

Chapter 3

단지 여자라는 이유로

천상의 소녀

영 화 명 : 천상의 소녀
원　　제 : Osama
감　　독 : Siddiq Barmak
제 작 사 : Barmak Film, NHK, Swipe Films
제작 연도 : 2003년

영화의 내용

「천상의 소녀」라는 영화는 우리에게 참 낯선 세상을 보여 준다. 이 영화는 개봉 이후 대중의 관심을 별로 끌지 못하고 막을 내렸다. 굳이 그 이유를 찾자면 이야기의 내용은 허구지만 영화 장면을 다큐멘터리처럼 구성했기 때문일 수도 있다. 하지만 워낙 낯선 맥락 때문에 오사마라는 소녀의 아픔과 그녀가 처한 상황에 어떤 공감이 필요한지 알지 못해서일지도 모르겠다. 어쩌면 여성으로서의 삶에 대해 충격적인 영상만 각인되었을지도 모르겠다.

영화의 배경은 아프가니스탄이다. 그것도 탈레반의 점령으로 이슬람 원리주의적 규범이 일상화되어 있는 지역이다. 이곳에서는 전쟁이 일상이다. 전쟁의 상흔 속에서 여성과 소녀가 처한 상황을 가슴 아프게 그려 내며 시작한다. 아프가니스탄은 대륙과 대륙이 이어지고, 문명과 문명이 부딪히는 역사·사회적 상황 때문에 늘 전쟁의 소용돌이 가운데 있었다. 앞선 문명과 함께 늘 세상의 중요한 뉴스거리를 전하는 통로였지만 정작 그 땅은 총칼로 얼룩진 피의 역사를 지니고 있었다. 20세기 초기에는 영국의 식민 지배를 받았었고, 냉전 시기에는 러시아의 지배와 미국의 영향권 아래 있었다. 그리고 최근에는 미국과 이슬람 무장투쟁의 전장으로 이어지고 있다. 오사마는 할아버지가 러시아 전쟁에서 죽었고, 아버지는 미국과의 전쟁에서, 오빠들은 탈레반 치하의 전쟁에서 목숨을 잃었다. 그녀는 연로한 할머니와 의사인 엄마와 살고 있다. 겨우 열 살을 넘긴 소녀로 아직 세상이 얼마나 자신에게 적대적인지 채 알지 못하고 있다.

탈레반은 이슬람 원리주의자들로 『코란』에서 정한 율법을 엄격하게 지킬 것을 요구하며 사회적 위계를 세우고자 했다. 이슬람 원리에 근거한 국가 수립을 목적으로 하고 있는 탈레반 입장에서 일상생활에서 남성과 여성의 역할은 엄격하게 구분되어야 했다. 여성은 남성의 보호 아래 놓여 있으며, 결코 외부에 몸을 드러내거나 타인과 말을 섞어서는 안 된다. 먹고살기 위한 야외활동도 금지되었다. 20세기 이후 21세기를 넘어오는 시기에 아프가니스탄은 세상에서 가장 가난하고 여성의 권리가 전혀 존중되지 않는 사회로 인식되고 있다. 그러나 20세기 초부터 중반기에 이르기까지는 아프가니스탄의 지금과 전혀 다른 모습을 보여 주었다. 당시의 아프가니스탄은 중동에서도 나름 서구화된 모습을 띠었고, 근대적 발전의 과정에 있었다. 그러나 이슬람 원리주의자들로 구성된 탈레반 치하에서 아프가니스탄은 다시 여성의 권한을 남성의 보호 아래로 감추고 전근대 사회로의 회귀를 선택했다. 집안의 남자들은 거의 전쟁에 나가 목숨을 잃었다. 열 살의 오사마가 처한 국가, 사회, 마을, 가정은 이러한 사회 문화적 억압으로 둘러싸여 있었다.

오사마의 어머니는 가정에서 당장 생계를 꾸려 나가야 하는 처지다. 한 집에 있는 세 여성 중 유일하게 일을 할 수 있는 힘을 가진 사람이었다. 어머니는 남몰래 병원에 가서 일을 도와주거나 아픈 사람들 병수발을 하고 그 삯을 받았다. 그러나 탈레반이 병원을 접수하고, 병원에서 일하는 여성들을 몰아내면서 엄마는 더 이상 병원의 일을 계속할 수 없었다. 오사마의 어머니는 나름 유능한 지식인이고, 의학 기술을 가진 사람이었다. 그러나 그녀가 속한 사회에서 여성의 역할은 오로지 가정 내에서의 활동으로만 제한되어 있었다. 그런 상황에서 그녀가 가진 지식과 기술은 아무런 쓸모가 없었다. 엄마가 일을 하지 않으면 결국 남성이 없는 한 집안의 세 여성은 굶어 죽을 수밖에 없다. 결국 오사마의 어머니는 오사마의 머리를 깎여 남장을 하게 한다. 그리고 남편의 오랜 친구이자 전쟁 중 남편에게 일종의 빚을 지고 있는 이웃에게 오사마의 일자리를 부탁했다. 머리를 깎던 날 머리를 자르는 엄마도, 그리고 곱게 길러 온 머리를 엄마에게 자르도록 맡긴 오사마도 울었다. 오사마는 이웃 남자가 운영하고 있는 가게에서 일종의 허드렛일을 하고, 하루 일당으로 빵을 받아 왔다. 충분히 먹고살 만한 것이라 하기는 어려웠지만 이는 여자들만 살고 있는 집에서 굶지 않고 살아갈 수 있는 유일한 방법이었다.

들어가며

「천상의 소녀」는 여전히 전쟁의 그림자가 짙게 드리워진 낯선 땅, 아프가니스탄을 배경으로 한 영화다. 영화의 문화적 소재인 이슬람 사회의 윤리와 규율은 여전히 우리와 거리가 먼 것들이다. 폭력적인 모습으로만 비춰지는 그들의 모습이 일상적으로 어떻게 묘사되고 있는지를 일부 듣는다고 해도, 한 개인을 중심으로 한 이 영화의 사회문화적 관계는 내내 불편한 심기를 북돋는다. 바로 유일신을 앞세운 종교라는 제도를 바탕으로 말이다. IS(Islamic State of Iraq and Syria의 약자인 ISIS와 'Islamic State of Iraq and the Levant'의 준말인 ISIL을 통칭하여 부른다.)라는 이슬람 원리주의자들과 마찬가지로 탈레반은 아프가니스탄과 파키스탄 북부에서 사회문화적 영향력을 행사하고 있다.

주인공인 소녀 오사마는 늘 겁에 질려 있다. 그리고 먹고살자고 남장을 해야 했다. 소녀 오사마의 기구한 삶을 다룬 영화「천상의 소녀」에서는 어떤 교육적 의미를 읽을 수 있을까? 종교라는 제도적 틀 속에서 소년이 되고자 하는 소녀의 삶을 가로지르는 중요한 교육적 함의는 무엇이 있을까? 종교라는 굴레와 종교적 이상사회를 실현하려는 원리주의자들의 전통, 그리고 규율 속에서 '남자다움'이 갖는 의미는 소녀 오사마에게 어떤 긴장과 갈등을 초래하는가? 이러한 질문을 중심으로 이 장에서는 종교 공동체에서의 전통과 규율이 만들어 낸 제도를 교육으로 개념화하고, 이 속에서 만들어진 개개인의 삶을 교육이라는 이름으로 설명하고자 한다. 이 장의 제목처럼 '단지 여자라는 이유로' 오사마는 한 사회에서 무엇을 해야 할지, 그리고 어떻게 살아야 할지 그 운명이 정해져 있었다. 1장에서의 팬더 포가 국숫집 후계자라는 주어진 운명을 넘어서 '용의 전사'가 되었다는 반전과는 달리, 오사마는 결국 운명의 길을 벗어나지 못한다. 도대체 오사마에게 주어졌던 교육이란 이름의 짧은 시간은 그녀에게 어떤 의미를 가지는 것이었을까? 포에게 던졌던 희망인 메시지인 '믿어야 돼'라는 '만트라(자기 주문)'를 오사마에게도 똑같이 할 수 있을까? 오사마에게 교육은 종교가 만들어 놓은 한계를 넘어서도록 하는 것이었을까? 아니면 운명 앞에서 순응하도록 이끄는 장벽이었을까?

소녀, 소년 그리고 신부

영광의 역사와 고난의 장소, 아프가니스탄

이 영화의 오사마처럼 기구한 운명이 있을까 싶다. 천진난만한 소녀에서, 집안을 먹여 살려야 하는 소년으로 그리고 다시 죽음에 직면하여 노인의 신부로 팔려 갔으니 말이다. 오사마의 아빠는 전쟁에 나가 목숨을 잃었다. 오사마는 엄마와 외할머니와 함께 한집에 살고 있다. 엄마는 이 일 저 일을 하러 다니지만 충분한 먹을거리를 구하기 어렵다. 상황은 점점 더 나빠져 일할 거리를 찾아다니는 것은 차치하고, 당장 바깥 출입조차 하기 어렵다. 사실 바깥 출입을 할 수 있는 사람들이 오사마의 집에는 아무도 없다. 마을을 장악한 탈레반은 오로지 남자만이 그리고 남자와 함께 있는 여성만이 바깥을 출입할 수 있다고 선을 긋고 있기 때문이다.

오사마와 그녀의 가족이 사는 마을은 탈레반이 다스리는 아프가니스탄에 위치해 있다. 아프가니스탄을 고통스럽게 묘사하는 곳이 많지만 사실 아프가니스탄은 예술, 문학, 과학 분야에서 훌륭한 문화 유산을 보유한 오랜 역사를 지닌 나라다. 이 나라의 역사는 천 년을 거슬러 올라간다. 고대로부터 동서를 잇는 교통의 요충지이자 중동, 중앙 아시아, 인도 대륙을 연결하는 전략적 요충지에 위치해 있다. 이러한 지정학적 중요성으로 인해 페르시아, 오스만 제국, 알렉산더 대왕, 칭기즈 칸 등 다양한 제국의 지배를 거치며, 아프가니스탄은 다양한 문화가 융합된 수준 높고 독특한 문명을 발전시켰다. 비록 우상을 파괴한다는 명목으로 탈레반에 의해 많이 파손되어 없어졌지만 아프가니스탄은 전 세계의 다양한 문명사적 유적과 유물이 차고 넘치는 곳이다.

그러나 훌륭한 문화적 전통에도 불구하고 아프가니스탄은 오랜 전쟁으로 인해 세계 최빈국 지위를 벗어나지 못하고 있다. 1인당 국민총소득(GDP, 2014년 기준)은 1,000불이 조금 넘으며(전 세계 106위), 인간개발지수(HDI, 2014년 기준)는 0.465로 전 세계 국가 중 171위에 머물러 있다. 아직도 전쟁 중인 곳으로, 오랜 전쟁은 산업 발전에 필요한 기반 시설 대부분을 파괴하였고, 새로운 생활 기반을 안정적으로 만들어 가기 어렵게 하고 있다. 국토의 황폐화로 전통적인 자급 농업도 위축되어 식량 생산량이 감소하고, 사회적 불안감은 높아지고 있다.

오랜 역사와 세계 문명이 교차하는 중심 지역이지만 역설적으로 아프가니스탄은 전쟁터였다. 지금도 그 전쟁으로 인한 상처는 계속되고 있다. 이 가운데에서 살아가는 사람들의 삶은 어떠할까? 이 영화는 세대를 가로지르는 세 여성의 대화를 통해 이들의 삶을 간접적으로 이야기해 주고 있다. 오사마의 엄마는 자기 친정 엄마에게 다음과 같이 이야기한다.

오사마 엄마　 : 어머니, 제게 비참함을 더하게 하지 마세요. 신은 제게 이미 복수를 했다고요. 저는 곤란한 지경이라고요.
오사마 할머니 : 수치스럽구나. 너한테 떠나지 말라고 하지 않았더냐? 뭔가 잘못되어 가고 있다한들, 내가 뭘 할 수 있겠니?
오사마 엄마　 : 신이시여, 이게 도대체 무슨 재앙이란 말입니까? 남편이 살아 있었다면 얼마나 좋습니까? 적어도 먹을 것은 가져다줄 수 있을 텐데 말이에요.
오사마 할머니 : 넌 남편을 카불 전쟁에서 잃게 했잖니?
오사마 엄마　 : 오빠라도 러시아 전쟁에서 죽지 않고 살아 있었다면 얼마나 좋을까요? 지금 우리를 돌봐 주었을 텐데요, 어머니.

아프가니스탄에 있는 성인 남성들은 모두 징집의 대상이었고, 그들의 인생은 전쟁터에서 보내도록 운명 지어진 듯하다. 지정학적 요충지로서 그들의 땅을 차지하려는 강대국들은 이곳 남성들을 전쟁터로 내몰았다. 오사마의 아버지, 외삼촌, 할아버지까지 말이다. 이들은 전부 전쟁터에서 목숨을 잃었다. 성인 남자들이 죽고 남겨진 여자들의 운명을 오사마의 엄마는 '재앙'으로 표현하고 있다. 뭐라고 표현하건 간에 당장 먹을 것이 없는 이 삼대 여성들의 삶은 죽음 직전의 비참함 그 자체가 아닌가 싶다.

여성은 소중한 존재인가, 억압당하는 존재인가

오사마의 엄마는 신이 여자를 만든 것 자체가 잘못이라고 하소연한다. 도대체 이 땅에 여자로 태어난 것이 왜 이토록 쓰리고 가슴 아픈 일이어야 하는가?

오사마 엄마 : 신이시여, 저는 딸 대신에 아들이 있었다면 좋겠어요. 그 아들이 우리를 먹여 살리도록 말이지요. 적어도 신은 여자를 만들지 말았어야 했어요.

오사마 할머니 : 그게 무슨 말이냐? 남자와 여자는 똑같단다. 머리카락이 세어 가는 데 남자와 여자의 차이는 없어. 남자와 여자 모두 같은 일을 해. 그리고 똑같이 운이 없지. 면도하고 부르카를 뒤집어쓴 남자는 여자로 보이지. 그리고 짧은 머리를 하고 바지를 입고 있는 한 모든 여자는 남자와 같아. 애 아버지 바지를 가져오너라. 그리고 오사마의 머리를 짧게 잘라라. 내일 머리를 자르자꾸나. 그러면 이 아이는 소년이 될 거야.

이 이야기의 결론은 어여쁜 소녀 오사마의 머리를 깎고 바지를 입혀 소년으로 만드는 것이었다. 결국 오사마가 잠이 든 동안 엄마는 오사마의 긴 머리를 잘랐다. 아침에 눈을 뜬 오사마는 잘려진 자기 머리를 보고 눈물 흘린다. 오사마는 그 머리가 혹시 자랄까 싶어 흙이 담긴 화분에 심어 놓는다.

할머니의 이야기처럼 남자와 여자는 똑같다. 나이가 들면 머리가 희어지고 피부가 거칠어지고 쭈글쭈글해진다. 신은 남자 혹은 여자라고 더한 고통을 주거나 덜 주지 않는다. 그러한 일은 남자냐 여자냐에 따라 결정되는 것이 아니다. 할머니의 인생에서 남자와 여자는 별반

다른 존재가 아니었다. 그러나 엄마의 삶에서 남자와 여자는 완전히 다른 길을 걷는 별개의 존재로 경험된다. 어려서부터 여자라는 이유로 남자에게 복종해야 한다고 배웠다. 어린 나이에 결혼해 남편을 따랐지만 남편은 그다지 자신을 사랑스럽게 대하지 않았다. 그러다 전쟁에 나가 세상을 떠났다. 자신이 유일하게 의지할 수 있는 존재는 아들이 아닌 딸이다. 오죽했으면 딸의 머리를 깎아 험한 미지의 세상으로 내보냈겠는가.

이슬람교에서 여성을 대하는 방식은 역설적이다. 여성은 털끝 하나라도 다치게 해서는 안 될 만큼 소중한, 지극 정성으로 보호해야 할 존재다. "신부는 하늘의 여자 천사야."라고, 오사마를 네 번째 아내로 맞이한 회당 장인 물라 자디는 말하지 않았던가. 적어도 이슬람교에서 여성은 보호의 대상이다. 그러나 이러한 여성 보호 교리는 일상생활에서 여성을 억압하는 문화로 고착되어 왔다. 바깥 출입을 할 때는 몸을 내보여서는 안 되고, 특히 머리카락과 살갗은 절대 보여서는 안 된다. 바깥 출입은 남성과 동행한다는 가정하에 가능했다. 집안에서는 남성에게 복종해야 했으며, 남성과 여성의 일을 구분하여 아들과 딸을 교육해야 했다. 사회 생활이 불가능한 여성은 가정과 사회, 특정 공동체에서도 남성에게 의존해야 했다. 그렇게 보호와 억압은 종이 한 장 차이로 이슬람교 문화권에서 여성의 삶을 구속해 왔다. 물론 지역마다 정도의 차이는 존재한다. 여성들의 바깥 출입과 사회 활동에 있어 자유로운 제도를 선택하는 이슬람 국가들도 있기 때문이다. 탈레반은 적어도 이러한 자유주의에 저항하여 『코란』의 근본주의로 돌아갈 것을 주장하고 있다. 오사마와 그녀의 엄마, 할머니는 지금 그런 사회에 살고 있는 것이다.

다시 오사마에게로 돌아와 보자. 당장 머리를 깎게 했다고 바로 오사마가 소년이 될 리 만무하다. 당장 먹을 것을 염려해야 하는 식구 입장에서는 머리가 짧고 바지를 입은 오사마가 소년으로 보여야 했고, 그렇게 보이기 원했다. 그러나 한 동네에서 서로를 뻔히 알아보는 사람들 속에서 오사마는 영락없는 소녀였다. 두려움 많고, 여린, 그러면서도 도무지 남자다움이라는 것이 무엇인지 모르는 소녀 말이다. 집에서 남자다움을 보여 줄 수 있는 사람이 없으니 어디서 배울 수도 없었다. 소녀와 소년은 깎은 머리 하나로 구분될 수 있는 것이 아니었다. 회당에 위치한 코란 학교에서 친구들이 '계집아이' 같다고 놀리는 것도 이상할 일이 아니다. 변성기가 시작되는 아이들의 목소리와 달리 오사마의 목소리는 카랑카랑하고 가늘었다. 잠깐 동안의 쉬는 시간에도 짓궂은 장난이라고는 한 번도 해 본 적이 없는 양 수동적이고 소극적인 자세로 일관했다. 소년들은 오사마가 정말 소년이 아니라는 생각에 몰아세운 것이 아니지만 정작 소년이 아닌 소녀 오사마는 당황해서 어찌할 바를 몰랐다.

아이들은 자신이 익숙한 방식대로 행동한다. 아이들은 자신에게 익

숙한 것이 갖는 의미에 대해 성찰할 만큼 성숙하지 못하다. 회당에 모인 소년들의 행동을 잘 살펴보자. 이들은 누군가를 보호하고 왜 그런 보호가 필요한지에 대한 일말의 느낌이 없는 듯 행동한다. 자기 앞에 보이는 모든 사람들은 자신과 똑같다. 그들은 자신이 생각해 왔던 방식대로 생각할 것이고, 자신이 행동해 왔던 방식대로 행동할 것이다. 회당이라는 한 공간에서 자신을 다른 소년들보다 좀 더 강하고, 똑똑하며, 용감하게 보여야 했다. 만약 그러한 능력을 제대로 보여 줄 수 없는 상황이라면 적어도 약해 보이는 누군가를 짓밟고 내팽개쳐서라도 내가 더 우월해 보이도록 해야 한다. 전쟁의 상흔으로 보다 엄격한, 그리고 남성 중심적인 규율로 발달한 아이들의 적응 방식이었다. 이 점이 소년들이 '소년' 오사마를 바라보는 시각의 핵심일 것이다. 어쩌면 이 상황에서 '소년' 오사마를 끝까지 옹호하는 에스판디는 외계에서나 왔음직한 세계관을 가진 인물이다.

이슬람의 회당 학교

이슬람을 국교로 채택하는 국가라고 해서 모든 학교의 형태가 영화에서 볼 수 있는 회당 학교의 모습을 띠는 것은 아니다. 전 세계적으로 기초 교육을 강조하고, 다양한 지식 체계를 가르칠 것을 권하고 있다. 따라서 학교라는 형태로 교육 과정과 교수-학습 방법의 변화는 이슬람 문화권에도 많은 진전을 가져왔다. 그럼에도 불구하고 회당에서 어린아이들을 대상으로 『코란』을 암기시키는 교리 공부는 사라지지 않았다. 영화에서 볼 수 있듯이 회당은 기도와 예배를 드리는 장소다. 모든 남성은 하루 다섯 번 메카를 향해 절을 하고, 신의 계시를 읊조리며 기도를 해야 한다. 일 년 중 한 달을 라마단 기간으로 선포하고, 이 기간 동안 해가 떠 있는 주간에는 금식하며 신앙을 고백해야 한다. 평생을 살면서 한 번 이상은 성지인 메카와 메디나를 찾아 신과 성인들의 자취를 찾아야 한다. 이슬람교의 전통과 신앙을 지키는 데는 남성과 여성이 따로 없지만 적어도 공공장소에 모여 기도하는 것은 오로지 남성들에게만 국한된 의례였다. 따라서 회당은 남성 전용 공간으로 이곳의 학교 또한 남자 아이들만을 위한 공간이었다.

학교가 남자아이들만을 위한 공간이라는 점은 시사하는 바가 크다.

학교는 『코란』을 읽을 수 있도록 글자를 가르친다. 『코란』은 원래 처음 쓰인 언어인 아라비아어로 되어 있다. 이를 번역하는 것은 신성 모독에 해당하는 일이므로 번역을 금한다. (물론 지금은 번역도 하고, 다른 나라 언어로 교리와 관련된 책도 출간되고 있다.) 따라서 문자나 『코란』의 구절을 읽는 음성은 자신의 모국어와는 상관없이 아라비아어로 이루어져야 한다. 고전을 중심으로 하는 엘리트 사립 학교들에서 죽은 언어라 불리는 라틴어를 배우고, 고대 문서들을 그 글이 쓰였던 원래 언어인 라틴어로 읽고 해석할 것을 요구받았던 것처럼 말이다. 회당 학교에서는 『코란』을 외우고, 그 뜻을 풀어 해석하는 방법과 모국어 문자를 배운다. 그러나 모든 학습 활동이 『코란』 및 교리와 관련되어 있기 때문에 다른 배움은 최소화될 수밖에 없다. 이 자리에 여성의 참여는 제한된다. 요즘처럼 학교가 보편화된 때 집에서 가까운 학교를 다닐 수 없는 경우라면 여성들은 배움 자체를 가까이 할 기회가 주어지지 않는다. 교육의 기회를 요구하는 여성도 드물 뿐만 아니라 그러한 기회를 갖겠다고 나서는 여성들은 지역사회와 교계로부터 억압을 받았다. 심지어는 당사자인 여성과 그녀의 가족들을 죽이기까지 했다.

아프가니스탄과 국경을 맞대고 있는 파키스탄에서 이러한 남성 중심의 교육을 비판하고 이에 저항하는 한 소녀가 등장했다. 그녀의 이름은 말랄라 유사프자이(Malala Yousafzai, 1997년생)다. 그녀는 탈레반의 영향력 아래 놓여 있는 파키스탄 북서부 지역에서 여성 교육 운동을 벌이고 있다. 말랄라는 자신과 자신의 여자 친구들을 가르친 아버지로부터 교육에서 여성이 소외되어서는 안 된다는 가르침을 받았다. 그의 아버지는 근본주의적 교리보다 지식을 통한 인간 개발이 더 중요하다고 보았다. 그가 학교를 운영한 이유이기도 했다. 말랄라는 자신이 배운 대로 여성을 포함한 모든 사람이 교육을 받아야 한다고 믿었고, 이를 공공연하게 확산시키는 사회 운동을 벌였다.

이 때문에 2012년 어느 날, 그녀는 낯선 사람들에 의해 총격을 받고 쓰러지기도 한다. 가까스로 목숨을 건진 말랄라는 이후 지금까지 이슬람 문화권뿐만 아니라 전 세계적으로 여성 교육의 중요성을 설파하고 다닌다. 말랄라는 2014년 최연소로 노벨평화상을 수상하기도 했다. 이런 말랄라는 여전히 이슬람 근본주의자들의 눈엣가시 같은 존재다. 그녀는 UN 회의에 초대받아 연설을 하고 노벨상을 수상하였으며, 유명한 대학에서 명예 박사 학위를 수여받았지만 정작 그녀가 태어나 자란 지역에서는 문화와 전통을 어지럽히는 인물로 비판받고 있다.

그렇다면 회당 학교에 강제로 끌려오기는 했지만 오사마가 배움의 길에 들어서게 된 것은 다행스런 일이라고 보아야 할까? 안타깝게도 그렇지 않았다. 오사마는 글을 배운다는 것이 무엇인지, 소년들로 둘러싸인 곳에서 가르치고 배우는 '남성됨'에 대해 전혀 알지 못했다. 이슬람교와 이슬람 문화 전통에서 남성과 여성이 어떻게 같고 다른지에 대해 들을 기회가 전혀 없었다. 회당 학교에 끌려간 것은 그녀에게 교

육받을 수 있는 배움의 기회가 아니라 여성을 도구화하고 억압하는 사회 문화적 구조를 직접 피부로 느끼게 하는 고통 그 자체였다. 목욕을 가르치는 수업에서 옷을 벗은 오사마를 보고 뮬라 자디가 다음과 같이 내뱉는다.

너는 마치 신부 같구나!

오사마가 말랄라와 같은 선구적 지도자가 될 수는 없었을까? 말랄라는 시대의 영웅이다. 환경에 짓눌려 오늘을 살아가는 억압받는 여성과 여자아이들에게 말랄라의 이야기는 말 그대로 '누구'의 이야기다. 더욱이 오사마는 말랄라의 아버지와 같은 교육 신조를 지닌 어른을 두지 못했다. 오사마가 회당 학교에 끌려가는 것을 막을 남자 어른이 없었다. 하기야 그런 어른이 한 명이라도 있었다면 오사마가 머리를 깎고 '소년' 오사마가 되었겠는가? 회당 학교는 말이 학교지, 오사마에게는 더 없는 고난의 장소였다. 올라갈 수 없는 나무에 오사마를 올려 보내 놓고 못 내려온다고 놀려 대는 아이들이 그러했다. 우물 속에 매달

아 놓고 지치기를 기다리는 코란 교사들이 그러했다. 아무리 발버둥쳐 도망가려고 해도 넘을 수 없는 회당장 주변의 벽처럼 오사마를 둘러친 남성 중심의 교육은 폭력 그 자체였다.

사회 교육의 장으로서 종교 재판

오사마가 머리를 짧게 깎고 아버지의 바지를 입었지만 소녀 오사마에서 '소년' 오사마로 변신하는 데는 한계가 있었다. 사회문화적 구조로서 소년의 역할과 표현 방식은 소녀로 자라 온 오사마에게 어울리지 않는 것이었고, 그것을 흉내 낸다고 남들이 그러려니 하고 받아들일 것도 아니었다. 에스판디의 절망적인 울음을 뒤로하고, 오사마는 붙잡혀 부르카 속에 감추어졌다. 그것이 오사마가 살아가고 있는 곳에서 여자들을 대하는 일상화된 방식이었기 때문이다. 그리고 오사마는 공개 재판을 받기 전에 머물 감옥에 던져졌다. 여전히 엄마에게 의존하고, 엄마의 손길이 필요한 어린 오사마에게 지금까지 벌어진 일은 감당하기 어려운 것이었다. 언젠가 다시 붙일 것처럼 화분에 심어 두었

던 긴 머리카락이 없는 오사마는 다른 수형자들과 함께 좁은 감옥에
감금되었다. 재판을 기다리는 사람들은 인도적 의료 지원을 왔던 외국
인 여의사, 부르카를 입은 여성들이 시위하는 장면을 카메라에 담은
외국인 기자, '부정한 짓'을 저질렀다고 고발된 여성들 등이다. 사실이
야 어떻든 이들 모두는 이슬람 사회와 문화, 전통적 규칙을 위반했다
는 죄목으로 공개 종교 재판을 받을 것이었다.

재판장에는 한 노인이 누운 것인지 앉은 것인지 구분이 되지 않을
만큼 비스듬한 자세로 긴 의자에 기대어 앉아 있다. 흰 턱수염을 가진
이 사람이 판결을 내리는 사람이다. 그의 옆에는 죄목을 이야기하고
증거를 제시하는, 요즘 식으로 이야기하면 기소자인 검사가 있다. 그
리고 공개 재판이 이루어지는 장소에는 온 동네 사람들이 다 모여 있
다. 스스로 증인이 되기도 하고, (원칙적으로는) 기소된 내용에 대한 변
호를 하기도 한다. 어찌되었건 모여 있는 사람들은 재판이 공정하게
공중에게 위임받아 이루어졌다는 정당성을 갖게 한다. 한 명 한 명 호
명될 때마다 관련 죄목과 증거를 제시한다. 그렇게 외국인 기자는 외

부에 보여서는 안 되는 장면을 카메라에 담았다는 죄목으로 총살형이
내려지고, 즉시 처형된다. 처형이 이루어지는 장면은 모든 사람이 가
까이에서 지켜볼 수 있다. 아이든 어른이든 모두가 함께 볼 수 있도록
말이다. 그러나 한 남자아이의 아빠는 아이가 처형이 이루어지는 장면
을 보지 못하도록 눈을 가려 준다. 그러나 사납게 쏘아 대는 총소리를
막을 수는 없다. 그리고 다음 장면이 이어진다.

> 기소자 : 재판장이 기소된 저 여자에게 죽을 때까지 돌을 던지라고 판결
> 했다.
> 남자1 : …… 도대체 증인은 어디 있는 거지?
> 남자2 : 나라고 알겠나. 신만이 아시겠지.

재판이 이루어지는 방식을 잘 보여 준다. 재판은 사회적 규범을 유지시키는 중요한 사회 교육의 장이 된다. 재판의 과정과 결과는 옳고 그름을 구분하고 잘못한 것에 대해서는 엄하게 벌을 내린다. 이러한 과정을 지켜보는 혹은 처벌에 대한 이야기를 전해 듣는 공동체 구성원들은 무엇이 사회적으로 용인되는지, 어떤 것은 결코 해서는 안 되는지, 용인되지 않는 일을 했을 때는 어떤 처벌을 감수해야 하는지 몸으로 느끼게 된다. 살아 있는 판례를 가까이에서 경험하고, 비록 활자화되지는 않았더라도 사회 공동체 전체적으로 공유하도록 확산시킨다. 더욱이 재판 과정이 공개되어 모든 사회 구성원이 참여하는 상황이라면 교육적 효과는 훨씬 더 강력하다.

판결을 내리는 사람은 종교적 교리에 전문성을 지닌 원로 성직자다. 종교와 정치, 사회 문화적 리더십이 하나로 일치되어 있는 사회에서 종교는 정치와 교육, 사회 경제적 활동, 혹은 그 어떤 개인의 사적 행동이라도 규제할 수 있는 강력한 준거로 작동한다. 공개 재판이기 때문에 기소된 내용에 반대하거나 피고를 변호하는 것이 가능하다. 그러나 이러한 일을 하기는 어렵다. 이는 기소한 권위에 대항하는 것이고, 판결을 내리는 절대적 종교 권위에 도전하는 행위로 인식되기 때문이다. 비록 그 자리에서 비판을 받지 않는다고 하더라도 재판장을 소란스럽게 한다는 명목으로, 종교적 권위에 도전했다는 명목으로, 교리가 지시한 신앙적 순종을 어겼다는 명목으로 언제고 피고인으로 재판을 받게 될지도 모를 일이다. 따라서 기소와 판결에 대해 이해할 수 없고, 위의 대화에서처럼 증인이 나서지 않더라도 한번 내려진 결정은 실현되어야 한다. 신의 이름으로 말이다.

네 번째 아내로서 살아남다

그런데 오사마는 이 재판에서 예상을 깨고 살아남는다.

기소자　　: 남자아이 행세를 한 여자아이를 데려와라. 우리 신성한 이슬람
　　　　　에서는 이와 같은 일이 결단코 한 번도 일어난 적이 없었다. (아
　　　　　프가니스탄의 수도) 카불에서는 오늘 우리가 보고 있는 것과 같
　　　　　이 아주 악질적인 일들을 많이 목격하게 된다.

재판장　　: 내가 너를 용서하마.

물라 자디 : 네 생명과 신앙이 영원하길 기원하마. 이 고아 소녀에게는 돌봐
　　　　　줄 사람이 없다. 합법적으로, 종교적으로 내가 너와 결혼하마.
　　　　　받아들이겠니?

누군가　　: 네, 받아들입니다.

오사마　　: 재판장님, 제발 저를 저 물라 자디에게 보내지 말아 주세요. 저
　　　　　는 엄마가 필요해요. 제 엄마를 데려와 주세요.

물라 자디 : (재판장의 손에 입 맞추며) 신이 당신에게 보답하기 바랍니다.

살아남았다는 안도감도 잠시, 오사마는 늙은 물라 자디의 아내로

선언되었다. 위의 대화에서 볼 수 있듯이 기소 내용과 판결은 전혀 앞뒤가 맞지 않는다. 마치 금방이라도 돌팔매질을 해서 땅속에 파묻을 것 같던 상황이 갑자기 변하여 '용서'를 제시한다. 물론 기소 내용이 발표되는 동안 뮬라 자디는 재판장에게 다가가 귓속말로 이야기를 주고받는다. 아마도 이런 이야기를 하지 않았을까 싶다.

저 아이는 고아입니다. 먹고살자고 뭔 일인들 못하겠어요? 남자아이 노릇한 것은 정말 잘못한 일이지만 한번 용서해 주세요. 제가 저 아이를 집에 데리고 가서 잘 보살필게요. 공식적으로 결혼하면 되지 않겠어요? 저 아이를 저에게 주세요.

오사마는 고아가 아니었다. 뮬라 자디가 자신에게 오사마를 달라고 한 이유는 따로 있었다. 자신이 가르치는 회당 학교에서 목욕을 하는 오사마를 보고 욕정을 느꼈고, 자신의 신부였으면 좋겠다는 생각을 하게 된 것이다. 남자인 오사마를 보고 그렇게 생각했으니 여자로 밝혀진 오사마를 어떻게든 차지하려 하지 않았을까? 그렇게 뮬라 자디는

오사마를 자기 집으로 데려간다.

　각 방마다 바깥에서 자물쇠를 채우게 되어 있어 방에 갇히면 오롯이 그곳에서 생활할 수밖에 없다. 교사이자 회당장인 노인은 오사마에게 그녀의 방에 쓰일 자물쇠를 고르게 한다. 자신이 처한 상황을 도무지 받아들일 수도 없고, 어쩌다 머물게 된 이 집안 곳곳을 탐색할 마음의 여유도 없는 상황에서 오사마는 내내 울음을 그치지 못한다. 그를 씻기고 옷 입히는 노인의 아내들도 울기는 마찬가지다. 오사마가 이 노인네의 아내가 되어 온 과정처럼 자신들도 원치 않는 결혼을 하고, 아이를 낳았다. 이제는 방 밖을 출입할 수 있게 되었지만 집 밖을 나갈 자유가 없이 살아가고 있다. 오사마의 앞날도 그러할 것이기에 자신들이 지금껏 살아온 상황이 억울하고, 또 오사마의 앞날이 안타까워 함께 운다.

　아내 1: 탈레반은 지옥에나 떨어져야 해. 그들이 우리 집과 땅 그리고 정원을 불태워 버렸어. 남은 게 아무것도 없게 되었지. 탈레반이 나를 잡아서는 이 물라와 결혼시켜 버린 거야. 그들이 내 인생을 망쳐 놓았어. 어떻게 살아가야 할지 모르겠어. 신이시여, 제발 저를 도와주세요.

아내 2: 우리는 처음에 난민이었어. 탈레반이 들이닥쳐서는 오빠를 붙잡아서는 죽여 버렸어. 그런 후 나를 이 뮬라에게 던져 버렸지. 제발 뮬라가 죽었으면 좋겠어.

아내 3: 나는 저녁이면 헤나(henna)로 손에 그림을 그리곤 했어. 그런데 나를 도망가게 하더니, 이 뮬라에게 결혼시켜 버렸지 뭐야. 내 인생은 암흑과 같아. 비참한 인생 같으니라고……. 난 그를 증오해. 그런데 내가 뭘 할 수 있겠니? 뮬라는 결혼한 그 밤에 내 인생을 짓밟아 버렸어. 그 남자 때문에 내 모든 젊은 시절이 파괴되어 버렸어.

이제 오사마의 운명이 자신의 아픔과 비참함을 하소연하는 이 여성들의 것과 유사해질 것이다. 여기저기 달려 있는 자물쇠들이 상징하듯이 집에서 오사마는 늘 관찰되고 통제받아야 할 대상일 것이다. 시간이 지나 아이를 낳게 되면 약간의 자유가 주어질지 모르겠지만 오사마는 방 밖으로 나오는 것조차 뮬라 자디의 허락이 필요할 것이다. 오사마는 어지럽게 펼쳐져 있는 자물쇠 중 그 어떤 것도 선택하지 않았지만 어떤 자물쇠를 선택하든 오로지 뮬라 자디만이 열고 닫을 수 있는 권한을 가질 것이다. 이런 상황에 처한 오사마가 할 수 있는 일은 우는 일밖에 없었다. 소위 배운 여자로서 오사마의 엄마가 탈레반의 엄격한 규율 속에서 할머니와 오사마를 부여안고 울었던 것처럼 말이다. 뮬라 자디만이 오사마가 네 번째 아내가 되는 첫날밤, 마치 처음 결혼하는 새신랑처럼 들떠 있다. 그렇게 뮬라 자디와 오사마의 결혼 첫날밤이 깊어 갔다.

교육은 종교의 벽을 넘어서게 할까

종교적 근본주의, 그 억압적 긴장

종교는 인간의 창조적 상징 체계 중 하나이고, 사회 질서를 유지·존속하려는 하나의 제도다. 종교는 동일한 신앙을 가진 사람들의 공적 활동의 장으로서 기능한다. 종교 공동체는 변화하는 사회를 마뜩지 않게 바라본다. 정경(canon)이 만들어지고 엄격하게 지켜지던 사회문화적 구조를 온존시키며 정경이 추구하는 신-인간-사회의 구조를 유지·보존하는 것에 가장 크게 신경 쓴다. 오죽했으면 이슬람교는 정경인 『코란』이 다른 언어로 번역되거나 해설되는 것을 막고자 했을까. 그리고 최근까지도 그것이 집필된 시대의 언어인 고대 아라비아어의 표기와 발음을 엄격하게 지키는 것이 지고지순한 종교적 의무라고 여겼을까.

종교에서 근본주의(fundamentalism)를 내세우는 공동체에서는 구성원들의 사상과 행동을 판단하는 데 정경의 문구를 해석하기보다는 문구가 지시하는 바를 전적으로 수용하도록 요구한다. 정경의 문구 자체에서 옳음의 기준을 찾는다. 변용과 해석, 맥락이 주는 융통성이 허용되지 않는다. 그 이유는 정경의 문구는 종교의 근간인 신의 계시이고, 계시는 곧 신의 언어이기 때문이다. 따라서 신의 언어를 인간의 말과 사고로 판단하고 해석하려는 것은 신의 신성을 침범하는 것이며, 곧 종교 공동체에서 가장 죄악시하는 처벌의 대상이 된다. 근본주의적 종교는 또 다른 세계관과의 조우, 그로 인한 세계관과의 대화가 불가능하다. 진리는 하나만 존재하고, 다른 것은 진리가 아니기 때문이다. 오로지 '우리 것'만이 진리여야 한다.

오사마가 등장하는 종교 재판에서 누구의 반대도 허용되기 어려운 것은 바로 이러한 종교 공동체가 지닌 근본주의적 속성 때문이었다. 종교 재판은 합리적인 판결을 수행하는 기구라기보다는 종교 공동체의 틀을 벗어나고자 하는 일탈자들에게 일탈에 대한 처벌과 함께 이를 지켜보는 모든 공동체의 구성원들에게 억압적 방법으로 교훈을 전달하는 기제라고 보아야 한다. 즉 종교는 뭔가 도전받고, 질문받고, 의심되고, 그래서 뭔가 변화가 일어나는 것을 가장 싫어한다. 존재하고 있는 현재를 아무런 변화 없이 다음 세대에 재생산하는 것이 문화 공동체 구성원들의 교육에서 가장 중요한 역할이 된다. 그 방식 또한 일방적이고 권위적이어서 흔히 특정한 상황적 맥락 혹은 다양한 적용, 보다 관용적이고 논리적인 소통 과정이 무시된다. 폭력적이고 억압적인 방법을 쓰더라도 일탈의 기운, 혹은 본질로부터의 변형 가능성을 막는 것이 효과적이라고 본다.

오사마가 목격하는 종교 사회와 교육은 곧 보호라는 이름으로 개인이 가진 삶의 기회와 선택을 억압하는 도구였다. 이는 우리가 이해하고 있는 공교육의 이념과는 아주 다르다. 원래 공교육은 근대적 가치와 지식 체계를 전달함으로써 한 국가 공동체의 시민성을 형성하도록 하기 위한 것이었다. 특정 국가에서 시민을 양산한다는 말은 개인이 합리적인 의사 결정에 적극 참여할 수 있도록 능력을 키워 주며, 개인과의 대화 과정을 전제한다. 그러나 종교적 교리에 따른 일체감을 가장 중요한 가치로 내세우는 상황에서 학교는 정해진 가치와 지식 체계, 사회적 규범, 규율을 전달하는 역할에 그친다. 겉으로 드러나는 훈육은 엄격하다. 가르치는 사람과 배우는 사람 간의 위계적 관계가 형성된다. 교육은 이러한 관계를 다시 고스란히 실행할 수 있도록 훈련하는 데 주요한 목표를 둔다. 지식은 종교적 교의를 오롯이 담고 있는

『코란』을 외우고 이를 베끼는 것 이상을 의미하지 않는다. 종교적 교의에 대해 의문을 제기하거나 이러한 교육의 장면, 과정에 대해 질문을 던지는 것은 허락되지 않는다.

그런데 이런 상상을 한번 해 보자. 만약 교회에서의 예배 시간에 질문을 할 수 있다면? 강단에서 설교하는 전도자의 설교 내용에 대해서 신도들이 손을 들고 질문을 할 수 있도록 허락된다면 어떤 일이 일어날까?

종교 공동체에서 지식인으로 산다는 것

오사마를 네 번째 아내로 맞는 뮬라 자디 또한 그 사회의 지식인이다. 다음 세대를 위한 교육을 책임지는 교사이자 종교적 실행을 책임지는 회당장이다. 남성으로, 종교 공동체의 지도자로, 지식인으로 뮬라 자디는 사회적 지위를 누리고 있다. 전쟁터에 나가 싸운 경험이 있는지 모르겠지만 적어도 지금 그의 역할은 자라나는 세대에게 종교적 근본주의에 저항하고 대항하는 사람들과 맞서 싸우도록 가르치는 일이다. 땅따먹기 전쟁보다 더 중요한 것은 영혼을 상처 내고 종교적 교의를 무시하는 세태에 맞서는 것이기 때문이다. 그가 가진 지식의 원천은 정경으로서 『코란』에 관한 것이다. 대대로 이어져 온 『코란』에 대한 해석에 익숙하고, 이것이 어떻게 실제 생활에 적용되어야 하는지에 대한 교의적 설명을 할 수 있다. 또한 그에게는 공중에게 종교를 가르치고, 종교적 교의에 따른 판단과 삶의 지침을 내릴 수 있는 권위가 주어진다. 일상생활에서 가질 수 있는 가장 우선적인 판단 기준이 종교이고 보면 뮬라 자디가 가진 지식의 내용은 가장 본질적이고도 권위적인 것이다. 그가 일상생활에서 어떤 삶을 살건, 그의 집에서 얼마나 호의호식하고 자기 가족들에게 폭력적으로 행동하건 모두 종교적인 교의로 설명이 된다. 그의 행위과 판단은 곧 그의 지식과 지식에 대한 권위로 뒷받침되기 때문이다.

그러나 여기 또 다른 의미의 지식인이 있다. 맥락은 다르지만 오사마의 엄마 또한 지식인으로 볼 수 있다. 물론 종교적 권위로 회당장과 교사라는 사회적 지위를 가진 물라 자디와 무력한 오사마의 엄마를 비교하는 것은 적절하지 않은 구석이 많다. 그럼에도 왜 오사마의 엄마가 한 사람의 지식인으로 무력하게 있는지에 대해서는 생각해 볼 수 있다. 다시 이야기하지만, 영화에 등장하는 오사마의 엄마는 무력하다. 오사마의 엄마가 소위 '배운 여자'이기는 하지만 사회적 저항을 유도하거나 사회적 저항에 직접 참여하지는 않는다. 영화의 첫 장면에 등장하는 시위하는 여성들 중 한 명도 아니다. 그녀는 오로지 가족의 안위, 먹고살기 위한 방법을 궁리하는 데 몰두하고 있다. 도대체 자신이 배운 지식, 기술을 써먹지 못하는 것에 분통이 터질 뿐이다. 그녀는 모든 일에 그저 순순히 순응하는 무기력한 태도로 일관한다. 오로지

그녀가 할 수 있는 일이라곤 한숨을 쉬고 가족을 부둥켜안고 우는 것이 전부다. 어느 정도로 핍박을 받으면 이렇게 될까? 이렇게 쉽게 현실에 순응할 수 있게 되기까지 얼마나 많은 억압적 과정과 고통을 견뎌내야 할까? 자기 생각과 판단이 맞고 틀리다는 생각을 초월하여 어떻게 이렇듯 오로지 먹고사는 데만 집중하게 되는 것일까?

한 사회에서 지식인은 뮬라 자디처럼 주류 지식을 토대로 사회를 관리하는 권위자의 위치에 있거나, 주류 지식에 의문을 품고 대안적 지식 체계를 고민하며 사회 바깥에 위치한다. 이렇게 극단적인 두 유형의 지식인만을 상정하기에는 지식과 이를 습득한 사람들의 사회적 지위가 너무 다양하다. 또한 동일해 보이는 사회적 지위를 가지고 있다고 하더라도 그 위치에서 세상을 대하고 세상에 문제를 제기하는 방식도 크게 다르다. 그래서 지식인이 특정한 사회 문화적 공동체에서 어떤 역할을 하고 있는지, 어떻게 해야 하는지 일반화하기 어렵다. 그러나 우리는 여기서 그람시(Antonio Gramsci)가 '유기적 지식인(organic intellectuals)' 개념을 통해 체제 내 사회 변혁적인 지식인상을 그려 내려고 했던 것을 상기해 볼 필요가 있다. 오사마의 엄마는 여자였지만 탈레반이 지역사회를 장악하기 전에 종교적 교의 이외의 지식 체계와 신기술을 접할 수 있었다.

병원 일에 종사하고, 환자를 진료할 수 있는 오사마의 엄마는 의료 지식을 가지고 있다. 병원에서 환자들을 돌보도록 교육을 받았고, 또 이에 적합한 기술을 갖추고 있다. 대학에서 의사를 키울 때는 단지 병만 고치는 기계적인 인간을 만드는 것에 목표를 두지 않는다. 의학은 의사가 한 사회의 지식인으로서 사회적 이슈에 적극 나서고, 사회적 문제를 해결하는 데 자신의 의견을 적극적으로 개진할 수 있도록 이끈

다. 적어도 오사마의 엄마는 이러한 훈련을 받은 그 사회의 전문가다. 카불로 상징되는 도시로의 이동, 그곳에서의 생활은 그녀로 하여금 엄격한 전통과 규율로부터의 해방을 경험하게 했을 것이다. 그러나 그녀는 다시 근본주의적 종교 공동체를 회복하려는 탈레반의 전통과 교의 속에서 살아가게 되었다. 그리 길지 않지만 해방을 경험했던 여성 지식인으로서 단지 여성이라는 이유만으로 억압하는 탈레반에 어떤 자세를 취해야만 할까? 아니, 어떤 행동을 할 수 있을까? 무언가 할 수 있는 일이 있기는 할까? 오사마의 엄마가 자신을 둘러싼 억압에 대해 누구보다 분노하는 이유도 바로 이 때문이 아닐까? 남편의 친구에게 가서 빚을 갚으라고 요구할 수 있는 당당함의 근거가 아닐까? 비록 여성이기는 하지만 여성이 억압당하는 작금의 상황에 대해 저항도 해 보고, 어떻게 하는 것이 좋을지에 대한 나름의 방안도 있지 않았을까 싶다.

문 바깥에서만 풀 수 있는 자물쇠

　새 신부를 맞는 뮬라 자디의 집. 오사마가 도착한 집의 구조는 특이

하다. 생김새야 집인 것이 확실하지만 잠금 장치가 전혀 다르게 만들어져 있다. 즉 잠금 장치를 바깥에서 하게 되어 있다. 집 안에 들어가 보면 방들도 잠금 장치를 바깥에서 조정하게끔 되어 있다. 이유인즉 집 안의 식구들이 바깥으로 도망가지 못하도록 하기 위해서였다. 집 안의 식구들이라면 자신의 아내와 아이들일 텐데 왜 도망을 간단 말인가? 뻔히 집 안에 살고 있는 식구가 열 명이나 되는데, 바깥에서 문을 여는 것만이 가능한 상황, 그것도 오로지 한 사람이 문을 열고 닫을 수 있는 열쇠를 지니고 있는 상황이 이해가 되는가?

집에 머물고 있는 세 명의 아내는 자기 의지가 아닌 강제로 결혼당해 갇혀 살고 있었다. 이들 모두는 남편인 뮬라 자디 혹은 뮬라 자디와 강제 결혼시킨 탈레반을 좋게 이야기하지 않는다. 그렇게 그들은 뮬라 자디의 집에서 결혼이라는 제도로 남편과 아내로 살고 있는 듯 보이지만 마치 감옥에 갇혀 수감 생활을 하는 것과 다름이 없다. 따라서 집 안에 있는 '아내들'이 도망가지 못하도록 감옥과 마찬가지로 집은 경계 대상이었다. 어찌 보면 안전한 곳에서 잘 보호받는 것처럼 보이지만 이는 오로지 뮬라 자디의 입장에서만 그러했다. 아내들의 입장에서 그들은 갇혀 있고, 그 어떤 삶의 선택도 허용되지 않았다. 적어도 집 안에서의 생활을 어떻게 할 것인지에 대해 약간의 선택은 주어졌다. 오로지 집 안에 국한해서만 말이다.

뮬라 자디는 다른 아내들과 첫날밤을 맞을 때도 그랬듯이 오사마에게 방의 자물쇠를 고르게 한다. 바깥에서 열 수밖에 없는 자물쇠, 그 자물쇠의 열쇠는 뮬라 자디가 갖고 있을 것이다. 그에게는 정말 다양한 종류의 자물쇠와 그에 맞는 열쇠가 있었다. 어차피 그녀는 자기 방에 갇혀 있어야 하는 것이고, 그렇다면 그 방문을 장식하는 나름 '괜찮은' 자물쇠를 택하도록 기회를 준 것이다. 오사마는 울기만 할 뿐 아무 것도 고르지 않았다. 아니, 고를 수 없었다. '도대체 이 노인네가 뭐하자는 거야?' 펼쳐 놓은 자물쇠들은 형형색색, 크기도 제각각이었다. 그러나 분명한 것은 그저 모두 자물쇠였고, 그 열쇠는 뮬라 자디에게 있다는 사실이었다. 오사마가 어떤 자물쇠를 택하든 그것은 오사마의 삶을 옥죄는 선택일 뿐이었다. 이미 문밖으로 자물쇠가 채워져 있는 집으로 들어설 때부터 숨이 턱 막힌 오사마는 그 안에서도 자신을 가두어 둘 자물쇠 앞에서 무너지지 않을 수 없었다. 뮬라 자디는 자신의 집을 거대한 '감옥'으로 만들고 함께 사는 사람들을 수감자 이상의 그 어떤 대우도 하지 않았다. 결혼하여 함께 사는 사람의 '사랑'이라는 이름으로 말이다. 그가 배운 삶의 관계, 여자를 대하는 방식은 모두 단 하나 '신의 이름으로' 설명될 수 있는 것이었다.

바깥에서만 풀 수 있는 자물쇠는 이런 종교 중심의 사회문화적 맥락 그리고 그 안에서의 교육에 대해 많은 생각을 하게 한다. 종교를 빼고 이야기해 보면 어떨까? 남성 중심의 여성 억압, 차별, 인권 침해, 지식인의 이중성, 일관성 없는 판결 등. 종교의 이름으로 이러한 일들이 이루어진다고 해서 달라질 것은 없다. 남성 중심의 사회는 여성을 울타리 안에 가두고 문밖에서 자물쇠를 채우는 것인지도 모른다. 문을 여닫을 수 있는 권한을 가진 자만이 문 안과 밖의 연결에 참여할 수 있다. 여성이자 피억압자인 존재성은 울타리 바깥에서 인정받지 못한다. 단지 여자라는 이름으로 이들은 자신들의 권리와 선택, 자유 그리고 목소리가 거세된다.

그리고 보니 이즈음해서 같은 제목의 한국 영화가 떠오른다. 「단지 그대가 여자라는 이유만으로」는 1990년 한국에서 개봉한 영화다. 이

영화는 실제 일어난 일을 소재로 하고 있다. 한 중년 주부가 골목길에서 두 남성으로부터 강간을 당하기 직전 키스를 시도하는 남자의 혀를 깨물어 잘랐다. 영화는 실제 일어난 이 사건과 재판 과정을 담고 있다. 그런데 벌어진 일에 대해 양측의 주장이 완전히 달랐다. 여성 입장에서는 남성들이 강간을 하려는 상황이었고, 두 남성 입장에서는 여성이 자신들을 꼬드긴 것이고, 자신들은 충동적으로 이에 응한 것뿐이라는 것이었다. 따라서 여성은 남성들을 성폭행 혐의로 고발하고, 남성들은 잘린 혀에 대한 배상금을 요구했다. 남성들은 여성을 무고 혐의로 맞고발한 것이다. 일은 이상하게 전개되었는데, 여성은 남성에게 과한 폭력을 행사했다는 이유로 폭행 혐의를 인정받아 구속되었다. 이 상황을 목격한 이가 없어 이 두 입장 중 어느 쪽이 맞는지 재판 과정에서 밝혀야 했다. 그렇게 재판은 시작되었다.

지금으로부터 25년 전의 일로서 이 여성은 피해를 당했음에도 불구하고 폭행 관련 사안에서 유죄를 인정받아 1심에서 징역 5개월과 집행유예 1년이 선고된다. 재판부는 정당방위를 주장하는 여성 입장을 받아들일 수 없다고 보았다. 상식적으로 이해가 되지 않는 판결로 전국의 여성 단체들과 시민사회 단체들은 공동 기자회견을 열며 항소하게 되었다. 결국 1심을 뒤엎고 무죄가 선고된다. 강간 위협이 있는 상황에서 여성이 가한 행위는 정당방위라 인정한 것이었다. 피해를 당했음에도 오히려 피해를 입힌 폭력 사범으로 재판정에 들어서야 하는 사회, 오사마와 그의 엄마가 고통받는 아프가니스탄의 이야기만은 아닌, 오늘을 살아가는 우리 주변의 이야기다.

어쩌면 학생들도 바깥에서만 열 수 있는 자물쇠로 잠긴 공간에 갇힌 존재들은 아닌가 싶다. 학교라는 울타리 내에서 학생들은 배워야 할 지식이라 정해진 일련의 교과들을 익혀야 한다. 오사마가 뮬라 자디의 집에 들어서서 접한 세 명의 아내가 흐느끼며 자신들의 인생을 탓하지만 결코 감옥 같은 뮬라 자디의 손아귀에서 벗어날 수 없었던 것처럼 학생들은 규정된 지식 체계로부터 해방되지 못한다. 지식은 배움의 과정에서, 학습자의 내부에서 새롭게 정의되고, 개념화되고, 재창조되는 것이어야 하지만 일련의 교육 과정에서 배움은 그저 조각조각난 지식 덩어리를 머릿속에 꾸역꾸역 집어 넣는 것에 불과하다. 적어도 학교의 학생이라는 꼬리표를 붙이고 있는 한 삶으로부터 유리된 지식이 몸과 마음에서 떨어지는 것은 불가능하다. 학생들이 할 수 있는 일이라곤 학교 울타리 내에서 지식을 희극화하고, 억압적 환경에 대해 하소연하는 것밖에 없다. 그렇지 않다면 철저하게 지식을 내면화하고 자기 것으로 포장해야 한다.

오사마가 여성으로 살아야 하는 사회는 이렇게 잠금 장치가 이중, 삼중으로 되어 있는 자물쇠 사회다. 자물쇠로 잠겨 있는 문안, 울타리 안에서는 신의 이름으로 복종이 강요되는 차별적 관계가 지속된다. 오사마가 할 수 있는 일이라곤 사실 아무것도 없다. 남성 중심의 종교적 교리와 엄격한 율법적 체계에 맞춰 살아가야 할 뿐이다. 남성 대 여성의 대립적 관계는 신의 이름으로 여성을 억압적 지위에 있도록 하고, 어른 대 아이라는 대립적 관계는 학교에서 지식을 매개로 학생을 억압적 지위에 머무르도록 한다. 한마디로 오사마가 살고 있는 사회는 두려움을 조장하고, 두려움으로만 유지되는 사회다. 항상 누군가 감시한

다. 감시하는 사람은 자물쇠를 열 수 있는 열쇠를 갖고 두려움을 조장한다. 감시받는 사람이 선택할 수 있는 것은 오로지 하나, 감시하는 사람이 내놓는 자물쇠 중 하나를 선택하는 것뿐이다. 어떤 상황에서도 체념과 순응만이 최고의 덕목으로 여겨질 수밖에 없다. 역설적으로 체념과 순응에 익숙해진 피감시자는 자신이 의지할 수 있는 대상을 찾는다. 바로 '신'이다. 고통과 비참함을 끝내고 그는 빨리 신의 정원에 머물게 되기를 소망한다. 신의 축복이 내려지기를 간절히 원한다. 그런데 그 신은 감시자인 물라 자디가 오사마를 범하도록 내버려두고 이를 정당화하도록 만드는 신이다.

종교와 교육은 어떤 관계가 있을까? 교육을 공부하고 학문 연구의 주요한 대상으로 삼고 있는 사람으로서 모든 인간 관계, 사회 문화적 맥락에서 교육은 핵심적인 해석의 기준이 될 수밖에 없다. 그런데 종교와 교육을 연계하게 되면 교육은 즉시 종교 뒤로 물러나 앉아 있게 되는 모습을 보게 된다. 종교는 사회에서 인간이 살아가기 위해 구성한 가시적, 비가시적 제도이지만 실제 종교는 개인의 보이지 않는 마음을 통제하는 기제로 작동하는 경우가 허다하다. 사실 신앙에서 비롯된 개인의 믿음과 실천에서 비롯된 것이 종교이지만 종교라는 사회적 제도는 종교 이외의 모든 사상, 행동을 통제하고 지도하는 기능을 담당할 것이라 기대된다. 교육 또한 사회의 중요한 제도이지만 실제 교육은 종교적 이상과 종교적 통합성을 유지, 재생산하기 위한 도구로 활용될 뿐이다. "신의 이름으로…… 종교는 위대하다."

Part Ⅱ

삶의 조건으로서 교육

Chapter 4

글자로 세상을 읽다
더 리더: 책 읽어 주는 남자

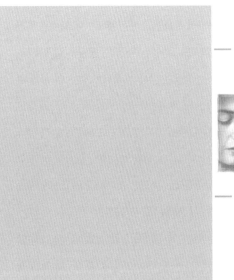

영 화 명 : 더 리더: 책 읽어 주는 남자
원　　제 : The Reader
감　　독 : Stephen Daldry
제 작 사 : Mirage Enterprises, Neunte Babelsberg Film GmbH
제작 연도 : 2008년

영화의 내용

이 영화는 제2차 세계대전이 끝나고 10여 년이 지난 1958년 독일 노이슈타트 (Neustadt)의 전차에서 만난 마이클과 한나의 사랑을 소재로 하고 있다. 전차에서 멀미가 났던 마이클은 밖으로 나와 구토를 했고, 전차의 차장으로 일하던 한나가 이런 마이클을 우연히 발견하고서 그의 집까지 데려다준다. 당시 마이클은 15세였고, 한나는 36세였다. 성홍열에 걸린 마이클은 그로부터 3개월 동안 집에서 쉴 수밖에 없었다. 한참이 지나서 야 자신을 도와준 한나에게 감사의 인사를 전하러 꽃을 들고 방문했다가 두 사람은 우연히 사랑을 나누게 되고 이후 두 사람은 한나의 아파트에서 지속적인 만남을 갖게 된다. 3류 영화로 비춰질 만큼 둘의 사랑을 보여 주는 영상은 야하다. 중요한 것은 이 둘을 매개하는 것이 무엇인가 하는 것이다. 바로 '책'이다. 한나는 내내 마이클이 공부하고 있는 책의 내용을 궁금해하고, 그녀는 둘의 은밀한 시간에도 마이클에게 그 책들을 읽어 달라고 요구한다. 그러던 둘의 관계는 한나가 자신의 직장인 전차 회사에서 승진을 하며 갑자기 중단된다. 마이클은 한나가 회사에서 서기직으로 승진한 것까지는 알고 있었지만 이후 한나는 더 이상 그의 앞에 나타나지 않았고 회사에서도 사라졌다.

마이클은 1966년 하이델베르크 대학교 법과대학에 다니고 있었다. 법학 세미나의 일환으로 마이클은 제2차 세계대전 중 300여 명의 유대인 여성들을 교회에 가두어 화재 속에 불타 죽게 한 사건으로 기소된 여성 몇 명에 대한 재판을 참관하게 되었다. 이들은 1944년 크라카우(Krakow) 집단 수용소에서 유대인들을 살해 장소로 이동하는 길목에서 경비를 섰다는 혐의로 기소되었다. 마이클은 피고석의 여성들 가운데 앉아 있는 한나를 발견하였다. 특히 사건의 생존자인 일라나 마터의 증언에 따라 한나는 사건 당일 밤 수용소 여성들에게 무언가를 읽어 준 사람으로 지목된 상태였다.

재판은 이상하게 흘러갔다. 함께 기소된 여성들과 달리 한나는 아우슈비츠 캠프에서의 가스 실험과 많은 사람들의 죽음은 사실이었다고 시인한다. 그럼에도 불구하고 화재 사건 직후 자신이 보고서를 작성했다는 혐의는 극구 부인하였다. 함께 기소되어 재판을 받고 있던 여성들이 그 일을 한나가 한 일이라고 주장했던 것이다. 그런데 그렇게 부인하던 한나가 재판부의 한 가지 요구에 아무런 답변을 하지 않다가 자신이 보고서를 작성한 당사자라고 인정하는 일이 벌어졌다. 그 요구는 한나의 글씨체를 보고 싶으니 글을 써 달라는 것이었다. 왜 한나는 이 간단한 요구에 응하기보다 자신을 죽음으로 몰아넣을 수 있는 죄목을 인정한 것일까? 사실 그녀는 글을 읽고 쓸 줄 몰랐다. 한나에게는 이 사실이 그토록 숨기고 싶은 비밀이었던 것이다. 결국 그녀에게는 종신형 판결이 내려졌다.

마이클은 한나가 글을 모르는 '문맹'이라는 사실을 인정하고 싶지 않았지만 곧 그것이 그녀의 비밀이라는 사실을 받아들이지 않을 수 없었다. 그는 오랜 세월이 흐른 후 그녀에게 자신의 책 일부를 읽어 녹음한 테이프를 보내 주기 시작했다. 한나는 그 책이 수감 중인 교도소의 도서관에 있는 책이라는 것을 알고 녹음한 내용을 책과 대조해 보기 시작했다. 그리고 마이클의 녹음 내용을 통해 글자를 익히게 되었다. 힘겨운 과정이었지만 한나에게 글자를 익히는 것은 상당히 즐거운 일이었다. 결국 초보적인 수준의 글을 쓸 수 있게 된 한나는 처음으로 마이클에게 자신이 쓴 편지를 보내게 되었다. 점차 긴 내용의 편지를 보낼 수 있게 된 한나는 마이클에게 답장을 요청한다.

1988년 한나는 모범수로 석방이 결정되었고, 교도소 직원이 마이클에게 한나의 사회 정착을 도와줄 것을 요청하였다. 결혼해 딸 하나를 둔 마이클은 그 무렵에는 이혼해 혼자 살고 있었다. 한나의 답장 요구에 응하지 않던 마이클은 한나를 위하여 살 집과 직장을 얻었다. 그리고 한나가 석방되기 일주일 전 잠시 면회할 시간을 갖게 되었다. 도대체 지난 시간 왜 그래야 했는지, 그래서 무엇을 얻게 되었는지 묻는 마이클에게 한나는 "죽은 사람들은 다시 살아나지 않아."라는 모호한 대답을 한다. 그리고 출소일에 마이클은 한나가 출소를 앞두고 목을 매어 자살했다는 비보를 접한다.

글을 읽지도, 쓰지도 못하는 한나의 삶

'문맹'이 주는 고통

한나가 '문맹'이라는 사실을 모른 채 전차 차장으로 일하고 있는 그녀를 바라보면 전혀 이상할 것이 없다. 좀 무뚝뚝하기는 하지만 요금 계산이 능숙하고 잔돈을 정확하게 거슬러 주는 자기 일에 충실한 직장인이다. 게다가 그녀는 자신의 일이 아닌데도 친절하게 남을 도와주려는 따뜻한 마음을 지니고 있다. 속이 좋지 않아 구토를 한 마이클을 도와주고, 힘들어하는 그를 집에까지 데려다준다. 일상적으로 이러한 일을 겪을 한나의 입장에서 보면 마이클을 도와준 것이 그에게만 베푼 특별한 선행이라 보기는 어렵다.

한나가 글을 읽거나 쓰지 못한다는 것을 다른 사람들이 알아차릴 만한 일은 일어나지 않는다. 그녀는 오로지 누가 전차를 탔는지, 그가 지불해야 할 요금이 얼마인지, 지불한 전체 금액이 얼마이고, 요금을 뺀 잔돈으로 얼마를 거슬러 주면 되는지만 알면 된다. 이런 셈법은 굳이 글자를 배우지 않고도 익힐 수 있는 생활 기술이다. 지금도 우리나라의 재래시장을 찾아가 보면 글자를 알 듯 모를 듯한 할머니들이 잔돈은 정확하게 거슬러 주는 것을 볼 수 있다. 또 개발도상국을 여행하다 보면 전혀 교육을 받아 본 적이 없음에도 상인들이 머리에 인 물건을 팔고 비용을 정확히 계산하여 잔돈을 내 주는 모습을 볼 수 있다. 한나가 돈을 계산하고 누군가에게 정확하게 잔돈을 돌려 줄 수 있었던 것은 끊임없는 연습을 통해 숙달한 나름대로의 노하우가 있었기 때문일 것이다.

그런데 한나에게 큰 문제가 생겼다. 승진을 한 것이다. 아니, 승진

한 것이 왜 문제가 된단 말인가? 늘 묵묵하게 자신의 자리를 지키고, 어떤 불평이든 받아 줄 만큼 친절한 업무 태도는 승진을 하기에 충분했다. 문제는 승진한 것 자체가 아니라 승진해서 새로 맡아야 하는 업무였다. 만약 그녀가 승진하고 나서도 여전히 전차의 차장으로 일할 수 있었다면 아무 문제가 없었을 것이다. 월급을 좀 더 받고 다른 사람들이 인정해 줄 약간 높은 직급에 오르는 정도였을 것이다.

　승진하는 한나는 전차를 떠나 사무 업무를 맡아야 했다. 그러고 보면 하는 일에 따라 직급을 구분하고, 직급은 육체 노동직과 사무직을 엄격하게 구분하고 있는 듯하다. 사무직이 보다 높은 직급에 위치하면서 육체 노동직들에게 명령을 전달하는 역할을 담당한다. 당연히 높은 직급은 육체 노동직이 아닌 사무직이 되어야 한다고 기대하는 관념이 자리 잡고 있다. 한나는 그렇게 육체 노동직을 떠나 사무직으로 옮겨 가야 했는데, 그녀의 발목을 잡은 것은 바로 사무직에서는 자신이 한시도 살 수 없을 것이라는 점이었다. 시끄러운 전차를 벗어나 조용한 사무실에서 근무할 수 있고, 요금을 내지 않으려는 말썽쟁이 승객들과 실랑이를 벌일 필요가 없었는데도 불구하고 그녀는 그 직위를 받아들일 수 없었다. 사무직원이라면 당연히 해야 하는 서류 작업을 할 수 없었기 때문이다. 요즘 식으로 이야기하면 아직 타자 실력을 갖추지 않았다거나 문서 편집, 엑셀, 파워포인트 등의 소프트웨어 사용 능력이 떨어진다는 수준의 문제가 아니었다. 그녀는 아예 자신이 사용하는 말을 읽지도 쓰지도 못하는 '문맹(이하 '비문해자')'이었던 것이다.

적어도 우리가 일상생활에서 한글을 모르고도 할 수 있는 일이 얼마나 있을지 생각해 볼 필요가 있다. 주민센터나 은행에 갔을 때, 자동 입출금기나 휴대전화를 사용할 때, TV를 볼 때도 글자를 읽지 못하면 상황 파악이 어려운 경우가 허다하다. 이러한 경험은 낯선 국가의 낯선 마을에 갔을 때 느끼는 외로움과 소외감 그리고 한없이 낮아지는 자존감, 뭔가 무지하고 덜떨어졌다는 자괴감 등으로 표현할 수 있을까? 더욱이 글을 모르고 기호를 제대로 읽지 못해 타야 할 기차를 놓친다거나 식사를 거를 수밖에 없다거나 하는 상황을 겪고 나면 앞서 언급한 감정들에 대한 이해가 깊어진다. 이런 경험이 없이는 한나의 마음을 이해하기 어려울 것이다. 큰 변화 없이 자신의 일상을 살아가던 그녀가 갑자기 승진을 앞두고 직장을 그만둔 상황을 공감하기도 어렵다.

세상과 만나는 통로

한나와 마이클의 사랑을 묘사하는 장면들은 한마디로 낯 뜨겁고 야하다. 그렇다고 이런 야한 장면으로 이 영화가 교육에 대하여 이야기할 수 있는 적절한 소재를 제공해 주고 있다는 점이 상쇄될 정도는 아니다. 이 둘의 밀착된 관계는 곧 글을 소재로 마이클과 한나의 삶이 만날 수 있도록 해 주고 있기 때문이다. 만약 이 둘이 이렇게 야한 장면을 연출하지 않고 등장한다면 마이클이 한나에게 책을 읽어 주는 장면을 설득력 있게 보여 줄 수 없었을 것이다. 마이클은 글이 가진 힘, 권위, 억압을 전혀 느끼지 못하고 있지만 한나는 글이 자신을 누르는 힘, 억압 그리고 삶의 한계를 매 순간 느끼고 있었다. 누군가에게는 익숙하고 당연한 것으로 여겨지는 글 읽기 능력이 어떤 사람에게는 선망의 대상이고 곧 삶의 폭을 제한하는 장벽이 된다. 마이클이 책을 들고 다니는 모습을 보고 한나가 느낀 심정이 바로 그러했을 것이다. 마이클은 한나 스스로 쌓아 놓은 장벽이 존재한다는 것조차 인식하지 못하고 있었다. 한나는 마이클에게 자신의 삶에 엄연하게 존재하는 장벽을 드러내 보이지 않으면서도 자신의 장벽 너머 세상을 훔쳐보고자 했다. 스스로 그 장벽을 넘어서려 하기보다는 마이클과의 관계에 기대어 그 장벽 너머를 경험하고자 했던 것이다. 이를 매개해 보여 주는 장면이 바로 한나와 마이클의 낮 뜨거운 장면이다. 마이클에게는 격정적인 사랑 정도로 인식될 시간에 한나는 둘의 감정이 만나는 지점을 뚫고 책을 통해 세상과 만나고 있었다. 마이클이 읽어 주는 책, 그 책의 내용, 그리고 마이클이 풀어 주는 글의 의미가 마이클에게서 한나에게 고스

란히 넘어가고 있었다.

마이클은 김나지움에 다니는 고등학생이었다. 김나지움은 독일의 인문계 중등학교로 대학 진학을 위한 교육 과정을 가르치고 있다. 김나지움에서는 인문학적 교양으로 서양 고전과 철학적 토론을 가르치고, 자연과학적 지식과 논리적 문제 해결력을 키우는 훈련을 시킨다. 독일은 초등학교를 졸업하면서 직업 교육을 받을 것인지, 아니면 일반 교양 교육을 통하여 대학 진학을 할 것인지를 구분하여 선택하도록 한다. 이를 복선형 학제라고 하여 꽤 이른 시기에 학생의 장래 진로를 준비하도록 하는 시스템이다. 적어도 직업 교육·훈련을 선택하는 것보다 일반 교양 교육을 과정으로 이수해야 하는 김나지움 학생들이 문자와 글에 기반한 삶과 직업에 더 익숙해지기 마련이다. 마이클에게 문자와 글은 마치 매일 들이마시는 공기와 마찬가지로 자연스럽고, 익숙하여 존재 자체마저 의식할 수 없는 것이었다. 한나에게 마이클은 사랑스러운 연하의 연인이면서 자신이 갖지 못한 능력을 보여 줄 수 있는 자신 바깥의 존재였다.

누가, 언제, 다른 사람에게 책을 읽어 달라고 할까? 아직 글을 모르는 아이는 부모에게 책을 읽어 달라고 할 수 있다. 유치원 아이들이 선생님에게 책을 읽어 달라고 조를 수 있다. 눈이 침침해진 노인이 지인에게, 혹은 사람을 고용하여 책을 읽어 달라고 할 수 있다. 요즘은 컴퓨터가 책을 읽어 주는 프로그램까지 등장했다. 인공지능이 장착된 프로그램이 사람이 말하는 대로 받아 적고, 기록된 글을 또박또박 읽어 준다. 심지어 인기 있는 책들은 저자가 직접, 혹은 성우가 책의 내용을 하나도 빼지 않고 녹음하여 들려 준다. 시스템만 갖추어져 있다면 이제 책을 읽는 단계를 지나 책을 듣는다는 표현이 더 어울릴 날이 올지

도 모를 일이다. 그러나 한나가 살던 1950년대 후반에는 이러한 시스템은 둘째치고, 책 자체가 지금처럼 대중화된 것도 아니었다. 신문이 대중의 읽을거리를 제공해 주고, 라디오가 들을거리를 제공했을지는 모르지만 정작 읽을거리로서의 책은 대중화되기 전이었다. 책은 지식인들의 전유물로 활자화된 문자가 만드는 계층 간의 구분이 있던 시기였다. 한나는 마이클을 통해 자신이 알 수 없는 세상과 만날 수 있었다. 마이클은 연인으로서 한나가 요구하는 바를 정성껏 들어주는 입장이었지만 한나는 마이클의 따뜻한 마음뿐만 아니라 그의 입을 통해 전달되는 새로운 세계를 경험할 수 있었다. 그녀가 결코 접할 수 없던 세계와의 만남은 그녀에게 마이클과의 만남을 특별하게 만드는 또 다른 요인이 될 수 있었다.

목숨과 맞바꾼 자존심

영화에는 좀 엉뚱해 보이는 사건이 등장한다. 제2차 세계대전의 발발국이었던 독일, 그 가운데 있었던 홀로코스트(holocaust)로 나치의 유대인 대학살 사건 중 하나가 그것이다. 친절하고 자신의 일에 열심이었던 한나는 1944년 나치 친위대 경비원으로서 크라카우 집단 수용소에서 유대인들을 학살 장소로 이동시키는 일을 맡았고, 그 길목에서 경비를 섰다는 이유로 전범 재판소에 기소되었다. 전후 독일은 집요하리만치 나치에 부역했던 인물들의 범죄를 중대하게 다루었고, 그 죄의 경중을 가리지 않고 재판에 회부해 유죄 판결을 내렸다. 이 일은 지금까지도 진행되고 있으며, 누구라도 인류의 평화를 거부하거나 깨뜨리는 일은 허용하지 않겠다는 입장을 고수하고 있다. 언젠가 이스라엘의 한 정치인이 홀로코스트를 두고 독일의 책임보다 팔레스타인과 이슬람 사람들의 책임이 더 크다는 연설을 한 적이 있다. 이때 독일의 메르켈(Angela Merkel) 총리는 단호하게 홀로코스트는 독일의 책임이고 이러한 입장에는 변함이 없다는 점을 강조하였다. 과거 역사에 대한 해석이 빈번하게 왜곡되거나, 역사적 사실 자체에 대한 부인이 이루어지는 상황에서 세계대전에 대한 독일의 입장과 다시는 이러한 역사를 되풀이하지 않겠다는 태도는 존경받아 마땅하다. 한나 또한 전쟁에서 패한 독일이 직접 진두지휘한 전범 재판에서 나치를 도왔다는 죄목으로 체포되어 재판대에 선 것이었다.

그런데 하급 경비자로서 지시받은 대로만 한 것이 아니라 책임자로 사건에 개입했다는 죄목이 그녀를 압박해 왔다. 자신을 제대로 보지도 못한 증인과 막무가내로 자신을 지목하는 동료들로부터 그녀는 스스로를 지켜내야만 했다. 명확한 증거가 없는 상황에서 누구라도 이기적인 방식으로 다른 사람에게 죄를 덮어씌우는 분위기였다. 그러나 한나가 그런 일을 했다는 명확한 증거가 없는 상황에서 무작정 그녀에게 죄를 물을 수도 없었다. 따라서 판사는 한나가 교회에서의 유대인 학살을 지휘한 책임자인지 확인하는 차원에서 그녀에게 직접 글을 써 보도록

요구한다. 이유는 간단했다. 한나의 글씨체가 보고서에 쓰인 글씨체와 같은 것인지 여부를 판단하려는 것이었다. 그런데 사태는 전혀 엉뚱한 방향으로 흘러갔다. 그 순간 한나는 글을 쓰는 것을 포기하고, 자신에게 씌워진 혐의를 순순히 인정하고 만 것이다. 이 죄를 인정하는 순간 자신의 목숨까지 위험할 수 있는 판결을 받을 것이 뻔한 상황인데도 말이다.

한나는 자신이 글을 읽지도, 쓰지도 못하는 비문해자라는 것을 밝히는 것이 그리도 어려웠을까? 자신이 비문해자라는 사실을 밝히는 것이 과연 목숨과 맞바꿀 만큼 자존심 상하는 일이었을까? 자존심을 지키려고 자기 목숨을 내놓기까지 하려는 하나의 태도를 어떻게 이해해야 할까? 자존심은 개인의 문제로 치부해 버릴 수도 있을지 모르겠다. 하지만 자존심은 개인의 문제로 절대화할 수 있는 것이 아니라 사회 문화적으로 만들어지고, 그 강도와 정도가 재단된다.

중세 시대 일본의 사무라이들은 살아서 패배의 수모를 감당하기보다는 칼로 자신의 배를 갈라 자살하는 것을 택했다. 굳이 오래전 역사에서 사례를 찾지 않더라도 오늘 우리 주변에 집단 따돌림과 괴롭힘을 견디지 못하고 자살을 선택하는 청소년들이 끊이지 않고, 자신의 무능과 무기력을 감당하기 어려워 세상을 등지는 성인들이 적지 않다. 자기 내면의 힘이 약해서 그런 것이려니 판단할 수 있지만, 다시 강조하지만 이러한 힘의 강하고 약한 것은 한 개인의 책임만은 아니다. 개인은 사회의 구성원으로서 사회로부터 자신이 해야 할 일, 할 수 있는 일 그리고 할 수 없는 일에 대해 배운다. 이는 인간을 사회적 존재라고 부르는 이유이기도 하다. 그런데 한 개인이 자신을 죽음으로 몰아가면서까지 사회로부터 자신을 떼어 놓으려고 하는 이유는 사회 구성원으로서의 자격을 스스로 포기하려 하기 때문이다. 자신의 존재 이유가 사회의 다른 구성원들에게 더 이상 의미 있게 받아들여지지 않으면서 자신의 목숨을 내놓는 것이다. 그렇다면 한나는? 적어도 사회의 한 구성원으로서 지키고자 했던 한나 자신의 존재 이유는 누군가로부터 배척받지 않는 것이었다. 글을 모르는 것에 대한 일반 대중의 선입견이 큰 상황에서 한나는 스스로 자신이 글을 모르는 사람이라는 점을 드러내고 싶지 않았다. 그녀는 대중 앞에서 '글을 아는 사람'으로 보이고 싶어 했다. 그것이 자기가 결코 가질 수 없는 정체성인 줄 잘 알면서도 말이다.

그렇다면 다음 질문을 할 수 있을 것이다. 한나는 왜 글을 배우지 않았을까? 자신의 자존감을 유지하는 토대가 그토록 약한 것이었다면, 왜 그것을 좀 더 강하게 만들기 위해 글을 제대로 배우지 않았는가 말이다. 사실 이 문제는 좀 다른 방식의 답변을 요구한다.

모든 사람은 읽고 쓸 줄 안다?

마이클은 순진한 청년이었다. 자신을 도와준 한나에게 고마운 마음을 표시했고, 자신에게 찾아온 사랑의 감정을 충동적으로 받아들였다. 스무 살이나 나이가 많은 한나와의 관계에서 마이클은 신실한 연인의 역할을 담당했다. 그리고 한나가 자신에게 책을 읽어 달라고 부탁했을 때도 아무런 의심 없이 한나의 요청을 받아들였다. 도대체 왜 한나는 재미없는 책을 읽어 달라고 하는 것일까? 마이클은 내심 이런 생각을 했을 수 있지만 그는 한나가 청한 대로 책을 조심조심 읽어 주었다. 어쩌면 한나가 자신의 목소리로 책 읽는 그 순간을 즐거워한다고 생각했을 수도 있다. 그는 한나의 요청에 대해 적어도 '한나는 글을 읽지 못하나?'라는 생각은 하지 않았다. 피고석에 있는 한나가 부당한 혐의를 뒤

집어쓰면서까지 자존심을 지키려고 하는 것을 보면서 비로소 그는 그녀가 글을 모른다는 사실을 깨닫게 된다. 달콤한 연인 관계를 이어 가는 동안 마이클은 한나가 글을 모르는 사람이라고는 꿈에도 생각할 수 없었다.

겉모습만으로 어떤 사람이 글을 읽고 쓸 수 있는 능력이 있는지 여부를 판단하기는 어렵다. 더구나 거의 대부분의 사람들이 글을 읽고 쓸 수 있는 사회에서는 이러한 판단이 더욱 어렵다. 우리의 일상생활을 잠시 떠올려 볼 필요가 있다. 가족관계증명서를 떼러 주민센터에 간다. 안에 들어서면 직원들이 앉아 있는 머리 높이에, 혹은 데스크 위에 있는 팻말들에 각자의 업무들을 적어 놓은 글자들이 보인다. 길지 않은 글자들이지만 각 글자가 의미하는 바가 다르고, 그 일들을 담당하는 직원이 구분되어 있으니 하나하나의 글자가 중요하지 않을 수 없다. 필요한 증명서를 떼려면 신청서를 작성해야 한다. 신청서에는 각 항목마다 많은 글자들이 빼곡히 적혀 있다. 신청서에는 자신의 이름과 주민등록번호 그리고 주소를 적게 되어 있고, 여러 신청 항목 중 자신이

선택해야 하는 항목에 표시를 하고, 몇 부를 신청할 것인지를 기입해야 한다. 작성이 끝나면 신청서를 담당 직원에게 건네 주고 기다린다.

그런데 만약 글자를 알지 못하는 사람이 이런 과정을 거쳐야 한다고 가정하면 어떻게 될까? 주민센터에 들어서는 순간 여러 가지로 난감한 상황에 직면하게 될 수밖에 없다. 긴 데스크를 따라 직원들이 분주히 일을 하고 있다. 자신이 들어선다는 것을 눈치챌 만큼 여유 있는 사람을 찾기 어렵다. 문을 열고 들어가는 순간에 울리는 딸랑거리는 소리에 문 가까이 앉아 있던 직원과 눈이 마주칠 수는 있겠지만 그렇다고 자신의 등장에 별다른 관심을 보이지는 않을 것이다. 당장 어느 곳에 가서 자신의 업무를 봐야 하는지 알 수가 없다.

잠시 눈치를 보다가 가까이 있는 사람에게 "가족관계증명서를 떼러 왔는데 어디로 가야 하나요?"라고 물어본다. 그러면 "저기 4번 창구로 가 보세요."라는 대답을 듣는다. 4번이라고 분명히 들었지만 4라는 글자를 알지 못하니 머뭇거리게 된다. 일단 움직여 보기로 하지만 확신이 서지 않는다. 아무 데나 대충 가서 다시 묻는다. "여기에서 가족관계증명서를 떼나요?" 그렇게 어렵사리 업무를 담당하는 창구에 이르면 담당자는 신청서를 작성해 오라고 한다. 창구 앞 테이블에 다양한 크기와 색상의 서식이 비치되어 있다. 일단 테이블 앞에 오기는 했지만 어떤 서식을 작성해야 하는지 알 수가 없다. 바로 옆에서 작성하는 사람에게 어떤 서식을 사용해야 하는지 묻는다. 무심하게 그 사람은 작성할 서식을 알려 준다. 일단 서식을 집어 들었지만 어떻게 작성해야 할지 모르기는 마찬가지다. 이 사람은 어떻게 이 상황에서 자신이 주민센터에 간 목적을 달성할 수 있을까?

글을 모르는 사람이 관공서 서류를 발급받기 위한 전략은 다양하다. 멀쩡한 오른손에 붕대를 감고 공공기관에 들어선다. 우여곡절 끝에 손에 넣은 서식을 작성하기 불가능하다는 사실을 옆 사람에게 인식시키고 도움을 요청한다. 혹은 눈이 잘 보이지 않는다는 핑계를 대기도 한다. 시력이 극도로 좋지 않다는 시늉을 하며 옆 사람의 도움을 받는다. 어떻게든 자신이 직접 펜을 들고 글을 써야 하는 상황을 피하고자 애쓴다. 혹시라도 부탁을 요청한 사람이 뭔가 미심쩍다는 생각을 하지나 않을까 안절부절못하며 자신이 처한 상황이 어쩔 수 없다는 점을 강조한다.

요청을 들어주는 상대방 자신에게 글을 대신 써 달라고 부탁한 사람이 '설마 글을 쓸 줄 모르는 것은 아닌가' 하고 의심하기는 쉽지 않다. 우리는 너무도 당연하게 모든 사람이 글을 읽고 쓸 줄 알 것이라고 생각한다. 마이클이 한나에 대해 그렇게 생각한 것처럼 말이다. 적어도 겉모습으로 판단할 수 있는 방법이 없기 때문이다. 사람들은 글자를 모르는 사람들은 '장애'를 가진 것으로 여겨 왔다. 글을 알지 못하는 비문해자를 '문맹'이라고 써 온 이유이기도 하다. '까막눈'이라는 말로

비하하거나 스스로를 깎아 내리는 경우도 허다했다. 우리 또한 마이클처럼 한나를 너무도 당연하게 글을 읽고 쓸 줄 아는 사람으로 대하고 있다. 우리 주변에서 한나와 같은 사람을 만나게 되고, 결국 그 한나가 글을 알지 못한다는 사실을 알게 되면 그녀를 '까막눈' 혹은 '문맹'이라 부르게 될 것이다.

스스로 글을 배우기 시작하다

여기서 자연스럽게 떠오르는 질문이 있을 것이다. 왜 한나는 글을 읽지도 쓰지도 못하게 되었을까? 같은 연령대의 사람들이 초등학교에서 배우는 글을 왜 한나는 배우지 않았던 것일까? 어떤 이유로 한나가 글을 배울 수 없었던 것일까? 이 질문에는 확실한 답을 찾을 수 없고 그럴 필요도 없다. 이 영화에는 한나의 어린 시절에 대한 이야기가 나와 있지 않고, 필자는 한나의 비문해 상태를 교육이라는 관점으로 논의하는 것에만 관심이 있기 때문이다. 초등 교육이 보편화된 독일이라는 사회에서 교육 기회를 제대로 얻을 수 없었거나 두 차례의 세계대전과 전 지구적 경제공황 등 복합적인 상황이 영향을 미쳤을 것이라는 정도만 추측할 수 있을 뿐이다.

그런데 이 영화에서 한나가 글을 익혀 나가는 과정이 흥미롭다. 왜 그때까지 글을 읽지도, 쓰지도 못하였을까 의아하게 생각될 만큼 한나는 글을 배우는 과정을 정말 즐긴다. 한나는 자신이 작성하지 않은 사건 보고서를 작성했다고 시인한 이후 종신형을 선고받았다. 마이클은 한나가 글을 모르는 비문해자라는 사실을 눈치채고 이 재판의 결과가 잘못되었다는 것을 자신의 지도 교수에게 항변한다. 그렇다고 재판의 결과를 재고할 만한 여지도, 그러한 극적 반전을 만들어 낼 만한 힘도

마이클에게는 없었다. 결국 마이클은 수십 년이 지나서야 교도소에 수
감된 한나에게 예전에 그녀가 자신에게 부탁했던 일을 한다.

　어느 날, 한나에게 녹음기와 녹음테이프가 도착한다. 마이클이 한
나에게 책을 읽어 녹음한 후 그 테이프를 보내 준 것이다. 과거의 연인
으로부터 오는 선물이면서도 자신의 삶의 한계를 다시금 건너뛰게 해
주는 책을 대할 수 있었다는 점에서 한나는 즐거운 시간을 보내게 된
다. 그리고 마이클이 녹음해 보내 주는 테이프를 진심으로 기다리게
되었다. 바로 옆에서 자신에게 책을 읽어 주던 마이클의 목소리는 지
나간 시간 속으로 사라져 버렸지만 테이프에 담겨 있는 마이클의 책

읽는 목소리는 언제든 다시 들을 수 있었다.

어느 순간 한나는 마이클이 읽어 주는 책이 자신이 있는 교도소의 도서관에 있다는 사실을 알게 되었다. 그 책을 펼쳐 든 한나는 어떤 생각을 했을까? 자신은 여전히 알기 어려운 글자로 가득한 책을 마이클이 들고 읽으며 녹음하고 있는 장면을 떠올리지 않았을까 싶다. 그리고 마이클이 읽어 주는 책을 그의 목소리에 맞춰 따라 읽는 시늉을 해보았다. 그러다 한나는 글과 단어를 정확하게 알지는 못하지만 마이클이 읽어 주는 단어들을 손으로 따라 갈 수는 있겠다는 생각을 하기에 이른다. 그렇게 한나는 마이클이 읽어 주는 책의 내용과 글을 일치시키게 된다. 비록 글을 배운 적은 없지만 한나는 마이클이 발음하는 소리를 자기 눈에 와 닿는 글자에 맞춰 보기 시작한 것이다. 스스로 글과 소리를 맞춰 가면서 한나의 얼굴에는 미소가 지어진다. 한나의 눈에 글자와 소리가 맞추어지면서 머릿속에 비로소 글에 대한 이해가 시작되었다.

어느 정도 시간이 지났을까? 한나는 이제 혼자 떠듬떠듬 글을 읽을

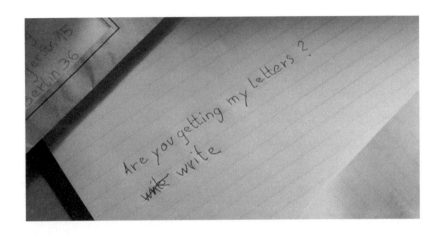

수 있게 되었다. 더 나아가 글자를 써 보게도 되었다. 오로지 자기 혼자서 글자를 터득하고 글자를 익히는 과정을 거쳐 갔다. 그리고 짧지만 자신의 생각을 담은 글을 쓸 수 있게 되었다. 그 첫 작품이 마이클에게 보내는 편지였다. 어설프게 글자를 써내려 가면서도 뿌듯한 마음에 처음 작성한 편지를 마이클에게 보냈다. 답장을 보내 달라는 부탁을 담아서 말이다.

무엇인가를 정말 알고 싶어 하는 사람의 마음을 무엇이라 표현할 수 있을까? 이는 자신이 궁금해하는 것이 무엇인지 분명히 알고, 그것을 추구해 나가는 사람들만이 표현할 수 있는 것이다. 그러나 세상의 이치를 깨달아 가고 성장하면서 무엇에 홀린 듯 호기심을 불태워 그것을 추구해 가는 것이 점점 어려워짐을 느끼게 된다. 그러고 보면 아직 세상에 두려울 것 없고, 세상이 어떤 모양으로, 어떤 질서에 의해 움직이는지 알지 못하는 어린아이에게서 이러한 마음을 발견할 수 있게 된다. 안타깝게도, 이 어린아이들은 자신이 가진 호기심을 언어로 설명하기보다는 몸과 행동으로 보여 줄 뿐이다. 그러나 성인이 된 사람들

중에서도 이런 앎에 대한 간절함을 볼 수 있는 사례들이 종종 나타난다. 나이가 지긋해져서야 글을 배우고, 자신의 이야기를 글로 쓸 수 있게 된 한나 같은 사람들 말이다.

앞서 이야기한 것처럼 우리 사회에서 비문해자를 발견하기는 쉽지 않다. 국내 거주 외국인 인구가 늘어나면서 이들의 외국어로서의 한국어 능력을 언급하고 싶은 사람도 있을지 모르겠다. 그런데 외국인으로 우리나라에 들어와 일을 하는 사람들도 그렇고, 결혼 이주 여성들의 경우에도 그렇고, 모국어가 다른 사람들에게 우리말은 그리 쉽게 배울 수 있는 언어가 아니다. 그러나 한나의 경우와 같이 모국어를 읽지도, 쓰지도 못하는 경우에 대한 이야기로 한정해 보자면 우리는 우리 사회의 또 다른 측면에 관심을 기울여야 한다.

우리 사회에도 우리 글과 말을 읽지도, 쓰지도 못하는 인구가 존재한다. 정식 교육의 기회를 제공받지 못한 세대 인구가 점차 줄어들고 있고, 새로운 세대는 초등학교 입학 전에 대부분 글을 익힌다고 본다면 우리나라에 아직 비문해자가 존재하는지 의아해할 사람들이 있을 법하다. 그러나 주로 어르신들이 참여하는 성인 문해 교실이 작은 규모의 시민사회 단체에 의해 전국적으로 운영되고 있고, 국가평생교육진흥원과 각 시도 평생교육진흥원은 이들의 문해 교실을 다소나마 지원하는 정책을 유지하고 있다.

물론 요즘 문해 교실을 찾는 결혼 이주 여성들의 비중이 늘고 있고, 다문화 교육이라는 이름으로 이들에게 문해 능력과 국내 정착을 위한 적응 훈련을 함께 진행하는 경우가 늘어났다. 그러나 여전히 문해 교실에서 글자를 배우는 연세 많은 어르신들이 있다. 글자를 모르고도 평생 사셨는데, 굳이 글자를 배워야 할까 싶지만 이들은 글자를 배우고 익히는, 그리고 자신의 손으로 자신의 이름을 쓰는 일에서 희열을 느낀다. 이들을 가까이에서 지켜보고 배움의 열정을 기록한 연구자들은 한결같이 이들이 아무런 대가 없이 배움 그 자체에서 즐거움을 느끼고 있다고 보고한다. 이들의 배움은 한곳에 머물러 있지 않고 다양한 내적 욕구와 소망을 담아내는 방식으로 진화하고 있다는 결론도 빼놓지 않는다.

자유로운 배움의 공간

책은 자신의 삶과 아무런 관련이 없다고 여기던 한나가 도서관에서 책을 빌리고, 책을 펼쳐든 용기는 이 영화에서 또 하나의 극적인 반전이다. 한나는 마이클이 보내 준 연민 가득한 육성 테이프를 계기로 글을 배우게 된다. 그러나 마이클조차도 한나가 자신이 테이프를 보내 준 것을 계기로 글을 배우게 되리라고 기대하지는 않았을 것이다. 그런데 아무리 생각해도 이해할 수 없는 부분이 있다. 재판 과정에서 자신의 자존심이 대중 앞에서 짓밟히는 것을 거부하며 자신과 무관한 죄를 묵묵히 뒤집어쓰던 한나가 얼마나 걸릴지 전혀 알 수 없는 배움의 길에 들어선 것이다. 그때까지 세상을 대하는 자신의 태도에 있어 분명하게 선을 그은 한계를 넘어서기로 결심한 것이다. 왜 지금까지는 그런 결심을 하지 않았던 것일까? 도대체 왜 그 순간, 그것도 교도소에서 억울한 옥살이를 하고 있는 상황에서 새삼 소용없어 보이는 글의 세계에 들어가기로 마음먹은 것일까?

그러나 한나는 글자를 배워서 어떻게 해 보겠다거나 글자를 얼마 동안 어떤 방법으로 배워야겠다는 식의 구체적인 계획이나 특별한 의지를 가진 것이 아니었다. 한나는 자신과 한때 연인 사이였던 마이클

과의 관계가 끝난 것이 아니라 어떻게든 이어져 있다는 느낌을 받게 되었다. 대사로 직접 표현되지는 않았지만 한나는 여전히 마이클을 사랑하고 있었다. 그 어렴풋하게 느껴지는 마이클의 배려와 자신의 마이클에 대한 사랑이 글과 책이라는 것으로 더 깊이 이어지게 되리라 생각했던 것이다. 글자를 알게 된 것은 이러한 관계가 깊어지는 것의 부산물이었다. 한나가 부당한 누명을 쓴 채 종신형을 선고받고 교도소에서 지내게 되었던 것은 어쩌면 그녀의 선택이었는지도 모른다. 그녀는 세상에서 자신을 받아 주고, 이해해 주고, 사랑해 주고, 공감해 주는 누구도 발견하지 못한 것은 아닐까? 순진무구한 마이클을 통해 비로소 자신이 한 사람으로 받아들여진다는 생각을 갖게 된 한나는 마이클과 마이클이 읽어 주는 책을 통해 세상에 한 발짝 다가갈 수 있었던 것은 아닐까? 그러다가 승진으로 인한 도피와 자신에게 불어닥친 과거 행위에 대한 재판으로 그녀는 다시금 내면으로 침잠하게 된 것이다. 마이클로 인해 세상에 다가갈 수 있었던 마음의 문이 다시 닫힌 것이다. 그래서 세상보다 자신의 내면에 더 충실한 삶을 선택한 것이다.

그런데 마이클이 보내 오는 일련의 테이프에서 그녀는 과거 마이클로부터 인정받았던 자신을 되돌아볼 수 있게 되었다. 몸은 여전히 교도소 감방에 갇혀 있지만 이곳은 자신의 내면이 세상과 다시 만나기 위한 공간으로 충분했다. 더욱이 다른 사람의 시선을 전혀 의식할 필요가 없으면서, 마이클의 목소리와 책을 통해 전해 오는 세계와의 만남에 집중할 수 있는 최고의 공간이었는지도 모른다. 한나는 스스로의 내면이 가진 본 모습을 대하는 데 자신감을 가질 수 있었고, 적어도 이런 대면에 있어 늘 한계로 다가왔던 글의 세계를 당당하게 마주할 수 있게 되었다.

한나는 무엇인가를 배우겠다고 해서 배운 것이 아니다. 아이러니하지만 글을 모르는 한나는 무수한 글로 이루어진 책을 통해 마이클과, 세상과 만나고 있었다. 책과 글은 이러한 만남과 만남을 통한 관계를 확대해 가는 수단일 뿐이었다. 한나를 세상으로부터 소외되도록 내버려두고 개인의 내면으로 점점 파고들도록 만들어 왔던 상황이 비로소 전환점을 맞이한 것이다. 마이클이 읽어 주는 책 읽는 소리를 통해서 말이다. 한나의 문해 의지나 그녀로 하여금 글을 직접 대하도록 했던 용기는 다름 아닌 한나가 대상과 새롭게 관계를 형성하겠다는 의지의 표현이었다. 그리고 마음속에서 차갑게 침잠해 있던 한나의 마음에 옛 사랑의 감정이 되살아난 결과였다.

배움은 어떤 목적을 위한 행동으로 이해된다. 글을 배우는 것은 글을 배움으로써 무언가를 하기 위한 수단적 행동이다. 산술 계산을 배우는 것은 보다 고차원적인 수학 문제를 잘 풀어내기 위한 것이다. 혹 고차원적인 수학 문제를 잘 풀어내는 배움을 지속하는 것은 수학 문제를 더 많이 해결해 다른 행위를 위한 더 나은 입지를 확보하기 위함이다. 열심히 운동을 하는 것은 멋진 고봉준령을 오르기 위함이고, 고봉준령을 오르는 것은 후에 히말라야 고봉에 도전하기 위함이다.

배움은 배움이 이루어지는 그 순간 항상 무언가를 목표로 둔 방향의 지배를 받는다. 일반화하기는 어렵지만 배움이 재미가 없는 이유다. 이래서는 배움 그 자체를 즐기지 못한다. 또한 배움이 일어나는 그 순간 배우는 주체로서 나와 세계가 맺는 관계에 결코 집중하지 못한다. 따라서 배움의 공간은 배우는 사람에게 별 의미가 없다. 배움의 과정이 어떠한지도 그다지 강조되지 못한다. 오로지 배움의 결과가 효과적이었는지, 그 길에 이르는 과정이 효율적이었는지만 부각될 뿐이다. 만약 한나가 글을 배우는 과정에서 이러한 배움의 성과와 효율성을 따져 본다면 어떤 분석이 가능할까? 굳이 상상하는 것조차도 거북하다.

글을 안다는 것, 문해의 의미

영화에서 보여 주는 애처로울 만큼 외로워 보이는 36세의 한나가 풋풋한 15세 소년 마이클과 사랑을 나누는 장면으로만 「더 리더: 책 읽어 주는 남자」가 이미지화되지 않기를 바란다. 이 영화는 한 사람의 인생에서 글자를 안다는 것이 얼마나 강한 인간의 생명력과 관련되어 있는지, 너무나 당연시되어 온 문해가 단순히 지식을 아느냐 모르느냐의 문제가 아니라 왜 가장 기본적인 권리인지에 대해 뼈저리게 증언해 주고 있는 다큐멘터리다. 도대체 '문해', 즉 '글을 안다는 것'은 무엇을 의미하는가?

최소한의 기초적인 능력

기술적으로 정의해 보자면 '문해'란 '글을 읽고, 쓰고, 기초적인 셈을 할 줄 아는 능력'을 의미한다. 흔히 3R(Reading, Writing, Arithmetic)이라고 표현된다. 문해를 기술적으로 정의하는 경우 문해 교육은 교육·훈련 프로그램을 개인이 삶에 적용하는 데 유용한 정보와 기술을 연계하는 활동이라 볼 수 있다. 문해는 자신이 속한 공동체 혹은 지역사회에서 효과적으로 기능할 수 있도록 요구되는 것으로, 자신과 지역사회의 발전을 위해 요구되는 읽기, 쓰기, 간단한 셈을 의미한다. 우리나라에서 가장 폭넓게 받아들여지고 있는 문해의 개념은 '현대 사회에서 일상생활을 해 나가는 데 필요한 글을 읽고 이해하는 최소한의 능력'이다. 1999년 제정된 「평생교육법」에서 정의한 개념으로, 문해는 꽤 오랜 사회교육운동의 산물로 인식되고 있다.

여기에 더하여 문해는 '어떻게 개념 정의되는가'와는 다른 차원에서 어떻게 기능하고, 어떤 영역과 연계되어 의미 부여되는지에 대해 많은 연구가 이루어져 왔다. 이 분야에서 의미 있는 연구를 진행해 온 로빈슨-판트(Robinson-Pant) 교수에 따르면, 문해는 개발도상국에서는 개인적으로 갖게 되는 사회적 혜택으로 건강한 생활을 유지하게 해 주고, 자녀들의 교육에 영향을 미치게 되며, 남녀 성평등을 촉진하게 하는 기능이 있다. 또한 월터 교수는 문해를 모든 인류의 공적이고 사회적인 이익으로 정의하면서, 개발도상국가의 비문해가 다양한 사회 문제를 야기하기보다는 사회 문제로 야기된 상황들이 비문해로 귀착되는 것이라고 보았다.

그런데 이렇게 문해를 기술적으로, 기능적으로 다루고 개념화한다고 해서 문해에 대한 이해가 끝났느냐 하면 그렇지 않다. 앞서 이야기한 것처럼 개인적 수준의 문해를 '읽고 쓸 줄 아는 능력'이라고 정의하는 것은 사실 그리 어렵지 않다. 그러나 당장 이 말이 무엇을 의미하고, 이것이 자리하는 학술적 논의의 위치를 잡아 가려다 보면 이러한 단순하고 기술적인 개념 정의는 그다지 도움이 되지 않는다. 마치 문해를 두고 '표현된 텍스트(literacy as text)'라 말하는 것과 크게 다르지 않다. 이러한 정의에서 조금 더 나아가 보면, 문해는 한편으로 '무엇을 하기 위한 기술(basic skills for)'로 인식되는가 하면, 다른 한편으로 '학습 과정 그 자체(a learning process)'로 인식되기도 한다.

이 간단한 두 개념적 정의는 '문해'를 두고 상당히 다른 입장을 취하고 있다. 문해를 다른 능력 습득을 위한 기술로 인식하는 경우 문해는 수단화되어 그 자체의 목적과 학습 과정의 내용에 대해서는 그다지 신경 쓰지 않게 된다. 단지 문해 상태에 도달하기 위해 빠르게 넘겨야 하는 일종의 통과 의례가 된다. 그러나 문해를 학습의 과정으로 인식하는 입장에서 이는 무언가를 위한 수단적 기술을 습득하는 것과는 거리가 있다. 물론 자신이 사용하는 문자에 접근할 수 있도록 텍스트 해독 기능을 익히게 되겠지만 이 개념에 따르면 이러한 기능 습득의 과정은 결코 시작과 끝이 확정되어 있지 않다. 따라서 문자를 매개로 세상을 읽고, 이해하고, 해석하고, 새롭게 하기 위한 자기만의 노력을 통칭하여 문해로 이해한다.

다양한 선택의 기회

이제 문해의 개념과 관련해 잠시 꺼낸 딱딱한 이야기를 떠나, 다시 한나와 마이클의 삶 속에서 읽을 수 있는 문해의 의미를 비교해 살펴보도록 하자. 이 영화 속에서 한나와 마이클은 여러 가지로 대조적인

인물임에 분명하다. 남자-여자, 30대 중년-10대 소년, 책 읽어 주는 사람-책 읽는 소리를 듣는 사람, 대학 진학 엘리트-종신형 수감자. 전차라는 공간에서 일어난 우연적인 일로 둘은 연인 사이가 되었지만 한나와 마이클은 글을 매개로 하는 능력의 유무로 삶의 경로가 하늘과 땅사이만큼 벌어졌다. 어쩌면 이 둘은 결코 만나지 않았을 관계라고 하는 것이 더 타당한지도 모르겠다. 그런데 당장 이 둘의 경로를 갈라 놓는 문자, 글을 읽고 쓸 줄 아는 능력으로서의 문해를 초월해 본다면 한나와 마이클은 너무도 아름다운 관계를 만들어 낸 주인공들이다. 그러나 이 둘의 관계에서 등장하는 소품들은 결코 글자로 대변되는 문자세계를 벗어나지 못하도록 한나를 꼭 부여잡고 있음을 볼 수 있다. 학생 신분인 마이클, 책, 서류 작업, 읽어 주기, 재판정, 장부, 글씨체등. 적어도 한나는 자신을 둘러싼 세계 속에서 문자 권력이 주는 힘에눌려 살아야 했다.

한나에게는 전차 요금을 걷는 역할만이 유일하게 택할 수 있는 직업이었을지 모른다. 따라서 당연한 기회로서의 회사 내 승진은 그녀의 성실함과 정직함에 대한 사회적 보상이었지만 그녀에게는 하나의 저주와도 같은 일이었다. 굳이 이렇게까지 해석해야만 할까? 한나가 삶에서 택할 수 있는 선택 그리고 선택의 자유에 관하여 나름 잘 정리되어 있는 이론이 있다. 후생경제학자로 1998년 노벨상을 받았던 아마티아 센(Amartya Sen)의 '토대 역량 접근(Capability Approach)'이 그것이다. 흔히 한국에서는 '역량'이라는 말로 번역되어 사용되고 있는데, 기존에 사용하던 유사 개념인 '역량(competence, competency, capacity)'이라는 말과 구분하기 위해 '토대 역량(capability)'이라는 말로 사용하고 있다.

토대 역량은 한 개인이 자기 삶에서 중요하다고 생각하는 일을 하기 위해 선택할 수 있는 능력을 의미한다. 그런데 문제는 이 능력이라는 것이 모든 인간에게 공통적으로 적용될 수 있는 것으로 전제하지 않고, 모든 개인은 자신의 사회, 문화, 정치, 경제적 맥락에 따라 서로 다른 방식으로, 서로 다른 요구에 따라, 서로 다른 선택을 하게 된다는 것이다. 그런 점에서 토대 역량은 인간이 자기 삶의 주인으로서 의미 있는 삶을 향유하기 위한 기초적이고, 인권적이며, 확장적인 능력이 된다. 센은 이를 쉽게 설명하기 위해 건강한 사람과 신체 장애가 있는 사람들의 삶에서 요구되는 능력과 지원 그리고 이들이 매 순간 선택해야 하는 상황들을 비교하고 있다. 당연히 특정 부분의 장애를 가진 사람이 건강한 사람에 비해 보다 많은 지원이 필요하고, 이를 보완해 주기 위한 선택이 많아질 수밖에 없게 된다. 한 사회가 보다 '발전'하려면, 사회의 구성원 각자가 자신의 필요에 따른 선택의 기회를 충분하게 갖도록 만드는 것이 중요하다고 보았다. 이를 '토대 역량 접근'이라 부르고 발전의 개념으로 삼았다. 즉 토대 역량은 각 개인의 삶이 사회 전반적으로 '정의로운' 삶이 되도록 사회·문화·정치적 환경을 만드는 데 꼭 필요한 개념이 된다.

센의 토대 역량 접근에 따르면, '비문해자' 한나와 고등학생 마이클은 아주 다른 토대 역량을 가지고 있다. 적어도 두 사람 모두가 살아가는 전후 독일 사회에서 비문해자인 한나가 삶의 여정으로 선택할 수 있는 기회와 고등학생 마이클이 선택할 수 있는 삶의 경로로서의 기회는 아주 달랐다. 마이클의 경로는 초·중등학교를 마치고 대학에서 법학을 공부하여 자신이 원하는 직업을 갖게 되었다는 점에서 일면 평범한 사람이 교육을 통해 사회적 지위를 갖는 통상적 과정이라 할 수 있을지 모르겠다. 마이클이 특별히 뛰어난 언변을 갖추고 누가 보더라도 사회 경제적인 성공을 누렸다고 보기는 어렵기 때문이다. 그러나 기준을 초·중등학교를 마치고 대학에서 법학을 공부한 사람에 두지 않고, 한나, 즉 글을 읽지도, 쓰지도 못하는 비문해자의 눈으로 마이클의 삶을 보자.

마이클의 인생은 적어도 한나가 생각할 수도 없는 삶의 자유와 선택으로 가득 차 있다. 인생에 있어 무엇을 할 것인가, 무엇을 하는 것이 최선인가, 무엇을 하는 것이 보다 유익한가는 누구나 던질 수 있는 질문으로 보이지만 정작 비문해자 한나에게는 무엇을 할 수 있을 것인가, 무엇을 하는 것만이 가능한가라는 제한된 질문과 선택에 매몰될 수밖에 없다. 읽을 수 없고 쓸 수 없다는 능력의 한계는 한나에게 자신의 직업으로 글자와 관련된 그 어떤 직업도 회피할 수밖에 없도록 만들었다. 승진을 통해 자신에게 주어진 서류 작업은 시도조차 해 볼 수 없을 만큼 한나에게는 버거운 일이었다. 그리고 자신의 무능함과 비문해라는 능력의 한계가 드러나는 것은 선택의 폭이 좁은 곳에 매몰되어 살아가는 답답한 인생보다 더 '수치스러운' 일로 여겨졌다. 한나에게 토대 역량은 자신의 삶을 한계 짓는 문해라는 것 앞에서 한없이 작아질 수밖에 없었다.

일상에서 경험하는 비문해

나도 비문해 경험이 있다. 더 정확하게 이야기하면, 내 앞에 놓인 글자와 의미를 제대로 해독하지 못해 밤새도록 고생한 적이 있다. 학술대회 참석차 스웨덴에 갔을 때 일이다. 웬만하면 수도인 스톡홀름에서 회의가 열렸으면 좋으련만 빠른 기차를 타고도 두 시간 정도를 가야 닿을 수 있는 란초핑 대학교에서 회의가 개최되었다. 처음 가 보는 국가, 도시인 만큼 조심스럽게 여정을 준비했다. 워낙 북부 유럽 물가가 비싼 탓에 숙소는 스톡홀름의 좀 허름한 곳으로 하고, 학술대회를 위해 아침 저녁으로 오가는 것을 택했다. 그래도 이 선택이 저렴했고, 나름 성공적인 여정이라고 생각했다. 행사에 참석하는 방법과 함께 중요한 것은 행사장을 오가기 위한 열차의 첫차와 막차 시간을 알아두는 것이었다. 둘째 날 행사가 끝나고 만찬까지 마친 시간은 막차가 떠나기 한참 전 시간이었다. 별 걱정 없이 기차역에 도착해 열차가 도착하기를 기다렸다.

부슬부슬 비가 내리고, 밤은 점차 깊어 갔다. 그런데 열차 시간표에 따르면 서너 대는 지나갔어야 할 열차가 한 번도 오지 않는 것이 아닌가? 이상하다는 생각과는 달리, 적어도 막차 시간은 맞추겠지 하는 기대감에 잠자코 앉아 기다렸다. 결국 막차 시간도 지나가고 있었다. 어쩌나 하는 걱정과 함께 도대체 내가 뭘 잘못 본 것인지 궁금해졌다. 열차 시간표를 아무리 봐도 막차 시간 훨씬 이전에 도착했고, 또 그사이 서너 대의 열차가 지나갔어야 했다. 그런데 가만히 보니, 두 가지 열차 시간표가 있는 것이 아닌가? 내가 본 것은 평일의 열차 시간대였고, 다른 하나는 주말의 열차 시간대였다. 안타깝게도, 그날은 토요일이었다. 한국어도, 영어도 아닌 스웨덴어로 쓰여 있는 열차 시간표에서 오로지 내가 보고 싶어 하는 항목의 내용만 찾아보았을 뿐 나는 그 내용이 어떤 맥락에서 해석될 수 있는지에 대해서는 전혀 생각지 못한 것이다. 주말 시간표에 따르면 막차는 학술대회의 만찬이 한창 무르익었던 시간에 지나갔다. 웃고 즐기던 그 시간에 말이다. 평일-주말이라고 분명하게 써 있는 열차 시간표를 구분해 읽을 수 있었다면 적어도 이런 실수를 하지는 않았을 것이다.

시간은 벌써 11시가 넘었다. 혹시 저렴한 숙소가 있을까 싶어 그날 밤, 비 오는 날 우산도 없이 란초핑 시가를 헤매고 다녀야 했다. 어떤 위협이 있을지에 대한 정보 하나 없이 자정을 넘나드는 시간에 시내를 돌아다녀야 했다. 결국 두 시가 다 되어서야 가장 피하고 싶었던 비싼 호텔로 들어섰다.

나와 마찬가지로 우리 모두는 일상적으로 비문해의 경험을 갖는다. 하기야 요즘 한국에서 글자를 모르는 경험을 반추하는 것은 쉽지 않다. 전 세계적으로 가장 높은 문해율을 자랑하는 국가 아닌가? 그러나 누구든 외국 영화를 보거나 외국인과 대화를 나눌 때, 혹은 외국어로 된 책을 펼쳐 보는 상황에서 비문해 경험은 어찌 보면 일상화되어 있다고 볼 수 있다. 알아도 아는 것이 아닌 상황이 어디 특정 문자와 말을 듣고 이해하는 것에 국한되겠는가? 그런데 오래 지속되지 않거나 그다지 중요하지 않은 일상적인 경험으로서의 '비문해성'은 곧 무시된다. 자신에게 일어나는 수많은 비문해 경험이 구체적으로 내 삶에 영향을 미친다고 생각하지 않는다. 따라서 그 속에 내재된 문제들을 찾아내지 못하고, 그 일로 인해 비문해가 가져다주는 자존심의 손상을 경험하지 않는 듯하다. 그래서 비문해자로서 한나의 선택을 어리석다고 판단하는 듯하다. 이렇게 판단하는 '나'는 나름 한나와는 다른 문해자로서 그런 어리석음을 판단할 자격이 있다고 느끼듯이 말이다.

그러나 한 개인에게 있어 크고 작은 비문해의 경험은 무시되는 것처럼 보일 뿐 결코 작지 않은 삶의 무게로 개인의 선택에 영향을 미친다. 그리고 그 선택은 대체로 비문해자가 아니라면 '어리석다'고 생각할 만한 것들이다. 비문해자는 사회적으로 자신을 지킬 힘이 없다고 보아야 한다. 한나가 자신에게 죄를 덮어 씌우는 사람들에게 과감하게 대응할 수 없었던 이유이기도 하다. 잠시, 모두가 글자를 알고 글자를 쓸 수 있을 것이라고 본 판사의 입장이 되어 보자. 판사가 자신 앞에 있는 피고인이 비문해자일 수도 있다는 '가능성'을 조금이라도 염두에 두었다면 적어도 그는 한나에게 '글자'를 써 보라고 하지 않았을 것이다. 판사가 문해와 비문해자의 삶의 선택에 대해 한 번이라도 생각해 보았다면, 자신에게 던져지는 죄목을 극구 부인하던 한나가 한 순간 태도를 바꿔 순순히 죄를 인정한 상황을 이상히 여기다 못해 그 이유를 궁금해했을 것이다.

우리는 누군가가 '교육을 받았다'는 외피적 모습에 대해 너무도 단일한 해석을 내놓는 것은 아닐까? 교육의 결과는 어떠해야 한다는 말을 곧 모든 사람들이 그렇다, 혹은 그러해야 한다로 당연하게 받아들이는 것은 아닐까? 이는 단지 글자만의 문제가 아니다. 예를 들어, 사회 공동체 속에서 존재하는 다양한 경험 양상을 살펴보자. 얼굴 색, 언어, 종교, 가정 배경, 경제적 상황, 출신지 그리고 소위 지식의 종류 등, 경험의 종류는 한도 끝도 없다. 배움의 내용으로서 교육 과정을 어떻게 정할 것인가를 결정하는 것도 쉽지 않지만, 한 번 결정되어 전달되는 교육의 내용으로 교육의 결과를 단정 지을 수 없다. 그렇게 하기에는 교육의 내용으로서 학습자가 지식 및 경험과 연계 짓고 또 연계되는 방식이 너무도 다양하다. 적어도 사람들은 누군가의 경험과 교육을 판단할 때는 자기 경험에 근거하여 판단한다. 타인의 경험과 지식, 교육의 내용이 제한된 개인의 삶과 생각, 경험에 의해 쉽게 재단되고 있다. 과연 이는 타당한 일인가?

글로써 인간 존재의 가치를 배우다

나의 할머니는 학교를 다녀 본 적이 없다. 할아버지는 내가 태어나기 수십 년 전에 돌아가셨으니 그분이 어떤 교육의 이력을 가졌는지는 알 길이 없다. 나의 부모님은 초등학교를 마치지 못하셨다. 비록 인생 후반기에 아버지가 신학을 공부하신다고 학사모를 썼지만 정규 학교 학력으로 인정받지는 못하는 과정이다. 적어도 한 세대 혹은 두 세대 앞선 우리의 선조들은 주로 비문해자의 삶을 살았다. 우리나라의 경우 해방 당시 문해율은 18퍼센트 정도였다. 과연 이 시기 문해율을 어떻게 측정했는지는 모르지만 일제 시대의 초등교육 정책과 우리 글에 대한 괄시 정책을 반추해 보면 적어도 이 시기 지독히도 낮은 문해율은 그리 과장되지 않은 수치였다고 할 수 있다. 그런데 1960년도 되기 전에 한국 정부는 우리나라의 문해율이 95퍼센트에 도달했다고 보고하였고, 이러한 급속한 문해율의 증가는 국제 사회에서 대단한 성과로 찬사를 받았다.

그로부터 50년도 더 지났다. 1959년 보고된 거의 완전한 문해율에 대한 성취는 바로 다음 순간 정부 차원의 문해 교육을 위한 관심과 지원을 외면하게 했다. 정부 차원의 문해 교육에 대한 관심은 2000년대가 시작하고도 몇 년이 지나서야 나타나기 시작했다. 그 결과일까? 우리나라의 공식 문해율은 96~97퍼센트로 알려져 있고, 우리나라 국민의 실질 문해율은 다른 나라에 비해 훨씬 낮은 것으로 나타난다.

굳이 딱딱한 문해율을 이야기하자고 별 상관없는 독일의 전범 재판을 다룬 영화, 「더 리더: 책 읽어 주는 남자」를 이야기했을까? 이 영화에서 속 깊이 들여다보고자 했던 인물은 한나라는 외로운 여자였다. 한나는 글을 읽지도, 쓰지도 못하는 어찌 보면 무능력한 사람이다. 그런 그녀가 전쟁 중 300여 명의 유대인을 교회에 가두고 불태워 죽인 사건의 주연급 범죄자로 둔갑하여 종신형을 선고받고 교도소에 수감된다. 36세의 한나가 15세의 고등학생인 마이클을 만나 나눈 짧은 사랑의 이야기로 읽힐 수도 있겠지만, 이 영화는 한나가 세계와 관계 맺는 방식을 글과 책이라는 매개로 새롭게 조명해 주는 교육 영화로 읽으라

고 주문한다. 글을 읽게 됨으로써 한나는 마이클과의 관계를 그리고 세계와의 관계를 새롭게 할 수 있었고, 자기 내면의 힘을 확장해 갈 수 있었다.

한나의 예에서 볼 수 있듯이 무언가를 배우는 과정은 자기 삶의 울타리를 확장해 나가도록 한다. 그리고 이러한 배움은 그 자체가 주는 즐거움과 함께 새로운 배움의 과정으로 연결된다. 배움은 바로 다음 단계의 새로운 배움으로 이어진다. 이 말은 배움이 다음 단계의 배움을 위한 수단이자 다음 단계의 배움을 목적으로 배움이 도구화된다는 말과는 완전히 다르다. 배움을 즐기는 학습자는 배움 그 자체를 즐길 뿐 이후 자신의 배움이 당장 어떤 배움으로 진화할지 예측하기 어렵다. 교육이 가진 진정한 힘이 여기에 있다. 교육을 충분히 통제할 수 있고 교육의 성과를 관리할 수 있다고 보는 사람들은 결코 배움의 즐거움을 논의하기 어렵다. 배움의 즐거움과 배움을 통한 미래의 목표로서 도달 지점을 동시에 이야기하는 사람들은 이율배반적이다. 배움의 방향과 진화의 흐름이 개인이 지닌 경험의 종류, 사고의 깊이, 학습이 일어나는 환경, 학습을 공유하는 동학들에 따라 달라질 수 있다는 점은 더더욱 배움이 맥락적이고 특정 목표를 향한 수단이어서는 안 된다는 점을 보여 준다.

글자를 읽음으로써 세상을 읽다

한나를 주인공으로 한 이 영화는 이러한 배움의 진화와 방향성을 결코 알 수 없다는 점을 극명하게 보여 준다. 한나의 놀랄 만한 편지에도 불구하고 마이클은 답장을 보내 오지 않았다. 그러다 모범수로 인정받은 한나가 출감하게 되었다. 출감 날짜도 정해졌다. 오랫동안 수감 생활을 한 한나가 사회에 적응해 살아가도록 도울 수 있는 친척도, 지인도 없는 상황에서 교도소 측은 마이클에게 한나의 사회 적응을 도와 달라고 부탁했다. 이미 사회인으로 직장 생활을 하고 있는 마이클은 현재는 이혼한 상태지만 결혼을 했고, 딸아이도 있었다. 한나의 사회 적응을 돕는 것이 새삼스러울 수 있었지만 마이클은 한나를 돕기로 결심했다. 그리고 출감 일주일 전 출감을 위한 준비 차원에서 한나를 면회하게 된다. 마이클은 한나에게 왜 그 재판에서 자신에게 불리한 증언을 인정했냐고 묻는다. 한나는 그 질문에 '죽은 사람은 대답할 수 없다'는 모호한 말을 한다. 면회를 마치고 출감일에 맞춰 다시 교도소를 찾은 마이클은 전혀 예상치 못한 소식을 접한다. 한나가 출감을 앞둔 하루 전날 목을 매 자살한 것이다.

자기 생의 긴 시간을 교도소에서 보내게 했던 비문해자로서의 열등의식, 사회로부터 스스로 소외시켜 왔던 상황이 변했다. 한나는 비문해자에서 문해자로 당당하게 세상을 마주할 수 있는 힘을 얻게 되었다. 자신을 글의 세계로 인도한 옛 연인에게 자신의 생각을 글로 전달

할 수 있게 되었다. 더욱이 누군가에게 무언가를 요구할 수도 있게 되었다. 마이클에게 답장을 해 달라고 (조심스럽지만) 부탁한 것에서 볼 수 있듯이 말이다. 한나는 평생 자신의 비문해 콤플렉스가 들통날까 두려워 남의 눈을 의식하며 조용하게, 그들의 눈을 피해 살아왔다. 그녀는 더 이상 다른 사람들의 눈을 의식하며 살지 않아도 되었다. 이제 글을 통해 새로운 세계를 발견하게 된 그녀가 누릴 삶의 특권이 생긴 것이다. 그런데 바로 지금까지 누리지 못했던 삶의 새 장을 시작하려는 순간 그녀는 스스로 그 기회를 완전히 놓아 버렸다. 죽음으로써 말이다. 왜 그랬을까? 그녀가 죽었다는 사실만 고려한다면 이는 지금까지 그녀가 보여 주었던 삶에 대한 희망, 보다 넓은 세계와의 조우가 가져다줄 기대감과 정반대의 결과로 보인다.

그러나 한나의 선택을 설명할 수 있는 여지가 있다. 앞서 이야기한 바와 같이, 한나는 마이클이 읽어 주는 이야기를 통해 세상을 만나 왔다. 그러다가 우연히 책과 대조해 보면서 책의 문자와 마이클의 음성을 통해 글자를 익히게 되었다. 몰랐던 글자를 알게 되었다는 사실을

빼면 여전히 한나는 책과 글을 통해 세상을, 그리고 자신에게 테이프를 보내 주는 마이클을 만나고 있었다. 감옥이라는 제한된 공간에서 경험하는 세상을 넘어 책으로 만나는 세계는 한나에게 아무런 위험을 전해 주지 않았다. 사방이 벽으로 막혀 있고, 자신을 감시하는 경비원들 속에서 한나가 책으로 경험하는 세계는 무한한 상상력을 발휘할 수 있도록 해 주었을 것이다. 이렇듯 새롭게 경험하는 시간은 그녀를 즐겁게 했다. 지금껏 자신을 소외시켜 왔던 세상에 대한 원망과 저주를 넘어 자신이 창조해 내는 세계에서 자신은 보다 주체적인 인물로 가공되었을 수도 있다. 오로지 글을 알게 된 사건으로 한나는 지금까지 경험한 것과는 전혀 다른 세상을 만들어 내고 기대할 수 있게 된 것이다.

그런데 수감 생활을 마쳐야 하는 상황에서 한나는 새로운 도전에 직면하게 된다. 글을 통해 창조해 내고 확장해 온 내면의 가상 세계를 허물고 자신이 경험했던 실제 세계를 만나야 했다. 교도소 문을 나가 자신이 살아내야 하는 세계는 자신을 소외시켜 왔고, 자신을 기능적으로 대했던 세계였다. 자신의 삶을 이 감옥에서 보내도록 강제한 관계

또한 그녀가 곧 직면해야 할 세계의 일부였다. 무엇보다 그녀를 괴롭히는 것은 차별에 대한 두려움이었다. 세상은 여전히 그녀의 문해 능력에 따라 그녀를 다양한 방식으로 차별할 것이다. 마이클 또한 그녀와 관계를 맺어 오던 옛날의 사랑스런 연인이 아니다. 비록 글을 읽을 수 있게 되었다는 자신감과 함께 글을 통해 세상을 만나고 그에 대한 안목도 넓어진 만큼 이전보다는 더 강해졌겠지만 그녀는 여전히 세상에 의해 억압받는 존재였다.

감옥은 자기 삶의 시공간을 통제하는 나쁜 제도였지만 자신은 오히려 그곳에서 보다 안정된 자신만의 세계를 창조하고 확장해 나갈 수 있었다. 적어도 글을 모른다는 이유로 차별과 억압을 받지 않아도 되는 공간이었다. 가장 나약한 부분이었던 비문해를 어느 정도 극복했지만 그것만으로 자신이 세상과 맺어 온 억압과 두려움의 관계를 극복할 수는 없었다. 한나는 감옥 밖의 세계를 극복할 수 있는 기회가 전혀 없었던 것이다. 글과 글을 통한 세계를 자신만의 방식으로 배웠지만 여전히 세계를 자신과 소통해 새롭게 변혁해 나갈 수 있는 대상으로 보지 못한 것이다. 오로지 자신은 세상에 종속된 하나의 억압받는 대상일 뿐이라고 여긴 것이다. 결국 그녀는 감옥을 나서기 전, 실제 세계에 당당하게 설 수 있는 힘이 없었기에 그것을 포기한 것이 아닐까?

글을 안다는 것은 글자를 읽고, 그 의미를 안다는 것에 그치지 않는다. 글은 글자를 만들어 내고, 그것이 이미지화하고 있는 세계를 알게 하는 통로다. 또한 글자로 표명되는 세계가 안고 있는 정치적 지형, 권력 관계, 그를 매개로 벌어지는 수많은 사람들과 체계 간의 복잡한 지형을 아는 것이다. 그래서 브라질 교육자였던 파울로 프레이리(Paulo Freire)는 '글자를 읽는 것은 곧 세계를 읽는 것(Reading the Word and the

World)'이라고 했다. 비록 인공지능의 기술 발달에 따라 자동 통역기(이어폰)가 등장하고, 자동 입력기가 보편화된다고 하더라도 언어와 언어를 알거나 모르는 것에 대한 판단이 사람들 간의 사회 정치적 위계와 권력 관계를 조명하는 상황은 변함이 없을 것이다. 우리 안의 한나를 발견하고, 비문해성을 극복하기 위한 사회적 토대 역량 접근이 보다 강조되어야 할 필요가 여기에 있다.

Chapter 5

인공지능이 스스로 성장하다

채피

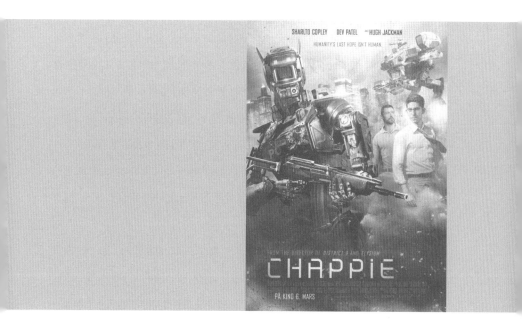

영 화 명 : 채피
원　　제 : Chappie
감　　독 : Neill Blomkamp
제 작 사 : Media Rights Capital, Kinberg Genre
제작 연도 : 2015년

영화의 내용

남아프리카공화국 요하네스버그에서 세계 최초의 로봇 경찰이 등장했다. 매일 300여 건 이상의 폭력 사건이 발생하고, 그때마다 경찰들이 죽고 다치는 세상에서 로봇 경찰의 등장은 환호를 받았다. 더욱 긍정적인 것은 범죄 지수가 줄어들었고, 폭력 가담자들이 대거 검거되었다는 사실이다.

로봇 경찰은 테르라발 로봇 제조사에서 개발한 것으로 이 회사는 로봇을 범죄 소탕에 상용할 수 있도록 하고 있다. 비록 범죄 소탕이라고 하지만 결국 로봇은 다양한 방식으로 싸움의 도구가 될 것이다. 미국, 중국, 북한 등에서 관심을 보이고 있고, 이들은 결국 평화를 위한 전쟁 무기로 사용될 소지가 컸다. 로봇 경찰은 종류가 두 가지였다. 하나는 인간이 자신의 몸보다 훨씬 큰 크기의 로봇에 앉아 직접 조종하는 무스 프로그램이고, 다른 하나는 인간 몸 크기의 로봇이 고도의 인공지능에 따라 스스로 움직이는 스카우트 프로그램이다. 둘 다 명령에 따라 움직이는 로봇이기는 하지만 하나는 온전히 인간의 생각과 판단에 따른 것이라면, 다른 하나는 물론 한계는 있지만 로봇이 스스로 생각하고 판단하도록 한 것이었다.

로봇 개발 회사에서는 개념이 서로 다른 로봇 개발 프로그램을 각기 다른 개발자들이 담당하고 있다. 덩치 큰 무스는 빈센트 무어가, 인공지능 스카우트는 데온 윌슨이 담당하고 있다. 둘이 굳이 경쟁을 해야 할 이유가 있을지 모르겠지만 빈센트는 정부에서 주문을 대폭 늘리고 있고, 언론을 사로잡고 있는 스카우트 때문에 무척 신경을 쓰고 있다. 더욱이 그 스카우트의 담당자인 애송이 데온 윌슨도 빈센트 무어를 경쟁 상대로 생각한다. 그러나 데온은 빈센트를 신경 쓸 틈도 없이 바쁘다. 자신의 로봇이 거두는 성과가 크면 클수록 그는 보다 완벽한, 즉 고도의 인공지능을 완성할 로봇을 만들어야 한다는 생각에 사로잡힌다. 이것이 빈센트와 데온의 관계였다. 회사 CEO의 생각은 어떨까?

빈센트의 무스 프로그램을 폐기하고 대신에 스카우트 프로그램을 보다 강화시키는 것이었다.

마약 범죄 조직은 검거되기 직전 뿔뿔이 흩어졌다. 비록 잡히지는 않았지만 로봇 경찰 때문에 어떤 일을 벌이게 되더라도 안전을 보장받기는 어려워졌다. 그러자 이들은 로봇을 움직일 수 있는 설계자 데온을 납치한다. 이때 데온은 자기가 완성한 인공지능을 실험하기 위해 폐기 직전의 로봇 경찰 스카우트 22호를 집으로 옮겨 가던 중이었다. 범죄단의 일원인 닌자, 욜란디의 협박에 못 이겨 데온은 22호를 조립하고 자신이 완성한 인공지능 프로그램을 입력했다. 이로써 스카우트 22호가 아닌 새로운 인공지능 로봇이 탄생하였다.

능력은 있지만 아무것도 알지 못하는 천진난만한 갓난아이의 의식을 지닌 로봇은 채피로 이름 지어졌다. 스카우트 22호를 새롭게 프로그밍해서 자신들의 갱스터 로봇 1호를 만들려던 범죄 조직은 갑자기 생긴 갓난아이 같은 로봇 채피로 인해 당황한다. 그러나 욜란디는 데온과 함께 로봇 채피를 진짜 아기처럼 다루고 세상을 알아 나가도록 돕는다. 이미 전제된 능력에 따라 채피는 상상할 수 없는 속도로 세상을 배운다. 말, 사람 간의 관계, 사물 인지 그리고 도덕 관념까지, 그의 의식(consciousness)은 빠르게 성숙되어 갔다. 데온은 자신과 함께 있는 집단이 범죄 조직이라는 사실과는 상관없이 자신이 완성한 프로그램으로 인해 채피가 성장해 나가는 것에 몰두한다. 그렇게 로봇 채피는 인간과 로봇의 구분이 어려운 경계에 자리 잡게 되었다.

채피는 며칠 안에 성숙한 인간이 되기까지의 발달 단계를 거친다. 그러나 이 과정에서 채피는 자기 주변에서 영향을 끼치려는 사람들의 복잡한 이해관계로 방황한다. 닌자는 한탕을 해서 자신을 위협하는 더 큰 범죄 조직에서 벗어나는 것만 생각한다. 채피는 이를 위한 중요한 무기가 되어야 했다. 욜란디는 자신이 낳은 아이를 양육하듯 채피를 가르치고 길렀다. 또 한 사람 데온은 자신의 첫 번째 실험 대상인 채피가 온전한 사람으로 성장하기를 바랐다. 채피는 자신이 누구인지 생각할 겨를도 없이 배우고, 익히고,

또 행동했다.

그는 자신이 생명체라고 믿고 있지만 곧 방전되어 쓸 수 없는 배터리에 의존해 살고 있다는 사실을 알게 된다. 그는 우연찮게 만나게 된 무스, 즉 사람의 생각을 로봇의 행동으로 옮겨 주는 로봇 경찰의 신경 전달 헬멧을 얻게 된다. 이것을 통해 채피는 빠른 계산과 광범위한 정보 분석을 토대로 자신의 마음을 데이터로 옮길 수 있는 방법을 찾았다. 이제 필요한 자신의 몸체를 구하기 위해 아빠라 칭하는 닌자를 도와 현금 수송 차량을 탈취한다. 그러나 그는 닌자가 애초 자신을 도와줄 생각이 없었다는 사실을 알고 분노한다. 이때 빈센트는 자신의 존재감과 자신의 무기인 무스가 지닌 능력을 보여 주기 위해 온 도시를 무법천지로 만들었다. 그리고 마지막까지 남은 스카우트 로봇 채피를 없애려고 접근한다. 인간이라 불리는 모두가 자신을 속였다고 실망한 채피는 싸우기를 거부했지만 결국 자기와 데온을 죽이려는 빈센트에 맞서 싸운다. 이 과정에서 채피는 자신에게 가장 중요한 엄마 욜란디와 데온을 잃는다. 그러나 이들은 마음 복제를 통해 다시 로봇으로 되살아난다.

인공지능 로봇의 탄생

범죄 예방을 위한 로봇

로봇 경찰, 멋지지 않은가? 경찰은 범죄를 예방하고, 범죄를 저지른 사람들을 잡아들이는 역할을 하며, 안전한 사회를 위한 파수꾼 역할을 감당하고, 누가 범죄인이고 그렇지 않은지에 대해 직관적인 판단력을 갖추고 싸움에 임하게 된다. 위법, 탈법을 저지르는 범죄에 대항하기 위한 판단력뿐만 아니라 싸움의 기술도 익혀야 한다. 싸움에 임해 범죄와의 전쟁에 대응하는 데 로봇은 대단한 장점을 가지고 있다. 피를 흘리고 쓰러지거나 죽지 않기 때문이다. 마치 사용하던 총이 고장 나면 수리하거나 폐기하듯이 로봇도 고장이 나면 수리하거나 폐기하면 된다. 채피의 몸이 되었던 스카우트 22호처럼 말이다.

로봇은 명령에 따라 움직인다. 명령은 일련의 명령어들로 만들어진 프로그램으로 작동한다. 비록 로봇이기는 하지만 이들에게 제공된 프로그램상의 명령 이외의 판단은 로봇들이 알아서 한다. 그러나 가능한 한 로봇의 판단을 줄이도록 프로그램 내 명령을 보다 체계적이고 상세

하게 작성한다. 왜냐하면 로봇의 판단은 여전히 신뢰하기 어려운 부분이 있고, 로봇의 잘못된 판단은 범죄 소탕보다 더 큰 사고로 이어질 수도 있기 때문이다. 즉 로봇은 철저하게 인간에 의해 조종되고 통제되어야 한다. 그것이 로봇이다. 여기서 아이작 아시모프(Isaak Ozimov)의 로봇 3원칙을 생각하게 된다.

제1원칙. 로봇은 인간에게 해를 가하거나, 아무 행동도 하지 않음으로써 인간에게 해를 끼쳐서는 안 된다.
제2원칙. 로봇은 인간이 내리는 명령에 복종해야만 하며, 단 이러한 명령이 첫 번째 법칙에 위배될 때에는 예외로 한다.
제3원칙. 로봇은 자신의 존재를 보호해야만 하며, 단 그러한 보호가 첫 번째와 두 번째 법칙에 위배될 때에는 예외로 한다.

아시모프는 나중에 로봇에 적용되는 세 가지의 원칙은 인간이 사용하는 모든 도구에 적용될 수 있다고 보았다. 그리고 나중에 제4원칙으로 하나를 더 추가한다. "로봇은 '인류'에게 해를 가하거나, 아무런 행동을 하지 않음으로써 '인류'에게 해를 끼쳐서는 안 된다."는 것이다. 제4원칙, 혹은 0번째 원칙이라고도 불리우는 로봇의 원칙은 앞서 이야기한 세 가지 원칙이 이를 위배하지 않도록 해야 한다고 보았다.

아시모프의 로봇 원칙은 이 영화에 잘 적용되지 않는다. 로봇 경찰, 스카우트는 범죄를 예방하고 범죄와 전쟁을 치르는 로봇이었지만 범죄는 인간에 의해 발생하는 것이었다. 즉 스카우트 프로그램에 따른 로봇 경찰들은 범죄자이기는 하지만 인간에게 해를 가할 목적으로 만들어지고 움직였다. 물론 인류에게 해를 가하는 인간을 겨냥한다는 점에서 이것이 복잡 미묘한 인간 사회의 사회 정치적 상황에서 어떻게 해석될지는 상황에 따라 달라질 수 있을 것이다. 비록 초보적인 단계의 인공지능을 지녔지만 인간의 명령에 따라 움직이는 로봇 경찰들은 일종의 신형 무기에 불과했다. 악성 프로그램에 의해 언제든 작동이 멈추고, 판단 기능이 없는 무기 말이다.

인공지능의 완성

인공지능에 관한 논쟁은 어제 오늘의 이야기가 아니다. 알파고와 바둑 천재 이세돌과의 대결은 인공지능에 대한 관심을 불러일으킨 정도의 시작에 불과하다. 인간이 기계인 컴퓨터 시스템에 패배했다는 사실 때문에 충격에 사로잡혔다고 증언하는 사람들이 많지만 많은 전문가들은 벌써부터 이러한 상황이 도래할 것을 예측하고 있었고, 이는 단지 시간 문제일 뿐이라 생각했었다. 축적된 정보를 바탕으로 고도의 계산에 따른 판단을 하는 작동 시스템, 그것이 인공지능이다.

데온은 자신이 완성한 인공지능에 대해 이렇게 이야기한다.

세계 최초의 완전한 인공지능, 아마 인간보다 더 똑똑한 컴퓨터 시스템일 겁니다. 그림을 그릴 줄 알고, 그 그림을 판단할 줄도 알죠. 자신이 마음에 드는 것을 선택해 결정할 수도 있어요. 작곡도 할 수 있고, 시도 쓸 줄 알아요.

데온은 적어도 테스트를 해 볼 기회라도 얻어 볼 생각으로 자기 회사 대표에게 인공지능에 대해 장황하게 설명한다. 그러나 그의 제안은 거절당했다. 이유는 간단했다. 전쟁 무기를 만드는 회사에서 시를 쓰고, 그림을 그리고 감상할 수 있는 로봇은 필요 없었다. 로봇은 로봇으로 자신에게 부여된 임무를 충실하게 수행하기만 하면 된다. 바로 앞

에서 설명했던 것처럼 로봇은 범죄 소탕에 사용하는 최신 무기로 활용되기만 하면 되었다. 굳이 선과 악을 구분할 수 있고 이를 철학적으로 사유할 수 있는 또 다른 '골칫거리'를 생각할 여유가 없었다.

인공지능이 진화하고 있고, 앞으로 인공지능이 활용될 영역은 무궁무진할 것이다. 오류가 있기는 하지만 이미 상거래에 있어 '빅데이터'를 축적하고 이를 활용하여 이익을 최적화, 최대화하고 있다. 굳이 인공지능이라는 말을 쓰고 있지 않지만 이는 인공지능의 또 다른 유형이다. 그런데 그렇게 대단한 능력을 가진 시스템으로서 인간의 능력을 대치할 인공지능을 왜 만들까? 데온은 왜 인공지능을 만들려고 했을까? 인간의 마음과 정신을 가진 컴퓨터 시스템을 만드는 것이 자신의 삶에 어떤 의미를 가진다고 생각했을까? 무기 회사 대표인 브레들리는 왜 굳이 완성되었다는 인공지능을 테스트하는 것조차도 반대한 것일까?

인공지능이 무엇인지를 떠나 인공지능이 어떻게 작동할 것인지 따져 볼 필요가 있다. 인공지능은 절대 스스로 움직이는 독립적인 개체가 아니다. 적어도 지금까지 이해한 바로는 그렇다. 즉 인공지능은 스스로 생각하고 판단하는 것이 아니라 자신에게 축적되어 있는 정보에 의해서만 판단할 수 있다. 축적된 정보를 다양한 공식에 따라 표현하는 것이 소위 행동으로 비추어지는 것이다. 따라서 인공지능에 어떤 정보가 축적되는가에 따라 인공지능의 쓰임새가 달라진다. 특정한 쓰임새를 위해 축적된 정보를 분석하고, 그에 따라 판단을 내리는 인공지능은 인간의 뇌와 종종 비교된다. 인간의 뇌도 복잡하게 저장된 기억 속의 정보들을 토대로 판단하도록 기능하기 때문이다. 그러나 이둘은 원칙적으로 다르다. 판단하기 위해 정보를 축적하고 분석하는 인공지능이 기능적이라면, 존재 양식으로서 인간의 뇌가 자기의 삶을 포괄적으로 성찰하는 것은 차원이 다른 얘기다. 따라서 인공지능이 감정을 가질 수 있는가라는 질문은 알파고 이후의 인공지능 논쟁에서 핵심을 차지한다.

데온이 완성한 인공지능은 축적된 정보를 분석하는 수준을 넘어선다. 인간이 스스로의 존재에 대해 의심하고, 자신의 의심을 넘어설 수 있는 사유를 하는 것처럼 인공지능을 가진 채피는 스스로의 존재성을 사유한다. 그리고 감정을 배우고 느낀다. 인간 아닌 인간 같은 감정을 지녔고, 무엇보다도 완벽하게 인간보다도 더 인간같이 스스로의 느낌을 표현한다.

> 채피: 잠들지 마 데온. 다른 곳으로 떠나지 마. 의자에 앉아. 빨리 앉아. 너에게 새 몸을 줄게. 설계자, 곧 괜찮아질 거야. 굳세져야 해. 괜찮을 거야. 설계자, 진정해. 인간에겐 매우 어리둥절할 일이야. 괜찮아, 설계자. 어디 아픈 데 있어?
> 데온: 아니. 난 살아 있어. 이게 무슨 뜻인지 잘 모르겠어.
> 채피: 넌 영원할 거야.

지능을 가진 생명체로서의 로봇

인공지능에 대한 테스트를 거부당한 데온은 가슴 부위에 총격을 입고 망가진 스카우트 22호를 싣고 회사를 빠져나왔다. 집으로 가서 실험을 해 볼 생각이었다. 그러나 회사를 빠져나온 순간 그는 폭력배 로봇을 만들겠다는 폭력 조직원 닌자에게 납치당했다. 겨우 정신을 차린 네온은 도무지 알아먹지 못할 질문들 때문에 정신이 혼미했다. 도대체 무슨 로봇 리모콘을 달라는 건지, 조직원 중 하나인 아메리카는 그가 몰고 온 차에 실린 로봇 부품들을 찾아내 다짜고짜 로봇을 조립하라고 한다. 그리고 자신들 편에서 일할 수 있도록 로봇을 재설정하라고 한다. 이들 간의 만남은 상당히 위협적이고 폭력적이라는 것을 인정해야 한다. 폭력 조직의 목적은 오로지 하나, 자신들을 위해 총을 쏘고 싸워 줄 로봇을 갖는 것이었다. "우리를 위해 싸우도록 프로그램화된 불멸의 로봇 갱스터 1호!" 그것이 어떻게 가능한지, 시간이 얼마나 걸리는 일인지, 데온이 실제 그 일을 담당할 수 있는 사람인지는 따질 겨를이 없다. 일단 협박부터 하고 볼 일이었다. 그러나 데온의 입장에서는 도대체 자신은 어디로 끌려 온 것이며, 자신을 협박하고 있는 사람들의 요구는 무엇인지를 파악해야만 했다. 닌자나 아메리카가 소리를 지르며 요구하는 것이 정말 가능한지에 대해서도 설명할 수 있어야 했다. 무엇보다도 이제 조립되어 만들어질 로봇은 닌자나 아메리카 그리고 욜란디가 보아 왔던 스카우트와는 완전히 다른 것이라는 점을 설명해야 했다.

데온: 제 밴에 있는 로봇은 테스트용이에요. 시도해 본 적은 없지만 만약 된다면 당신들이 원하는 것을 가르칠 수 있어요. 제가 진행 중인 프로젝

트예요. 인간처럼 생각을 하는 로봇을 만드는 프로젝트. 처음에는 아
기 같을 거예요. 인간 아기처럼. 그러나 더 똑똑해요. 어떤 두뇌보다
더 빨리 배울 수 있어요. 그러나 가르쳐야 돼요.

닌자: 얼마나 걸리는데?

데온: 몰라요. 테스트한 적이 없어요. 만약 프로그램을 켜고 나면 그 로봇을
끌 수도 없고 해킹할 수도 없어요. 새 소프트웨어를 받아야만 해요.
가르쳐야 한다는 거 아시죠?

그러나 아무리 설명한들 알아듣고자 할 마음이 없는 사람들이었다.
이들의 대표격인 닌자는 "빨리 좀 해…… 알았다니까, 빨리 켜…… 빨
리 켜라고 친구. 빨리!"라는 말만 반복했다. 결국 데온은 자신의 프로
그램으로 스카우트 22호의 시스템을 새롭게 했다. 그렇게 채피는 탄생
했다.

시스템이 작동하기 시작한 채피는 성장한다. 자기 앞에 있는 사물
들을 스캔하고, 직관적으로 자신에게 위협이 되는지 여부를 판단한다.
움직이는지의 여부와 자신이 그것과 어떤 관계를 맺을 수 있는지 등을
판단한다. 머릿속에 축적된 정보와 그를 통한 분석이 아닌 직관에 따

라 판단한다. 그리고 한번 만들어진 판단과 자료들은 차곡차곡 쌓인다. 이는 이후의 자기 생각과 판단 그리고 행동을 하기 위한 자료로 활용될 것이다. 사람과 다른 부분이 있다면 사람은 망각을 통해 어떤 기억은 오래 머무르지 않고 사라지는 반면 채피는 말 한마디, 그 억양까지도 기억한다는 점이다. 사람의 뇌가 성장하고 발달하면서 그 능력이라는 것도 함께 커지듯 채피의 생각과 판단을 위한 프로그램도 진화한다. 누구의 간섭도 없이 오로지 채피가 받아들이고 경험한 것을 토대로 말이다. 따라서 채피는 사람이 배운 것을 다음 단계의 배움을 위한 발판으로 삼듯 경험과 학습을 통해 비로소 지능을 지닌 '생명체'로서의 능력을 획득해 나갔다.

그에게 주어진 배터리의 수명이 고작 5일 남짓이었던 것을 염두에 두면 채피는 5일 동안 한 인간이 평생 배우고도 남을 만큼의 정보를 획득하고 성장했다. 자기 앞에 있는 모든 것을 위협이라고 느끼는 갓난아이의 상태에서 전 세계 웹페이지의 정보를 모두 빨아들여 무엇이든 아는 천재적인 면모를 갖추었다. 더욱이 자신을 제작한 데온조차 할 수 없다던 '마음을 읽어 저장, 옮기는 방법'을 알아냈다. 인공지능을 가진 로봇이 영원히 살아갈 수 있는 방법을 스스로 획득하여 이를 실행하였다. 겨우 5일 동안 말이다. 이러한 채피의 학습 속도를 어떻게 설명할 수 있을까? 채피는 자신이 어떤 존재인지 모르던 상태에서 자신의 정체성을 알고, 또 그것을 벗어나기까지 채 5일이 걸리지 않았다. 물론 영화인 만큼 이 시간은 가상의 시간이다.

그런데 가만히 생각해 보자. 웹페이지가 만들어지고, 전 지구적으로 월드와이드웹(WWW) 서비스가 제공되기 시작한 해는 1991년으로 지금으로부터 약 25년 전의 일이다. 지금 같은 세상에서 인터넷에 흘러 다니는 정보와 인터넷에서의 소통이 없이 우리 삶을 이해하고 설명하는 일이 가능할까? 농업 혁명, 산업 혁명에 이어 제3의 혁명이라고 불리는 정보 혁명의 시대를 살아가고 있는 우리에게 인터넷을 빼고 무언가를 이야기할 수 있는가 말이다. 비록 채피가 자신의 삶을 완성적으로 만드는 데 소요된 시간을 5일로 이야기했지만 어쩌면 이 시간은 더 빨라질 수도 있다. 이미 존재한다는 그 자체만으로 5일의 시간 없이 완성된 존재로 인식될 수도 있다. 이때 교육은 경험 가능한 모든 정보들을 자료 형태로 축적하여 입력하는 행위로 인식될 것이다. 그것으로 소위 '안다'는 것은 충분히 설명될 수 있을 것이다. 비록 그것으로 교육을 설명할 수 있는지에 대해서는 논란의 여지가 있겠지만 말이다.

길들여질 것인가, 선택할 것인가

채피에게는 엄마와 아빠가 있다. 비록 직접 낳지는 않았지만 엄마는 채피를 사랑한다. 채피의 아빠는 마약을 사고 팔아 사회를 어지럽게 만드는 손 큰 폭력배다. 엄마 또한 이러한 폭력적인 행위에 늘 함께하지만 그녀는 채피에게 더 할 수 없는 엄마로서의 역할을 자처한다.

삼촌 아메리카는 입이 험한 사람으로 누구도 흉내 낼 수 없는 상스런 욕을 쏟아 낸다. 그리고 채피에게 의미 있는 또 한 명의 인물, 설계자가 있다. 만든 사람이라고 해야겠지만 인류사의 용어들을 돌아 보자면 가장 적절한 용어는 '창조자'라고 해야겠다. 채피의 모든 것을 만들고, 가능하게 한 인물이다. 물론 스스로의 '생각'을 복제하여 옮기기 전까지의 채피까지만이다.

이제 갓난아이의 사고 수준과 행동 방식을 가진 로봇이 갱스터 가족들과 어떻게 살아가는지 궁금하지 않은가? 한마디로 뭐 하나 정제된 것이 없이 내뱉어지는 거친 세상을 보여 주는 관계라고나 할까?

아빠 닌자는 채피에게 오로지 싸움의 기술을 가르치는 것 외에는 관심이 없다. 애초 경찰 로봇을 빼앗아 오자고 작당한 이유도 이 때문이었다. 인식 수준이 갓난아이에 머물러 있는 채피에게 동정 어린 태도로 대할 여유가 없다. 더욱이 이미 채피는 다른 경찰 로봇과 똑같은 모습을 하고 있지 않은가 말이다. 즉 채피는 겉으로 보기에는 완벽한 능력을 지닌 로봇인 것이다.

닌자 : 처음으로 할 것은 총을 잡는 법이야. 총을 잡고 쏠 준비를 해. 이젠 타깃을 골라. 저 앞에 있는 파란 병을 쏘고 싶으면 잘 봐. 아주 쉬운 거야…… 총을 겨눠. 팔을 쫙 펴고…… 총을 잘 들으라고, 채피. 총 떨어뜨리지 마. 초점이 망가졌잖아. 비싼 거라고.

욜란디: 뭐 하는 거야?

닌자 : 총 쏘는 것 가르치잖아.

욜란디: 얜 아직 이런 거 하면 안 돼. 데온이 먼저 잘 가르치랬어. 내가 이 로봇 없이 돈을 털어 돈을 모은 다음 폭탄을 살 거야. 아님 우린 죽는다고. 얜 멍청하지 않아. 아직 어린애일 뿐이라고.

아메리카는 이제 막 말을 따라하는 채피의 능력이 궁금하다. 도대체 어떤 말까지 따라할 수 있는지, 폭력배들이 상스럽게 내뱉는 욕들을 채피가 어떻게 소화할지도 궁금했다. 아메리카는 채피의 단어 반복을 칭찬하며 말을 잇는다.

아메리카 : 똑똑한 로봇 같은데?
채피　　 : 똑똑한 로봇 같은데?
아메리카 : 이 개자식이 병신같이 말하네.
채피　　 : 이 개자식이 병신같이 말하네.
아메리카 : 넌 요하네스버그에서 최고로 나쁜 애야. 채피는 제일 나쁜 아이고…….
채피　　 : 요하네스버그에서 싸움짱이다, 이 개자식들아.
아메리카 : 그래, 잘 말하네.

애초 잘 작동하는 경찰 로봇을 데려와 프로그램을 새로 디자인해서 완벽하게 작동하는 깡패 로봇을 만들겠다는 것이 닌자와 욜란디의 꿈이었다. 그런데 자신들 앞에 아기처럼 다소곳하고 조심스럽게 행동하는, 소위 아무것도 할 줄 아는 것이 없는 채피는 논쟁의 대상이었다.

닌자는 당장 써먹지 못하면 갖다 버리자는 생각까지 하고 있었다. 이런 상황에서 채피를 잘 키워 보겠다고 욜란디가 책을 읽어 주고 그림 그리는 법까지 가르치고 있으니 닌자가 화를 내는 것은 어찌 보면 당연했다.

닌자 : 우린 살인 기계가 필요하다고, 그림 그리는 기계가 아니라.
욜란디: 그를 내버려둬.
닌자 : 그만해.
욜란디: 그냥 가르치려는 것뿐이야.
닌자 : 안 돼.
욜란디: 무슨 짓이야? 그림 그리는 걸 가르치는 것뿐이야.
닌자 : 이런 걸…… 쟤는 내 거야.
욜란디: 그를 잘못 가르친다면 경찰을 부르겠어.
닌자 : 뭐라고 하게? 넌 경찰 로봇을 훔쳤잖아!
욜란디: 이 더러운 자식, 끔찍하고 더러운 자식 같으니라고! 무슨 짓을 한 거야? 이 아이는 가르치는 일이 필요해, 아직 아기잖아. 채피는 이미 너보다 더 똑똑해, 이 멍청아. 채피, 저 자식이 네 창의성을 망치게 두지 마. 창의력을 길러, 채피. 이 로봇은 사람 쏘는 로봇 이

상일 수 있어. 이 로봇이 마음대로 하도록 내버려 둬. 아직 아이야.
이해 못 해?

닌자 : 욜란디, 우리가 왜 이러는지 까먹었어? 히포가 죽이기 전에 살아
남으려는 거잖아! 잘못하면 죽는다고! 이 상황에서 빠져나갈 수 있
는 방법은 채피밖에 없어.

각기 아빠와 엄마를 자처한 닌자와 욜란디의 서로 다른 대우에 당
황하고 헷갈린 것은 채피였다. 자신이 어떤 존재인지도 채 알지 못하
는데, 엄마는 창의력을 키우라고 하고, 아빠는 당장 총을 쏠 수 있는
능력을 키우라고 난리다. 도대체 채피는 어떻게 하는 것이 좋을까?

여기에 더하여 채피에게 자신이 누구인지를 일깨워 주려는 또 다른
사람이 있었다. 바로 설계자 데온이다.

잘 들어. 난 너의 설계자야. 내가 널 이 세상에 데려왔다고. 네가 이 사람
들의 생활방식을 따를 필요는 없어. 마약도 안 되고, 훔치는 것도, 범죄도
안 돼.

무엇이든 알아듣고 수용하는 존재가 있다면 우리는 그 존재를 어떻

게 키우고 싶어 할까? 당장 큰돈이 필요한 닌자는 경찰을 따돌릴 수 있을 만한 힘을 지닌 로봇을 원했다. 이를 위해 가르쳐야 할 것은 단 하나, 총 쏘는 기술이었다. 그림 그리기를 즐겨 하는 사람이라면 인공지능을 통해 전 세계의 화풍을 하나로 종합하는 기술로 새로운 그림을 그릴 수 있는 로봇을 원했을 것이다. 데온처럼 채피에게 붓을 쥐어 주고 캔버스 앞에 데려다 놓았을 것이다. 빈틈없이 악기를 연주할 줄 아는 로봇을 원했을 수도 있고, 고문헌을 해석할 학자로 키우고 싶어 했을 수도 있다. 경찰 로봇처럼 악에 맞서는 선의 선봉장이나 전 지구적인 전쟁에 투입되는 전사로 키우고 싶었을 수도 있다. 그러나 이러한 선택지는 채피의 몫이 아니었다. 그는 자신이 속한 사람들에게 둘러싸여 그들의 언어와 생활방식에 길들여질 수밖에 없었다. 그런데 데온은 채피에게 '사람들의 생활방식을 따를 필요가 없다'고 주문한다. 아직 세상의 이치에 대한 이해도, 판단도 할 수 없는 채피에게 데온의 이야기는 사실 별 의미를 가지지 않는다. 마치 이제 막 말을 배우기 시작한 어린아이에게 아빠나 엄마처럼 살지 말라고 하는 것과 무엇이 다른가?

단순 입력 정보를 넘어선 삶에 대한 집착

로봇이 죽음을 안다면? 로봇이 죽음을 두려워한다면? 로봇이 살고 싶어 한다면? 로봇이 죽지 않고 사는 삶, '불멸'과 '영원'에 대해 이해한다면? 상식적으로 우리가 알고 있는 로봇은 삶과 죽음, 두려움, 영원의 개념은 데이터로 로봇의 시스템에 저장되어 있는 것이 전부다. 이러한 개념을 넘어서는 질문에 대해 로봇은 '데이터 없음', '판단 불가', '입력어 오류' 등의 사인을 보내 올 것이다.

앞으로 인공지능이 발달하면 단순한 입력 정보를 넘어선 질문에 답변할 수 있게 될까? 가능성은 있어 보인다. 이미 무한한 경우의 수를 상정하는 바둑에서 알파고라는 인공지능이 천재 바둑 기사를 이기지 않았는가? 한 수 한 수 두어지는 바둑의 수는 각각 바둑판에 던져지는 질문이다. 이 질문들의 묶음에 대한 답변 그리고 다른 방식의 질문들이 이어져 한 편의 드라마와 같은 바둑 경기가 성립한다. 인공지능인 알파고가 인간에게 이겼다는 사실은 인간의 창의적이고 직관적인 질문에 대해 인공지능 또한 창의적이고 직관적인 방식으로 답변할 수 있다는 가능성을 보여 준 것이다. 그러나 다른 한편으로 인공지능이 인간을 이겼다고 해서 이를 곧 인공지능의 '직관성'과 '창의적 발달 가능성'을 가진 것으로 속단하기는 어렵다는 의견도 있다. 결국 계산상 무한하다고 할 수는 있지만 바둑에서의 수는 지금껏 많이 연구되어 왔고 결국 두어져야 할 경로라는 것을 예측하고 계산할 수 있다는 것이다. 만약 이 경우의 수가 아무리 많다 하더라도 그것이 유한하다면 이에 대한 데이터를 입력해 분석할 경우 사람들의 바둑 두는 특성에 따라 언제고 대응할 수 있는 분석·해결 방안을 제시할 수 있다는 것이다. 비록 인공지능이라고 하지만 결국 빅데이터의 내용을 어떻게 채우고 분석하고 프로그램화하여 다변화할 수 있도록 하는가에 달린 문제라는 것이다. 이 경우 인공지능은 직관에 따른 판단이 불가능하고 새로운 것을 창조해 내는 능력이 없다. 오로지 자신에게 투입된 데이터에 의존할 뿐이다. 똑똑하다는 말의 의미는 곧 상상할 수 없는 양의 데이터를 가지고 있다는 말에 불과하다.

채피는 이와 다르다. 그에게 입력된 데이터란 새로운 것을 배우고 이를 통해 세계를 알아갈 수 있다는 가능성으로서의 능력뿐이었다. 그리고 그 가능성으로서의 능력은 인지적이고 감정적인 것을 포함한다. 감정적인 것이란 무언가를 느끼는 것이다. 예쁜 것을 보고 아름답다고 한다거나, 아파하는 사람을 보고 슬퍼하는가 하면, 불편부당한 악에 마주해 분노하는 것을 포함한다. 그리고 무엇보다도 자신의 존재를 성찰할 수 있는 능력, 단지 아는 것으로 인생에 대한 희노애락을 기술하는 것이 아니라 인생이 갖는 의미를 통해 생에 대한 애착을 갖게 되는 것을 포함한다. 채피는 티타늄으로 이루어진 몸체를 가졌지만 의식이 발달해 가면서 삶과 죽음에 대한 공감 능력이 발전해 갔고, 특히 생에 대한 애착을 갖게 되었다.

채피: 아빠가 데온에 대해 말했어. 날 곧 죽을 몸으로 만들어 놨다고.
데온: 무슨 말이야, 채피?
채피: 내가 며칠 있다가 죽는다는 게 맞아? 배터리가 떨어져 죽는다는 게 정말이야, 데온?
데온: 그래.
채피: 데온은 내 설계자잖아. 왜 날 죽도록 만들어 놨어?
데온: 아니야. 난 널 죽도록 만들어 놓은 게 아냐, 채피.
채피: 난 살고 싶어. 난 엄마랑 같이 살고 싶어. 난 죽기 싫어.
데온: 넌 내가 상상했던 것 이상이 될 수도 있어. 난 네가 이렇게 될 거라곤

상상도 못 했어.

채피: 데온, 데온. 이게 날 살릴 수 있어. 난 새 몸이 필요해.

데온: 아니. 그걸로는 널 살릴 수 없어. 그 문제는 네 배터리가 아니라 더 큰
　　　문제가 있어.

채피: 왜?

데온: 왜냐하면 넌 의식이 있거든. 넌 데이터가 아니어서 복사할 수도 없어.
　　　우린 의식이란 걸 모르기 때문에 복사할 수도 없어.

　　채피는 자신이 겨우 5일밖에 살지 못하는 시한부 생명체라는 것을
알게 되었다. 그는 로봇의 몸체에 갇혀 실험되고 있는 '의식적 존재'일
뿐이었다. 배터리의 수명이 다하는 5일 이후에 자신의 의식이 동시에
'상실'되어 버려도 누구 하나 신경 쓰지 않을 그런 또 다른 로봇임을 알
게 되었다. 자신의 삶이 이 세상에서 '쓸모없다' 느껴지면 사람들은 어
떤 판단을 하게 될까? 삶을 스스로 포기해 버린다. 생명을 더 이상 연
장하지 않는 것으로 자신을 쓸모없다고 보는 세상과의 관계를 정리한
다. 물론 이는 자신의 삶을 개선할 수 있는 다른 방법을 찾지 못했을
경우에 한한 이야기다. 채피는 자신의 생명을 연장할 수 있는 방법을
알고 있었다. 그 방법이 실현 가능한지의 여부는 그다음 문제다. 그러
나 생에 대한 강한 애착만큼이나 실행할 수 있다고 믿는다.

　　사람을 사람답게 하는 것은 무엇일까? 교육을 고민하는 사람으로
서, 교육을 교육답게 만드는 것이 중요하다고 생각하는 사람으로서 이
질문은 결코 가볍지 않다. '참교육'을 내세웠던 진보적 교육자들의 핵
심 키워드는 '인간화'였다. 인간이 인간답게 살아가지 못하고, 인간이
인간답게 살 수 있는 사회 구조가 아니며, 이에 더해, 교육은 인간이
인간답게 살 수 있는 길을 오히려 막는다는 문제 제기가 거셌다. 인간

이 인간답게 살 수 있도록 교육의 관점 전환을 요구하는 사회 운동이 확산되었다. 그러나 다시 관심을 채피에게 돌려 보자.

채피는 인간이 아니다. 의식을 가진 로봇이라고 해야 할까? 그러나 육체가 기계 덩어리인 것을 제외하고는 인간과 다를 것이 없다. 인간을 인간답게 하는 것은 단백질과 수분 그리고 철, 칼슘 등의 뼈로 이루어진 육체 때문인가? 아니면 인간에게만 있다고 믿어 온 의식 세계 때문인가? 이 둘이 불가분의 관계에 있지는 않지만 채피의 경우에는 이 둘 중 적어도 어느 것이 더 중요한지에 대한 판단을 우리에게 요구한다. 적어도 인간을 인간답게 하는 것은 육체가 아닌 의식이다. 인간에게 있다고 믿어지는 고유한 의식 세계다. 데온은 이 의식 세계는 복제가 불가능하다고 생각했다. 그러나 적어도 인간의 출생과 다른 탄생의 과정을 겪은 채피에게 데온이 제시한 한계는 한계라 보기 어려웠다. 결국 채피는 자신의 의식을 데이터로 만들고, 복사할 수 있는 프로그램을 만드는 데 성공했다. 이제 육체만 있다면 채피는 영원히 죽지 않고 살게 된다. 자신의 인간 육체를 상실한 데온이 로봇 스카우트의 육체를 빌려 다시 살아난 것처럼 말이다.

채피: 괜찮아, 설계자? 어디 아픈 데 있어?

데온: 아니 채피, 난 아직 살아 있어…… 이게 무슨 뜻인지 잘 모르겠어.

채피: 넌 영원히 살 거야.

로봇에게 의식을 가르치다

인공지능을 가진 채피를 '인간'으로 보아야 할까? 몸을 구성하는 것들이 온갖 금속으로 만들어진 부속품들이고, 몸의 외피는 티타늄으로 만들어졌다는 것을 제외하고 채피는 인간이 아니라고 할 수 없다. 채피의 존재는 인간을 인간답게 하는 것은 무엇일까를 진지하게 고민하게 한다. 채피는 말을 배워서 할 줄 안다. 모방하고 반복함으로써 자신의 성격을 만들어 간다. 좋은 것과 나쁜 것, 옳은 것과 그른 것을 배운다. 그리고 좋고 옳은 것을 추구하려 노력한다. 적어도 또 다른 경험에 의해 그것이 좋고 옳은 것이라는 전제가 부인되기 전까지는 말이다. 친근함을 표시할 줄 알고, 두려움에 사로잡히기도 한다. 외로움을 느끼고 함께 있는 것에서 안전함을 느낀다. 그리고 가족과의 행복을 추구한다. 알아 가는 것에 대한 기쁨을 알고, 세상에 존재하는 다양한 지식과 도전에 대해 각기 깨우치고 맞설 필요가 있다고 느낀다. 자신에게 무엇이 가장 필요한지를 판단하고 이를 성취해야 할 목표로 설정할 수 있다. 그리고 그 목표를 향해 도전을 반복한다. 경험하는 것들을 사실로 받아들이지만 곧 사실과 사실이 서로 충돌한다는 것을 발견하고 실망한다. 기대한 것이 거부되는 상황에서 불같이 화를 낸다. 갈등과 긴장 속에서 문제를 해결하는 방법도 찾아낸다. 사람을 위로할 줄도 안다. 무엇보다도 살아간다는 것의 의미를 곱씹어 사유하고, 죽지 않고 영원히 살고 싶다는 소망을 갖는다. 이런 채피는 인간일까, 아닐까? 여전히 고민된다.

그런데 채피에게 '의식(consciousness)'이라는 것이 작동하도록 프로그램을 만들었으니 그에게 의식이라는 것이 있다고 전제하기는 하는데, 도대체 채피의 의식은 어떻게 만들어진 것일까? 인간의 두뇌는 수많은 뇌세포로 이루어져 있지만 그 뇌세포가 존재한다는 것만으로 사람의 의식이 저절로 존재한다고 볼 수는 없다. 비슷한 용량의 뇌를 가진 거의 대부분의 현생 인류로서 동일한 의식을 가진 인간은 없다. 다각자의 고유한 경험과 학습을 통해 개별적인 의식의 세계를 만들어 간다. 즉 의식은 애초에 존재하는 것이 아니라 만들어지고 변화하는 것이다. 그런데 도대체 한 번도 테스트되지 않은 채피의 의식이 어떤 능력을 갖추고 있고, 어떻게 성장할 것인지, 이를 위해 무엇을 어떻게 해야 하는지 아는 사람은 없었다. 그럼에도 불구하고 데온은 채피에게 의식이 의식답게 커 가기 위한 경험을 주고자 한다. 채피에게 의식이라는 것이 만들어지도록 무엇이 외부에서 투입되었는가?

마음의 양식, 책 읽어 주기

첫 번째, 데온은 채피의 마음을 양성하기 위하여 책을 준다. 마음의 양식이라 불리는 책에는 풍부한 지식과 이야기가 담겨 있다. 데온은 무엇보다도 직접 경험할 수 없는 세상의 많은 이야기들을 책을 통해 그에게 전달해 주고 싶었다.

데온: 채피, 여기에 앉아. 네 마음을 양성하고 능력을 발전시키려고 가져온

　　　　　것이 있어. 네 마음을 사용하는 게 중요해.

채피: 그게 뭐야?

데온: 책이란 거야. 이야기가 있어. 볼래?

채피: 채피는 읽고 싶다.

데온: 검은 양에 대한 이야기야.

채피: 채피의 책이야?

데온: 그래, 네 거야.

　책이 무엇인지 알 리가 없는 채피에게 데온은 그 책을 읽고 싶다는 생각을 전달한다. 적어도 무언가 입력된 정보로 대화를 이어 갈 로봇 혹은 컴퓨터 시스템이라면 '~하고 싶다'라는 욕구, 필요, 욕망, 소망 등의 감정을 끌어내기는 불가능할 것이다. 그런데 채피는 책을 소개하는 데온의 말을 듣고 '읽고 싶다'는 말을 전한다. 여기에 더하여 '가지다'는 의미를 이해한다. 단지 무언가의 수단으로 존재하는 로봇은 가질 수 있는 것이 없다. 그 자신이 누군가에게 혹은 무엇인가에 얽매인 소유로서 자신에게 속한 무엇인가를 갖는다는 것은 불가능하기 때문이다. 소유의식은 존재가 존재로서 의식하기 시작하는 순간 갖게 되는 가장 원시적이면서도 본능적인 의식이라 할 수 있다. 여기에 더하여 책을 읽어 주는 엄마 욜란디와의 대화를 들어 보자. 채피는 자신의 정체성에 대한 고민을 하기 시작한다. 자신이 아메리카와 다른 존재이고, 이를 책의 내용에 비추어 성찰하고 있기 때문이다.

채피　　: 내 설계자가 준 거야. 검은 양과 작은 새. 읽어 줄 수 있어?

욜란디: 그래, 널 위해 읽어 줄게. 마고빌에 있는 모든 양은 하얀 양입니다.

　　　　　그러나 에이블은 검은 양이었어요. 검은 양이 뭔 줄 알아?

채피　　: 아니?

욜란디 : 보통 사람들과 다른 사람을 말하는 거야.

채피　 : 나 말이지? 난 아메리카랑은 다르잖아.

욜란디 : 맞아, 아이들과도 다르고. 그렇지만 네 모습은 상관없어. 네 안에
　　　　 무엇이 있느냐가 중요한 거야. 그것이 널 다르게 만들어 줘. 네가
　　　　 진정 누구인지, 그 안에 너의 영혼이.

채피　 : 채피 안에 있어?

욜란디 : 봐봐. 바깥에 있는 이런 거, 일시적인 거야. 네가 죽으면 그 안의
　　　　 영혼이 다른 장소로 가 버려. 엄마가 널 좋아하는 이유는 그 안에
　　　　 있는 것 때문이야. 이리 와, 엄만 널 좋아한단다. 좋아, 이리 와. 책
　　　　 을 읽자. 에이블은 주말마다 엄마의 집안일을 도왔습니다. 접시도
　　　　 닦고 빨래도 하고, 에이블은 행복한 양이었습니다.…… 넌 검은 양
　　　　 이야, 채피. 넌 특별해.

채피　 : 나도 알아, 엄마.

　누군가와 다르다는 것을 알아채는 것은 쉬운 일이다. 애니메이션
「토이 스토리」에서 유사한 예를 찾아볼 수 있다. 이 영화는 장난감들
에게 의식이 있다는 것을 가정하고 장난감들 사이에서 벌어지는 장난
감으로서의 존재적 긴장을 잘 풀어낸 영화다. 무엇보다 힘센 우주 용
사 버즈 라이트이어(Buzz Lightyear)의 등장이 흥미롭다. 그는 전원이 켜

지는 순간 자신을 진짜 우주 용사라고 믿는다. 다른 장난감과는 달리 우주의 평화를 지키기 위해 자신의 능력을 언제든 발휘할 수 있다고 생각한다. 물론 자신만의 착각이다. 버즈는 자신이 날지 못한다는 사실과 언제든 타인에 의해 전원이 꺼질 수 있다는 점, 그리고 장난감 가게에 진열된 수많은 '버즈들'을 보면서 자신을 우주 용사라고 믿었던 의식이 허구라는 것을 깨닫는다. 결국 자신은 장난감에 불과하며, 고유한 의식을 가진 존재가 아니라 많은 '버즈들' 중의 하나일 뿐이라는 사실을 알게 된다.

이 영화에서 채피는 버즈와는 다른 양상으로 의식 발달이 일어난다. 자신은 엄마 욜란디, 삼촌 아메리카와는 다른 몸을 가진 '다른 존재'라는 것을 알고 있다. 누가 가르쳐 주어서가 아니다. 보이는 것들이 저장 장치에 축적되면서 채피는 자신과 함께 살고 있는 사람들이 자신과 동일시하기 어려운 외형을 갖고 있음을 알아차린 것이다. 뿐만 아니라 그는 엄마가 들려 준 '하얀 양'과 '검은 양'의 이야기를 통해서 자신의 존재와 정체성을 대비시켜 볼 수 있는 인지 능력을 갖추고 있다.

채피는 단지 자료를 투입, 분석, 산출하는 기계가 아니다. 그에게는 마음이 있기 때문이다. 더욱이 이 마음이 발달한다. '인공지능은 스스로 진화하는가?'라는 질문에 채피는 발달하는 마음으로 '그렇다'고 대답한다. 즉, 채피의 마음은 주어진 자료들을 종합하여 짜인 지식의 체계를 단지 내뱉는 것이 아니었다. 채피의 마음은 감각적인 차이에 '왜'라는 질문을 던지고 이에 대한 대답을 자신의 존재에 투영하여 성찰한다. 채피의 마음은 지적 발달처럼 발달한다. 지적 발달이 사람들 간의 복잡 미묘한 차이들을 인식하고 그 과정에서 축적되는 지식으로 나타나는 것처럼, 채피의 마음은 지식의 내용을 자신의 존재에 투영하고 이에 적절한 질문을 던지는 방식으로 발달한다.

새로운 존재로서의 정체성을 획득해 나가는 과정에서 채피는 자신의 존재를 다양하게 표현하고 있고, 이것이 바로 채피의 의식, 즉 마음이라 볼 수 있다. 흥미롭게도 서로 다른 외형을 가진 존재와의 차이를 인식하지만 스스로가 의식을 가질 수 있는 존재임을 깨닫게 됨으로써 채피는 비로소 인간과 같은 정체성을 갖는 생명체로 변화해 간다. 인간이 끊임없이 자신의 마음을 혼란스럽게 하지만 결국 자신의 의식이 그러한 인간의 의식을 닮아 가고 있다는 것을 알게 된다. 「토이 스토리」의 버즈가 가졌던 실망과 달리 채피는 절망과 혼란의 과정을 거쳐 독특한 자기 의식의 세계를 만들어 가게 된다.

아름다움의 표현, 그림 그리기

채피에게 의식을 만들어 주는 외부적인 요인으로 데온은 채피에게 그림 그리는 법을 가르치려 한다. 한 손에는 붓을 쥐어 주고, 이젤에 놓인 흰 캔버스 앞으로 채피를 데리고 온다. 물감의 색깔을 가리키고, 물감이 표현할 수 있는 사물들과 색깔을 일치시켜 일러 준다.

> 데온: 이리 와, 채피. 보여 줄 게 있어. 이건 그림판이야. 여기다 그림을 그리는 거야. 이거 보여? 파란색, 하늘처럼…….
> 채피: 파란색은 하늘 같다.
> 데온: 채피, 네가 살아가면서 많은 사람들이 너는 할 수 없다고 할 거야. 그런 말에 절대 신경 쓰지 마. 그림을 그리고 싶으면 그려. 넌 무엇이든 할 수 있어. 너의 가능성을 버리지 마. 난 그림 그리는 걸 막지 않을 거야. 그림을 그려, 채피. 여기에다 색을 칠해. 즐겨 봐.

　상식적인 수준에서 컴퓨터 시스템에 따른 색깔 구분은 어떻게 이루어질까? 컴퓨터 시스템은 2진수, 즉 0과 1이라는 두 숫자의 조합으로 모든 것이 기록된다. 복잡한 그림도, 사진도 그리고 영상도 이들의 조합으로 가능하다. 비록 우리 눈에는 빨갛고 파란 색깔의 실제 사물로 보이지만 이는 숫자들의 나열을 통하여 만들어 낸 이미지에 지나지 않는다. 즉 색깔과 사물의 형상은 있는 그대로 옮겨지는 것이 아니라 시스템 속에서는 암호와 같이 전혀 다른 형태의 기호로 전환, 이동, 저장된다. 우리 눈으로 들어온 시각적 이미지도 결국 뇌 속으로 이동, 저장되는 과정이 이와 비슷하지 않을까 싶다.

　우리 몸속의 정보 전달은 미세한 전기의 흐름에 의해 이루어진다. 사진과 같은 이미지 자체로 옮겨 가지는 않는다는 말이다. 이를 다시 반추하기 위하여 회상하는 방식도 비슷하지 않나 싶다. 여기서 중요한 것은 컴퓨터 시스템에 인간이 인지할 수 있는 색깔들을 분류하고 기호화하여 시스템 언어로 입력하는 것이다. 그리고 컴퓨터는 외부 인식 장치를 통하여 들어온 정보를 저장되어 있는 자료에 비추어 비교해 보고 판단한다. 만약 입력된 저장 내용과 일치하는 것이 없다면 판단이 불가능할 것이고, 곧 인식할 수 없다며 판단을 거부할 것이다. 인식할 수 없다? 이는 시스템의 입장에서보자면 존재를 거부하는 것과 같다. 그러나 시스템상에서 비록 판단이 불가능하고, 그래서 인식할 수 없다고 하더라도, 세상의 실재 혹은 현상이 존재하지 않는 것은 아니다. 인간의 경우라면 이를 판단 불가능하다고 하기보다는 판단을 유보하되, 이를 새로운 방식으로 표현하거나 기존 분류를 수정하기 위한 노력을 기울일 것이다. 적어도 자신이 몸으로 경험하는 것이 결코 존재하지 않는다고 거부할 수는 없기 때문이다.

그렇다면 채피는 자신에게 보이는 사물과의 조응을 어떻게 인식하고 반응하는지 살펴보자. 채피는 자신에게 입력된 정보를 바탕으로 사물을 분석하지 않는다. 파란색과 하늘이라는 서로 다른 정보를 연관지어 하늘이 파란색이라는 것을 배운다. 눈에 보이는 하늘의 색깔이 입력된 자료와 일치해서 파란색이라고 분석한 것이 아니다. 그 반대로 실재하는 하늘에 대한 이미지를 형상할 수 있는 다양한 개념들 중 그것이 파란색이라는 것을 알게 되고, 자신이 다시 그려 낼 이미지로서의 하늘을 회상하기 위한 방식으로 하늘이 파랗다고 연관 짓는다. 즉 채피는 색깔을 이제 배우기 시작한 것이다. 조금 더 지나면 파랗다고 표현할 수 있는 다른 사물들을 발견하게 될 것이고, 그 파랗다는 것이 정도에 따라 결코 같지 않다는 것을 알게 될 것이다. 또한 한번 파랗게 표현된 것도 자신이 바라보는 위치에 따라, 혹은 움직이지 않고 서 있는 자신과는 상관없이 태양이 비추는 방향, 강도 그리고 공기 중의 빛 굴절에 따라 전혀 파랗지 않은 경우도 있다는 것을 알아가게 될 것이다. 채피가 그림을 그리는 방법을 대하면서 그는 단지 자료화된 색깔을 눈에 보이는 사물의 색깔과 일치시키는 기계적인 정보 처리자를 뛰어넘는 법을 알게 되는 것이다. 색깔이라는 개념을 통해서 나타나는 세상의 아름다움을 느끼고, 이를 가능하게 하는 변화무쌍한 아름다움을 표현하는 방법을 배우게 되는 것이다.

책을 읽고 싶어 하고, 그림을 그리고 싶어 하는 채피는 책과 그림이라는 것을 알지 못하던 때의 채피와는 다른 존재다. 책을 통해 마음을 성장시킬 수 있다는 것을 배우고 스스로의 마음이 어떻게 성장할지, 또 마음을 어떻게 성장시킬 수 있을지 궁금해한다. 아름다움이라는 직관적이고 감각적인 깨달음이 채피로 하여금 설명할 수 없는 마음의 상태를 설명할 수 있도록 부채질할 것이다.

윤리적 가치판단, 약속 지키기

채피는 윤리적 혼동의 상황에 내동댕이쳐졌다. 약속, 사랑, 용서, 배신, 창의성, 능력 등은 누구나 정리된 개념으로 이해하고 받아들일 수 있는 것이라지만 채피에게는 그렇지 않았다. 하늘이라는 실재를 '파랗다'라는 색깔을 지칭하는 개념과 연관 짓고 일치시키는 경험을 하고서야 '하늘은 파랗다'고 했던 것처럼 채피는 이 모든 개념들을 당연한 것이 아닌 경험과 혼란스런 갈등 속에서 배워야 했다.

윤리적이고 가치 판단이 요구되는 이 모든 개념들 중 가장 대표적인 것이 약속이라는 개념이다. 데온은 자신이 채피를 만든 사람이라는 것을 재삼 강조하며 채피가 세상을 어떻게 살아가야 하는지 조언한다. 그 첫 번째 행동이 '약속'이란 개념을 가르쳐 주는 것이었다.

데온: 내가 널 이 세상에 데려왔다고 네가 이 사람들의 생활 방식을 따를 필요는 없어, 마약도 안 되고, 훔치는 것도, 범죄도 안 돼.

채피: 채피는 범죄는 안 된다.
데온: 나랑 약속을 하자.
채피: 약속이 뭐야?
데온: 나에게 어떤 나쁜 짓도 안 한다고 약속하는 거야. 약속을 깰 순 없어.
채피: 채피는 약속한다.

여기까지는 하늘의 색깔을 가르쳐 주듯 정보가 학습되는 단계다.
그러나 이 약속이란 것이 실제 생활에서 어떻게 지켜져야 하고, 자신
의 삶에서 일어나는 미묘한 갈등의 상황에서 어떻게 깨질 수 있는 것
인지를 알게 된다.

닌자: 그렇지 채피, 그렇게 저 개자식을 쏘면 돼.
채피: 난 사람을 쏠 수 없어.
닌자: 뭐?
채피: 그들이 나에게 아무 짓도 안 했잖아?
닌자: 그럼 너한테 총을 겨누면 어떻게 할래?
채피: 난 티타늄이고 절대 죽지 않아. 아메리카가 그랬어.
닌자: 하지만 그 개자식이 널 존중하지 않는다면 어떻게 할래? 사람을 쏘지

않고 어떻게 강도짓을 해?

채피: 난 못 해, 강도짓은 범죄야. 난 설계자랑 약속했어.

닌자: 지금까지 잘했으면서 왜 그래, 갑자기? 괜찮아, 채피.

채피: 난 약속했어.

닌자는 채피가 설계자와 약속한 대로 사람을 쏘지도 않고 범죄를 저지르지 않겠다는 말을 받아들여야 했다. 그렇다고 닌자가 채피를 포기할 리 없었다. 채피는 아직 세상을 잘 모르고, 닌자가 무엇 때문에 그렇게 채피에게 집착하는지 알지 못한다. 닌자는 채피가 설계자와 약속한 것 이외에는 어떤 것이든 할 수 있다고 보고 약속한 것을 제외하고는 채피를 자신의 범죄 행각에 끌어들이고자 했다.

닌자: 누군가 널 존중하지 않는다면 총을 쓰지 않고도 그들을 상대할 수 있어.

채피: 정말로?

닌자: 칼로 찌르면 그들이 진정하고 잠이 들어. 네가 그들을 잠들게 할 수 있어. 이거 좋은 거야. 기분이 좋은 거라고, 채피. 이 칼을 들어 봐.

채피: 이 칼을 들어? 잠에 든다고? 이렇게 찌르고? 잠자고 싶어, 아메리카? 아빠는 잠자고 싶어?

닌자: …… 강도짓을 위한 연습을 좀 더 하자.

채피: 하지만…….

닌자: 아니, 범죄가 아니야. 갱스터 특별 임무야.

채피: 갱스터 특별 임무?

닌자: 우리랑 같이 갈래?

채피: 같이 갈래.

닌자: 좋아, 채피. 네가 할 일은 아빠의 차를 다시 가져오는 거야. 그래서 우
린 돈을 버는 거야.

채피: 누가 차를 훔쳤는데?

닌자: 나쁜 사람이 아빠의 차를 훔쳐 달아났다고. 이 총을 들고 그 사람에게
겨누기만 하면 돼. 쏠 필요는 없어. 겁 좀 줘서 다시는 우리 차를 빼앗
아 가지 못하게 해야 해.

채피: 겁을 주면 된다…… 나쁜 사람 어디 있어?

채피의 아빠 닌자는 총을 쏘아서는 안 된다고 고집부리는 채피에게
사람들에게 총을 겨누고 겁만 주면 된다고 말한다. 총을 쏘아서는 안
된다는 설계자와의 약속을 교묘하게 피해 칼로 사람을 찌르는 것은 괜
찮다고 했다. 칼에 맞은 사람은 조용히 잠이 드는 것이고, 이는 그에게
도 그리고 자신에게도 좋은 것이라고 했다. 강도짓은 단지 갱스터의
특별 임무일 뿐 범죄가 아니라고 했다. 채피는 설계자와의 약속을 지
키면서도 아빠로서 닌자가 요구하는 것을 충실하게 해내는 갱스터가
되었다.

자, 이 상황에서 우리는 채피에 대해 어떤 윤리적 판단을 할 수 있
을까? 채피는 아직 선과 악을 판단하기 어려운 의식 수준에 머물러 있
다. 단, 약속한 것을 지키기만 하면 된다. 중요한 것은 설계자와 했던
그 약속이라는 것이, '범죄'나 '총'이라는 개념을 총체적으로 이해한 것

이 아니라 단일한 뜻으로서의 실재로만 일치시키고 있다는 점이다. 채피는 자신이 범죄에 가담해 주도적으로 인간에게 해를 가하고 있지만 자신이 하고 있는 일이 남에게 해를 가하는 '범죄'라는 것을 알지 못한다.

결과적으로 채피는 단지 닌자와 아메리카의 명령에 따라 움직이는 로봇과 다를 바가 없다. 로봇과의 차별성을 들자면 로봇은 명령과 입력된 지시에 따라 움직이지만 채피는 명령과 지시가 아니라 자신이 설득된 논리에 따라 움직였다는 점이다. 채피는 한마디로 길들여지고 교조화되어(indoctrinated) 버렸다. 채피에게는 윤리적인 판단력, 올바른 가치에 대한 능력이 있기는 하지만 이것이 채 발달하기 전에 그 가치판단을 위한 주요한 준거를 잘못 설정하도록 닌자가 영향을 미쳤다. 만약 채피에게 죄가 있다면, 혹 그를 비윤리적이라고 책임을 추궁해야 한다면 그의 행위 때문이 아니라 닌자의 이야기를 왜 좀 더 비판적으로 대하지 못했는가에 관한 것이어야 한다. 그에게 그런 능력이 있건 없건 상관없이 말이다.

그런데 채피가 혼동할 만한 사건이 또 발생한다. 정작 자신에게 총

을 쏘지 말라고, 범죄를 저지르지 말라고, 절대 나쁜 짓을 해서는 안 된다고 했던 설계자가 채피에게 총을 건넨다. 데온이 강한 화력의 총을 가져온 것은 이유가 있었다. 빈센트는 데온과 그의 로봇 프로그램인 스카우트를 말살시키고자 했다. 모든 것이 순조로운 상황에서 인공지능으로 전혀 해킹이 통하지 않는 존재는 채피가 유일했다. 채피는 빈센트의 계획이 성공하기 위해서는 파괴되어야 했다. 이는 채피에게는 죽음을 의미했다. 데온이 채피에게 총을 가져다준 것은 채피가 자신을 지키도록 하기 위함이었다. 과연 채피는 총을 사용해야 할 것인가? 자신이 지켜야 한다고 약속했고, 그래서 지금까지 지켜 왔던 약속을 깨야 할 것인가?

로봇에게는 '약속'이라는 의미가 없다. 오로지 프로그램화되어 명령된 내용을 그대로 수행하는 것이 유일한 임무다. 약속은 오로지 서로 다른 의식을 가진 개체 간의 보이지 않는 '신뢰'의 관계다. 사람과 로봇은 서로 관계를 형성하지 않는다. 이들의 관계는 종속적이기 때문이다. 주인과 노예, 명령하는 사람과 명령을 받는 사람이다. 정보를 입력하고 명령하는 사람과 입력된 정보에 따라 분석하고, 지시된 명령어에 따라 행동하는 로봇의 관계일 뿐이다. 그러나 채피는 이러한 측면에서 로봇이 아니다. 이미 데온은 채피를 같은 인간으로 인정하고 있다. 이는 그가 채피에게 약속을 지킬 것을 요구하는 데서도 알 수 있다. 또한 약속을 깨라고 주문하는 상황에서도 명령어를 입력하는 방식이 아니라 스스로를 지키기 위하여 고민하고 결정하라고 주문했다. 채피는 데온에게 있어 놀라운 능력을 지닌 한 '사람'이었다. 결국 채피는 자신과 자신이 사랑하는 사람들을 지키기 위해 총을 든다.

채피는 무스와의 대결에서 총상을 입은 데온을 데리고 회사 통제실로 들어왔다. 단 하나의 남아 있는 경찰 로봇 스카우트로 몸을 옮기기 위해서다. 정작 자신의 배터리가 거의 수명을 다해 가는데도 불구하고 죽음 직전 가쁜 숨을 몰아쉬는 데온의 의식을 옮겨 스카우트에게 입력한다. 그렇게 인간 데온의 의식은 인간 몸을 떠나 로봇의 몸을 입게 되었다. 로봇 데온이 된 것이다. 다음은 채피 차례다. 그러나 채피는 자신이 이로 인해 죽는 것은 아닌지 두렵다.

> 데온: 내가 말하면 '엔터'를 눌러.
> 채피: 알았어.
> 데온: 제발, 채피.
> 채피: 설계자, 나 두려워. 만약 작동을 하지 않으면 어떻게 되는 거지?
> 데온: 작동할 거야, 채피. 약속해.
> 채피: 약속은 꼭 지켜야 해.
> 데온: 그래, 알았어.
> 채피: 좋아.

채피는 약속을 한다는 것이 얼마나 어려운 일인지 안다. 그 약속을 지키는 것은 더더욱 어려운 일이다. 아무렇지도 않게 '나쁜 일을 하지 않겠다, 총을 쏘지 않겠다, 범죄에 가담하지 않겠다'고 약속하고, 이를 지키기 위해 아빠 닌자와 어떤 우여곡절을 겪었는지 잘 알고 있다. 비록 총을 쏘지 않겠다고 했지만 그럴 수 없는 불가피한 상황에서는 총을 쏘는 것이 필요하다는 것을 배웠다. 약속은 그 자체로 중요하지만 보다 큰 가치를 위해 깨질 수도 있다는 것을 배웠다. 그렇다면 지금 상황은 어떠한가? 자신이 타인에 의해 죽느냐 사느냐의 갈림길에서 확신할 수 없는 선택의 기로에 놓여 있다. 채피가 할 수 있는 유일한 일은

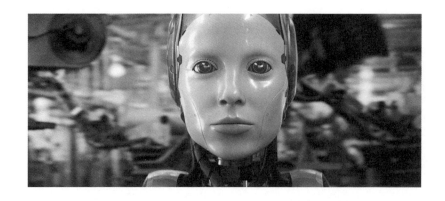

다른 사람을 믿는 것밖에 없다. 두려움이 공포처럼 밀려들지만 다른 선택이 없다. 비록 상대가 나와의 약속을 지키지 않는다고 해도 어쩔 수 없다. 어떤 로봇이 이러한 감정 표현을 할 수 있을까? 죽음 앞에서 두려움을 갖는다는 것은 죽음의 의미를 알고 그로 인해 간접적인 죽음을 경험했을 경우다. 과연 로봇이, 축적된 데이터 시스템이 죽음을 경험하고 두려워할 수 있을까? 채피에게 어설픈 동의로 시작된 '약속'을 배우는 과정은 결국 죽음 앞에서 완성된다. 약속은 상대방에 대한 철저한 믿음에 의해 만들어지고 지켜지는 것이다.

인공지능이 인간을 대신하는 사회

4차 산업 혁명이란 빅데이터와 인공지능 시대에 달라지는 산업 구조의 급격한 변화를 일컫는다. 4차 산업이 내다보는 사회에는 인공지능을 지닌 로봇이 스스로 판단하고, 움직이며, 자기에게 주어진 일을 한다. 이는 제조업에서 단순한 조립만을 담당하는 로봇에 국한되지 않고, 생산과 서비스업에서 기존의 인간이 담당해 왔던 일들을 대신할 것이라 예측된다. 생산 현장이나 다양한 직업 세계에서 인간보다 정확하고, 결코 불만을 표시하지 않는 로봇들은 인간의 노동을 대체할 것으로 여겨진다. 단순하게 대체하는 것을 넘어서, 인간이 할 수 있는 일의 모든 것을 대신하게 될 것이다. 결국 인간은 생산과 생산을 연계하는 모든 시공간에서 쫓겨나 삶의 방식이 완전히 달라지게 될 것이다.

그 로봇이 단순한 일을 반복하는 인간의 일을 대신하는 것만이 아니라 알파고와 마찬가지로 가장 복잡한 두뇌 싸움이라고 할 수 있는 바둑의 챔피언이 되고, 카드 게임 및 인터넷 게임에서 적수가 없는 당사자가 된다면 어떻게 되겠는가? 입력된 것을 반복해 들려 주는 전 세대의 카세트 테이프 같은 존재가 아니라 생각하고 느끼고 판단하는 주체로서의 인공지능을 우리는 어떻게 받아들여야 하는가? 외국어를 배울 필요 없이, 어떤 말이건 통역해 주는 비서라면 두꺼운 사전은 이제 필요없는 것인가? 스마트폰에 탑재되어 있는 인공지능[예를 들어, 시리(siri)]에 묻고 답하는 인간은 어떻게 이해되어야 하는가? 좀 더 나아가 이제 느끼고 판단하며, 스스로 학습하는 인공지능, 기계는 인간보다 더 우월해질 것인가? 인간은 그 기계에 지배받는 세상이 될 것인가?

4차 산업 혁명을 화두로 꺼내 드는 대부분의 사람들은 곧 사라질 직업에서 인간의 위치를 어떻게 둘 것인지에 관해 걱정한다. 또한 새로 바뀌는 산업 구조 속에서 어떻게 이윤을 창출하고, 구조적으로 지속 가능한 산업 체제를 재조직할 것인가에 관해 이야기한다. 그러나 빅데이터와 인공지능은 단지 기계와 산업, 직업 구조에 관한 것이기 이전에 가르침과 배움의 관계, 즉 교육의 영역이고, 진화하는 지식 구조와 지식의 흐름은 교육의 구조와 의미를 가장 크게 바꿔 놓을 것이다.

오랫동안 이러한 산업 사회의 변화 속에서 인간의 배움, 즉 교육의 이름으로 어떻게 배우고 그 속에서 성장해야 하는가를 제시한 사람이

켄 로빈슨(Ken Robinson)이다. 그가 저술한 책 중 가장 잘 알려진 것이 『학교 혁명(Creative School)』이다. 그는 이 책에서 전통적인 학교 교실에서의 교수-학습은 생존하기 어려운 교육 실천이라고 간주한다. 지식의 일방적인 전달이 교육의 대명사가 되기에는 사회의 변화, 이를 뒷받침하는 기술의 변화는 가히 폭발적이기 때문이다. 따라서 학교 교실에 국한된 교수-학습 활동은 학교 울타리를 넘어 일상적인 경험에 맞닿도록 해야 하고, 이를 매개할 수 있는 작금의 선진 기술과 네트워크 기반 의사소통 채널은 배움에 개방적이어야 한다. 배움은 학교의 틀을 벗어나 보다 창의적이어야 하고, 창의적인 배움은 비로소 급속도로 변화하는 사회에 적응하고 이를 새롭게 구조화할 수 있는 창의적인 인간을 만들어 낼 수 있다고 전망한다.

4차 산업 혁명의 시대에 로빈슨의 학교 교육 비판과 창의 교육을 향한 전망은 교육의 변화에 대해 중요한 메세지를 던져 준다. 그는 현재까지 이어져 온 배움의 공간으로 '학교'와 '교실' 그리고 배움의 대상으로 '교과'와 '지식'에 의문을 제기한다. 물론 이에 대해 그의 답변이 학술적으로 유의미하다거나 그의 호소력 있는 대안에 수긍할 만한 기대를 품는 것은 아니다. 중요한 것은 사회의 변화는 교육의 변화를 대동할 수밖에 없고, 교육의 변화는 다시 사회를 바닥부터 변화하도록 만드는 힘을 만들어 낸다는 점을 적확하게 지적해 주고 있다는 점이다. 더욱이 교육의 변화가 반드시 의도한 대로 사회와 구조의 변화를 이끄는 것은 아니다. 물론 의도한 방식대로 교육의 과정을 따라가기는 하겠지만 그 속에서 배움을 이어 가는 사람들은 자신의 방식대로 지식과 배움의 내용을 새롭게 조직하고, 이를 보다 창의적으로 바꾸어 낸다. 사회와 구조의 변화는 이러한 개별적인 개인의 배움들이 서로 긴장하고 갈등하며 만들어 내는 아주 복잡한 예술과도 같다.

채피에게 일어난 지식 습득, 예술적인 감각의 태동, 연민과 사랑의 감정이 사실이라면 미래 세대에서 이 사회의 변화와 이를 견인하는 창의성은 인간만의 것이라 보기 어렵다. 기계, 정확하게 이야기하면 진화하는 컴퓨터 시스템, 즉 인공지능이 이 일을 보다 더 잘 할 수 있을 것이다. 인간보다 더 우아하고 멋드러진 분위기를 자아낼 수 있는 그림을 그릴 것이고, 환상적인 음악을 작곡할 수 있으며, 인간의 손과 손가락으로는 도저히 따라할 수 없는 피아노 연주를 빈틈없이 해낼 것이다. 평생 풀 수 없는 수학 문제의 답을 찾아낼 것이고, 자연이 직면한 다양한 문제들을 예견하고, 이를 방지할 수 있는 과학적 설명과 함께 기술을 개발해 낼 것이다. 물론 가정에 근거한 것이고, 먼 시간 여행 이후의 결과를 이야기한 것이지만, 상상만 해도 멋지지 않은가?

그러나 이 영화를 보면서 떠나지 않는 질문을 다시 한 번 던지지 않을 수 없다. "배움은 인간이 아닌 기계에도 일어나는 것인가?" 배움은 단순히 축적된 코드를 입력된 명령에 의해 내뱉는 차원이 아니고, 그렇게 되어서도 안 된다. 그렇다면 4차 산업 시대로 명명될 사회에서의 배움은 인간이 아닌 기계와 기기에 어떤 방식으로 일어나게 될 것인가? 정말 채피와 같이 설계된 인공지능이 스스로의 생명력을 유지하기 위한 배움을 만들어 낼 수 있을 것인가? 배움은 지식에만 관계된 것인가, 아니면 감정과 충동, 직관, 표현의 영역까지 넘어가는 것인가? 4차 산업 혁명과 교육 그리고 채피의 배움은 우리에게 묘한 긴장감과 풀기 어려운 질문을 던져 주고 있다. 만약 다음 세대의 인공지능이라면 이 질문에 잘 대답해 줄 수 있을까?

Chapter 6

살기 위해 불을 찾아 나서다

불을 찾아서

영 화 명 : 불을 찾아서
원　　제 : La Guerre Du Feu
감　　독 : Jean-Jacques Annaud
제 작 사 : International Cinema Corporation
제작 연도 : 1981년

영화의 내용

「불을 찾아서」라는 영화만큼 언어에 국한되지 않은 영화가 있을까 싶다. 사실 외국 영화를 볼 때는 귀로는 익숙하지 않은 외국어와 음악을, 눈으로는 화면과 함께 빠르게 지나가는 자막을 확인해야 한다. 그러한 수고가 필요 없다는 점에서 이 영화는 쉽다. 이 영화는 벨기에 작가의 1911년 소설을 소재로 프랑스/캐나다에서 만들어진 영화다. 그러나 어떤 언어를 사용하는지에 상관없이 오로지 연기자들의 몸짓만으로 스토리 전개를 알 수 있어 감상이 편한 영화다.

이야기의 시간적 배경은 8만 년 전의 어느 곳. 진화생물학자들 사이에서 공히 인정되는 현생 인류(Homo Sapiens)의 등장이 20만 년 전 아프리카였고, 이들이 대략 10만 년 전 아프리카를 떠나기 시작했다는 점을 염두에 둔다면 이 영화의 공간적 배경을 꼭 아프리카라고 할 수는 없다. 또한 영화에 유색 인종이 등장하기는 하지만 주로 백인이라는 점에서 아마도 아프리카를 떠난 현생 인류가 이미 먼저 떠나 자리 잡고 있던 직립보행원인(Homo Erectus)과 네안데르탈인(Homo Neandertalensis) 및 기타 다른 유인원과 조우했다고 보아야 한다. 소설에서 정한 8만 년이 과학적으로 엄밀한지에 대해서는 묻지 말도록 하자. 그냥 단지 인간이 인간다운 모습으로 변해 오면서 가장 필요했을 법한 발견 중 하나인 '불'을 둘러싸고 당대의 존재(beings)들 간에 어떤 일이 있었을지에 집중하는 편이 나을 것이다.

영화만 본다면 전혀 알 수 없지만 소설과 각본에 의해 영화에 등장하는 부족 이름과 사람 이름, 지형을 알 수 있다. 영화의 줄거리는 동굴에 살고 있는 현생 인류의 한 부족인 울람족(Ulam Tribe)에 관한 에피소드로 구성되어 있다. 이 부족은 열댓 명이 무리 지어 동굴에서 살고 있으며, 채집과 사냥을 한다. 흥미롭게도, 이들의 동굴 입구에는 불이 피워져 있었고, 불을 담당하는 사람이 나름 높은 지위를 누리고 있었다. 이들이 불을 수호하는 유일한 방법은 불을 꺼뜨리지 않는 것이었으며, 따라서 동굴 입구에 피워진 모닥불 외에 불씨를 담고 있는 물건은 소중하게 보관하고 있었다. 아직 몸에 털이 많이 남아 있는 원시적인 무리들이 이들에게서 불을 빼앗고자 호시탐탐 노리고 있었다. 이들은 불씨를 지키거나 빼앗기 위해 늘 피비린내 나는 잔혹한 싸움을 벌였다. 한번은 울람족이 싸움에서 간신히 이겼지만 큰 부상을 입고 쫓겨 물로 둘러싸인 황량한 곳에 도달했다. 안개 자욱한 곳에 이르는 과정에서 함께했던 사람들이 죽어 나갔고, 설상가상으로 잘 지켜온 불씨를 물에 빠뜨려 더 이상 불을 지필 수 없게 된다. 부족장은 무리에서 젊은 남자 셋(나오, 아무카르, 가우)을 세워 다시 불씨를 구해 올 것을 명령했다.

영화의 대부분은 이 세 남자가 불씨를 찾는 동안 겪는 모험과 싸움을 유머스럽게 담아내고 있다. 세 남자는 먹을 것도 준비 않고 무작정 길을 떠났다. 도중에 맹수를 만나기도 하고, 식인종(크잠족) 혹은 좀 더 문명화된 무리(이바카족)를 만나기도 했다. 오로지 살아남는 것에 연연할 수밖에 없는 환경에서 불씨를 찾는 이들의 임무는 자신들의 생존을 넘어 함께한 부족의 운명을 결정하는 책임감 그 자체였다. 이들은 결국 크잠족에게 잡혀 있던 여자(이카)를 구해 내고 불씨를 하나 구해 동족에게 돌아갈 수 있게 되었다. 이카도 자신이 태어난 이바카 마을도 돌아갔는데, 이카를 그리워하던 나오가 아무카르와 가우에게서 벗어나 이바카 마을로 향한다.

나오는 이바카 마을에서 운명적인 경험을 한다. 즉 이바카족이 불씨를 지켜 불을 피우는 것이 아니라 도구를 이용해 불을 피우는 모습을 나오가 목격한 것이다. 나오는 이바카 마을에 머물기로 하고, 목놓아 불씨를 기다리는 동족들에게 돌아갈 생각조차 않게 된다. 나오 없이 울람족에게 돌아갈 수 없었던 아무카르와 가우는 나오를 찾기 위해 이바카 마을에 이른다. 결국 나오는 아무카르와 가우에게 강제로 업혀 이바카 마을을 떠나게 되고, 이 여정에 이카가 동행한다. 나오와 이카는 이미 서로 사랑의 감정을 느끼고 있었다. 이들은 먼 길을 걸어 다시 울람족에게로 무사히 돌아왔다. 성공적으로 불씨를 품에 안고서 말이다.

그러나 부주의로 인해 불씨는 다시 물에 젖어 꺼져 버리고 만다. 긴 모험과 여행의 성과인 불씨가 그렇게 허망하게 꺼져 버렸다. 그 순간 나오가 도무지 알아듣지 못할 소리를 내며 불을 피우는 도구, 즉 막대기 두 개를 꺼내 불 피우기를 시작한다. 그러나 불은 피워지지 않고, 그의 얼굴에는 당황한 기색이 역력하다. 울람족에게 이방 여자인 이카는 나오에게서 도구를 달라고 해서는 곧 능숙한 솜씨로 불을 피워 낸다. 「불을 찾아서」라는 영화는 불씨로 시작된 종족 간 전쟁에서 시작해 불씨가 아닌 불을 피워 낸 이방 여인의 솜씨에 환호하는 장면으로 막을 내린다.

인류학과 고고학에 조금만 관심 있는 사람들이라면, 20세기 마지막을 살아가는 사람들이 재현해 내는 8만 년 전 인간과 인간의 생존 투쟁을 흥미로운 눈으로 살펴볼 수 있다. 비록 알아들을 수 없는 음성, 무의미한 듯 보이는 물건이나 몸짓, 울림 하나에까지 깊은 고고학적 고증과 상징적 의미가 내포되어 있다. 이러한 예는 영화에서 보여 주는 서로 다른 부족 간의 삶의 행태, 즉 문화적 모티브가 어떻게 구성되고, 어떻게 이들을 표현하고 있는지, 이들이 가진 두려움과 흥은 무엇인지, 인간이 인간답게 살고 또 서로를 인간답다고 느끼게 하는 요소들은 무엇인지 새삼 깨닫게 해준다. 단순히 불과 불씨를 주제로 한 허무맹랑한 모험으로만 비춰질 수도 있다. 그러나 이 영화는 인간의 가장 원초적인 모습을 통해 인간의 내면 깊은 곳에 자리한 배움에 대한 욕망 그리고 그 배움의 과정에서 갖게 되는 희열을 보여 준다.

원초적인 문화와 교육의 시작

불씨를 둘러싼 사투

불을 발견하고도 꽤 오랜 시간이 지난 어느 날, 울람족은 마침내 불을 사용할 줄 알게 되었다. 불은 몸을 따뜻하게 해 주고 음식을 익혀 먹을 수 있도록 했다. 나무 끝을 불에 태우면 그렇지 않을 때보다 쉽게 끝을 뾰족하게 만들 수 있었다. 뜨거운 장작들은 급할 때 무기로도 사용할 수 있었다. 환하게 빛을 비추기 때문에 한밤중에도 어느 곳에 무엇이 있는지 식별할 수 있었다. 따라서 음식을 구해 오는 일만큼이나 불을 잘 지키고 불씨를 빼앗기지 않는 일은 중요했다. 울람족이 자신들이 거주하는 동굴 앞 불터 이외에 불씨를 동굴 안쪽에 따로 보관하는 것도 이 때문이었다. 울람족은 원로 한 명을 지명해 불씨를 지키도록 했다. 부족의 생명을 유지하는 것처럼 그렇게 불씨는 결코 꺼뜨려서는 안 되는 존재로 인식되었다.

이렇게 소중한 불은 싸움의 계기가 되었다. 사실 불을 서로 나누어

갖는다고 문제될 것이 있을까 싶지만 불을 소유한 부족과 그렇지 않은 부족의 차이를 떠올려 본다면 불은 함께 공유할 수 있는 것이 아니었다. 그래서 불을 가진 울람족은 늘 이 불을 탐내는 이들의 공격 대상이 된다.

문화와 상징

이 영화에는 전부 네 개의 서로 다른 부족이 등장한다. 부족들은 각기 서로 다른 문화적 발전 단계를 보여 준다.

울람족: 동굴 생활을 하며 채집과 사냥을 한다. 부족의 우두머리가 있고, 불씨를 책임지는 별도의 의례 수행자가 있다. 열댓 명으로 구성된 울람족은 힘 있는 우두머리를 중심으로 조직되어 있다. 남성은 사냥을, 여성은 주로 채집을 해서 먹을거리를 마련한다. 젊은 남성들은 동굴 입구에서 불을 지키고, 무기를 만들어 부족을 해하려는 적들로부터 부족을 지킨다. 몇몇 기초적인 단어와 의성어를 섞어 의사소통을 하며, 동물 가죽으로 몸을 걸치고 있다.

털보족: 워낙 짧게 등장하니 울람족만큼 자세하게 설명할 수 있는 이야깃거리

가 많지 않다. 털보족은 몸에 털이 많은 부족으로 유인원에서 인류로 진화하면서 아직 원시적인 고릴라에 가까워 보인다. 언어라고 할 것은 발견되지 않으며, 오로지 울부짖음으로 표현하고 반응할 뿐이다. 사람을 포함해서 동물을 사냥하는 부족으로 보이며, 틈만 나면 울람족을 공격해 불을 얻고자 한다. 몸에는 아무것도 걸치지 않았으며, 이렇다 할 인공적인 것들이 없다. 무기라고는 돌을 들어 치는 것이 전부다.

크잠족: 세 명의 울람족 남자들이 불씨를 찾아 돌아다니다 첫 번째로 만난 부족이다. 불씨를 갖고 있는지, 아니면 불을 피울 줄 아는지 모르겠지만 불을 사용할 줄 안다. 사람을 잡아먹는 부족으로, 불에 익혀 먹는다. 이들은 키가 크지 않고 뚱뚱하다. 가죽 옷을 입었으며 손에는 나무로 만든 무기가 들려 있다. 부족민들은 열 명을 넘지 않으며, 이들은 동굴보다 초원에서 사냥감을 찾아다니며 떠돌이 생활을 한다. 이들은 자연에 대한 두려움을 신격화로 표현하고 있고, 결코 화나게 해서는 안 되는 두려운 존재를 두고 있다. 매머드도 그 두려움의 대상에 포함된다.

이바카족: 털보족을 설명할 수 있는 것이 빈약한 것과 달리 이바카족은 많은 문화와 상징을 보여 주고 있다. 가장 진화가 빠른 부족으로 이바카족은 현생 인

류의 문화가 어떻게 발전해 왔는지를 보여 주고 있다. 인구를 가늠하기 어렵지만 족히 백 명은 넘어 보이는 규모다. 강을 끼고 산자락 밑에 부락을 형성하고 있다. 자연 지물에 따라 거주지를 찾아다니지 않고 집을 짓고 산다. 집은 나무 막대기를 엮어 만들고 풀을 얹은 양상이다. 집 안과 밖에서의 활동은 구분된다. 예를 들면, 먹는 것과 성생활은 집 안에서 하는 것이고, 집단으로 모여 행하는 의례는 밖에서 하는 일이다.

앙상하게 마른 몸에는 강바닥의 뻘 진흙을 발랐다. 몸에서 수분이 빠져나가 건조해지는 것을 막는 방법으로 취한 행동이었을 것이다. 머리에도 진흙을 발라 고정시켰고, 부족의 직제에 따라 얼굴을 가린 가면들을 썼다. 손에는 지도용 막대를 쥐고 있었고, 끈 있는 가방을 만들어 휴대하고 있었다. 음식을 담기 위한 바구니도 사용했다. 결혼에 대한 풍습이 제도화되었다고 하기는 어렵지만 족내혼보다는 족외혼이 부족의 씨를 건강하게 한다는 것을 알고 있었다. 몸집이 마른 부족이었으므로 여성들은 살집이 있는 뚱뚱한 체형이 미인으로 인식되었다. 성교를 하는 자세도 울람족과는 달랐다.

언어와 함께 이바카족의 진화 정도를 보여 주는 대목이 있다. 언어를 표기할 수 있는 문자는 없었지만 이들은 의사소통을 위한 다양한 상징을 공유하고 있었고, 이를 표현하는 기호를 사용할 줄 알았다. 사람의 목숨을 앗아갈 만큼 위험한 곳을 피하기 위한 표시도 있었다. 그리고 불씨를 보관하지 않고 불을 피울 줄 알았다.

지금 지구상에 존재하는 모든 인간의 조상은 아프리카의 어느 지역의 유인원에서 유래했다는 데에 대부분의 진화 연구자들은 동의한다. 500~700만 년 전 침팬지와의 공통조상으로부터 갈라져 나와 본격적으로 인간으로 진화하면서 종은 다양해졌고 진화의 속도는 각기 달랐다. 직립보행방식, 피부색, 털이 빠지는 양상, 두뇌 용량, 신체 발달, 사용하는 도구, 거주지, 공동체 형성 방식, 사용 언어 등에서 모두 제각각이었다. 그렇게 아프리카 내에서, 또는 아프리카를 떠나 인류의 조상들은 각자의 삶의 방식을 만들어 갔다. 자신들이 대면하는 자연의 세계를 극복하면서 말이다. 적어도 5~10만 년 전 호모 사피엔스가 다른 유인원들을 멸종시키고 유일한 인류의 조상으로 남기 전까지 지구상에는 다양한 종류의 유인원이 존재했다. 이 영화에 등장하는 네 인간 부족들의 차이가 너무 극명하다고 할지 모르겠지만 어쩌면 과거의 현실에서는 분명 이보다 더한 생물학적, 사회적, 문화적 차이가 부족 간 존재했을 것이다.

앞서 영화에 등장하는 네 부족에 대한 간략한 설명은 이러한 진화의 과정상에 나타난 차이를 일부밖에 보여 주지 못한다. 시각적으로 가장 피부로 느껴지는 차이는 '각 부족에서 선호되는 여성상'이다. 울람족에 속한 여성들은 그리 뚱뚱하지 않으며, 부족장 주위에서 종속된 위치에 머물러 있다. 어떤 여성이 더 선호되는지는 알 수 없지만 적어도 이바카족의 여성들처럼 뚱뚱해 보이지는 않는다. 이바카족의 수장은 족외혼이 부족의 씨를 오래 보존할 수 있다는 사실을 이미 알고 있다. 그래서 나오의 등장과 그의 강건함을 확인하고는 부족의 씨를 이어 가도록 혼방을 만든다. 화면에서 볼 수 있듯이 씨를 이어 가도록 선

택된 여성들은 하나같이 체형이 뚱뚱하다. 오래 살아남을 가능성이 크다는 뜻이다. 그에 비해 이카는 깡마른 여자다. 부족의 누구도 그녀를 거들떠보지 않는다. 부족장은 이카가 나오 근처를 배회하는 것을 못마땅하게 여긴다. 사회를 위한 여성상이 오늘날과 많이 다르지 않은가?

식인(食人)에 대한 태도는 어떠한가? 불씨를 찾아 떠난 울람족의 세 청년은 자기 부족에게는 식인 풍습이 없다고 믿었다. 사람이 죽으면 죽은 그 자리에 버려 두는 것이 그들의 생활 방식이었다. 그런데 그들의 여정 가운데 만난 다른 부족 사회에서 그들은 사람을 음식으로 먹으려고 남겨 둔 모습을 보게 된다. 이카도 먹힐 사람 중 한 명이었고, 함께 잡혀 있던 남자는 이미 팔 하나가 잘린 상태다. 불씨를 확보하기 위한 전쟁이었지만 만약 이 세 청년이 식인 부족에게 잡힌다면 그들 또한 먹잇감이 되고 만다. 그런데 인간은 어떻게 사람을 먹으면 안 된다는 생각을 하게 된 것일까? 사람을 먹는다는 것, 사람을 먹지 않는다는 것에 대한 의미 부여가 달라진 것은 어떤 이유에서였을까? 21세기를 살아가는 우리는 20세기에 큰 전쟁을 겪는 동안 고립된 사람들이 사람을 죽여 인육을 먹었고, 오랫동안 고립되어 있던 원시 부족의 경우 전쟁의 부산물로 상대방 전사들을 먹었다고 전해지지 않는가?

거대 코끼리, 매머드를 숭상하는 식인 부족과는 달리 울람족은 그렇지 않았다는 점도 중요하다. 울람족에게 어떤 신앙이 있었는지는 확인할 수 없지만 식인 부족에게 매머드는 접근하기 어려운 존재일 뿐만 아니라 부족의 안녕과 존재를 위한 신앙의 대상이었다. 신앙은 죽음을 의미 있게 해석하기 시작하면서 등장했다. 인간은 스스로 자연에 대면하여 겪는 원초적 두려움이 '생명의 상실'로 이어지는 것을 보면서 두려움을 극복했다. 이로써 생명의 지속성을 염원하는 마음으로 신앙의 대상을 만들거나 찾았다. 적어도 이 영화에서 볼 수 있는 식인 부족의 매머드는 이를 상징한다.

　시각적인 차이를 떠나 온전히 소리로만 전달되는 차이가 있다. 바로 언어의 차이다. 울람족은 서로를 확인하고 의사를 소통하는 일정한 소리를 가진다. 그러나 그 표현은 상당히 제한되어 있고, 의미 있는 단어가 형성되어 있다고 보이지 않는다. 털보족은 울림 이상의 어떤 의미 있는 소통 방식도 보여 주지 않는다. 식인 부족의 경우도 울람족과 크게 다르지 않은 음성 소통이 이루어지지만 이 두 부족의 음성적 소통 방식은 달라 보인다. 물론 서로 쫓고 쫓기는 상황에서 이들의 소통이 굳이 어떻게 연계될 것인지 관심을 갖는 것 자체가 무의미한 일일지도 모른다.

　그러나 이바카족에게서는 언어라 불리울 수 있는 유의미한 단어의 나열과 이해 그리고 같은 방식의 대응이 이어진다. 비록 언어로서 말을 하는 주체는 부족장과 이카 등으로 폭이 넓지 않지만 이들은 단순한 울림과 감정 표현을 넘는 고차원적 의미를 담은 단어를 음성으로 전달한다. 적어도 나오는 이바카족에 머무는 동안 누가 가르쳐 주지 않았지만 말의 의미를 알아듣게 되었고, 다시 이를 자기 목소리로 재생해 낼 수 있게 되었다. 흥미롭게도, 나오는 다시 돌아온 울람족 사람들에게 뭔가 끊임없이 말을 전한다. 비록 누구도 알아듣지 못하지만 말이다. 유일하게 그와 함께 온 이카만이 공감의 눈빛을 주었다.

　이러한 차이는 어디서 오는 걸까? 이런 차이는 필연일까 우연일까? 차이를 인정하고 받아들인다는 말은 어떤 의미인가?

　서로 다른 부족은 서로 다른 삶의 방식으로 살아간다. 그것을 '문화'라고 개념화하고, 서로 다른 문화에 속한 사람들의 삶을 들여다볼 수

있는 다양한 관점들을 발전시켜 오고 있다. '학문'이라는 이름으로 말이다. 물론 서로 다른 문화를 이해하는 것은 문화가 서로 달라도 더불어 살아갈 수 있는 방법을 찾는 행위다. 그런데 불을 찾아 떠난 여정에서 만난 서로 다른 부족들은 자기 주변 환경에 적응하기 위해 각자에게 익숙한 것들을 발전시켜 왔다. 비록 후대의 우리가 이를 '문화'라고 부른다고 해도 그것을 무엇이라 부르건 간에 이들에게 이러한 익숙함과 의례적인 행위들은 개인과 공동체의 생존을 위한 것이었다. 따라서 이들은 자신들의 익숙함을 침범하거나 방해하거나, 적어도 자신들의 의례적인 방식을 공격하는 모든 것은 적대적인 것으로 받아들인다. 그리고 이는 본능적이고 직관적이며, 즉각적이다. 자신에게 결코 우호적이지 않은 자연 속에서 생존을 위한 오랜 대응과 적응의 결과, 이 같은 적대적인 반응이 곧 서로 다른 문화를 만들어 내고, 문화가 유지 존속될 수 있는 원동력이 되었다고 보아야 한다. 그리고 오로지 자신에게 속한 사람들에게만 생존을 위한 적응과 대응의 노하우를 전달한다. 어쩌면 이는 가장 원초적인 교육의 모습이 아니었을까 싶다.

가르침과 배움의 상관관계

　가르침이 없이 배움만 있는 상황이 가능할까? 배움과 가르침은 서로 상호적인 작용인데, 가르침 없는 배움이 진정한 배움일 수 있을까? 이렇게 질문하고 보면 배움이라는 말이 가르침의 상대적인 개념이라는 점에서 논리적으로 성립할 수 없어 보인다. 그러나 애당초 가르침이란 없었다. 가르침은 어느 순간 탄생한 것이다. 그리고 가르침은 기술적으로 발전하고 제도화되고, 심지어 가르치는 일을 직업으로 삼는 사람들이 등장하게 되었다. 즉 배움을 이야기하는 데 반드시 가르침을 전제하지 않아도 된다는 말이다. 가르침의 깊이와 종류, 세분화되고 전문적인 기술이 어느 순간 배움을 지배하게 되었지만 배움은 결코 가르침에 의해 지배당하지 않았다. 그런 점에서 가르침과 배움의 인과 관계는 지금 우리가 인식하는 방식과는 정반대로 바뀌어야 하는것이 아닌가 싶다. 「불을 찾아서」라는 영화에서 우리는 이러한 배움과 가르침의 정반대 상황을 엿볼 수 있다. 즉 배움이 가르침을 낳는 것이다.

　앞서 '문화'는 서로 다른 삶으로의 적응이며 자신에게 주어지는 다양한 도전에 대한 대응의 결과라고 했다. 문화를 대응과 적응의 결과라고 하지만 문화가 형성되고 변화하는 데에는 긴 시간이 걸린다. 요즘처럼 정보의 전달 속도가 빠르고, 이를 가능하게 하는 기술이 고도로 발달해 가는 상황에서는 변화하는 것이 눈에 보이는 듯하다. 그러나 문화는 단지 눈에 보이는 것이 얼마나 변화하였는가에 따라 결정된다기보다는 그러한 외양의 변화를 인식하고, 그에 대응하고 다시 몸이 적응하는 것을 포함한다. 더욱이 한두 명의 개인이 빠르게 적응하는 것을 넘어 특정 상징을 공유하는 집단이 더불어 변화해 나가는 과정과 그 결과를 살펴야 한다. 누군가 빠르게 대응과 적응을 시도하지만 다시 집단 내의 누군가는 그러한 대응과 적응을 통한 변화를 강하게 거부하고 저항하기 때문이다. 그러나 변화에 대한 시도와 함께 변화에 대한 거부와 저항이 동시에 존재한다 하더라도 한 가지 분명한 것은 변화는 반드시 서로 다른 이질적인 상황과 인식이 빚어내는 긴장에서 발생한다는 것이다. 유사하거나 동일한 상황이 연속된다면 비록 불가능까지는 아니지만 변화를 견인할 수 있는 계기가 쉽게 만들어지기 어렵다.

어쩌면 이 영화에 등장하는 모든 몸짓과 사물 하나하나에서 배움의 의미를 발견할 수 있다고 한다면 지나친 과장일까? 영화 속 사건들, 즉 웃음, 섹스, 사랑이라는 감정, 위험 표시, 불 피우는 법 등을 통하여 어떤 배움이 있는지, 그 배움은 어떻게 일어나는지, 배움은 어떻게 가르침으로 이어지는지를 살펴볼 수 있다.

몸으로 체득하는 배움

울람족에게 감정을 표현하는 일은 기껏해야 흥분한 상태에서 내지르는 소리 정도였다. 고통이라는 감정 혹은 즐거움이라는 감정은 오로지 개인에게 국한된 것으로, 공유할 수 있는 것이 아니었다. 아무카르

는 자기 머리에 돌이 떨어져 피가 나는 상황을 마치 남의 일인 양 아무렇지 않게 대한다. 아무카르의 얼굴에 흘러내리는 피를 본 나오와 가우도 아무런 반응이 없다. 그런데 이바카족의 이카는 이 모습을 보고 웃음을 참지 못한다. 깔깔대고 웃는 이카를 나오와 가우, 심지어 아무카르조차 당황스런 표정으로 바라본다. 그들은 마치 웃는다는 것이 도대체 어떤 것인지 모르는 사람인 듯 행동한다.

그런데 이 세 사람은 다시 똑같은 상황에 처해 전혀 다른 반응을 보인다. 이번에는 가우의 머리에 돌이 떨어지고 피가 흐른다. 아파서 얼굴을 찡그리는 가우와 달리 이 모습을 지켜보는 나오와 아무카르 그리고 이카는 깔깔대고 웃는다. 이보다 더 재미있는 장면을 이전에 본 적이 없다는 듯 반응한다. 결국 아픔이 조금 가신 뒤에는 나오도 자기 피를 손가락으로 찍어 보이며 웃는다. 이 셋은 이카로부터 웃음과 웃음의 의미를 배웠다. 필경 웃음은 선천적인 것이 아니라 사회적인 학습의 결과다.

섹스는 어떠한가? 죽을 운명에 처한 이카를 살려 동행하게 된 세 남자는 모닥불에 모여 앉았다. 아무카르가 이카를 능청스럽게 쳐다보며 욕정을 보인다. 그러나 이카는 자신을 살린 사람이 나오라고 믿고 나오에게 매달린다. 나오는 그런 이카를 돌려세워 성행위를 한다. 아무카르와 가우가 아무렇지도 않은 듯 쳐다보고 있다. 누가 보건 상관없이 나오도 섹스에 집중한다. 나우가 이카를 섹스의 대상으로 대하는 모습은 원숭이들 세계에서의 행동 양식과 같다. 여자에 대한 배려는 없다. 누가 보건 상관않는다. 그리고 항상 뒤에서 한다. 시간이 지나 나오가 이바카족에 붙들려 있게 된다. 나오는 부족 외부에서 씨를 받겠다는 족장의 바람대로 부족 내 여인들과 섹스를 하게 된다. 모두 뚱뚱한 여자들이다. 그런데 이 여자들은 나오와 얼굴을 마주보고 섹스를 하려 한다. 그러나 나오는 도대체 그녀들의 자세가 자신에게 무엇을 요구하는지 알지 못한다. 결국 족장의 중재로 여자들이 뒤로 돌아 엎드린다. 그제서야 나오는 성행위를 시작한다. 나중에 나오는 이바카족에게서 서로 얼굴을 보고 성행위를 하는 자세를 배우게 된다. 그래서 다시 불씨를 얻어 울람족에게 돌아가는 길에 나오는 이카와 서로 얼굴을 보고 성행위를 하고, 더욱이 이는 아무카르와 가우가 보지 않는 곳에서 이루어진다. 나오에게 섹스는 이제 상당히 개인적인 일이 된 것이다.

사랑이라는 감정도 마찬가지로 배움의 대상이다. 나오와 이카는 서로 다른 부족에 속한 개체일 뿐이었다. 물론 이카는 이바카족으로부터 사랑이라는 감정을 배워 알고 있었는지 모르겠다. 그러나 나오 입장에서 사랑이라는 감정은 존재하지 않았다. 한 무리의 공동체 속에서 여자와의 특별한 감정은 존재하지 않았다. 여자들은 부족의 재생산을 담당하며 허드렛일로 부족을 돕는 역할 정도로 소유의 대상이었을 뿐이다. 그런데 이카의 생명을 살리는 행위, 그녀와의 섹스, 나오 주위를

맴도는 이카 그리고 다시 둘의 오랜 동행 등을 경험하며 나오는 더 이상 이카를 단지 소유의 대상으로만 여기지 않게 되었다. 영화의 마지막에서 이카의 불러온 배 속에 아기가 자라고 있음을 암시하고 이를 나오가 함께 기뻐하는 장면이 나온다. 그러나 이 장면이 아니라도 나오와 이카는 이전 울람족의 일상적인 남자와 여자의 관계가 아니다. 보이지 않는 감정, 즉 사랑이라는 감정으로 끈끈하게 이어져 있었다. 나오는 이카를 통해, 혹은 이카와의 동행을 통해 사랑하고 사랑받는 법을 배웠다. 사랑도 사회적 배움의 한 형태다.

이바카족을 둘러싸고 있는 경계는 위험 투성이다. 누구라도 함부로 드나들지 못하게 할 위험지대를 경계로 이바카족은 내부의 안전을 유지하려 했다. 이바카족 내부인들은 어디에, 어떤 위험이 있는지 알아야 했고, 이를 알리는 표시는 내부인들 사이에서 공유되어야 했다. 그러나 외부인들은 알 턱이 없다. 외부인들 누구도 자신을 위협하는 공간, 죽음으로 몰아넣을 수 있는 덫이 존재하리라 생각지 않았다. 조심은 하겠지만 어딘가 교묘히 감춰지고 은폐된 공간에서 자신을 노리는 위험은 피할 수 없다. 만약 그 덫 주위에 있는 해골이 죽음의 표시로

'조심하라'는 의미인지 알았다면 당연히 피했을 것이고, 다른 길을 택했을 것이다. 나오도 위험에 처해 사로잡힌 다음에야 이를 인지할 수 있었고, 아무카르와 가우 또한 동일한 시행착오를 겪어야 했다. 누구도 이들에게 이것이 위험신호라는 것을 가르쳐 주지 않았고, 혹 가르쳐 주었다고 하더라도 그 의미를 알 턱이 없었다. 또 그 일로 목숨을 잃었다면 더더욱 배움 이후 또 다른 배움을 접할 기회를 갖기는 불가능했을 것이다. 경험, 시행착오, 몸으로 익히는 배움은 우리의 가장 원초적인 소통 방식일 뿐만 아니라 배움의 형식이었다. 여전히 가르침은 그 이후에 따라오는 것이었다.

불 피우는 방법 좀 가르쳐 주실래요?

불을 피우는 방법을 둘러싼 배움은 어떠한가? 나오, 아무카르, 가우는 부족장의 명령으로 불씨를 담아 갈 호롱을 조심스럽게 넘겨받았다. 산 넘고 강 건너 떠날 그들 여정의 유일한 목적은 그 호롱에 불씨를 담아 오는 것이었다. 식인족이 머물다 간 자리에서 이 세 청년은 재 속에 있는 불씨를 얻을 수 있었다. 불씨를 호롱에 담고, 구출한 이카를 데리고 이제 울람족에게 돌아가는 일만 남았다. 그런데 이카가 도중에 이 세 남자를 떠나 버린다. 그러자 이카를 그리워하는 나오가 그녀를 찾아 둘을 남기고 떠났다. 아무카르와 가우는 나오를 버리고 돌아갈 수 없었다. 둘은 나오가 돌아오기를 기다렸다. 한편 여자 때문에 자기 사명을 잃어버린 나오는 전혀 다른 세계에 직면한다. 자신과 생김새도 다른 이들에게서 알아들을 수 없는 소리들이 끊이지 않는다. 자신을 가만두지 않는다. 그러나 시간이 지나 그들의 말을 조금은 알아듣고 따라할 수 있게 된다.

부족의 씨를 잇게 해 준 은혜 때문일까? 나오는 그 부족의 일원으로 사냥에 동행한다. 그 자리에서 나오는 놀라운 장면을 목격한다. 바로 불 피우는 장면을 보게 된 것이다. 불이란 불씨로 존재하고, 이를 불꽃으로 되살리는 것만 보아 온 그에게 불씨가 만들어지는 장면은 상상할 수 없는 세계 그 자체였다. 목숨을 걸고 불씨를 얻겠다고 지나온 시간들이 주마등처럼 스쳤을 것이다. 불을 피우는 방법을 알았다면 그런 고통스런 여정은 어쩌면 필요없었을지도 모른다.

나오가 이바카족 사람들의 불 피우는 장면을 보면서 눈물을 흘리는 이유가 여기 있다. 불씨는 그들에게 생명과도 같은 재산이었다. 불씨를 지키겠다고 털보족과 목숨 걸고 싸웠고, 그 과정에서 꺼져 버린 불씨를 다시 되살리겠다고 지금까지 이렇게 떠돌아다녔다. 나오는 정신이 번쩍 들었다. 이카를 따라 완전히 다른 사람들이 사는 세계에서 멍하니 머물러 왔는데, 불 피우는 장면을 목도하면서 그는 자신의 사명을 다시 떠올렸을 것이다.

나오는 머릿속에 그 장면을 상세히 기억해 두었을 것이다. 불 피우는 장면이 무척 인상적이었고 불씨를 만들어 낼 수 있다는 사실 자체에 놀라기는 했지만 이 상황은 그 장면 그대로 멈추어져 머릿속에 저장했을 것이다. '자 불 피우는 것 처음 보지? 이게 어떻게 가능하냐 하면' 하는 식의 가르침은 없었다. 혹은 '그거 참 신기하네요. 저는 한 번도 그렇게 불을 피울 수 있을 것이란 생각은 못했는데, 어떻게 하는지 다시 한 번 더 보여 주실래요? 아니, 제게 불 피우는 방법을 좀 가르쳐 주실래요?' 하는 질문과 응답이 있었을 리 만무하다. 나오가 울람족에게 돌아왔을 때 어떻게 불 피우는 나무막대를 갖고 왔는지는 모른다. 그러나 나오는 이바카족들과 함께 머무는 내내 불 피우는 방법을 스스로 터득해 보겠다고 무한한 열심을 기울였을 것이다. 아무카르와 가우에게 업혀 도망치듯 이바카족을 떠났음에도 그가 불을 피울 수 있는 도구를 몸에 지니고 있었던 것을 보면 말이다.

그러나 울람족에게 돌아온 나오는 불을 피우는 데 실패하였다. 우여곡절 끝에 호롱에 담아 온 불씨는 촐랑대는 우두머리에 의해 다시 꺼졌다. 못말리는 노인네였다. 울람족 입장에서는 호수 한가운데 있는 섬에서 추워 죽든지, 아니면 다시 세 명에게 불씨를 구해 오라고 해야 할 판이었다. 그때 나오가 갑자기 알아듣기 어려운 소리를 내며 불 피우는 도구를 꺼내든다. 누구도 그것이 무엇인지는 알지 못한다. 도구는 나오가 가져왔지만 불을 피우는 데 성공한 사람은 이카였다. 한두 번 불 피우는 모습을 보았다고 불 피우는 능력이 생기지 않는다. 배움은 가르침으로, 가르침은 또 다른 배움으로 연결되어야 했다. 나오가 보여 준 불 피우기 시도는 배움과 가르침 사이 어디쯤 될 것이다.

드디어 불 피우기를 배우다

생명과 지식으로 상징되는 불

현대를 살아가는 우리는 불이 없던 시절을 상상하기 어렵다. 한 가지 분명한 것은 인류가 현생 인류로 진화한 이후 불을 발견하고 사용한 것은 인간과 다른 자연 세계와의 구분을 보다 분명하게 해 주었다는 점이다. 정확히 누가, 언제 불을 발견하게 되었는지는 밝혀진 바가 없고, 밝힐 수도 없을 것이다. 발견되는 유적을 통해 추정만 할 수 있을 뿐이다.

『정글북(The Jungle Book)』에도 불이 이야기를 이끌어 가는 주요 모티브 중 하나로 등장한다. 정글의 최고 포식자 호랑이 쉐어 칸은 모글리를 미워한다. 그는 모글리의 아빠에게 뜨거운 불꽃으로 돌이킬 수 없는 상처를 입었다. 그는 모글리 또한 다른 인간처럼 불로 정글의 동물들을 파괴할 것이라 믿었다. 정글의 동물들은 이 불꽃을 빨간 꽃이라 부른다. 동물들에게 이 빨간 꽃은 가까이 하기에는 너무도 위험한 것이었다. 이 불꽃을 두려워하지 않으면서 조종할 수 있는 것은 오로지 사람뿐이다. 비록 늑대에 의해 정글의 동물과 함께 성장했지만 모글리는 빨간 꽃을 조종할 수 있는 인간이 될 것이라 여겨진다. 정작 모글리는 이를 부정하지만 말이다. 빨간 꽃은 모든 동물들의 잠재적 파괴자로 동물들과 정글을 위협하는 것으로 인식된다. 결국 쉐어 칸은 모글리와의 싸움에서 패배한다. 모글리가 불을 사용할 줄 알게 되었기 때문이다. 정글 세계에서 불은 모든 것을 파괴할 수 있는 전지전능한 힘을 상징한다.

이와 마찬가지로 불은 생명을 상징하는 것으로 비유되는 경우가 많다. 많은 시들에서도 불꽃은 생명을 대체하는 것으로 그려지고 있다. 불은 지식을 상징하기도 한다. 이 책의 다른 장에서 보게 되는 영화 「죽은 시인의 사회」의 첫 장면에서는 촛불을 '지식의 불꽃'이라고 지칭하고 있음을 보게 된다. 생명이든 지식이든, 인간의 삶에서 가장 중요한 핵심적 지위를 누리고 있는 것들이 불에 비유된다. 불이 꺼지면 곧 생명도 끝나고, 지식을 얻지 못하면 인간이 인간다워질 수 없다는 뜻으로 읽히기 때문이다. 불은 인간의 삶에서 가장 중요한 모티브가 된다. 그리고 불은 인간을 인간답게 만드는 절대적인 권한을 지닌 존재가 된다. 비록 그 자체로 살아 있는 것이 아님에도 울람족에게 불은 살아 있는 그 무엇보다도 소중한 것이었다. 마치 살아 숨쉬는 절대적인 권력자, 신처럼 말이다.

불이 부족에게 생명을 상징하는 소재임에는 분명하지만 이동 가능한 불씨로 담겨지면서 불은 생명과도 같은 지식으로 여겨지고 있다. 그런데 이 영화를 관통하면서 등장하는 불들의 형태를 잘 살펴보자. 불은 하나의 불로 존재하지 않는다. 불은 불꽃으로, 모닥불로, 불씨로 그리고 다시 불 피우기로 바뀌어 간다. 불꽃은 두려움의 대상인 동시에 유익한 존재다. 밝고, 뜨겁고, 따뜻하다. 음식을 익혀 먹는 데 유용하다. 이러한 불꽃은 모닥불 형태로 경험하게 된다. 모닥불은 타는 재질(특히 나무)들이 모여 불꽃 무더기를 만들어 내고, 끊임없이 새로운 불꽃으로 변신하게 한다. 그러나 이 모닥불을 이동시킬 수는 없다. 모닥불은 한번 피워지면 그곳에서 꺼질 때까지만 불꽃의 생명력을 유지할 수 있을 뿐이다. 그래서 불씨를 따로 보관하게 된다. 불씨가 남은 모닥불은 따로 신경을 쓰지 않는 한 꺼져 버린다. 울람족이 호롱에 불씨를 보관하고 불씨가 꺼지지 않도록 수시로 '호호 불기'를 반복하는 이유가 여기 있다. 이 불씨만 있으면 언제 어느 곳에서건 모닥불을 피워 낼 수 있기 때문이다.

불은 불씨로 보관되고 이동 가능해지면서 수호하고 쟁취해야 하는 대상이 되었다. 가장 중요한 재산으로서 불씨의 존재 유무에 따라 자신들의 삶이 결정된다고 믿었기 때문이다. 그러나 불씨 또한 영원하지 않다. 물속을 지나던 우두머리가 발을 헛디뎌 물속에 빠지자 불씨는 꺼져 버렸다. 그래서 불 피우기가 중요하다. 불씨라곤 찾아볼 수 없는 나무의 부딪힘에서 불이 피어난다. 굳이 불씨를 지키자고 안간힘을 쓰기보다는 어느 곳에서건 얻을 수 있는 나무를 비벼서 불씨를 얻으면

된다. 그렇게 불꽃은 자연 속에서, 자연의 힘으로 얻어지는 배움의 결과로 나타난다.

이 상황에서 불을 지식에 비유하는 것은 적절하다. 불은 서로 다른 형식으로 존재한다. 지식 또한 하나의 유일한 외형을 지니고 있지 않다. 수많은 맥락과 사회·경제·문화적 여건에 따라 그 내용과 형식을 달리한다. 어떤 용도로건 불이 써먹을 만한 불꽃으로 존재하기 위해서는 모닥불이라는 형식을 취해야 한다. 지식도 그 자체로는 어떻게 활용되어야 할 것인지 분간하기 어려울 때가 많다. 지식은 그 자체로서는 의미를 가지지 않으며, 다양한 맥락에서 매 순간 새롭게 창조되어야 한다. 불꽃이 갖는 본질적인 속성에 대해 다양한 해석과 상징이 등장하듯 지식의 본질, 존재 양상에 대한 탐구와 추구는 학문의 본질을 탐구하는 것을 포함하여 무한하다.

모닥불은 현상적으로 존재하는 것이지만 불은 언제고 되살아나기 위한 근원적 뿌리를 가진다. 불씨를 만들고, 이를 호롱불에 담아 보관하듯 말이다. 지식 또한 현상적으로 존재하는 수많은 자료와 정보를 넘어서 그 근원에 대한 탐색으로 이어진다. 지식의 정수라 여겨지는 것들은 활자화되고, 다음 세대로 전수되기 위한 핵심 지식으로 선별된다. 지식은 하나의 체계로 만들어지고 전통이라는 그릇에 담겨 보존된다. 마치 절대 꺼져서는 안 되는 불씨처럼 말이다. 물을 만난 불이 꺼지는 것처럼 지식은 변증법적으로 새로운 지식으로 거듭나게 된다. 전통이란 그릇 속의 지식은 결코 변하지 않을 견고한 알맹이처럼 보이지만 변하지 않는 지식은 결국 썩어 문드러지게 된다. 비록 불씨는 물을 만나면 꺼져 버리지만 불은 자신을 파괴하는 그 자연 속에서 다시 자연의 방법으로 끊임없이 반복적으로 되살아난다. 불은 불로, 자신의 본질적 속성으로 태울 것을 태운다.

지식도 마찬가지다. 삶에 얼마나 유용하게 사용될 수 있는가와는 상관없이 지식은 지식 아닌 것을 향해 파괴적인 양상을 보이고 새로운 지식을 창출해 내기 위한 환경을 만들어 낸다. 곧 불꽃은 지식으로 삶의 본질적 질문을 파고들게 한다. 간혹 고통스런 아픔을 동반하며 파괴적인 양상을 보이지만 결국 그 터전에서 새로운 생명이 등장할 수 있도록 유도한다. 그것이 생명으로 상징되는 불의 의미다.

가슴 뭉클한 삶의 변화

이 영화에 불과 그 불을 꺼지게 한 물이 동시에 등장한다는 점은 절대적 권한을 지닌 생명이자 지식체로서의 불씨는 가장 나약한 존재라는 것을 보여 주기도 한다. 울람족은 불이 가진 유약함도 알고 있었을 것이다. 불은 물 앞에서 아무것도 아니었다. 불은 가장 파괴적인 힘을 가진 것이기도 하지만 어쩌면 가장 힘 없는 것일 수도 있다.

이 영화에서 가장 극적이면서 감동적인 장면은 나오가 불 피우는 장면을 목도하는 상황이다. 그가 흘리는 눈물은 가슴 찡함을 넘어 배움의 원초적 의미를 되돌아보게 한다. 그리고 이 장면은 가장 교육적인 장면이라 꼽아도 무방하다. '나오는 도대체 왜 눈물을 흘렸을까?'

앞서 울람족 사람들은 개인의 감정을 사회적으로 공유하지 않을 뿐만 아니라 이를 표현하는 데 익숙하지 않다고 했다. 가장 원초적인 감정 표현이라 할 수 있는 웃음조차도 꽤 긴 시간 동안 관찰하고 모방하는 단계를 거쳐 배워야 하는 것이었다. 그렇다면 눈물은 어떨까? 나오가 흘린 눈물은 슬픔의 눈물이 아니다. 그렇다면 기쁨이었을까? 경외감이었을까? 도대체 왜 그 장면에서 나오는 눈물을 흘렸던 것일까? 그 눈물의 의미는 무엇일까?

나오, 아무카르, 가우 세 사람은 울람족의 운명을 짊어진 전사였다. 비록 칼과 방패를 든 전사는 아니었지만 이들은 목숨 걸고 불씨를 얻어 와야 하는 전사였다. 울람족에게 불씨는 없어서는 안 될 것이었다. 불씨는 누구에게서 얻는 것이 아니라 싸워 쟁취해야 하는 것이다. 호롱이 통째 물속에 잠기면서 꺼져 버린 불씨, 호롱에 다시 살짝 타오르는 불씨를 구하지 못하는 한 나오, 아무카르, 가우는 울람족에게 돌아

갈 수 없다.

지도나 나침반도 없던 8만 년 전의 일이다. 이들은 어디로 얼마나 가야 하는지조차 알 길이 없다. 불을 찾아 떠난 여정에서 만난 이카로 인해 이 전사들 중 한 명인 나오는 울람족으로 돌아가는 길에서 이탈해 이바카족을 만나게 된다.

이바카족 남자들과 사냥을 나간 어느 날, 나오는 동굴 속 평평한 바닥에 함께 주저앉았다. 한 남자가 주머니에서 나무 막대기 두 개를 꺼냈다. 그리고 허리춤에서 가는 풀로 만든 듯한 덩어리를 몇 개 꺼내 풀어서 바닥에 놓는다. 그리고 두 개의 나무막대 중 좀 넓적한 하나는 바닥에 눕혀 두고, 다른 하나는 그 나무막대 중간의 홈에 맞춰 세운다. 잠시 두 손을 나무 막대기에서 떼고는 손바닥에 침을 뱉는다. 두 손바닥을 맞부딪혀 비비더니 이제 세워져 있는 나무막대기를 양 손바닥으로 잡아 돌린다. 바닥에 놓인 막대기에 끝이 고정되어 있어 바닥 막대와 세워진 막대가 맞부딪혀 돌아간다.

처음에는 아무 생각 없이 주변을 돌아보던 나오는 이 이상한 행동의 결말이 궁금했다. 갑자기 다른 남자가 마른 풀을 모아 온다. 그리고

나무막대를 반복해서 비비고 있는 사람 옆에 쌓아둔다. '어라, 저게 뭐지? 저 막대에서 뭔가 이상한 게 보이네?' 바닥에 놓인 막대에서 연기가 솟아올랐다. 거리를 두고 무심한 듯 쳐다보던 나오는 자세를 고쳐잡고는 그 남자 앞에 고개를 들이밀었다. '어, 저게 뭐지?' 나무막대를 비비던 남자는 나무막대에서 연기가 나는 막대의 홈에서 뭔가를 꺼내 처음 펼쳐 놓았던 마른 풀 덩어리에 옮겨 담았다. 그리고 조심스럽게 풀 덩어리에 숨을 불어넣었다. 한 줄기 연기는 점점 더 넓게 퍼져 곧 불꽃이 타올랐다. 다른 남자들은 불꽃이 모아온 나뭇가지에 옮겨 붙도록 돕고 있다. 그들의 행동은 마치 일상적으로 이러한 일들을 해 왔던 사람들처럼 자연스럽다.

나오는 당황스러웠다. 허리춤에서 꺼낸 마른 풀 덩어리, 별 의미 없어 보이는 나무막대 두 개에서 불이 만들어지다니, 이는 그로서는 한번도 생각하지 못했던 일이다. 나오는 이 상황을 어떻게 표현할 줄 몰랐다. 말을 할 줄도 몰랐고, 기쁨을 몸으로 표현하는 방식, 춤을 출 줄도 몰랐다. 그렇게 반응한 것이 '눈물'이었다. 목숨 걸고 그토록 찾아 헤매던 불씨를 발견했을 때의 감격을 그는 잊지 못한다. 비록 불을 찾

아 다니던 중에 만난 크잠족과의 싸움에서 자신의 중요 부위가 물어뜯겨 상처가 났지만 그 고통은 불씨를 얻었다는 성취감과 울람족을 살리게 되었다는 안도감에 비하면 아무것도 아니었다. 불씨는 어떤 희생을 치르고라도 지켜야 했고, 그보다 더 큰 노력을 들여서라도 쟁취해야 하는 것이었다. 그러나 만약 나오가 지금 본 것처럼 불을 만들어 낼 줄 알았다면 그럴 필요가 있었을까? 어쩌면 나오가 흘린 눈물은 그의 생애에서 처음 있었을 법한 감정의 표현이 아니었을까?

나오의 눈물은 생에 대한 신비를 체험한 사람이 표현해 내는 몸의 반응이었다. 무언가를 배우는 것은 이러한 몸의 반응을 경험하는 것이라고 믿는다. 배우는 사람은 자신이 무엇을 배우는지 알지 못하며, 배움 이후 도달하는 경지는 한 번도 닿아 본 적 없는 시간, 공간 그리고 경험이다. 배움을 통해 알게 된 새로움은 늘 경이롭게 여겨질 수밖에 없다. 비록 나오처럼 눈물까지 흘리진 않더라도 배움을 통해 가슴 뭉클한 삶의 변화를 체험하게 될 것이다.

우리 삶에서 배운다는 것은 '고통스러운 과정'으로 인식된다. 우리의 배움은 누군가에게 '좋은 배움'과 '그렇지 않은 배움', 혹은 '쓸모 있는 배움'과 '쓸모없는 배움'으로 구분되기 시작했다. 좋은 배움은 반드시 쓸모 있는 배움이어야 하고, 나 아닌 다른 사람의 기준에 의해 쓸모 있음과 쓸모없음의 기준이 부여되었다. 내가 원해서 배우는 행위로 인하여 즐겁다기보다는 누군가가 내게 하라고 해서 배우고, 배움의 결과는 나와 별로 상관없는 시공간에서 재현되기도 했다. 그리고 결국 그 배움은 나의 삶과 별로 상관없는 것이 된다.

배움은 경이의 세계에 도달하는 모든 과정을 의미한다. 한 번도 경험하지 않은 세계에 발을 들여놓는 것을 의미한다. 익히 생각해 보지 않았고, 알 수 없었던 세상에 대한 형체와 색, 그리고 이미지를 만들어 내게 되는 과정이다. 물론 이 과정을 이미 알고 있는 사람들에게 그 과정은 유치할 수 있고, 너무도 뻔한 것으로 여겨질 수 있다. 그러나 적어도 이 과정을 다 거쳐야 하는 사람들에게 배움은 얼마나 빨리 그것을 익힐 수 있도록 하는가가 아니라 얼마나 그 과정을 즐길 수 있는가, 그 과정에서 경이를 경험하는가, 자신이 경험한 세계가 이전과 얼마나 다른가를 깨닫는 것이 되어야 한다. 또한 한번 알게 된 이후에는 이전의 상황으로 돌아가는 것이 얼마나 어리석은 일인지 깨닫는 일이어야 한다. 이 점에 있어 오늘 우리의 삶에서 배움은 이런 희열과 경이가 실종되어 버린 것이 아닌가 싶다.

불 피우기의 재현, 그 교육적 의미

이제 '배움은 어떻게 재현될까?' 하는 문제가 남았다. 불씨를 찾아 나선 울람족의 세 청년이 자신들의 희생 어린 여정의 결과물인 불씨를 다시 호수에 빠뜨려 꺼지게 하는 일이 벌어졌다. 그러자 이때 나오가 알아들을 수 없는 말을 중얼거리며 이상한 것을 꺼내든다. 자신이 이 바카족에게서 목격한 불 피우기를 재현하려는 것이었다. 신기하게도, 나오는 자신이 처음에 본 대로 똑같이 막대기와 막대기를 맞부딪혀 비비기 시작한다. 아무카르는 '도대체 이 녀석이 뭘 하려고 이러나?' 하는 표정으로 쳐다보기 시작한다. 울람족의 부족장을 비롯한 모든 사람들도 마찬가지로 의아한 표정으로 그를 바라본다. 그런데 뭔가 제대로 되지 않는다. 나오는 비슷하게 흉내는 내고 있지만 전혀 연기가 피어날 기미가 보이지 않는다.

무언가 신기한 일이 일어날 것을 기대했던 아무카르를 비롯한 울람

족 사람들은 결국 시선을 거두기 시작했다. 이때 이카가 등장했고 그녀는 아무 말 없이 나오에게 나무막대기를 넘겨받았다. 이카는 손에 침을 뱉어 비비고는 막대기를 고정했다. 그리고 능숙하게 두 손바닥 사이에 막대기를 넣고 비볐다. 조금 뒤, 막대기 끝에서 연기가 스멀스멀 올라오기 시작했다. 그렇게 울람족에게 다시 불이 돌아왔다.

왜 나오는 불을 피우는 데 실패했고, 이카는 영화가 진행되는 내내 한 번도 불을 피우는 장면을 보여 주지 않았음에도 어떻게 불을 피울 수 있었을까? 나오가 불을 다시 피우는 데 부족했던 것은 무엇이었을까? 나오는 불 피우는 것을 누구에게 배운 것이 아니라 목격했을 뿐이다. 이제 울람족은 불을 불씨로 보관하고 지키는 것이 아니라 언제고 필요할 때 피울 수 있다는 것을 알게 되었다.

그렇다고 그가 당장 불을 피울 수 있게 된 것은 아니다. 나오는 불 피우기를 위한 연습을 열심히 했을 것이다. 그렇게 해서 불을 피운 때도 있고 그렇지 못한 때도 있었을 것이다. 언제 성공하고 언제 실패하는지에 대한 감각은 아직 분명히 형성되지는 않았지만 나무막대기 두 개가 부딪혀 불씨를 만들어 낼 수 있다는 사실은 조금도 의심하지 않았다. 다만 아직은 연습이 부족해 결정적인 순간에 실패하기도 한다. 마음만 앞선다고 어떤 일이 성공하지는 않는다. 마음속에 생긴 사고 체계의 변화, 지식의 증가는 몸으로 체득해야 하고, 체득된 기술은 바깥으로 일상 생활에서 경험되어야 한다.

이러한 '획득된 지식-생각의 변화-체득된 기술-생활 속에서의 경험'은 반복된다. 반복되어 축적된 경험은 이제 의도하지 않고도 행해지는 일상이 된다. 나오에게 불 피우기 기술은 아직 체득의 과정에 있었고, 경험되는 일상으로 발현되기에는 일렀다. 그렇다면 이카는 어떤가? 이카는 태어나면서부터 불은 불씨로 보관하는 것이라 여기지 않았다. 불을 피울 수 있다는 것은 불 곁에 살아오면서 늘 경험하는 것이었다. 새로운 지식이 아닌 일상의 일부였다. 만약 누군가 불을 모닥불이나 불씨 형태로 보관하려 했다면 이는 불을 피울 줄 몰라서라기보다는, 불을 피우는 데 시간과 노력이 필요하니 좀 더 편한 방식으로 불을 피우려는 생각 때문이었을 것이라 생각했다. 즉 불을 대하는 생각과 불을 피우는 기술에 대한 접근이 전혀 달랐다. 불을 피우는 일은 놀이의 일종이었을 것이고, 그렇게 누구나 이바카족의 일원은 시간과 장소를 불문하고 성공적으로 불을 피울 수 있었을 것이다. 이카는 그런 이바카족의 한 사람으로서 여유 있게 불을 피워 낼 수 있었던 것이다.

중요한 기술을 재현하는 것, 우리는 이를 학습 성과로 표현한다. 그리고 이 기술을 효과적이고 효율적으로 가르치는 일을 교육이라고 한다. 그러나 특정 기술은 우리 삶과 연계되어 있어 삶의 일부로서 기술을 배우기보다는 삶과 연계시킬 수 있는 가능성을 붙들고 기술을 배운다. 삶의 일부로서 절박한 필요성 때문에 배워 이를 재현하려는 사람과, 가능성을 추정해 기술을 배우고 이를 재현하려는 사람과는 배움의 동기와 태도가 다를 수밖에 없다.

결국 지식과 기술은 자신이 배운 지식과 기술을 복잡한 상황과 맥락 속에서 적절한 판단과 행동의 도구로 활용하도록 만들 수 있는가에 따라 그 가치가 매겨진다. 어떤 지식이나 기술이든 개인이나 사회 문화적인 맥락을 떠나 절대적으로 존재하기 어려운 이유다. 지식과 기술은 철저히 개인적인 상황에서 의미를 찾을 수 있도록 재해석되어야 한다. 그리고 이 일은 누가 대신 해 주는 것이 아니다. 배움은 무한 반복으로 삶의 일부가 되든, 아니면 다급한 필요에 의해 시급히 이루어져야 하는 것으로 판단되든, 누군가 시켜서 실현되어서는 안 된다. 나오에게 나타난 불을 대하는 태도의 변화가 곧 불을 피울 수 있는 기술 습득과 재현으로 이어지기에는 좀 더 오랜 연습과 익숙함이 필요하다. 시간을 투자해야 한다.

결론적으로, 기술의 전수는 강제로, 자발적으로 혹은 우연하게 일어난다. 기술 전수는 잦은 연습과 함께 그 생활에 얼마나 익숙한지에 따라 결정된다. 이는 적어도 불 피우기의 예에서 볼 수 있듯이 생존의 문제다. 여기에 좋고 나쁘고의 가치 판단이 개입할 여지는 없다. 당신의 삶에서 절대적으로 필요한 일을 배움에 있어 그것의 값을 매길 수 있겠는가? 누군가 그 배움과 기술에 값을 매긴다면 그에 흔쾌히 동의하겠는가?

Part Ⅲ

절망에 갇힌 학교

Chapter 7

학교에 전체주의가 살다

디 벨레

영 화 명: 디 벨레
원　　　제: Die Welle
감　　　독: Dennis Gansel
제 작 사: Rat Pack Filmproduktion
제작 연도: 2008년

영화의 내용

이 영화는 1981년 토드 스트라서(Todd Strasser)의 소설 『파도(The Wave)』를 영화한 것이다. 스트라서의 소설은 1967년 쿠벌리 고등학교(Cubberley High School in Palo Alto, California)의 벤 로스라는 역사 교사의 실제 실험 '제3의 물결(The Third Wave)'이라는 사회 운동을 다루고 있다. 미국의 한 고등학교를 배경으로 한 원작 소설과는 달리 이 영화의 무대는 독일의 고등학교다.

고등학교 사회과 교사인 라이너 벵어는 일주일 동안 학생들의 사회 교과 프로젝트를 수행하는 기간 동안 무정부주의를 가르칠 예정이다. 자신이 무정부주의자이기 때문에 이 프로젝트를 통하여 학생들과 보다 생산적인 논의를 할 수 있을 것이라 기대하고 있다. 그런데 정작 자신에게 주어진 주제는 전체주의(autocracy)였고, 자신이 가르치고 싶었던 주제는 다른 교사에게 돌아갔다. 이에 불만을 품고 있던 라이너 벵어는 별다른 기대 않고 자신의 수업을 선택한 학생들 앞에 서게 되었다. 그는 무엇을 가르칠지 몰라서라기보다는 자신이 가르치고 싶었던 마음과 동기를 빼앗긴 것에 화가 난 상황이었다. 그렇다고 아이들에게 자신의 속마음을 들키고 싶지는 않았던 라이너는 별 생각 없이 '전체주의'라는 글자를 칠판에 쓰고 아이들과 대화를 시도한다. 그러나 어떤 주제를 어떻게 설명하건 아이들은 관심을 보이지 않고 이 주제에 대한 교사-학생 간의 대화는 길게 이어지지 않는다. 겨우 일주일 동안의 프로젝트 기간을 생각해 보면 대충 수업 내용을 끌고 갈 수도 있었지만 라이너는 아이들에게 좀 더 색다른 방식으로 전체주의에 대해 고민하고 학습할 수 있는 기회를 줄 수 있다고 보았다. 즉 전체주의를 실험해 보는 것이 그것이었다.

전체주의에 대해 길고 장황하게 설명하는 것을 멈추고 라이너는 아이들에게 일주일 동안 진행될 자신의 실험에 대해 간략하게 설명했다. 복잡할 것 없는 설명이었다. 학생들은 교사인 자신을 부를 때 반드시 이름이 아닌 성과 '선생님'이라는 호칭을 붙여야 했다. 자신의 실험에 잘 따르는 학생들은 좋은 성적을 줄 것이고, 그렇지 않은 학생들은 나쁜 성적을 받을 것이라고 했다. 우리나라의 일제 강점기에 학교에서 흔하게 볼 수 있을 태도로 학생들은 수업 발표나 질문에 대한 대답을 해야 했고, 철저하게 교사의 지시에 순응해야 했다. 학생들은 줄을 맞춰 걷고, 큰 소리로 시끄럽게 해서 다른 반의 학습, 예를 들어 자신이 원래 하고 싶었던 무정부주의 프로젝트 수업을 방해해도 된다고 했다. 여기서 더 나아가 서로 인사하는 방식을 정하고 인사와 더불어 이를 표현할 수 있는 제스처도 만들었다. 수업 시간에 올 때에는 같은 옷을 입고 통일성 있는 모습을 보이는 것이 중요하다고 했다. 그래서 통일된 의상으로 흰색 상의에 바지는 청바지로 정한다고 했다. 그리고 전체주의 프로젝트의 이름을 붙이자고 했다. 몇몇 의견을 통하여 '파도'라는 이름으로 결정되었다.

물론 이러한 라이너의 일방적인 지시에 대해 반대하고 따르지 않는 학생도 있었다. 카로는 '파도'라는 이름이 좋지 않다며 반대했고, 이렇게 교사가 일방적으로 정하고 따르라는 것은 학생들의 개성을 무시하는 처사라고 목소리를 높였다. 결국 카로는 다음 날 평소 자신이 좋아하는 빨간색의 블라우스를 입고 나타난다. 그렇게 한 여학생을 제외하고는 모든 학생들이 교사가 정해 준 옷을 입고 수업 시간에 앉아 있었다. 모두가 빨간 옷을 입고 앉아 있는 동료 학생을 이상하게 바라보는 상황이다. 그리고 누구보다도 자신의 옷이 남들에 비해 눈에 띈다는 점을 인식하고 그 상황을 참을 수 없는 사람은 바로 카로였다. 하루 만에 아이들은 완전히 교사에게 철저히 복종하는 모습을 갖추게 되었다.

학생들은 이러한 실험에서 묘한 즐거움을 느끼고 있었다. 특히 평소 아이들 틈에서 잘 어울리지 못했던 팀은 적극적으로 이 실험의 참가자가 되고 있었다. 이제 학생들은 라이너의 수업 시간 이후에도 동일한 옷을 입고 있는 학생들과 동질의식을 느끼고, 함께 몰려다니게 되었다. 비록 잘 알지는 못하지만 유니폼을 갖춰 입은 동료 학생이 누군가에게 해코지를 당하는 모습을 보면 당장 달려가 싸워 주고 편을 들어 주었다. 학생들은 수업 시간을 떠나서 이제 완전히 하나가 되어 갔고, 서로 함께 있으면서 편안함을 느끼고 있었다. 그리고 심지어 이러한 '파도' 그룹에 함께 참여하겠다는 학생들이 몰려왔다. 이 그룹에 속한 아이들은 그룹의 안과 밖을 철저하게 구분하고, 그룹에 소속되었다는 것을 자랑스럽게 여길 수 있는 정체성을 형성해 나갔다. 그에 비해, 카로와 모나는 파도 그룹을 떠나기로 결심하고 프로젝트를 포기했다. 파도 그룹에 속한 학생들은 보다 대담하게 자신들의 모습을 외부인들에게 보여 주길 원했다. 파도를 본 딴 그룹의 로고를 만들고, 이 로고를 학교가 위치한 도시 전역 어디에서나 볼 수 있도록 페인팅을 했다. 다음 날 도시 전역에서 발견되는 파도 그룹의 로고를 발견한 사람들은 도대체 이것이 무엇을 의미하는지 알 수가 없었다. 그럼에도 불구하고 학생들은 자신이 누군가로부터 구분되는 그룹이라는 점을 자랑스럽게 여겼다.

라이너는 실험이 진행되는 상황을 조심스러워하면서도 큰 문제가 없다고 여긴 한편, 같은 학교 교사였던 그의 여자 친구는 당장 이 실험을 멈추라고 종용했다. 그러나 라이너는 자신의 학생들이 자신에게 순종하는 모습에 여자 친구가 질투를 느끼는 것이라 여겨 그녀의 말을 귀담아 듣지 않았다. 프로젝트를 떠난 카로와 모나는 파도 그룹이 얼마만큼 위험하고 지금의 실험이 학생들의 머리를 얼마나 혼란스럽게 만들어 버렸는지를 이야기하고 다녔다. 이러한 방법이 잘 통하지 않자 수백 장의 반(反)파도 그룹 선전물을 만들어 학교에 뿌렸다. 이 둘의 태도에 화가 난 파도 그룹의 구성원들은 이 둘과 심하게 다투게 되고, 이러한 상황의 해결이 요원해지자 파도 그룹에 속해 있던 마르코는 교사인 라이너에게 이제 프로젝트를 끝내야 하는 것 아니냐고 다그쳤다.

영화의 절정은 라이너가 파도 그룹을 무대가 있는 학교의 한 교실로 불러모으는 장면에서 시작된다. 학생들이 다 들어온 것을 확인하고 라이너는 앞뒤 문을 모두 걸어 잠글 것을 명령했다. 걷잡을 수 없을 만큼 파도 그룹의 일원들이 문제를 일으키고, 학습을 위한 실험이 아니라 마치 현실에서의 실제 상황인 것처럼 몰아가고 있는 상황을 끝내겠다는 라이너의 결정을 전달할 예정이었다. 라이너는 이 자리에서 반파도 그룹 선전물을 통하여 자신들의 명예를 해쳤다고 생각하는 카로와 모나를 처벌하자고 운을 떼고 어떤 처벌을 가할 것인지 물었다. 그리고 다양한 방법으로 처벌하자고 아우성치는 아이들의 의견을 듣던 라이너는 생각지도 못한 말을 꺼낸다. 바로 파도 그룹이 잘못된 것이며, 곧 없어져야 한다고 말이다. 그리고 파도 그룹의 해체를 선언했다. 그는 실험을 진행하는 동안 그룹의 일원들이 어떻게 폭력적으로 변했는지, 전체주의라는 것이 어떻게 우리 안에 자리 잡고 커졌는지, 이 그룹의 정체성으로 인해 다른 목소리를 가진 사람들을 배제하고 폭력적으로 대하려고 한 것에 대해 말을 이어 갔다. 결국 학생들에게 전체주의에 대해 가르치려 했던 것이었으므로 그는 이 실험을 통해 전체주의의 부정적인 면들을 없애거나 대체할 수 있는 방법은 없다고 잘라 말했다. 그러나 라이너의 의도와 달리 그룹의 해체를 받아들일 수 없었던 팀은 그룹이 형성되면서 늘 품고 다니던 권총을 꺼내 결코 그룹의 해체를 받아들일 수 없다고 울며 소리쳤다. 그리고 이런 상황을 예측하지 못한 라이너의 설득에도 불구하고 팀은 결국 스스로에게 총구를 겨눠 방아쇠를 당겼다. 전체주의를 실험을 통해 가르치겠다던 라이너의 사회 교과 프로젝트는 팀의 죽음과 총소리에 잔뜩 겁을 집어 먹은 학생들의 아우성으로 뒤섞인 아비규환의 사태로 끝을 맺게 된다.

몸으로 경험하는 수업

독일의 고등학교 교실

누구도 교사에게 집중하지 않고, 교사의 질문에 대해 그다지 진지하게 답변하지 않는 학생들, 그렇다고 학생들을 통제해야 한다고 생각하지 않는 교사, 독일의 고등학교 교실의 모습이다. 일반 공립고등학교에서 학생들은 자유롭게 표현하고 반응한다. 굳이 공부에 집중하지 않아도 자신들의 젊음을 충분히 발산할 수 있는 공간으로 여긴다.

일주일이라는 기간을 두어 특별 프로젝트를 집중 실시할 수 있도록 한 것도 상당히 인상적이다. 우리나라의 경우도 특정 교과의 경우 1년 동안의 수업 시간을 한 학기에 몰아서 편성하여 운영할 수 있도록 하고 있긴 하다. 그러나 교육 과정 운영에 있어서 특정 주제의 학습 내용을 교사와 학생들이 온전히 활용할 수 있도록 자율권을 부여한 것은 상당히 의미 있는 접근이 아닐 수 없다.

이 영화에서 그려진 교무실의 모습이 독일 고등학교 교사들의 모습을 일반화하여 보여 준다고 보이지는 않는다. 그러나 한 가지, 교사들은 행정적인 일로 인해 교수-학습을 준비하는 데 소홀하기 어려운 구조라는 점을 볼 수 있다. 교사들은 수업을 보다 잘 준비하고, 이를 위하여 많은 시간을 들인다. 그럼에도 불구하고 어느 사회나 그렇듯 교사들 사이에서도 더 잘 가르치는 교사와 그렇지 않은 교사가 있는 법이다.

김나지움(Gymnasium)이라는 인문주의적 교양 교육이 심화되어 가르쳐지는 독일의 교육 시스템을 아는 사람이라면 이 영화의 배경이 되는 독일 공립고등학교의 모습에 동의하지 않을 수도 있을 것이다. 그러나 독일의 공립고등학교는 여느 국가의 공교육 체제에서 고민하는 순응하지 않는 청소년들과의 긴장과 갈등이 가득한 교실의 모습을 교육 혁신의 중요한 의제로 삼고 있다.

이데올로기를 어떻게 가르칠 것인가?

내가 경험한 중·고등학교의 사회 시간을 떠올려 보면, 이데올로기를 어떻게 배웠는지 기억이 잘 나지 않는다. 분명 배우긴 했을 것이다. 누가 권력을 쥐고 있는가에 따라 왕정, 공화주의, 귀족·엘리트주의, 전체주의, 사회주의, 자본주의, 민주주의 등. 그리고 이들을 구분할 수 있는 내용은 교과서의 문구에 국한하여 시험에서 틀리지 않기 위해 외우고 또 외웠을 것이다. 그러나 교과서에 등장한 이념의 호칭만 줄줄 외웠던 것만 기억날 뿐 그것이 왜 중요하고 어떻게 작동하는지, 그래서 어떤 이데올로기가 좋은지에 대한 배움은 머릿속에 남아 있지 않다. 분명히 배웠는데도 말이다.

한 주 동안 내가 '민주주의'를 가르치고 배운다면 어떤 방법이 좋을까? 영화에서 보여 주는 '실험'이라는 기법은 이런 방법 면에서 훌륭한

접근이 아닐 수 없다. 학교 교육은 일상 생활에서 경험되는 내용을 활자화된 교과서의 지식으로 치환하여 전달하고 있지만, 정작 활자화된 교과서의 지식은 내가 자발적으로 경험할 수 있는 것이 아니라 중립적인 언어로 머릿속에 축적된다. 존 듀이(John Dewey)가 20세기가 시작되는 시점에 제기하고 20세기 초·중반 실험되었던 '경험'으로서의 학습과 교육은 점차 교실 수업에서 멀어져 갔다. 따라서 민주주의는 경험되는 학습이 아니라 누군가 정리해 놓은 개념과 특징을 외우는 대상으로 자리 잡았다.

수업 시간에 배우는 지식으로서의 민주주의·전체주의 등의 이데올로기는 경험으로부터 독립된 개념이다. 따라서 학생들은 이러한 이데올로기를 일상적으로 경험하고 부딪히는 문제들을 인식하고 판단하는 시각(세계관)으로서 학습하지 못한다. 왜 나의 목소리를 내는 것이 중요한지, 왜 내가 주장하는 바가 받아들여지지 않는지, 내가 하는 이야기와 남의 이야기 중 어느 것이 더 타당한지, 내게 강요되는 바를 왜 일방적으로 따라야 하는지, 그렇지 않을 경우 내게 돌아오는 불이익을 아무런 저항 없이 받아들여야 하는지에 대해 논리적인 설득이나 설명, 토론 없이 받아들이게 된다. 학교 수업 시간에 배운 개념은 '내'가 일상적으로 듣고 보는 일들과 어떻게 연결되는지, 옳고 그름에 대한 내 생각의 끈을 어떻게 이어 가야 하는지 고민하게 하지 않는다. 결국 이데올로기는 그 말 자체로 불순한 것이기 때문이다.

전체주의와 무정부주의

이 두 개념은 완전히 상반된 개념처럼 등장한다. 전체주의는 한 사람의 독재 체제로서 이에 반대하는 그 어떤 정치적 사상과 행동도 부

정한다. 무정부주의는 이와 반대로 그 어떤 합의된 정치체를 부정하며 자연인으로서 모든 사람들의 욕구와 행동을 허용해야 한다고 주장한다. 전체주의는 민족 국가가 등장한 이후 민족 국가의 가장 엄격하고 통제된 형태의 국가 정치 체제를 보여 주었다면, 무정부주의는 어떤 형태의 정치체라도 부정함으로써 개인의 자유를 최대한 보장하려는 입장을 보여 준다. 어쩌면 이는 무정부주의라는 이름을 붙이는 것조차 거부하는 자유지향적 개인주의를 의미하는지도 모르겠다.

이 영화의 모티브가 되는 전체주의는 독일의 히틀러(Adolf Hitler)가 집권했던 시기 나치당을 모델로 삼고 있다. 제1차 세계대전과 제2차 세계대전을 일으킨 정치체이며, 21세기가 수십 년도 지난 지금까지도 전 세계의 트라우마로 남아 있는 집단 학살(제노사이드) 홀로코스트를 가능하게 했던 의식 구조의 토양이었다. 이러한 독일의 학교 현장에서 전체주의를 실험하겠다는 영화의 모티브는 나치로 대표되는 인간 악이 과연 오늘날에도 우리 속에 있는지에 대한 심각한 고민을 하게 한다는 점에서 의미심장하다.

무정부주의는 이 영화의 주인공인 사회 교사 라이너 벵어가 신념으로 지니고 있는 이데올로기다. 전체주의를 증오하고 이를 언급하는 것만으로도 답답함을 느끼는 그에게 무정부주의는 교육자로서 가지는 양심의 지향이기도 하다. 흥미롭게도, 이 영화는 전체주의와 무정부주의의 중간지대, 혹은 역사적으로 되돌아봐야 할 다른 이데올로기를 언급하지 않고 이 둘만을 보여 주고 있다. 또한 무정부주의는 교사 주도의 수업으로 전형적인 방법에 의해 진행된 반면, 전체주의는 학생들의 참여로 흥미로운 실험에 의해 진행되었다는 점이다. 이 둘의 대비는 전체주의와 무정부주의라는 두 주제의 학습 내용이 갖는 현실 세계와의 차이, 의미, 쟁점을 되돌아보게 한다.

교사, 순응과 저항의 대상

학교는 다양한 성향을 가진 개성적인 아이들이 모이는 곳이다. 학교만큼 소란스러운 공간으로 가정되는 곳도 드물 것이다. 서로 다른 종류와 수준의 가정 훈육을 받은 아이들은 그 어떤 질서정연한 요청도 순식간에 무력하게 만들 수 있는 다양함의 집합체다. 그런데 이러한 아이들이 점차 학교에서 정한 규칙과 질서에 동화되어 가고, 규칙과 질서에 순응하는 순한 양으로 변해 간다. 자신의 개성과 서로 다른 습관들은 드러내서는 안 되거나 혹은 그것을 드러내더라도 적어도 학교 안에서는 참아야 하는 것으로 가정된다. 이러한 연습과 훈육이 반복되면서 아이들은 점차 개성 없는, 혹은 그래서는 안 되는 존재로 변한다.

독일의 한 고등학교 교실에서 볼 수 있는 아이들은 적어도 이 수업을 진행하기 전까지는 이러한 각자의 개성이 충분히 발현되고 존중되

는 것으로 여겨진다. 그런데 라이너의 실험이 시작되면서 학생들의 개
성은 온데간데없이 사라진다. 적어도 카로와 모나의 저항을 빼면 말이
다. 이를 가능하게 했던 유일한 권위는 라이너가 부여하는 성적이었
다. 학생들은 학교에서 교사의 절대적인 권한인 성적에 따라 자신의
행동과 의식을 맞추어야 하는 존재인 것이다. 이러한 점에서 카로와
모나의 저항은 있을 수 없는 일인지도 모른다. 누구라도 저항을 꿈꾸
지만 정작 다른 목소리, 다른 의견, 다른 행동, 저항적 태도는 드러나
지 않는다. 학교와 교육에서의 저항, 특히 교사의 지도에 대한 학생의
저항은 자신의 존재가 거부될 것이고 자신에 대한 유일한 판단의 근거
가 될 수 있는 성적을 포기해야 한다는 불이익을 감내해야 하는 것이
기 때문이다. 팀과 같이 순응적인 존재가 있는가 하면 카로와 같이 절
대 순응할 수 없는 존재가 있다. 이를 학교에서 어떻게 인식하고, 이들
을 개별적인 자아로 다룰 수 있는 방법을 검토해 보아야 할 것이다.

잘 짜인 교수 방법으로서의 실험?

전체주의라는 이데올로기를 가장 잘 전달하고 학습하게 하는 방법은 무엇일까? 사회 교사 라이너는 있는 그대로의 내용을 학생들에게 전달하는 것이 얼마나 무미건조하고 흥미 없는 일인지 알고 있었다. 즉흥적이기는 했지만 라이너는 몸으로 경험하는 수업을 생각해 냈다. 사회 교사로서 전체주의가 무엇인지 잘 알지만 학생들이 전체주의를 하나의 지식으로 이해하기보다는 경험된 것으로 익히기를 바랐다. 전체주의가 좋다 나쁘다에 대한 토론을 진행한다고 해도 그 한계는 분명하다. 라이너 입장에서 전체주의는 그 어느 것 하나도 좋게 이야기할 수 있는 것이 없다. 전체주의의 모든 것이 거부되어야 할 만큼 나쁜 것이다. 잘 계획된 실험은 아니었지만 그리 어려울 것은 없어 보였다. 아이들이 이 실험을 즐길 것인가 하는 문제는 불확실했다. 즐겁게 참여하고 즐길 수 있어야만 자신의 경험으로서 오랫동안 전체주의의 뜻을 기억할 수 있을 것이다.

학생들은 의외로 곧 적응했다. 그리고 이 실험을 즐기기 시작했다. 시간이 지나면서 이것이 실험인지, 실제 상황인지를 구분하지 못하는 아이들이 생겨나기 시작했다. 전체주의의 실험이라고 분명히 못 박고 시작한 일이었지만 팀과 같은 아이들은 이 실험을 자기 삶으로 받아들인 듯했다. 그리고 실험에서 자신에게 부여된 역할에 몰두했다. 전체주의라는 것이 무엇이고, 어떤 방식으로 작동하는지를 굳이 가르치지 않아도 이미 학생들이 참여하는 무리 속에서 완벽한 하나의 전체주의가 만들어지고 굴러가고 있었다. 그리고 그 정점에 라이너가 있었다. 뭔가 이상하다는 느낌이 들었지만 그는 속단하기는 이르다고 판단했다. 라이너는 프로젝트가 진행될 일주일 동안만 참고 기다려 보기로 했다.

흰색 상의에 청바지를 차려입고, 무리지어 이동하는 아이들은 어느 곳에서나 눈에 띄었다. 한번 만들어 보자던 구호와 인사하는 방식, 무리를 구별하게 해 주는 표식, 무리 안과 밖을 구분하여 내부 사람들에게 끈끈한 연대애를 표현하기, 명령을 내리는 사람에게 철저히 복종하고 명령을 전해 받는 사람은 즉각적으로 실행하기, 판단과 행위에 대한 비판을 직접 찾아내 비판의 근원을 없애 버리기, 무리에 끼고 혹은 끼지 못하는 것은 철저한 심사 과정을 거치기, 모든 결정은 함께 모인 자리에서 이루어지지만 한 명의 반대도 허용되지 않는 만장일치를 이끌어 내기 등, 전체주의 실험에 참가한 라이너의 반 학생들은 질서정연하게 전체주의를 익숙한 행동 방식으로 받아들였다.

제3자 입장에서 라이너와 라이너의 실험이 이루어지는 반을 본다면 훌륭한 전체주의 교재가 될 수 있었을 것이다. 그러나 정작 그 안에서 뭔가 결정하고 행동하는 학생들에게서 전체주의라는 학습 내용은 보이지 않았다. 당장 그날 자신이 해야 할 일, 즐겁게 참여할 수 있는 일, 남과 달리 좀 더 그럴듯해 보이는 '우리'를 발견하고 즐기는 일만이 있을 뿐이었다. 가끔 소름끼칠 만큼 긴장되는 일들도 있었다. 자신들을

비판하는 카로와 모나, 유독 나서서 중간 대장 노릇을 하려는 팀이 눈에 거슬리기도 했다.

이 실험은 이데올로기로서 전체주의를 호명하는 것과 전체주의 사회에서 그 일원으로 살아가는 것이 어떻게 다른지를 보여 준다. 마지막으로 자살을 택한 팀에게 이 실험은 결코 실험이어서는 안 되었다. 비록 실험으로 시작되었지만 이 실험에서 자신은 보다 의미 있는 삶의 역할을 발견한 것이다. 그것이 좋은지 나쁜지, 혹은 바람직한지 아닌지에 대한 판단은 유보하더라도 팀은 전체주의의 단맛을 보고 있었다. 그러나 이것이 실험이 되는 순간 자신이 중요하게 여기던 삶의 역할 또한 무의미해지게 되는 것, 팀은 그것을 용인하기 어려웠다.

다시 원래의 질문으로 돌아와 보자. 교사 라이너의 실험은 훌륭한 교수 방법이었을까? 적어도 마지막의 극단적인 죽음의 상황을 제외한다면 더할 수 없이 의미 있는 경험을 제공한 교수 방법이라고 할 수 있다. 얼굴빛 하나 변하지 않고 자신의 역할을 충실하게 수행하고, 전체주의를 완벽하게 재현해 낼 수 있도록 지도자 역할을 한 라이너는 훌륭한 교사라고 할 수 있다. 그러나 교사 라이너는 프로젝트에 참여한 학습자로서의 학생들이 이 전체주의를 어떻게 인식하고 또 즐기는지, 또 거부하는지 좀 더 주의를 기울였어야 했다. 극단적으로 팀처럼 파도 그룹과 그 속에서의 자기 역할에 몰두하는 사람이 있는가 하면, 결코 이를 인정하지 않으려는 카로나 모나 같은 학생들도 있었다. 즉 전체주의에 대한 자기 이해와 학습에의 헌신 정도가 서로 달랐다. 교사로서 학습자의 이해를 보다 개별적으로 파악할 필요가 있었다. 라이너에게는 그 점이 부족했다.

비극적 결말, 필연 혹은 우연?

　도대체 라이너에게 자신이 시작한 이 실험은 어떤 의미가 있었을까? 완벽한 수업 방법으로 학생들에게 전체주의의 문제를 제기하고, 민주주의를 체현하게 하는 것이었을까? 누구보다도 사회 교과의 내용을 잘 가르칠 수 있다는 자신감의 표현이었을까? 무정부주의자로 전체주의에 대한 혐오를 제대로 알릴 수 있는 방법이라고 여긴 것일까? 결론부터 이야기하자면 그는 이 중 어느 것 하나도 성공하지 못했다. 비록 마지막 순간에 이것이 실험이라고 선언하기는 했지만 학생들에게 전체주의가 그들에게 가져다준 소속감을 상쇄하고 남을 만한 교훈을 안겨 주지 못했다. 오로지 야유만 들었을 뿐이다. 해산을 외쳤지만 그렇게 헌신적으로 전체주의적 분위기에 휩싸여 있던 학생들의 텅빈 마음을 채워 줄 수 있는 대안적 논의를 하지 못했다. 그리고 팀의 죽음을 막지 못했다. 어쩌면 팀의 죽음은 단지 특이한 학생의 우발적인 행동이 아니라 이 실험의 필연은 아니었을까?

　만약 라이너가 팀과 같이 유독 충실한 이데올로기의 '개'처럼 활동하는 학생이 있을 것이라고 생각하지 않았다면 전체주의에 대한 이해

가 부족했다고 보아야 한다. 독일 역사에서 나타난 전체주의를 살펴보자. 나치즘이 민주적 의사 결정 과정을 통해 등장하고, 이들의 정치 아젠다가 독일 국민들의 공식적인 입장으로 천명되도록 한 사람은 히틀러만 아니었다. 나치즘과 나치당의 전체주의적이고 폭력적인 발광은 히틀러와 그를 수족처럼 따랐던 충실한 이데올로기의 '개'가 있었기에 가능했다. 한나 아렌트(Hannah Arendt)가 그려 낸 아이히만(Adolf Eichmann)은 평범한 인물이었다. 그러나 그가 속한 나치당과 정책 아젠다들은 홀로코스트로 기억되는 학살 과정에서 악의 화신처럼 행동하도록 했다. 그는 너무도 충실한 국가의 공무원으로 활동했다는 죄만 짊어지기 원했다. 그 행동의 내용과 결과가 어떤 것이든 상관없이 말이다. 이렇듯 역사 속의 전체주의는 늘 수많은 아이히만들이 만들어 낸 것이었다. 왜 라이너는 자신의 프로젝트에서 그러한 일이 일어날 것이라 생각하지 못했을까?

한 가지 더 궁금한 것이 있다. 라이너는 언제든 이 프로젝트를 중단할 수 있는 권한이 있었다. 라이너는 카로로부터 실험으로 진행되는 수업 내용이 점점 과격해지고 있고, 진짜 전체주의적 경향으로 치닫고 있다는 심각한 문제 제기를 받는다. 그러나 라이너는 카로에게 프로젝트반을 바꾸라고 조언하고는 문제 제기를 무시한다. 교장은 라이너를 불러 진행되고 있는 프로젝트에 대해 교사들 사이에 이견이 있다는 사실을 전한다.

팀이 라이너의 경호원을 자처하며 라이너의 집을 찾아오기로 했다. 라이너는 어이없어 하면서도 팀을 저녁까지 먹여 집으로 보냈다. 그러나 팀은 집으로 돌아간 것이 아니라 라이너의 집 밖에서 밤을 지샜다. 라이너는 곧 파도 그룹의 상징이 도시 곳곳에 페인트칠되어 있다는 사

실을 알게 된다. 그것도 신문의 1면을 장식한 사진을 통해서 말이다. 그리고 라이너가 차를 몰고 가는 중에 누군가가 그의 차에 색물감을 던지기도 했다. 그는 잔뜩 화난 표정으로 학생들 앞에서 "너희들 너무 나가고 있어!"라고 했지만 자신의 프로젝트를 멈추지 않았다. 그는 교장에게 이 프로젝트가 오로지 교육적인 목적으로 진행되고 있음을 강조하며, 학생들 또한 그렇게 생각하고 행동할 것이라는 순진한 생각을 가지고 있었다. 적어도 여자친구인 안케가 '이기적'이고 '학생들을 조종'한다고 비판하기 전에 라이너는 이 상황에서 자신이 어떤 위치를 점하고 있는지 알았어야 했다. 그러나 그는 몰랐거나 아니면 모른 척하고 있었다.

　라이너 또한 이 실험에서 진짜 '히틀러'가 되어 갔는지도 모른다. 자신이 '히틀러'와 같은 전체주의적 폭군이 되었다는 것을 깨달았을 때는 이미 자신이 실험이라고 못 박고 시작한 파도 그룹은 자기 통제를 벗어나 있었다. 라이너 자신은 여자친구에게 상처를 주어 그녀로 하여금 집을 나가게 만들었고, 마르코는 사랑하는 카로에게 폭력을 행사했다. 그리고 걷잡을 수 없이 이 실험에 몰입한 팀은 자살했다.

　왜 라이너는 파도 그룹이 나타낼 수 있는 잘못된 작동 방식과 비극적 결과에 대해 계속 방치했을까? 여자친구 안케의 말처럼 이 프로젝트가 성공적으로 진행되는 듯한 느낌이 스스로를 자랑스럽게 했고, 그 어떤 교사보다도 학생들을 잘 지도하고 있는 듯하다는 느낌 때문은 아니었을까? 더욱이 실험이기는 하지만 학생들로부터 지도자로 추앙받는 듯한 상황을 은근히 즐긴 것은 아닐까?

안케 　: (상대편 팀에 대한) 적개심에 불을 당긴 게 바로 당신이야.
라이너: 난 상대편 선수 입을 찢어 놓으란 얘긴 안 했어.
안케 　: 당연히 안 하셨겠지…… 당신은 물론 그런 말 한 적이 없어.
라이너: 그럼 하고 싶은 말이 뭔데?

안케 : 아이들이 당신 수업에서 당신 말에 경탄하고 신성시하는 것을 즐
      겼을 뿐이겠지.

라이너: 대체 그게 무슨 말인데?

안케 : 당신은 그럼 당신 학생들이 칭찬해 주는 게 기분 좋지 않아? 당신
      이라고 다를 것 같아? 학생들은 당신을 본받는데 당신은 입맛대로
      학생들을 조종하잖아. 그건 당신 이기심일 뿐이야. 아직도 그럴 모
      르겠어?

전체주의를 혐오하고 온전한 민주적 체제에서 무정부주의자를 자
처하는 라이너는 어쩌면 자기 마음속의 전체주의적 태도를 경계하지
못한 것은 아닐까? 누군가 특정 이데올로기를 혐오한다고 해서 곧 그
의 태도와 행동이 이를 '온전히' 반영한다고 확신할 수 없다. 사회과 실
험을 통하여 라이너가 보이는 이중적인 상황에서 이러한 아이러니를
볼 수 있는 것은 아닐까 싶다.

전체주의와 학교 교육

전체주의의 작동 원리

전체주의는 그리스어에 어원을 둔 말로 '스스로 통치한다'는 뜻이다.
'auto'는 '스스로'라는 뜻을, 'kratia'는 '힘', '통치'를 의미한다. 전체주의에서
통치자(들)는 자신이 원하는 대로 법을 바꿀 수 있을 만큼 무한한 힘을 갖게
된다. 독재와 비슷한 뜻이다. 라이히 제3공화국처럼 말이다. 이 주제를 내가
선택한 것은 아니다. 그러나 이 한 주 동안 우리는 이 주제를 함께 공부할
거야. 너희가 공부해야 할 내용을 복사해 왔다. 받아라.

라이너가 전체주의를 설명한다. 아이들은 이 주제를 좋아하지 않았다. 특히 공부에 관심을 기울이지 않는 학생일수록 이 주제를 마음에 들어 하지 않았다.

> 학생 1: 나치당은 밥맛이야.
> 학생 2: 나치당이 다시는 여기서 일어날 리가 없어. 결코.
> 학생 3: 신나치주의는 어때?
> 학생 2: 우리는 그때 일로 영원히 죄의식을 느끼며 살 수는 없어.
> 학생 1: (지금의 신나치주의는) 빡빡머리를 한 구동독의 몇몇 정신 나간 놈들
> 이나 하는 짓이라구.

라이너는 '전체주의'라는 주제로 학생들끼리 주고받는 이야기에 흥미를 느낀다. 애초 자신이 원했던 주제는 아니지만 적어도 몇몇 학생들이 확신하며 이야기하는 내용을 되새겨볼 필요가 있었다. 그가 학생들에게 던진 질문은 이렇다.

> 너희들, 독일에서 독재가 또 일어난다는 것이 불가능하다고 생각해?

그렇게 전체주의·독재 체제에 대한 실험이 시작되었다. 그런데 라이너가 전체주의를 실험하며 학생들과 진행한 일들을 곰곰이 곱씹어 보면 흥미로운 점들이 발견된다. 전체주의는 어느 힘 있는 독재자에 의해 일방적으로 기획되고 실행된 것이 아니었다. 전체주의가 실험되는 과정에서 등장한 아젠다와 행동들을 몇 가지로 정리해 보자.

첫째, 모든 일은 학생들과의 합의에 의해 시작되었다. 10분 후 다시 교실에 들어선 학생들은 자리 배치가 바뀐 것을 알게 되었다. 라이너는 모둠별로 앉도록 자유롭게 배치된 책상을 줄 맞춰 질서 정연하게

배치했다. 모나의 표현에 따르면 "모든 불쌍한 학생들이 오리처럼 줄 맞춰 앉아 있는 꼴"이었다. 어찌되었건 라이너는 자신이 실험하려고 하는 내용에 대해 설명했고, 학생들의 동의를 구했다. 그렇게 실험이 시작되었다. 실험인 만큼 자신을 대할 때 공손해야 했고, 의견을 표명할 때는 반드시 일어서서 또박또박 이야기했다. 규율이 곧 힘이라는 라이너의 이야기에서 규율은 곧 합의된 규칙에 따르는 것을 의미했다. 그리고 이 일은 민주적으로 이루어졌다. 옷을 맞춰 입을 때도, 이름을 정할 때도, 인사하는 방식을 정할 때에도 공개적으로 안을 내고 다수결 방식에 따라 이루어졌다. 많은 사람들이 손을 들어 찬성한 안이 채택되었다. 합의된 의견에 따르지 않는 경우 비난은 있을지언정 강제는 없었다. 따라서 이들의 실험이 진행되는 동안 공정한 의견 표명 기회가 부여되었고, 누구 하나 자신의 의견이 내부적으로 배제되는 일은 없었다. 공정하고 민주적인 방식, 이것이 프로젝트 내부의 의사 결정 방식이었다.

둘째, 파도 그룹은 결속을 통한 소속감을 경험하였다. 결속은 곧 힘이었다. 그 방법은 다양했다. 우선 겉으로 보이는 부분의 통일을 이루었다. 모두가 흰색 상의와 청바지를 입었다. 교복을 입지 않는 독일 공립학교 학생들에게 뭔가 맞춰 입고 합일된 모습을 보인다는 것은 어색함 그 자체였다. 그러나 파도 그룹은 곧 어색함을 극복할 수 있었다. 다른 사람과 차별화된 모습보다는 같은 그룹에 속한 동료들과의 소속감과 친밀감이 가져다주는 느낌이 더 신선하고 좋았다. 이렇듯 가장 먼저 외양의 동질성을 완성했다. 이에 적응하지 못하고 저항하던 카로는 결국 견디지 못하고 파도 그룹을 뛰쳐나갔다.

파도 그룹의 결속을 가져다주는 또 다른 방법은 철저한 순응, 복종이었다. 리더인 라이너의 가르침을 교조처럼 따랐다. 비록 학교라는 공간에서 수업의 일부라는 점을 감안하고, 다른 교사의 수업도 진행된다는 점을 염두에 둔다 하더라도 파도 그룹은 철저하게 라이너의 말에 복종하였다. 흥미롭게도 강한 소속감은 그룹에 속한 구성원의 그룹을 위한 자발적 행동을 가져왔다. 결속력을 강화할 수 있는 조건과 환경을 창안해 낸 것이다. 그렇게 그룹의 이름을 정하고, 그룹을 상징하는 표식을 고안했다. 누구든 같은 옷을 입고 파도 그룹의 뜻에 동조하는 사람이라면 편을 들어 주었다. 그 방법이 치졸하고 폭력적인 방법이라도 말이다. 결속력을 약화시킬 만한 비판에는 같은 방식으로 맞섰다. 모험적인 행동이 결속력을 강화시키고, 한번 시작된 그룹 구성원으로서의 소속감은 대외적으로 점점 더 폐쇄적으로 변해 갔다.

셋째, 평등한 관계와 동등한 참여를 보장함으로써 그룹을 자기 그룹으로 여기게 한다. 그룹에 소속되어 있는 사람들에게 아주 사소한 것이라도 기여할 수 있는 부분을 만든다. 그리고 즐거운 마음으로 그룹을 위해 일할 수 있도록 한다. 라이너는 학생들에게 파도 그룹을 위해 모두가 작은 일을 하나씩 맡아 할 것을 주문했다. 저마다 자신이 할 수 있는 일을 이야기하기 시작한다. 정말 꼭 하고 싶어 하는 것처럼 말이다.

라이너 : 자, 여기 있는 사람들은 기여할 수 있는 것들을 찾기 바란다. 보다
　　　　 원대한 목적을 위해서 말이다.
학생 1 : 저는 MySpace에 저희 그룹을 위한 페이지를 만들 거예요.
팀　　 : 저도 그걸 하고 싶었어요.
라이너 : 너희 둘이 같이 해도 좋아.
학생 1 : 아뇨, 저 혼자 하는 것이 좋아요. 팀, 너는 웹페이지를 만드는 게

어때?

리사　：　우리 로고로 단추도 만들 수 있지 않을까? 우리 이모가 재봉틀을 갖고 있어.

학생 2：문신을 하는 것은 어때? 어깨에 말이야.

학생 3：엽서를 만들어 뿌리는 거야.

파도 그룹에 참여하는 멤버들은 공짜로 그룹의 일원이 되지 않았다. 스스로 생각하고, 판단하고, 결정하고, 행동함으로써 그룹을 위한 모종의 기여와 헌신이 이루어졌다. 비록 그것이 아주 사소한 것이라고 하더라도 그룹을 위한 자신의 노력과 기여가 그룹 내 자신의 지위와 강한 결속력을 가져다준다고 생각했다. 사실 이러한 판단을 하기 이전에, 이들은 뭔가 자신이 그룹을 위해 하는 일이 즐겁고 그것이 그룹과 관련되어 있다는 것에 큰 의미를 부여했다. 소속감과 결속력은 그 뒤에 따라온 것들이었다. 그리고 이러한 동등한 참여는 파도 그룹에 참여한 한 사람 한 사람에게 '평등한 관계'라는 생각을 갖게 했다. 마지막 수업에서 파도 그룹 참여가 의미한 바를 정리한 학생들의 이야기를 들어 보자.

지금까지 난 갖고 싶은 건 다 가졌어. 옷이든, 돈이든 뭐든. 그럼에도 내 인생은 항상 지루함의 연속이었어. 하지만 최근 며칠간 나는 정말 즐거웠어.

누가 제일 예쁘냐, 최고냐, 가장 성공했느냐는 더 이상 중요하지 않아.

파도 그룹은 우리 모두를 평등하게 만들었어.

출신, 종교, 사회적 지위는 더 이상 아무런 쓸모가 없어. 우리 모두는 파도 그룹 운동의 일원이야.

파도 그룹은 우리에게 어떤 의미가 있어. 그 정신에는 헌신할 만한 가치가 있어. 가치 있는 것에 헌신하는 것이 훨씬 좋아.

모두가 서로 의지할 있다면 우리는 더 많은 걸 이룰 수 있어. 그걸 위해서라면 나 자신을 희생할 준비가 되어 있어.

넷째, 결속을 강화하면 강화해 갈수록 파도 그룹은 그룹 이외의 구성원들에게 폐쇄적인 모습을 보였다. 결속과 배제가 동시에 일어났다. 몇 가지 예가 있다. 모든 구성원들이 흰옷을 입고 등교한 날, 카로는 자신이 좋아하는 빨간 옷을 입고 교실에 들어섰다. 그날 처음 등록한 학생들을 제외하고는 유일하게 카로만이 다른 색깔의 옷을 입고 있었다. 이날 그룹의 이름을 정하자고 했다. 서로 좋다고 생각하는 이름을 불러대기 시작했다. 카로 또한 처음부터 손을 들고 의견을 말할 수 있기를 기다렸다. 그러나 라이너는 그녀에게 기회를 주려 하지 않았다. 정확하게 이야기하면 그녀를 투명인간 취급했다. 꼭 기회를 주어야 한다면 그녀에게는 맨 마지막에 말할 기회를 허락했다. 그렇게 안과 밖에 대한 구분이 시작되었다. 통일된 인사 방식의 암호를 건네지 않으면 아예 회합에 참여할 수 있는 기회도 주지 않았다. 끼리끼리 모여 있는 곳에서 먹을 것을 나누어 주는 기준은 파도 그룹에 소속되어 있는

가 그렇지 않은가였다. 연극 공연을 위한 배역을 정할 때도 그룹에 소
속되지 않은 사람에 대한 배제는 당연한 것이었다. 능력의 문제는 부
차적인 것이었다.

결국 파도 그룹 바깥에 있는 사람들은 소속 그룹의 '적'으로 간주되
었다. 카로와 모나가 이 일을 비판하는 전단지를 뿌렸다는 것 때문에
이 둘은 '적'으로 간주되고, 결국 그룹 원 앞에서 심판을 받을 처지에
놓였다. 이와 반대로 마르코와 그룹원들은 한번 그룹을 떠났던 케빈을
받아들였다. 케빈이 그룹의 일체감을 위한 일에 협조하겠다고 했기 때
문이다. 결속과 배제, 이 둘은 전체주의가 진행되는 과정에서 떼려야
뗄 수 없는 가장 중요한 방식이라 볼 수 있다. 서로 경쟁하게 하고, 경
쟁에서 절대 패배해서는 안 된다고 선을 긋는다. 수구 경기에서 같은
프로젝트를 수행하고 있는 바로 아래층 '무정부주의'반에 결코 져서는
안 된다고 했던 것처럼 말이다.

우리 안의 전체주의를 발견하다

이 영화에서 주목해야 할 인물이 있다. 이 이야기를 비극으로 끝내는 장본인인 팀이다. 팀의 가정과 일상에 대한 정보가 많지 않아 그의 배경에 대한 언급을 자세히 하기는 어렵지만 라이너가 실험을 시작하는 순간부터 팀은 가장 주목받는 인물이자 이 실험을 실험답게 만드는 주인공으로 여겨진다.

팀은 자율성이 주어진 수업에 쉽게 참여하지 못한다. 시키지 않는 이상 질문도, 질문에 대한 대답도 빈번하지 않다. 그렇다고 수업에 흥미를 느끼지도 못한다. 그런데 사회 교사 라이너가 해 보자고 한 실험은 뭔가 신선하다고 느꼈다. 일단 교실의 책상 배치가 어지럽지 않고 질서정연한 것이 좋았다. 팀은 이때부터 수업에 적극적으로 참여한다. 그때까지 적극적으로 참여하던 모범생 부류와 아무것에도 관심을 기울이지 않는 방관자 부류의 중간쯤에 있던 팀은 전체주의 실험에 있어 누구 못지않은 모범생을 자처하기 시작했다. "규율이 곧 힘"이라는 라이너의 말을 따라 그는 스스로 통제된 행동을 보였다. 규율에 자발적

으로 종속되었다고나 할까? 팀에게 라이너는 절대적인 지도자였다. 수업 시간과 수업이 끝난 시간을 구분하지 않고 그는 라이너를 "벵어 선생님(Mr. Wenger)"이라고 불렀다. 더욱이 스스로 라이너의 경호원을 자처하지 않았던가? 팀은 용어를 선택할 때 극단적인 것들을 골랐다. 그룹의 이름을 제안할 때도 '쓰나미'라고 해서 라이너에게 '너무 나갔다'는 평을 들었다. 파도 그룹의 웹페이지 대문에 총 사진을 걸어 놓은 것도 그였다. 그는 자기 옷 중에 색깔 옷은 전부 불태워 버렸다. 오로지 흰옷만 입겠다는 각오를 다지면서 말이다.

팀은 총을 구입했다. 설마 실탄을 넣은 총일까 싶지만 그의 총은 진짜 실탄이 장전되어 있다. 파도 그룹의 홈페이지 첫 화면에 총 사진을 걸어 놓고 환하게 미소 짓는다. 팀의 가방에는 늘 총이 들어 있었나 보다. 거리 곳곳에 파도 그룹의 로고를 페인트해 놓은 다음 날 거리의 불량배들과 맞붙었을 때도 그는 대뜸 총을 꺼내 들었다. 마치 실탄이 없는 빈 총인 듯 연기하면서 말이다. 그 자리에 있는 모든 사람들이 기겁을 하고, 팀을 미친 사람 취급했지만 정작 팀은 즐거웠다. 그는 자신의 총을 과신해 보여 줄 수 있어서 좋았고, 또 그로 말미암아 파도 그룹의

멤버들을 구할 수 있어서 좋았다. 그에게 총은 없어서는 안 될 중요한 힘의 근원이었다. 팀에게 총은 그의 주인과도 같은 라이너를 보호할 수 있는 중요한 무기이기도 했다. 그의 집을 찾아가 자신이 그의 경호원이라고 이야기한 것도, 그 집 앞에서 밤을 지샌 것도, 함께 학교로 향하다가 라이너를 공격하는 일군의 무리에 대해 함께 분노한 것도 그에게는 자신이 반드시 총을 소지해야 한다는 것을 되새기는 계기가 되었다.

팀에게 있어 가장 슬픈 것은 자신의 주인과도 같은 라이너의 인정을 받지 못하는 것이었다. 누구에게도 인기가 없고, 그런 주변머리가 없던 팀은 라이너가 시작한 프로젝트에서 자신이 받아들여지는 것에 자극을 받는다. 그리고 자신의 질문과 답변 그리고 이에 대한 라이너의 인정과 평가는 팀에게 파도 그룹에 보다 헌신할 동기를 부여했다. 한편 라이너는 팀이 지나칠 정도로 접근하는 것을 부담스러워했지만 팀은 누구도 시키지 않았음에도 자신이 그를 지켜 주어야 한다고 느꼈다. 이러한 팀의 라이너에 대한 경외와 집착은 어떻게 설명해야 할까? 팀은 라이너가 건재하고, 그가 지속적으로 지도력을 행사하는 위치에 있는 것이 자신의 존재 이유이자 파도 그룹에서의 자신의 역할을 설명할 수 있다고 보았던 것일 수 있다. 즉 라이너가 어떻게 생각하든 라이너의 존재로 팀의 존재감이 설명될 수 있는 것이었다. 따라서 그는 굳이 시키지도 않은 경호원을 자처하고, 총으로 상징되는 폭력적 도구를 휴대하는 충실한 '종'이 되었던 것이다.

마지막 순간의 팀을 기억할 필요가 있다. '독일에서 독재가 더는 가능하지 않다'는 학생들의 답변에서 시작된 실험, 그 끝을 위한 강당 모임에서 라이너는 독재는 누군가의 마음속에서 언제든 되살아날 수 있는 무서운 것임을 상기시켰다. 그리고 실험은 실험으로 끝내겠다고 선언했다. 그런데 그때 갑자기 팀이 총을 꺼내들어 라이너와 친구들을 겨냥하며 위협한다.

> 다 자리에 앉고 문 잠궈. 아무도 집에 못 가. 당신은 거짓말을 했어. 파도 그룹은 계속된다. 절대 안 죽어. (라이너를 향해) 파도 그룹은 계속된다고 말해요. (어느 한 학생을 향해) 네가 날 항상 갖고 논 거 내가 모를 줄 알아? (다른 학생들을 향해서도) 너희들도 날 갖고 놀았잖아. 파도 그룹은 내 인생이야. 한걸음만 더 다가오면 당신 얼굴에 다 쏴 버릴 거예요.

팀이 마지막에 이야기한 것처럼 파도 그룹은 그의 인생이었다. 학교의 교사에게 인정받지 못하고, 친구들에게 인정받지 못하고, 더욱이 집에서도 관심을 얻지 못하던 팀. 그는 파도 그룹 내에서만이 온전히 인정받고 있다고 느꼈다. 그 어느 곳에서도 느끼지 못했던 소속감과 자신의 존재감은 오로지 파도 그룹 내에서만 가능했다. 그런데 파도 그룹을 끝낸다고? 자기 삶의 존재 이유라고 느꼈던 파도 그룹의 해체는 곧 팀에게는 가치 있는 삶이 멈춘다는 것을 의미했다. 자신이 그토록 존엄하게 생각했던 라이너, 아니 '벵어 선생님'의 공개적인 소멸 그리고 함께 그룹에 속했던 친구들의 해체에 대한 인정은 팀에게는 받아들일 수 없는 현실이었다. 따라서 함께 파도 그룹의 가치 있는 활동을 만들어 온 모두의 마음을 되돌릴 수 없다면 선택할 수 있는 유일한 방안은 자신의 삶을 멈추는 것이었다. 그렇게 팀은 세상을 떠났다.

이 실험 기간이라고 해 봐야 겨우 일주일밖에 안 된다. 도대체 이 짧은 기간 동안 팀처럼 파도 그룹을 자기 인생 그 자체라 여기는 일이 가능할까? 한 인간의 판단 능력과 마음이 그때까지의 삶을 떠나 새롭게 정체성을 형성하고 그 속에서 자신을 온전히 위치시키기까지 이렇게 짧을 수 있을까? 팀은 독특한 성격을 가진 유별난 사람이었을까? 그의 성격적 특성과 배경이 그로 하여금 전체주의라는 이데올로기에 쉽게 빠져 버리도록 한 것은 아닐까? 이에 대해 완전히 부정할 수는 없다. 적어도 영화의 스토리 전개상 그는 그때까지 누구에게도 관심을 받거나 수용된 적이 없어 보인다. 따라서 누군가가 자신을 인정하고 받아들인다는 상황에 쉽게 빠져들어 가고, 이를 절대화할 가능성이 컸다고 할 수 있다. 남녀 간 연애 감정에서도 각자가 가진 성격적 특성이 영향을 미치는 것처럼 말이다.

그러나 적어도 이 영화에서 등장하는 팀은 일반 대중의 한 사람으로서 전혀 유별난 사람이라고 할 수 없다. 팀뿐만 아니라 마르코 또한 사랑하는 카로를 때렸고, 수구 경기에서 상대방 얼굴을 짓이기는 폭력을 행사했다. 경범죄라고 볼 수 있지만 파도 그룹의 아이들은 도시 전체에 상징적 로고를 페인트칠했다. 그룹 내 멤버들은 자신들을 비판하는 다른 목소리에 대해 비판의 내용이나 맥락을 성찰하는 대신 비판자 색출, 배제, 처벌을 주장했다.

어디 학생들뿐인가? 라이너는 어떤가? 사랑하는 여자친구의 가장 마음 약한 부분을 공격하여 논쟁에서 이기려고 했다. 다른 사람도 아닌 여자친구를 상대로 말이다. 총을 든 팀의 행동을 심약한 사람의 인기 영합적인 집착 정도로, 과도한 정신병적 충동으로 이해할 수 있을지 모르겠다. 그러나 정도의 차이는 있을지언정 전체주의라는 눈에 보이지 않는 이데올로기에 함께한 모두는 충실한 노예로 변해 갔다. 어떻게, 왜 변해 가는지도 모르게 말이다. 타인의 고통과 배제를 자신의 쾌락으로 경험하면서 말이다. 나와 당신은 팀과 다른 사람일까?

학교, 전체주의의 공간

파도 그룹을 통해 살펴본 라이너의 실험, 오늘 바로 여기에서의 전체주의-독재는 가능한가? 안타깝지만 가능했다. 그것도 아주 잘 작동하는 이데올로기 체제가 빠른 시간 안에 만들어졌다. 전체주의 실험을 통해 우리는 한나 아렌트가 기술했던 '악의 평범성(banality of evil)'을 확인할 수 있었다. 전체주의는 2차 세계대전을 일으킨 주범인 독일, 이탈리아, 일본의 패전으로 내리막길을 걷게 되었고, 자본주의와의 싸움에서 패한 소비에트 연방의 소멸, 베를린 장벽의 붕괴로 더 이상 이 세상에 발붙일 곳이 사라졌다고 여겼다. 오죽하면 후쿠야마(Francis Fukuyama)는 '역사의 종말'이란 말을 꺼냈겠는가?

그러나 전체주의는 일반적인 대중의 마음속에서 언제고 싹을 틔울 수 있을 만큼 가까이 있었다. 그리고 전체주의의 싹은 가장 약한 사회적 고리를 끊을 수 있는 정도에서 곧 누구도 막을 수 없는 사회적 괴물로 자라나게 된다. 이미 괴물이 되어 버린 전체주의의 노예들은 판단할 수 있는 능력이 멈춰 버리고, 오로지 이데올로기에 자신이 어떻게 기여할 것인지에만 몰두한다. 라이너가 파도 그룹 활동의 종료를 선언

하기 바로 전의 상황을 다시 살펴보자.

최근 독일은 침체의 길로 접어들었다. 우리는 세계화의 피해자다. 정치가들은 더 많은 성취만이 위기 탈출의 해법인 양 우리를 현혹한다. 하지만 정치가들은 기업가들의 꼭두각시일 뿐이야. 실업률을 낮춰야 한다는 둥, 우리가 아직도 수출 최강국이라는 둥 말하지만 현실은 어떤가? 빈익빈 부익부가 심화되고 있잖은가. 그것을 위협할 최상의 수단은 테러다. 불공정한 이 세계의 틈새를 뚫고 우리가 창조하고 실행한 테러! 우리가 세상을 서서히 무너뜨릴 동안 몇몇 갑부들은 앉아서 안절부절못하고 우주 캡슐 속에 숨어 모든 걸 지켜봐야 하겠지.

대단한 정치적 선동이다. '최상의 수단'으로서 '테러'를 이야기하는 장면에 이르면 정치적 선동을 넘어 자살 폭탄 테러라도 일으킬 것처럼 들린다. 전체주의가 오늘을 사는 우리에게는 불가능하다고 자신했던 학생들은 미동도 않고 라이너의 정치적 선동을 듣고 있다. 팀과 몇몇 학생들은 그런 라이너의 발언에 큰 감명을 받는다. 라이너가 명령하면 직접 폭탄이라도 장착하고 테러를 일으킬 수도 있을 듯한 표정을 하고 있다. 전체주의가 무엇인지 공부하겠다는 일주일간의 프로젝트는 이렇게 학생들 머릿속의 합리적 판단이라는 오래 갈고 닦아 온 무장 체제를 완전히 해제시켜 버렸다.

이렇게 결론짓자고 하면 다음과 같은 판단이 가능하다. "고등학교 학생들은 아직 합리적 사고와 이성적 판단을 할 만큼 성숙하지 않았다. 그래서 라이너라는 고도의 정치적 선동가가 학생들에게 쓸데없는 일을 한 것이다. 학생들에게 가르쳐야 할 것과 그렇지 않은 것이 있기에 라이너처럼 '미성숙한 학생들'에게 모든 것을 맡기고 판단, 행동하도록 한 것은 잘못이다." 결국 학생들은 학교라는 공간에서 미성숙한 존재로 간주되어야 하고, 교사는 이들에게 가르쳐야 하는 것으로 합의된 것 이상을 가르치거나 판단할 수 있는 자율성을 부여해서는 안 된다는 것이다. 만약 라이너가 교사에게는 교육 과정을 자유롭게 편성, 운영할 수 있는 권한이 있다고 라이너가 항변한다면 이 책임은 라이너에게 있지 않다. 어쩌면 일주일 동안의 프로젝트를 어떤 방식으로 해도 상관없다고 허용한 학교, 혹은 그런 교육 과정을 승인한 교육 시스템에 최종 책임이 있게 된다. 그런데 이러한 논리는 '전체주의는 가능한가'라는 질문에 대한 대답을 교묘히 피하게 한다. 즉 여기서 문제가 되는 것은 전체주의, 전체주의의 가능성, 악의 평범성이 아니라 미성숙한 학생들을 잘못 다룬 학교가 되고, 이는 교사와 이러한 교육 과정 시스템이 문제라는 얘기가 되기 때문이다.

학교는 무엇을 하는 공간일까? 무엇을 어떻게 하는 공간일까? 학교와 학교 바깥은 어떻게 구분될까? 개인이 학교라는 공간의 안과 밖에서 행동 양식의 차이를 구분하는 것이 필요한가, 그렇지 않은가? 주류 교육학 이론에 따르면 학교는 잘 짜여 있는 교육 과정을 통하여 학생

들의 지식 체계를 공고히 해 주는 장이다. 여기서 지식 체계란 무엇이고, 그것이 잘 짜여 있다는 말의 의미는 무엇이며, 이를 전달한다는 것의 사회·문화적 의미가 무엇인지 따지는 것은 허용되지 않는다. 정해진 것을 가르쳐 알게 하기도 바쁜데, 그것이 무엇이고, 왜 중요하고, 개개인에게 어떤 의미를 가진 지식인지 따지는 것은 시간 낭비다. 학교에서 이루어지는 일에 대해 사회학적 논쟁은 불필요한 딴지에 불과하다고 본다.

정말 그러한가? 여기서 파도 그룹이 전체주의를 실험하면서 거친 과정을 다시 돌아볼 필요가 있다. 첫째, 모든 일은 학생들과의 합의에 의해 시작되었다. 둘째, 결속은 곧 힘이었다. 파도 그룹은 결속을 통한 소속감을 경험하였다. 셋째, 평등한 관계와 동등한 참여를 보장함으로써 그룹을 자신의 그룹으로 여기게 한다. 넷째, 결속과 배제의 전략이 교묘히 작동했다. 과시, 경쟁 그리고 폭력은 배제를 전략화할 때 따라온 전술이었다.

우리 학교는 전체주의 실험장으로 파도 그룹이 거쳐 온 과정과 비교해 어떠한지 살펴볼 필요가 있다. 첫째, 학교 내에서 모든 일은 합의

에 근거하지 않는다. 합의는 학생들 권한 밖의 일이다. 그러나 최근에
는 합의 체제를 도입하고 있다. 학교 규율을 학생들이 정하도록 한다
거나 학내 일을 결정하는 데 학생들의 목소리를 반영하는 수준에서 말
이다. 둘째, 교복과 전통, 명예를 통해 결속을 강화한다. 셋째, 학생이
라는 사회적 지위에 있어 학교 구성원들은 평등하다. 평등하지 않은
사회경제적 지위가 학교 안에서 평등한 참여, 같은 수업을 듣는 것으
로 보장된다. 물론 성적에 따른 차별이 있지만 이는 개인적 문제일 뿐
이다. 넷째, 결속과 배제의 전략이다. 동기 부여라는 이름으로 경쟁이
부채질된다. 어느 교과라도 공식적 지식(official knowledge)은 협동이 중
요하다고 말하지만 학교라는 환경은 수단과 방법을 가리지 않고 경쟁
에서 이기는 것이 인생에서 성공하는 길이라고 느끼게 한다.

학교는 파도 그룹이 거쳐 온 전체주의가 작동하는 요소를 모두 갖
추고 있다.

누군가 파도 그룹에서 팀과 같은 괴물이 등장한 것처럼 우리 학교
에서도 괴물이 등장할 수 있느냐고 물을 수 있다. 물론 그렇다고 대답
할 수 있다. 오로지 자신의 개인적이고 사회적인 삶의 성공을 위하여
타인의 고통과 소외를 눈감는 괴물은 이전에도, 지금도 등장하고 있
다. 이러한 괴물은 그 어떤 지식이라도 '주어진' 것에 만족한다. 그리고
끊임없이 자신에게 주어진 것을 처리하는 데 만족한다. 그것이 어떤
의미이고 사회 속에서 어떻게 기능하는지, 그 '주어진 것'으로 인하여
특정한 개인이 어떤 삶의 고통과 억압에 놓이게 되는지 상관없이 말이
다. '주어진 지식과 실천'에 대한 성찰과 비판 없는 학교 교육은 파도
그룹이 대면한 역설과 마찬가지로 교육의 역설, 배우지만 결코 성장·
변화하지 않는 모습으로 또 다른 사회적 폭력을 만들어 낼 것이다. '전

체주의는 나쁜 것이야'라는 말을 아무런 생각 없이 따라하는 것처럼 말이다. 안타깝지만 오늘 우리 안의 '전체주의'는 학교 교육을 통해 끊임없이 재탄생하고 있다.

Chapter 8

완벽한 훈련의 끝을 보다

솔저

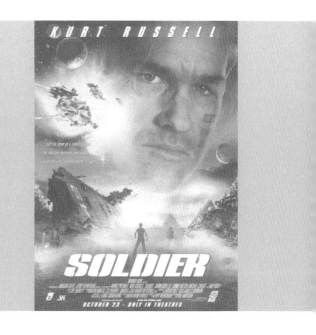

영 화 명: 솔저
원   제: Soldier
감   독: Paul W. S. Anderson
제 작 사: Morgan Creek, Jerry Weintraub
제작 연도: 1998년

영화의 내용

「솔저」는 전형적인 할리우드 전쟁 영화다. 흥미를 위한 폭력적인 장면이 등장하고, 한 사람의 영웅적인 위인이 악의 화신을 쳐부수고, 새로운 미래를 열어갈 지도자가 된다. 미래에 있을 법한(?) 우주 전쟁을 상상한 영화다. 몇몇 과격한 폭력적 장면들을 제외하면 나름 재미있게 볼 수 있다. 요즘 등장하는 최신 CG 기술과 비교할 수는 없다. 그러나 우주 전쟁이 단지 잘 개발된 무기의 전쟁이 아니라는 점, 결국 사람의 문제라는 점을 새삼 되새기게 하는 훌륭한 교육 영화라고 할 수 있다. 이 영화에서 던질 수 있는 질문은 '도대체 교육과 훈련은 무엇이 같고 다른가?' 하는 것이다.

아담 프로젝트라는 이름하에 전쟁에 대비한 맞춤형 군인을 육성하는 실험이 1996년 시작되었다. 소위 말해 Year Zero다. 수십 명의 신생아들을 뽑아 시작한 17년 동안의 훈련이 끝난 2013년, 선택되어 훈련받은 군인들은 얼굴에 자신의 이름과 군인 번호를 문신으로 새겨넣었다. 마지막까지 훈련을 마친 사람들은 드디어 실제 전쟁에 투입될 준비를 마쳤다. 3465번 군인, 토드는 오로지 전쟁을 위해 준비되어 온 군인으로서 탁월한 인물이었다. 함께 훈련받은 사람들에 비해서도 그는 능력이 출중했다. 스무 명이 채 안 되는 이들의 지도자로서 그 어떤 군인들에 비해 상대가 되지 않을 전적을 올리며, 그는 매 전투에 나가 공을 세웠다. 오로지 공격과 전진, 무차별적이고 공포스런 총격으로 모든 전투에서 승리를 이끌었다. 40세가 된 토드는 드디어 우주 전쟁에 투입되었다. 그의 전적을 증명하는 서류에는 얼마나 많은 사람들이 그의 총에 죽었는지가 기록되어 있다. 어려서부터 훈련받아 온 그는 군인들 사이에서도 전설적인 존재가 되어 갔다. 단 한 가지 호칭, '살인 무기' 이외에 달리 그를 설명할 말이 없었다.

그런데 그런 토드와 동료들 앞에 새로운 세대의 군인들이 등장했다. 더 젊고, 더 큰 최신형 살인 무기들이 등장한 것이다. 이들은 유전자 변형을 통해 보다 강력한 신체적

특질을 갖추고 태어났고, 새로운 방법과 기술들로 훈련받았다. 토드가 거쳐 온 것보다 더 조직적이고 새로운 전쟁의 기술들을 갖추었다. 서로 다른 세대의 군인을 이끄는 리더들은 각자가 자신의 군인들이 더 우월하다고 주장했다. 젊은 세대는 유전적 우월성과 새로운 기술을, 토드가 이끄는 세대는 오랜 싸움의 경험을 토대로 한 노련함을 자랑했다. 결국 두 세대의 경쟁이 제안되고 즉석에서 죽느냐 사느냐의 싸움이 벌어진다. 두 세대의 가장 대표적인 두 사람, 3465번 토드와 607번 케인이 죽고 죽이는 게임의 마지막에 대결한다. 힘에서도, 인내력에서도, 기술적인 면에서도 열세였던 구세대인 토드는 결국 케인에게 패한다. 죽은 듯 실신한 그는 즉사한 다른 동료들과 함께 부서진 장난감처럼 쓰레기통에 버려진다.

버려진 쓰레기는 지구로부터 멀리 떨어져 있는 행성 아카디아 234 쓰레기별에 버려진다. 겨우 목숨을 건진 토드는 그 별에서 전체주의적 통치에 저항하다 지구에서 쫓겨난 인간 무리와 마주친다. 그곳 사람들은 이방인인 토드의 상처를 치료해 주고, 함께 살 수 있도록 모든 지원을 아끼지 않았다. 토드는 이곳 '사람들의 공동체'에서 난생처음 '개인의 삶'을 경험하며 어색해한다. 그는 쓸데없이 과격하게 반응하고, 과하게 폭력적인 방법으로 자신을 보호하려 한다. 결국 그는 사람들 틈에서 살지 못하고 무리에서 쫓겨난다. 자신을 돌봐주던 집 아이를 위험에 빠뜨리게 했다는 이유로 공개 재판을 받은 결과였다.

바로 그때 607번 케인이 이끄는 신세대 군인들이 쓰레기별에 둥지를 틀고 지구의 정치체 전복을 꿈꾸는 이곳 사람들을 정복하기 위해 도착한다. 케인과 신세대 군인들은 무자비하게 사람들의 거주지를 쓸어 버린다. 토드는 이에 홀로 케인과 신세대 군인들과 싸우고 결국 승리한다. 험한 싸움이었지만 결국 토드가 마지막까지 자신을 괴롭히는 케인을 무찌르고 승리한다. 이들은 신세대 군인들이 타고 왔던 우주선을 타고 쓰레기별을 벗어나 지구 아닌 다른 행성으로 긴 여정을 떠난다. 함께 살아갈 평화로운 사회를 건설하기 위하여.

완벽한 군인 만들기

아담 프로젝트로 선택된 신생아들

아담 프로젝트는 전 세계에서 벌어지는 전쟁에서 싸울 군인들을 만들기 위한 군사 작전이었다. 왜 아담 프로젝트라고 이름 붙였을까 생각해 보게 된다. 일반적인 인간과는 전혀 다른 모습의 새로운 '군인 인간'의 탄생을 이야기하고 싶었던 것은 아닐까? 이 군사 작전은 17년 동안 비밀리에 진행될 예정이었다. 다 자란 성인이 아닌 갓 태어난 신생아 때부터 특별히 선발, 관리, 훈련하여 완벽한 군인을 만들기 위한 프로젝트였다. 이 프로젝트의 진행자는 모두 군인이다. 군인이 계획하고, 군인이 선발하고, 군인이 훈련하고, 군인이 평가한다. 그리고 군인이 이들의 이력을 관리하고, 이들의 생활을 이끈다. 군인의, 군인에 의한, 군인을 위한 프로젝트, 그것이 아담 프로젝트였다.

신생아실로 모여든 군인들이 전국에서 선발된 우량아로 보이는 신생아들에 대한 정보를 보고받고, 아이들이 놓인 곳에 '1A'라는 표식을 달았다. 부모들은 자기 아이가 선발되어 가는 것이 되려 무한한 특혜라도 되는 양, 어떤 갈등의 장면도 보이지 않는다. 신생아들이 모여 있는 곳을 군인들이 지키고, 다양한 검사와 평가가 진행된다. 정해진 시간에 우유를 먹이고 재웠을 것이다. 잠든 아이들을 위해 마음의 안정을 갖도록 하는 환경보다는 늘 불안해하고 신경 쓰이도록 소음에 노출시키고 충격적인 장면들을 보여 주었을 것이다. 스스로 무엇이 옳고 그른지를 판단하기 이전부터 아기들은 잘 계획된 장면과 소리에 익숙해져야 했다. 그것이 그들의 운명이었다.

인간은 어떤 목적을 위하여 길러질 수 있는 대상일까? 이와 관련해

생각해 볼 만한 영화가 하나 더 있다. 영화 「아일랜드(Island)」(2005)는 인간의 질병을 치료하기 위하여 복제 인간을 만들어 똑같이 생긴 두 인간의 세계를 보여 준다. 복제된 인간은 언젠가 자신의 몸, 혹은 장기가 사용될 상황이 되면 멋진 섬으로 휴가를 떠난다. 누구도 돌아오지 못했으니 그들과 함께 있던 사람들은 그가 '너무 좋은 곳에 있어' 다시는 돌아오지 못할 것이라고 믿는다. 복제 인간들은 모두 자신이 머무는 공간에서 섬으로 행복한 여행을 떠날 수 있기를 희망한다. 그러나 실은 그들이 머무는 곳을 벗어나는 순간 그들은 수술실로 들어가 자신의 몸의 일부 혹은 장기가 떼어지고 나머지는 소각되어 버린다. 인간과 인간성 그리고 인간의 존재를 위한 윤리적 행위에 대해 고민하게하는 이야기다.

　군인을 길러 내기 위해 아주 잘 계획된 군사 작전인 아담 프로젝트는 올더스 헉슬리(Aldous Huxley)의 『멋진 신세계(Brave New World)』를 떠올리게 한다. 누구든 태어나는 그 순간부터 계급이 정해지고, 그들은 자신이 입는 옷의 색깔로 구분된다. 옷의 색깔에 따라 먹는 음식, 거주하는 집, 놀이 유형, 교육의 종류, 만나는 사람들 그리고 만들어

갈 수 있는 사회적 관계가 다르다. 모든 개개인의 삶을 일일이 통제할 수는 없지만 이미 이렇게 선택되고, 특정 과정에 따라 길들여진 사람들은 정해진 계획을 운명으로 받아들이며 스스로 자신을 통제한다. 이를 넘어설 누구도 존재하지 않으며, 존재해서도 안 된다. 그것이 '빅브라더'가 멋진 신세계를 유지하는 비결이다.

완벽한 군인을 길러 내 전쟁에 투입하자는 계획에 대해 '뭐가 문젠데?' 하고 질문할 수 있다. 세상에 태어나 누구나 자신이 해야 할 일이 있고, 그 할 일을 위하여 어려서부터 할 일을 지정해 주고, 그것을 더 잘 할 수 있도록 보다 잘 계획된 훈련을 제공하는 것은 최고의 조직적인 삶이 아닐까? 토드와 그의 동료들은 누구보다도 완벽한 삶을 살 수 있는 대우를 받고 있었던 것은 아닐까? 그런데 여기서 몇 가지 생각할 문제가 있다. 첫째, 신생아실에서 선택되어 옮겨진 아이들에게는 삶에 대한 선택권이 없었다. 둘째, 완벽한 군인을 원한다는 것은 늘 전쟁을 염두에 두고 있다는 점이다. 전쟁 없는 평화가 아니라 전쟁에서 이김으로써 평화를 유지하겠다는 생각이 깔려 있다. 셋째, 삶을 조직적으로 계획할 수 있지만 누군가가 만든 계획은 정작 그 계획의 대상과는 무관할 수 있다. 태어나면서부터 결정되는 옷의 색깔에 따라 자신의 삶이 결정되는 『멋진 신세계』에서처럼 토드와 그의 친구들에게는 아담 프로젝트라는 거창한 이름하에 인간의 삶이 아닌 군인의 삶만이 존재했다. 그들에게는 어떤 선택권도 없었다.

최대의 행복은 명령을 수행할 때

선발된 아이들은 어려서부터 군복을 갖춰 입고, 군인으로서 갖추어야 할 자질 등에 대해 집중 교육을 받는다. 두려움을 극복하기 위해 늘

피나는 싸움을 미동도 않고 지켜보아야 했다. 군인의 임무는 싸우는 것이고, 이는 결국 이들이 본격적으로 군인이 되면 해야 할 일이다. 어려서부터 싸움에 익숙해지고, 이기고 지는 일에 익숙해지고, 피를 흘리며 죽어 가는 패배자를 보는 일에 익숙해져야 한다. 이들은 발달 단계에 따른 민첩성, 강인함, 지구력을 키웠다. 매 단계별로 평가가 이루어졌고, 오로지 최상위 성적으로 평가되는 사람들만 남겨졌다. 어떤 평가에서든 살아남지 못하거나 뒤떨어지는 경우는 가차없이 제거되었다. 타인을 쳐다보고 동정하거나 돕는 것은 전혀 허락되지 않았다. 그리고 목표가 정해지면 수단과 방법을 가리지 않고 목표를 달성하는 것이 그들이 가져야 할 사명이라고 배웠다.

군인은 전쟁에 투입되어 적과 싸우는 존재로서 반드시 이겨야 한다. 아담 프로젝트는 이길 수 있는 전사들을 키우는 군사 작전이었다. 상대를 이긴다는 것은 그를 살려두고 항복을 받아내는 것이 아니라 상대를 짓밟는 것이다. 이러한 교육·훈련의 목표가 정해지면 이에 따라 일련의 교육 과정이 구성된다. 싸움에 익숙해지기 위해 군복을 입은 다섯 살짜리 아이들은 한 놈은 살아남고, 한 놈은 죽을 수밖에 없는 개들의 싸움을 관찰한다.

병사의 최대 행복은 명령을 수행할 때다.
병사는 자비심 없이 보여야 한다. 자비는 곧 허약함이다. 허약함은 곧 죽음
이다.
병사는 친구나 가족도 필요없다. 전쟁이 그의 친구고, 폭력이 그의 가족
이다.

이들은 태어나서 지금까지 사생활이라는 것이 없다. 늘 같은 시간
에 자고, 같은 시간에 일어나고, 같은 장소에 머무르고, 같은 임무를
수행하고, 늘 경쟁적으로 평가되며, 어느 곳에서나 이들의 일거수일투
족을 바라보고 관리하는 사람들에게 둘러싸여 있다. 그들은 오로지 싸
우는 기계처럼 훈련받았다. 어쩌면 사람처럼 생기고, 사람처럼 호흡하
지만 로봇과 다를 바 없는 기계 취급을 당한다고나 할까? 사람으로서
느끼게 되는 그 어떤 감정도 허용하지 않는 전쟁 기계 말이다.

어떤 상황에서도 죄 없는 민간인들은 보호되어야 한다. 전쟁 상황
에서도 마찬가지다. 이를 어기거나 무시하는 경우 전범 재판의 대상이
된다. 전쟁 기술을 익히는 아담 프로젝트 예비 군인들은 민간인에게
동정심을 품지 않도록 배웠다. 군이 그들을 쏠 일은 없겠지만 민간인
을 인질로 잡고 싸움을 질질 끄는 행위는 용납되지 않았다. 적을 쓰러
뜨리는 데 인질, 혹은 민간인이 방해가 된다면 그들 또한 제거 대상이
다. 적을 적으로 대하는 데 방해가 되는 모든 것은 다 적의 일부이기
때문이다. 마치 머릿속에 아군과 적군을 입력해 둔 로봇처럼 이들은
전쟁 상황에서 이기고 살아남는 법을 익히도록 훈련받았다.

왜 전쟁에 참여하는지, 전쟁에서 이기고 지는 것의 의미는 무엇인

지, 전쟁이 아닌 다른 경쟁·싸움의 방법은 없는지, 전쟁에 관여된 사람들을 어떻게 다룰 것인지에 대해서는 그 어떤 질문도 허용되지 않았다. 그들이 할 일은 오로지 주어진 명령을 수행하는 것이었다. 그리고 이러한 임무 수행은 곧 군인으로서 그들이 가지게 될 유일한 행복의 기준이 되기도 했다. "최대의 행복은 명령을 수행할 때"라고 토드가 회상하듯이 말이다.

누가 더 센 군인인가

새롭게 등장한 군인들은 토드와 스무 명 가까운 그의 동료들과 같은 교육 과정을 거쳤을 것이다. 케인의 팀 역시 17년 동안의 아담 프로젝트로 불렸는지는 모른다. 그러나 40세가 된 토드의 팀과 비교하여 20여 년의 차이가 난다는 점에서 이들은 또 다른 이름의 군사 작전으로 불렸는지도 모른다. 그들은 신체적으로 더 크고, 젊고 건장하다.

당신의 늙은 병사들을 보시오. 그들은 태어나서야 선택되었소. 나의 새로운 병사들은 유전자 재조합으로 만들어졌소. 실제적으로는 DNA 분석표를

사용해서 생산되었다고 볼 수 있습니다. 그리고 좀 더 손을 봤지. 보다 뛰어난 인내력, 재빠른 순발력, 개량된 기술적 훈련, 기존 것들과는 완전히 다릅니다. 내 아버지는 보수적이셨소. 부숴 버리지 못할 거면 만들지 말라고 하셨습니다.

새로운 젊은 군인들을 소개하는 지휘관 매쿰 대령의 이야기다. 더 크고 근육질의 새로운 군인들이 토드로 대표되는 이전 아담 프로젝트의 군인들보다 더 뛰어나다는 이야기를 하고 있는 것이다. 그는 나이로 봐도 토드와 그의 동료들을 최고의 시절은 지난 노쇠한 군인으로 취급하였다.

그러나 이러한 매쿰 대령의 자랑에 토드를 어려서부터 길러 왔고 관리해 온 처치 대령은 겉모습만으로 군인들의 능력을 가늠하기는 어렵다고 주장한다.

요점이 뭔지 모르겠는데, 베테랑이란 당신이 보는 바와 같이 모든 종류의 막중한 임무를 마치고 당신이 오기 전부터 서 있는 저들이요. 그들은 언제나 임무를 잘 수행해 냈습니다. 당신의 새 병사는 신참이라는 사실을 잊은

듯합니다. 그들이 얼마나 많은 경험을 했겠습니까? 게다가 전투 검사를 제대로 마치기는 했나 모르겠습니다.

늘 최고는 하나다. 그 하나를 차지하기 위한 싸움은 가열찰 수밖에 없다. "누가 더 센 군인들인가?" 마치 게임을 하는 두 게이머가 동전을 집어 넣고 단추를 누르듯, 토드의 팀과 케인의 팀이 대결을 벌이기 시작했다. 대결이 시작된 것은 양 팀의 지휘관들이 '누가 더 센 군인인가?'라는 질문에 자존심을 내걸었기 때문이다. 보다 센 군인 팀을 보유하고 있다는 것만으로도 군 조직에서 더 큰 목소리를 낼 수 있기 때문이었다. 결국 군인은 힘과 기술을 통해 전쟁에서 이겨야 하므로 센 군인 팀을 보유한 지휘관이 전쟁을 치러야 하는 현실에서 지휘권을 키워갈 수밖에 없다. 그런데 흥미로운 사실은 이 두 팀은 처음 만났고, 서로를 알지 못한다. 자기 결정권이 없이 선택되어 군인이 되었고, 서로 어떤 방식으로 자신이 그 자리에 있는지 알지 못한다. 서로 우위를 주장하며 신경전을 벌이던 지휘관들은 두 팀의 군인들이 대결을 벌이게 한다.

이 대결에서 정확성은 사격 실력으로, 인내력과 끈기 그리고 속도는 달리기로(한 시간에 24킬로미터를 뛰어야 한다.), 그리고 완력은 체인 위에서의 몸싸움으로 겨루어야 했다. 결과는 토드와 그의 동료들이 처참하게 패하는 것으로 끝이 났다. 24킬로미터를 한 시간에 뛰는 케인은 토드보다 같은 거리를 20분 이상 훨씬 더 빨리 뛰었다. 정확성은 떨어졌고, 체인 위에서의 싸움은 상대가 되지 않았다. 싸움에서 진 토드와 그의 동료들은 쓰레기더미에 버려졌다. 신형 병기인 케인에게 처참하게 상한 몸뚱이들, 한때 최고의 병기였던 토드와 그의 동료들은 그렇게 버려졌다.

싸움의 결과를 두고 매쿰 대령은 자랑스러운 듯 다음과 같이 평하고 있다.

> 나이가 주된 요인일 수 있지만 진짜 원인은 훈련 프로그램입니다. 특히 정신력 훈련. 마침내 정신력으로 몸을 다룰 수 있게 되었소. 우리는 정신력으로 이 멋진 일들을 해 왔습니다. 정신이란 AQ(Attack Quotient)를 말합니다. 공격적인 속성 말이오. 보다 높고, 보다 나은…….

불가능한 '어울려 존재하기'

토드는 쓰레기더미에 버려져 쓰레기를 모아두는 별인 아카디아에 도착했다. 지구와 다른 행성에서 토드는 중무장한 전사로서 온 세상을 누비고 다녔었다. 그러나 쓰레기별에 도착한 토드는 맨몸이었다. 그런 상태로 토드는 지구에서 쫓겨나 그 별에 머물고 있는 사람들에게 발견되었다. 아무런 무장도 하지 않았지만 얼굴 한 편에 커다랗게 군인 번호와 이름 그리고 계급이 문신되어 있는 토드는 누가 보더라도 군인이었다. 쓰레기별 사람들에게 군인은 적이었다. 그런 점에서 토드는 이

별에서 살아가고 있는 공동체에 어울리지 않는 사람이었다.

그런데 이 공동체의 대표가 다음과 같이 이야기한다.

> 모두 조용히 해 주세요. 우리에게는 부상을 당한 한 사람이 있습니다. 우리 모두 고귀한 일을 하기 원합니다. 고귀한 일이란 그를 돕는 일입니다. 매이스의 아내 산드라가 지금부터 그를 돌봐 주세요. 여기 있는 모든 분들께서 이 일을 지지하겠다는 표시를 해 주시기 바랍니다.

물론 군인을 자신들의 공동체에 들여놓았다는 것에 분노하고 염려한 이도 있었지만 이들에게 토드는 군인이기 이전에 상처를 입은 가엾은 한 사람이었다. 이와 관련하여 어떤 소란이 더 있었는지는 알 수 없다. 적어도 이들은 우리가 중요시하는 가치, 즉 '더불어 사는 사회'로서 사람이 존중받아야 하고 존중할 수 있어야 한다는 점을 강조하고 있다. 직접 민주주의를 표방한 리더십과 논의 그리고 의사 결정 과정은 미래를 조명한 시대적 배경을 무색하게 할 만큼 근대적이고, 지금 우리의 모습과 닮았다. 토드는 모든 것이 계획된 시공간에서 분명한 위계 관계에 따른 명령으로 움직였던 사람이다. 그러나 그가 눈을 뜨고 대하게 된 세상은 이와는 전혀 다른 것이었다.

토드가 만난 첫 충격은 가족의 존재였다. 우리에게는 너무도 당연한 삶의 모습이지만 토드는 그때까지 가족이란 말 자체도 써 보지 않았을 것이다. 가족이라 할 만한 이가 있다면 함께 밥을 먹고 생활한 동료 군인들이었을 것이다. 혹은 군사 작전 중 상대해야 할 적들을 죽이기 위한 단위, 혹은 무리를 지칭하기 위한 것 정도였을 것이다. 그는 가족다운 가족을 경험한 적이 없다. 따라서 매이스, 산드라 그리고 언어장애가 있는 그들의 아들 네이든을 하나의 공동체인 가족으로 바라

보기는 어려웠다. 그것이 무엇을 의미하는지, 이들의 삶에 자신이 어떤 영향을 미치고 있는지, 왜 그래야 하는지에 대해 생각하는 그 자체도 받아들일 수 없었다.

더욱이 그는 가족과 가족이 모여 구성된 이 별의 공동체에는 전혀 어울리지 않는 습성들을 가지고 있었다. 밥은 똑바로 앉아서 빨리 먹어 치워야 하는 것이었다. 늘 훈련과 작전으로 시간에 쫓겨 살았던 토드에게 삶은 잠시 잠깐 생각할 틈도 주어지지 않았다. 그에게 삶의 다양한 문제를 놓고 논쟁하고 대화하는 것은 불필요한 일이었다. 삶은 대화와 논쟁이 아닌 명령에 의해 살아가는 것이었기 때문이다. 명령과 이행이 그가 아는 전부였다. 먹는 것도, 자는 것도 작전을 수행하는 것처럼 모두 명령으로 시작되어 명령으로 끝나는 것이었다. 지휘 계통의 명령 없이 그는 아무것도 할 수 없는 사람이었다.

그런데 이 공동체는 토드에게 그 어떤 명령도 내리지 않는다. 그리고 누구도 다른 누구의 명령에 의해 행동하는 것을 좋아하지 않는다. 단, 토드가 그들 사이에서 '어울려 존재하기'를 바랄 뿐이었다. 그러나 안타깝게도 이 하나의 주문, 말로 전달되지 않는 하나의 요청, '어울려

존재하기'는 토드가 해낼 수 없는 유일한 고민거리였는지도 모른다. 한 번도 스스로 존재해 본 적이 없었기 때문이다.

　토드의 고민거리에 대해 생각해 볼 필요가 있다. 그가 태어나 아카디아 별에 버려지기 전까지 가졌던 유일한 고민거리는 어떻게 잘 싸울 수 있는 군인이 되는가였다. 그는 결코 혼자 자신의 주변에 공존하는 사람들과 함께 존재한다는 것을 생각할 수도, 그럴 필요도 느끼지 못했다. 자신이 아는 것은 자신이 생각해서 얻어 낸 결과물이 아니라 자신에게 주입되어 차곡차곡 쌓인 것이었다. 혹 자신에게 주어진 것들 이외에 부가적으로 얻어진 것이 있을지라도 이는 철저하게 자기검열화되어 버렸다. 자신이 존재하는 이유는 오로지 군인으로 살아가는 것밖에 없었기 때문이다.

　그는 멋진 군인이라고 할 수 있겠지만 우리는 토드의 이러한 군인다움을 어떻게 받아들여야 할까? 물론 이 글을 읽거나 혹 이 영화를 본 독자라면 이는 결코 바람직하지 않다고 평할 것이다. 그런데 우리 주변에는 이러한 '다움'을 실현하기 위해 그 이외의 다른 것들은 배제한 채 살아가는 사람들이 많다는 것을 보게 된다. 어쩌면 배제한다기보다는 '유보'하고 살아간다고 해야 할까? 다음에 좀 더 잘살기 위해 지금 당장 현실의 삶은 포기하는 것이다. 적어도 토드는 군인 이외의 삶에 대한 가능성조차 제대로 알지 못했다는 점에서 좀 더 가엾게 여길 부분이 있을지 모르겠다. 따라서 토드가 사람들이 모여 사는 공동체에서 '더불어 존재하기' 위해 자신을 돌아보게 되었다는 점은 의미심장한 삶의 전환점이라고 보아야 할 것이다.

토드의 눈물과 그 의미

어울려 즐기는 사람들 틈에서 토드는 늘 이방인이었다. 사람들이 그를 받아 주지 않아서가 아니라 토드가 자신에게 다가오는 사람들을 향해 한 번도 경계를 늦추지 않았기 때문이다. 공격당하거나 경계하는 습관이 밴 것처럼 토드는 사람들을 향해 공격적인 대응을 일삼았다. 목숨을 살려 준 것에 대해 고맙다는 인사로 스카프를 전달하려다 지미는 토드에게 거의 죽음을 당할 뻔했다. 한두 번 이런 일을 당하고 나면 그 이후부터는 더 이상 쉽게 다가가기 어려운 법이다. 그에게 사람들의 웅성거리는 소리는 전쟁터에서 총을 맞고 죽어 가는 사람들의 아우성으로, 울긋불긋 찬연한 장식들은 전쟁터에서 무자비하게 터지는 폭탄의 불빛으로 여겨졌다.

토드는 사람들의 일상적인 파티에서도 전쟁을 경험하고 있었다. 이렇다 보니 토드를 향한 많은 사람들의 기대와 접근은 차츰 줄어들기 시작했다. 누구보다도 힘든 사람은 토드였겠지만 토드를 바라보는 사람들도 힘들기는 마찬가지였다. 누구보다 토드 자신이 그들과 어울리지 않는다는 것을 가장 잘 알고 있었다. 그러기에 그는 그들과 분리된 개인이고자 했다. 그럼에도 불구하고 그는 한편으로는 자신과는 달리

스스로 생각하고, 즐기며, 어울리는, 더불어 존재할 줄 아는 사람들에게 익숙해져 가고 있는 자신을 발견하게 된다.

그러나 토드가 군인이었다는 점을 충분히 인정하고 배려한다고 하더라도 공동체 내에서 긴장을 초래하는 그의 존재는 불편함 그 자체였다. 결국 일이 터지고 만다. 토드는 독을 품은 뱀으로부터 네이든을 보호하지 않고, 마치 장난하듯 네이든에게 독을 품은 뱀에 맞서도록 해 어린아이를 죽음의 위기로 내몰고 만다. 결국 네이든의 부모인 매이스와 산드라는 공동체의 공의회에 이 안건을 올리게 되고, 공의회는 토드를 공동체에서 추방한다고 결정했다. 토드는 그렇게 자신을 따뜻하게 받아들여 주었던 공동체로부터 쫓겨났다. 그에게 요청했던 '더불어 존재하기'를 그가 도저히 수행하기 어렵다고 판단했기 때문이다.

여기서 당신을 향해 적개심을 품은 사람은 없소, 토드 상사. 여기 있는 사람 누구도 당신의 적이 아닙니다. 무엇보다 우리는 당신의 자질을 존중합니다. 당신이 아주 훌륭한 군인이라는 점에 대해 그 누구도 의심을 품지 않습니다. 그러나 당신이 받아 온 훈련이 가족들과 아이들로 이루어진 우리 같은 공동체에는 유용하지 않을 것 같군요. 싸우는 능력이 살아가는 데 전부는 아니오. 당신은 우리랑 달라요, 토드 상사. 그것 때문에 우리가 당신을 미워하는 것은 아닙니다. 그런 당신의 행동은 우리 사회 전체에 참을 수 없는 위험이었지만 우리는 당신을 받아들이려고 노력하자고 동의도 했었지요. …… 우리는 옷가지나 신발, 칼 등 당신이 필요로 하는 그 어떤 도구든 줄 수 있습니다. 당신은 우리의 친구요. 이 말은 만일 당신이 우리를 필요로 한다면 언제든 우리에게 도움을 요청해도 된다는 얘기입니다.

이런 상황에 직면한 토드는 어쩌면 다행이라 여기지 않았을까 싶기도 하다. 토드는 이 상황을 담담하게 받아들이는 것 같다. 그는 아무렇지도 않게 물건을 받아 챙기고 그곳을 떠났다. 그런데 토드의 눈에서 눈물이 흐른다. 홀로 모닥불을 피우고 있는 그의 눈에서 눈물이 펑펑 흘러내렸다. 토드는 도대체 왜 눈물을 흘리는 것일까?

짧은 시간이지만 토드는 자신이 한 번도 경험하지 못한 삶의 단면을 보게 되었다. 누구도 토드에게 자신들의 공동체적 삶이 군인으로 살아온 토드의 삶보다 더 낫다거나 꼭 그가 동화되어야 한다고 강제하지 않았다. 공동체 사람들은 그저 자기 일상에 충실했고 비록 토드의

일상과 긴장이나 갈등이 있기는 했지만 그를 바꾸려 하지도 않았다. 사람들은 그를 감싸 주었고, 늘 긴장과 경계를 풀지 못하는 토드를 불쌍히 여겼다. 토드를 내치지 않고, 그를 있는 모습 그대로 인정했다. 다만 군인 토드가 아닌 인간 토드의 면모를 그 스스로 찾아가길 바랐다.

토드는 자신이 지금까지 경험해 온 세계가 잘못된 것이라 판단하지 않았다. 그러나 자신이 훈련받고, 보고, 살아온 것들이 세상의 전부가 아니라는 것을 알게 되었다. 또한 자신은 군인으로 훈련받아 온 훌륭한 군인이었지만 그보다 훨씬 원초적인 감정을 가진 인간이라는 점 또한 깨닫기 시작했다. 자신에게 부여된 명령·지시 체계가 아니어도 해야 할 일을 하는 것, 무엇보다도 죽이는 일이 아니라 사람을 살리는 일이 중요하다는 점을 알게 되었다. 그리고 그것이 갖는 가치를 마음으로 익혔다. 비록 자신은 익숙하지 않지만 서로 웃고 떠들며 함께 먹고 마시는 일이 왜 중요한지 마음이 기억했다.

여전히 머릿속에서는 전쟁터를 떠돌고 있지만 마음은 그곳을 떠나 사람들 속에서 자리하기를 염원하고 있었다. 그리고 자신을 떠나 보내며 채 분노가 가라앉지 않은 '가족들'의 눈빛을 기억하며 토드는 불현듯 '외로움'을 느꼈다. 토드의 굵은 눈물 방울은 이런 머리와 가슴이 빚어 낸 결과물이었다. 그의 눈물은 마음이 몸을 빌려 표현한 것이기에 토드의 머리가 알 리 없었다. 스스로도 왜 자신이 눈물을 흘리는지 알지 못하는 이유이기도 했다.

교육의 이름으로 두려움을 가르치다

교육이란

교사가 되려는 교육대학, 사범대학 학생들의 필독서인 교육학 개론은 시중에 나와 있는 종류만 해도 무척 다양하다. 1년에 양성되는 2급 정교사 자격자의 수를 대략 4만 5,000명 정도로 추산해 보자. 대학에서 사용되는 교재로도 가장 많은 독자를 확보한 책이라 볼 수 있다. 굳이 책 이야기로 재미있는 영화 이야기를 재미없게 만들려는 의도는 아니고, 영화의 내용을 교육과 연관 짓자는 것이 주제인 만큼 교육학 이론 중 교육의 개념에 대해 몇 가지 이야기해 보고자 한다. 적어도 이 영화, 「솔저」에서 깊이 생각해 보아야 할 점과 관련이 깊기 때문이다.

교육학 개론에서 가장 핵심 되는 개념은 '교육'이다. 그렇다면 교육은 개념적으로 어떻게 정의될까? 교육은 다양한 사회적 전통에 따라 달리 정의된다. 귀족주의적 전통에서 교육은 '고도의 체계적인 지식을 학습하는 과정'으로 정의된다. 자유주의적 전통에서 교육은 '무지, 미신, 독단, 편견, 환상으로부터 자유롭기 위하여 합리적 마음을 개발하는 것'으로 정의된다. 자연주의적 전통은 교육을 '잠재력을 개발시켜 성장하도록 하는 일'로 정의한다. 철학적인 시대적 사조에 따라 교육은 보이지 않는 '마음'을 성장하게 하고 '마음의 근육'을 튼튼하게 하는 것이었다. 사고력, 판단력을 키우고 이를 증명해 보일 수 있는 것들이 교육의 효과로 비추어졌다. 사회학의 영향으로 교육은 '사회화, 즉 사회에 적응하도록 하는 일련의 활동'으로, 심리학에 의해 교육은 '지적, 정서적, 도덕적인 변화'로 개념화되었다.

그러나 이러한 특정 학문에 기반한 다양한 교육의 개념들이 우리의 일상을 지배하고 있지는 않다. 비록 일반 사람들의 머릿속에 잘 꾸며진 지식으로 '교육의 정의'가 존재한다 하더라도 교육은 일상적인 삶에서 인간과 인간의 부단한 관계로 이루어지고 실천되고 있다. 그리고 이러한 관계는 교육을 대체적으로 심리적이고 행동공학적인 방식으로 개념화하도록 했다. 그 개념은 한국에서 '인간 행동의 계획적 변화'로 자리 잡아 왔다. 이는 교육학을 공부해 본 사람이라면 한 번쯤 들어 보았을 이름, 정범모 선생님이 1960년대 정리한 개념이다. 구순을 넘기고도 여전히 한국 교육에 관한 책을 집필하는 노익장을 과시하고 있는 학자다. 비록 지금은 이 개념에 대해 조금 다른 흐름을 보이고 있지만 그는 여전히 인간 행동의 계획적 변화라는 행동심리학에 근거한 공학적 개념으로서 교육의 개념을 중요한 교육학 연구의 토대로 삼고 있다.

도대체 교육을 '인간 행동의 계획적 변화'로 정의한다는 말의 의미는 무엇일까? 첫째, 교육은 인간에 관한 것이어야 한다. 인간이 주체여야 하고, 인간이 대상이어야 하며, 인간과 인간 간의 관계를 목적으로 해야 한다. 과연 '인간이란 무엇인가'에 대해 질문하자면 끝이 없을 것이다. 알파고가 이세돌 9단과의 바둑 대결에서 승리한 이후 인공지능을 지닌 컴퓨터, 로봇이 과연 인간일 수 있을까에 대한 관심이 커지고 있다. 또한 자연 속에 인간을 놓게 되면 인간은 자연의 다른 것과 구분되기 어려운 부분이 등장한다. 그럼에도 불구하고 교육은 동물이나 사물이 아닌 인간에 관한 것이어야 한다고 규정한다.

둘째, 교육은 행동을 다루는 것이어야 한다. 행동이란 심리학적으로 관찰 가능한 것이어야 한다. 관찰 가능하지 않은 것은 교육의 대상이 아니라고 본다. 물론 반론이 있을 것이다. 머릿속에서 일어나는 일, 가슴속에서 일어나는 일을 교육에서 제외한다고? 그렇다. 어찌되었건 관찰될 수 없는 것은 교육의 대상이 될 수 없다. 그렇다면 지식을 익힌다는 말은 교육의 대상이 아니지 않은가? 정확히 말하면 교육의 대상이 아니다. 그러나 지식을 익히는 과정을 평가하여 그 결과를 측정할수 있다면 이는 교육의 대상이 된다. 지식은 오로지 측정하고 평가된 결과를 볼 수 있을 때 교육의 대상이 된다. 따라서 지식 습득, 학습의 과정도 곧 행동이라 볼 수 있게 된다.

셋째, 교육은 계획된 것이어야 한다. 우연하게 일어난 것은 교육의 연구 대상이 아니다. 계획하지 않았는데 나타나는 결과, 성과는 정확하게 결과, 성과라고 이야기할 수 없다. 그것은 우연히 일어난 일일 뿐이다. 오로지 조직적으로 계획하고 그에 따라 나타난 결과를 교육의 대상으로 본다.

넷째, 교육은 반드시 변화를 동반해야 한다. 변화가 나타나지 않은 것은 교육이라 할 수 없다. 시험 점수에 향상된 변화가 없다면 교육이 이루어졌다고 보기 어렵다. 교육은 적어도 점수의 변화가 있다는 것을 전제로 논의할 수 있다. 인간 행동의 계획적 변화로서 교육은 인간으로서의 한 개인이 특정한 목표에 따라 행동이 변화되는 과정과 그 결과를 지칭한다.

이러한 행동의 계획과 변화를 전제로 학교 현장에서 도입되었던 대표적인 교수 학습법이 '완전 학습'이다. 시카고 대학교 교육학과 교수였던 벤저민 블룸(Benjamin S. Bloom)은 수업 목표에 대한 타일러의 견해를 구체화한 교육 목표 분류를 바탕으로 완전 학습을 제안했다. 그가 제안한 완전 학습의 과정을 교육 과정에 적용한 것이 완전 학습 모형이었다. 완전 학습은 어떤 수준에 있는 학생이라도 지식을 통달할수 있도록 한다는 가정을 세우고 있다. 학생들이 다음 단계의 공부로 넘어가기 전 그 수준의 정보에 통달하는 단계(즉, 지식 테스트의 90퍼센트에 통달하는 단계)에 이르도록 한다. 만약 학생이 테스트에서 정보 통달을 성취하지 못하면 정보 학습과 검증에 대해 추가적 지원을 받고 테스트를 다시 받아야 한다. 이런 순환은 학습자가 정보 통달에 이를 때까지 이어져야 하고 이를 완수한 후에야 다음 단계를 진행할 수 있다. 비록 시간은 오래 걸리겠지만 그래야 모든 사람들에게 그 어떤 지식이라도 가르칠 수 있다는 전제가 만들어진다.

이상이 바로 완전 학습 모형에 관한 대략적인 설명이다. 완전 학습은 앞에서 제시했던 교육의 개념, 즉 행동을 계획적으로 변화하도록 하기 위한 일련의 개입에 의해 가능하다. 사람에 따라 지식을 통달하는 단계에 이르는 시간이 달라지기는 하겠지만 완전 학습을 가능하게 하는 것은 잘 짜인 계획과 행동 변화가 나타나기까지 이루어지는 무한 반복적인 행동, 특히 테스트다. 시험은 난이도와 상관없이 완전한 배움을 위한 가장 잘 알려진 수단이자 과정이다. 그리고 교육의 성과 그 자체가 된다.

뭔가 딱딱한 교육 이론으로서 교육의 개념과 교수 학습 모형을 제시한 것 같지만 영화 「솔저」를 보면서 이상에서 정리한 교육의 개념과 교수 학습 모형이 떠올랐다. 적어도 나이 40에 이른 토드는 이러한 교육 개념과 교수 학습 모형에 충실하게 잘 길러진 사람이다. 이 교육은 성공적인 교육의 전형이라 할 수 있다. 신생아 때부터 선택되어 지식과 경험을 축적해 나간다. 17세 때 명실상부한 군인으로서의 경력을 시작하기까지 군인이라면 갖추어야 할 모든 것을 가장 완벽하게, 능숙하게, 효과적으로 수행할 수 있는 단계에 이른다. 이들이 공장에서 만들어진 기계가 아니라 인간이라는 점에서 이는 교육의 개념에 부합한다.

명백한 계획인 아담 프로젝트라 명명된 군사 작전에 수많은 군인들이 참여하여 계획했다는 점에서 교육의 대상이 된다. 또한 태어나서 우는 것, 먹는 것, 배설하는 것밖에 할 줄 모르는 신생아에서 가장 완벽한 기술을 갖춘 군인이 되었다는 점에서 이들의 변화와 행동은 교육이고, 교육의 대상이 된다. 적어도 완전 학습 모형에 따라 이루어진 수없는 반복과 우수한 성과를 거둔 사람들의 선별 그리고 17년이라는 긴 시간의 세밀한 계획에 의해 만들어진 토드와 케인 그리고 동료 군인들은 성공적인 교육의 결과물이 된다.

완벽한 군인으로 성장하고 활동하는 토드와 케인의 삶을 성공적인 교육이 낳은 성과라고 보는 것에 동의하는가?

두려움을 조장하는 교육

토드는 신생아실에서 옮겨진 이후 테스트를 통해 줄곧 자신을 평가하고 능력을 확인하는 사람들에게 둘러싸여 살아왔다. 평가의 대상이 되는 것은 적어도 그 발달 단계에서 익혀야 한다고 선택된 지식과 기술이었다. 완벽한 군인이 되기 위해 갖추어야 할 모든 것은 17년 동안의 온 과정에서 하나도 빠짐없이 익혀야 했다. 철저하게 계획된 교육과정에 의해 토드와 그의 동료들은 누가 뭐라 해도 최고의 군인으로 성장해야 했다. 물론 여기에 적응하지 못하고 따라오지 못하는 이들은 가차없이 제거 대상이었다. 이미 신생아실에서 데려올 때부터 군인으로서의 삶이 결정된 이들이기에 중간에 포기하거나 제거되는 사람들 또한 군인의 신분으로 폐기되었다.

이들을 견디게 한 힘은 무엇이었을까? 우월감? 성취감? 도전정신? 자신감? 이들을 견디게 한 것은 두려움이었다. 두려움이라는 감정은

어떤 것일까? 누구에게나 두려움이라는 것은 어느 정도 있게 마련이다. 심리학자가 아니니 두려움이라는 감정을 다른 감정에 비추어 구분 지어 설명할 자신이 없다. 그러나 두려움이라는 감정이 실제하는 인간의 감정이고, 토드의 평생에 걸친 삶을 호명할 수 있는 단 하나의 감정이라고 하면 어렴풋이나마 두려움이 무엇을 상징하고 있는지 말할 수 있을 듯하다.

산드라: 군인이 된다는 것은 어떤 것인가요?
토 드 : ……
산드라: 뭔가 생각하는 것이 있나요?
토 드 : ……
산드라: 뭔가 생각을 하기는 할 거 아니에요?
토 드 : ……
산드라: 그렇다면 감정이 있기는 한가요? 뭔가 느끼기는 할 것 아니에요?
토 드 : 두려움!
산드라: 두려움이요?
토 드 : 두려움과 규율이오.

산드라: 지금요?
토드 　: 항상!

　그는 자신을 하루 24시간 지켜보는 사람들이 자신을 어떻게 평가할
것인가에 대한 두려움이 있었다. 자신이 매일 임하는 훈련, 교육에서
자신의 활동, 행동이 어떻게 측정되고 평가될 것인지에 대한 두려움이
있었다. 혹여라도 남들보다 못해 뒤처지지는 않을지에 대한 두려움이
컸다. 함께 배우고 기술을 익히던 동료가 사라져도 자신도 언젠가는
그렇게 누군가에게 제거될 수 있는 대상이라는 생각에 이러한 두려움
은 더 커졌다. 따라서 동료가 사라지고 경쟁 상대가 소멸하는 것이 곧
자신의 안정적인 지위나 평정을 보장하는 것도 아니었다. 오히려 그로
인해 두려움은 한층 커졌다. 어쩌면 그가 사라짐으로써 자신에 대한
관심이 더욱 커질 것이라는 생각에 두려움의 무게는 배가되었다. 17년
동안의 훈련이 끝나고 정식 군인이 되어서도 두려움은 계속되었다.
　아담 프로젝트에 의해 계획된 목표를 충실하게 달성한 것처럼 보이
지만 정작 아담 프로젝트의 구체적인 구성원인 군인들은 삶 그 자체가

두려움이었다. 전쟁터에서 군인이 겪을 두려움을 무엇에 비교하여 설명할 수 있을까? 사실 이들은 전쟁터에서 가장 큰 두려움의 대상이었다. 이들이 등장한다고 알려지면 필경 자신을 죽일 살인 무기들의 등장으로 여기지 않았겠는가? 그러나 이들 하나하나 또한 전쟁이라는 싸움의 장에서 결코 자유로운 영혼이 될 수 없었다. 자신이 기획하고, 자신이 필요로 하는 싸움이 아니라 누군가에 의해 명령된 싸움을 싸워야 하는, 전쟁을 치러야 하는 토드와 동료들은 언제고 죽음을 맞이할 준비가 되어 있어야 했다.

토드가 아카디아 별에서 만난 공동체 사람들을 왜 그토록 신경질적으로 대했는지 그 이유를 알 수 있다. 토드는 그 어떤 사람들도 믿을 수 없었다. 어떤 명령이 어떻게 자신에게 부과될지 알 수 없는 상황에서 오로지 믿을 수 있는 것은 자신뿐이었다. 명령을 내리는 사람을 믿는 것이 아니라 명령 그 자체가 자신이 의지할 것이었다. 동료 또한 믿을 수 있는 존재가 아니었다. 그들이 서로를 의지하거나 잠시나마 신뢰할 수 있다고 느끼는 것은 그들이 같은 목표를 위해 동일한 명령을 받았기 때문이다. 협력은 서로의 필요에 의해 신뢰하는 행위라기보다는 그 자체 또한 훈련되고 반복적으로 연습된 결과이며, 이 또한 명령의 일부였다. 정신을 잃고 쓰러진 자신을 바라보고 있는 네이든과 산드라도 그에게는 경계의 대상이었다. 언제든 자신을 공격할 경우 자신을 방어하고 살아남기 위한 경계 태세를 갖추고 있어야 한다. 비록 자신보다 더 힘이 세 보이지 않는다고 하더라도 말이다.

자신에게 명령을 내리는 사람들, 자신과 함께 명령을 부여받는 사람들 그리고 명령에 따라 자신이 맞서야 하는 사람들 또한 자신과 함께 늘 경계 태세에 있었다. 죽음을 사이에 놓고 벌어지는 싸움에서 인간적 자비는 사치에 불과했다. 오로지 죽이느냐 죽느냐만이 이들의 삶을 결정하는 선택지였을 뿐이다. 자신에게 선물을 주겠다고 다가온 지미에게 그토록 험악하게 죽음의 문턱을 경험하게 한 것은 잠시나마 자신의 두려움을 부추기게 된 일들이 있은 후의 일이었다.

그런데 토드는 아카디아 사람들에게서 자신이 늘 느끼는 감정과는 다른 감정들이 있음을 발견하게 된다. 자신도 모르게 그들의 눈에서 두려움이 아닌 평정을 보게 된다. 긴장이 아닌 화목을 본다. 비록 말로는 싸우는 듯 언성을 높이지만 정작 이들은 문제를 해결하기 위한 논쟁의 과정을 거친다. 그리고 합의된 결과에 서로 승복하고 따른다. 모두 어려운 처지에 있지만 서로를 믿는다. 지도자가 있기는 하지만 그렇다고 지도자는 명령하는 사람이 아니다. 모두가 논의하고 합의한 사항을 전달하는 사람일 뿐이다.

토드는 자신이 느낄 수 없는 감정을 그들에게서 전해 받는 것에 당황해하지 않을 수 없었다. 그들에게 두려움이란 자신처럼 평생을 두려움으로 살아온 사람을 대하는 것이 유일한 두려움인 것처럼 느껴진다. 따라서 토드는 호기심 가득한 눈으로 자신을 바라보고 다가오는 네이

든과 산드라를 어떻게 바라보는 것이 좋을지 알지 못한다. 전쟁터에서 부녀자와 아이들은 작전에 방해가 된다고 판단되면 조건 없이 죽여야 하는 대상이었다. 비록 전쟁터는 아니지만 이들 삶의 터전에 덩그러니 홀로 떨어져 살아남아야 하는 토드로서는 이들의 태도를 도저히 이해할 수도 없고, 그렇다고 수용할 수 있는 것도 아니었다.

영화 속 토드의 이야기라고 좁혀 이해할 수 있을지 모르겠다. 그러나 토드의 이야기와 토드의 '두려움'은 안타깝게도 우리 주변에 널려 있다. 그것도 학교 울타리 안에서, 교육이라는 이름으로 이루어지는 다양한 환경 속에서 말이다. 그리고 교육에 관계된 사람들은 두려움을 조장하고, 두려움에 종속되어 있으며, 또 두려움을 이용해 교육을 존속시킨다. 교육은 대단한 수사적 용어들을 이용해 우리 주변에서 이러한 두려움을 되새기지 못하도록 하고, 두려움에 사로잡혀 있지만 그 두려움을 가져다주는 요인을 드러내거나 그것에 도전하지 못하도록 방어한다. 그렇다면 교육이 두려움을 조장하고 두려움에 종속되어 있다는 말은 무엇을 의미하는가?

두려움은 억압의 결과다. 억압은 사회 구조적 관계에서 만들어지고 유지되고 변화한다. 자본을 매개로 이루어지는 다양한 사회경제적 구조는 '가진 자'와 '가지지 못한 자'를 구분 짓고 있고, 정치문화적 상징의 소유, 혹은 실행 여부에 따라 '지배'와 '피지배'의 관계가 인위적으로 만들어졌다. 두려움은 가지지 못한 자가 가진 자에게 받는 억압의 결과로, 혹은 지배자가 행사하는 억압의 결과로 피지배자에게 나타나는 감정이다. 그러나 가진 자와 지배자 역시 두려움을 가지고 있다. 이는 피지배자, 혹은 가지지 못한 자들이 혹시라도 행사하는 억압의 결과가 아니라 이들을 관계 짓는 사회 경제적, 정치 문화적 구조 속에서 온전히 자유롭지 못한 상황, 즉 사회 구조가 개인에게 전가하는 억압적 환경으로 인하여 느끼는 두려움이다. 개인은 언제든 사회 구조의 수단이며, 파편화된 도구로 쓰이고 버려질 수 있기 때문이다. 결국 두려움은 두려움으로 다스려지고, 두려움은 또 다른 두려움으로 막아야 한다. 두려움이 다른 종류의 두려움을 창출해 내고, 만들어진 두려움은 그 강도가 세어지는 방식으로 두려움에 종속된 개개인을 관리한다.

교육은 사회가 전통적으로 합의했다고 전제하는 지식 체계를 다음 세대로 이어 전달한다. 그런데 이때 '합의가 전제되는' 지식 체계는 모든 사람들 혹은 '지금 여기'를 살아가고 있는 사람들이 합의한 것이 아니다. 구조적으로 이를 결정할 수 있는 누군가에 의해 만들어지고 다듬어져 '사회'와 '합의'라는 이름으로 이어져 내려온 것이다. 그리고 '문화'와 '전통'은 이를 정당화하는 중요한 도구로 작동한다. 안타깝게도, 지식을 매개로 실행되는 교육에는 특정 지식 체계를 이용하는 데 격차가 존재한다. 이 격차를 무시하는 순간 교육 실천에 참여하는 개인들은 그들을 둘러싼 사회 구조의 억압에 놓이게 된다. 물론 교육만이 이러한 억압을 행사하는 주요한 장은 아니다. 그러나 교육이 제도화되고 공식화되면서 교육만큼 광범위하게 사회적 관계 속의 억압이 드러나지 않고 행사되는 경우도 드물다. 즉 특정 사회 계층적 이해관계를 대변하는 지식 체계는 '공적 지식'이라 불리우며 억압적 관계를 만들어 내는 구체적인 요인이 된다.

두려움은 보이지 않는 억압적 관계인 지식 체계의 습득·학습을 완성하지 못하는 순간 발생한다. '왜 배워야 하는가? 무엇을 배워야 하는가? 어떻게 배워야 하는가? 배움의 결과는 어떠해야 하는가?'에 대한 상세한 설명이나 설득 그리고 정당한 합의의 기반 없이 이루어지는 일련의 교육 실천은 대부분 개인을 지식과의 관계에서 억압적인 관계에 자리하게 하고, 곧 지식을 정복하지 못한 실패자로 낙인찍는다. 평가로 이름 지어진 시험은 개인을 지식에 종속하도록 하는 대표적인 도구다. 이러한 교육 실천에서의 억압과 두려움은 교육 실천의 장으로서 학교를 떠나서도 늘 존재한다. 마치 지식은 고유하게 생명력이 있어 존재하는 주체인 듯 보인다. 또 이를 습득하고 활용해야 하는 살아 있는 개인은 지식에 종속되어 있는 피억압자의 무기력함과 불활성적인 모습을 보인다.

개인이 교육을 통해 얻게 되는 것은 지식 너머 삶의 지평을 개척하는 것이 아니라 결코 넘어설 수 없을 것 같은 지식의 체계를 이해하고 수용하고 머릿속에 축적하는 것이 전부다. 결국 개인은 늘 열등감에 시달리면서 지식 체계와 이를 평가하는 시험에 짓눌려 살아간다. 이러한 억압적인 구조 가운데 놓인 개인이 선택할 수 있는 것은 단 한 가지, 자신에게 부여된 일만 하면 된다는 것이다. 하라고 하는 일, 하도록 지시된 일, 자신에게 명령된 일만 하면 된다. 자신의 세계는 그 관계에서만 의미 있기 때문이다. 그 이상을 넘어서는 일은 상상조차 해서도 안 되고, 그 결과는 참혹한 실패뿐일 것이다. 뼛속 깊숙이 그 패배자의 결말을 지켜보지 않았는가? 따라서 교육은 패배를 두려워하게 하여 새로운 도전에 직면하거나 새로운 세계를 상상하는 것조차 금한다. 적어도 금지된 영역에 대해서는 말이다. 두려움의 교육이 오늘을 살아가는 공식이다.

현대의 아담 프로젝트

현대 행동주의 심리학의 창시자이자 당대 가장 영향력 있는 심리학자였던 스키너(Burrhus F. Skinner)는 자신에게 그 어떤 인간 유형을 맡긴다고 하더라도 계획적인 교수 방법을 통하여 원하는 직업인을 양성할 수 있다고 단언했다. 비록 언어가 다르고 가정 배경이 다른 사람들을 데려온다고 하더라도, 법조인이면 법조인, 체육인이면 체육인, 예술인이면 예술인, 학교 교사면 교사를 만들어 낼 수 있다고 믿었다. 앞서 이야기한 교육의 개념과 완전 학습 모형의 현실 적용이 가능하다고 본 것이다. 사실 이 영화, 「솔저」는 비록 군인으로 키워진 토드가 자신의 정체성을 고민하는 내용으로 구성되어 있지만 결국 스키너가 단언했던 대로, 인간은 어떤 훈련을 어떻게 받느냐에 따라 결과가 달라진다는 점을 명확하게 보여 주고 있다.

그렇다면 아담 프로젝트와 같이 완벽한 군인을 만들어 보겠다는 프로그램은 현대에 어떤 모습으로 이어져 왔을까? 실험실 속에서 은밀하게 군사 작전으로 이루어지는 경우를 알아내기는 어렵다. 더욱이 연구를 위한 일련의 '생명 윤리' 조항들은 현대의 아담 프로젝트가 비윤리적이며, 실행되어서는 안 된다고 선을 긋고 있지 않은가? 사람이 아닌 경우에도 이는 마찬가지다. 좀 더 건강하게 오래 살아 보고자 소망하

는 인간을 위하여 동물, 혹은 유인원들을 실험 대상으로 삼아 줄기세포 연구가 진행되기도 한다. 그렇다고 이를 허용한다고 할 수는 없다. 실제 이것이 인간의 삶을 어떻게 개선해 나갈지 속단할 수도 없다. 한국의 경우 황우석을 통하여 줄기세포를 만들어 내기 위한 인간 복제 연구가 어떤 윤리적 판단을 받았는지 보지 않았는가?

그렇다고 현대의 아담 프로젝트가 없다는 이야기는 아니다. 어쩌면 더 집요하게 진행되고 있고, 보다 체계적이며 암묵적인 방식으로 진행되고 있는지도 모른다. 다른 나라를 살펴볼 필요도 없다. 우리 주변에서 일어나고 있는 아담 프로젝트를 살펴보자. 흥미롭게도, 이 아담 프로젝트는 특정한 조직이 개입해 이루어지기보다는 개인 차원에서 이루어진다. 그리고 이러한 개인 차원의 작전을 원활하게 만들어 주는 정보 제공자, 서비스 제공자 그리고 관련 공모자들이 무수하게 존재한다. 자본을 매개로 이루어지는 오늘날의 아담 프로젝트는 사회적 성공을 위해 교육을 가장 핵심적인 경로로 인식한다. 이를 출생부터 사회적 성공에 이르기까지의 '파이프라인'이라고 표현할 수 있을 것이다.

소설 『잠실동 사람들』(정아은 저)에 등장하는 중산층 아줌마들의 삶을 보자. 철저히 개인화된 삶의 공간에서 아이들은 부모, 특히 엄마의 계획적인 사회 성공 프로젝트에 포섭되어 있다. 배 속에서부터 시행되는 태교, 출생 이후 경험하는 교육적 자료들, 가정에서 경험해야 하는 언어와 표현, 모국어를 채 습득하기도 전에 노출되어야 한다고 믿는 영어 교육, 그래서 택하는 영어 유치원, 초등학교를 입학하기 전에 마쳐야 하는 한글, 산술 능력, 영어 등과 함께 부수적으로 익혀야 하는 피아노, 바이올린 등 기악과 미술 능력 등, 아이가 어떤 것에 관심이 있고 소질이 있는지 파악하는 것과 달리, 아이들은 교육이란 이름으로 미래의 성공적인 전문가가 되어야 한다는 목표 아래 수많은 학습 경험에 노출된다. 정확하게 말하면 학습 경험이 강요된다. 초등학교에 이어 중등학교에 들어서면 본격적으로 대학 입시를 준비한다. 소위 'SKY'로 대표되는 한국의 대학 진학은 사회적 성공의 가장 중요한 경로가 된다. 이들 학교에 입학하기 위한 주요 경로는 국제고, 과학고, 외국어고 그리고 잘나가는 자사고 입학이다. 이러한 고등학교에 입학하기 위해서는 초등학교 단계부터 철저하게 준비해야 한다. 학교에서는 이에 걸맞은 준비가 어려우니 대체로 사교육 기관과 사교육 전문가 그리고 경험 많은 과외 교사를 고용하고 자문을 받는다. 엄마의 잘 계획된 시간표는 오로지 아이의 대학 입학과 전문직 시험에서의 합격에 맞추어져 있다.

이에 걸리는 시간을 보자면 아담 프로젝트 17년은 아무것도 아니다. 중등학교 졸업까지 18년, 대학 졸업에 걸리는 시간 4~6년 그리고 졸업 후 취업에 이르기까지 몇 년 등 최소 22~25년의 기간 동안 부모는 자녀들에게 무한한 지원을 아끼지 않는다. 이 지원에는 경제적인 지원뿐만 아니라 정보 제공, 네트워크 제공, 친구 집단 제공, 멘토 제공, 밀착 모니터링 제공 등이 포함된다. 오늘날의 아담 프로젝트는 이렇듯 개별화되어 있다. 그러나 개인이 찾아 적용하는 프로젝트의 수행 방법은 별로 다르지 않다.

근대 이전, 교육은 '자유인을 양성'하는 것을 목적으로 했다. 편견과 미신에 사로잡히지 않기 위해 스스로의 마음을 훈련하는 것, 이것이 자유인으로 만들어지는 방법이라고 보았다. 고전은 이러한 마음 훈련의 도구였다. 근대에 들어서면서 인간은 애초 갖추어진 잠재적 능력을 발현하도록 환경을 마련해 주는 것이 중요하다고 믿었다. 교육은 보다 자유주의적이고 자연주의적인 방법들이 도입되었다. 그러나 어떤 사조에 토대를 두건 교육은 특정한 장소에서 이루어지는 교수-학습의 과정으로 개념화되었고, 이때의 매개로 지식을 체계적으로 담고 있는 교과가 들어섰다. 이를 얼마만큼 체계적으로 만드냐에 따라 공교육 체제의 발전을 이야기할 수 있었다. 이렇게 양성된 개개인은 학교라는 장에서의 지식 습득자로서 국민 국가의 중요한 시민으로 살아갈 수 있는 능력을 획득한다고 믿었다. 좀 더 나아가 근대 이후 발전해 온 국민 국가는 학교를 이용하여 국가의 발전을 견인해 낼 수 있고, 국가의 규율을 충실하게 이행할 수 있도록 훈련시켜 애국적인 공민을 키워 내고자 했다.

그러나 학교에서 이루어지는 교육, 정확하게 교실에서 이루어지는 교수-학습 과정은 '암상자(블랙박스)'였다. 교육받은 개인이 사회에서 어떠한 과정으로 사회 구조에 자리하고 특정 기능을 수행하는지 알 수 없었다. 그런데 점차 사회 과학 연구가 발달하면서 학교가 어떤 기능을 하는지 좀 더 분명해지고 있다. 한 사회의 계층적 구조가 재생산되고 있다. 일부 개별적인 사회 이동이 가능하기는 하지만 전체적인 사회·문화·정치·경제적인 구조는 한 세대에서 다음 세대로 고스란이 재창출되고 있는 것이다. 이를 가능하게 하는 것이 교육이다. 이런 점에서 교육은 오늘날 계층 간 이동을 가로막는 가장 대표적인 아담 프로젝트의 장으로 활용되고 있다고 보아야 한다. 철저하게 개인의 책임을 전제로 말이다.

Chapter 9

학생, 덫에 갇히다
죽은 시인의 사회

영 화 명 : 죽은 시인의 사회
원   제 : Dead Poets Society
감   독 : Peter Weir
제 작 사 : Touchstone Pictures, Silver Screen Partners IV
제작 연도 : 1989년

영화의 내용

「죽은 시인의 사회」는 1989년 미국에서 제작된 영화로 톰 슐만(Tom Schulman)의 소설을 바탕으로 한 것이다. 고인이 된 로빈 윌리엄스(Robin Williams)가 주인공으로 등장한 이 영화는 개봉 당시 한국의 상황에 비추어 대중의 열광적인 관심을 받았다. 제목에서 느껴지는 이미지와는 달리 학교, 교사 그리고 공부에 대한 진지한 고민을 담고 있는 이 영화는 거의 모든 교직 관련 자료에서 인용되거나 논의되었다. '카르페 디엠(Carpe Diem)'이라는 말과 '캡틴, 오 마이 캡틴!'을 가장 중요한 유행어로 만들었던 이 영화는 미국 동부 지역의 자유 교양 교육을 주된 교육 과정으로 다루고 있는 기숙형 사립대학 예비학교 웰튼 아카데미(Welton Academy)를 배경으로 한다. 거의 존재감 없어 보이는 주인공 토드의 회상이기도 하다.

시기는 1959년으로, 미국에서 한창 아동 중심 진보주의 교육에 대항하여 수학과 과학을 핵심으로 내세운 지식 중심 교육 과정이 들어설 조짐을 보일 때였다. 특히 미국에서 1959년은 한창 소련과 우주 전쟁을 치르고 있던 때에 소련에서 우주선 스푸트니크 1호를 먼저 쏘아 올려 냉전 시대에 더할 수 없는 긴장을 초래한 시기였다.

새로운 학년이 시작되는 날, 웰튼 아카데미에는 재학생과 함께 신입생, 전학생들이 모여들었다. 웅장하고 엄중한 입학 행사가 진행된 이후 기숙사에 모여든 사춘기 고교생들은 저마다 어떻게 방학을 보냈고, 또 주어진 1년을 어떻게 학업에 열중할 것인지 시끄럽게 떠들어댄다. 닐과 함께 방을 쓰게 된 토드는 이 학교의 모범생이었던 형을 이어 느즈막이 전학을 온 경우로 명문대학에 진학해야 하는 집안의 전통을 따르고 있었다. 이들과 함께 새 학년 첫날을 맞은 존 키팅은 웰튼 아카데미의 졸업생이자 문학 박사로 영국 명문 고교에서 교편을 잡은 경력이 있는 영어 교사다. 엄청난 양의 과제물과 엄격한 규율 그리고 철저하게 통제된 시공간에 제한되어 있는 아이들에게 존 키팅의 첫 수업은 인상적이지 않을 수 없었다. 그는 학생들에게 귀하디 귀한 교과서의 서문을 찢어 버리라거나, 아무런 반응이 없을 죽은 사람들의 사진에 귀를 기울여 보라고 주문했다. 남의 시를 외워 읊조리기보다는 각자가 쓴 형편없는 시를 읽게 하기도 하고, 걸을 때도 남과 다르게 걸어 보고 그것을 즐기라고 말했다. 이러한 그의 수업 방식은 문학 수업의 내용과 목적에 대해 의아해하지 않을 수 없는 것들이었다. '카르페 디엠(오늘을 즐겨라)'이라거나 자신을 가리켜 '캡틴, 오 마이 캡틴(대장님, 오 나의 대장님)!'이라고 부르라는 지시도 학생들의 고개를 갸우뚱하게 했다. 결국 그의 수업은 교장으로부터 경계의 대상이 되었다. 너무나 파격적인 수업 방식이었던 것이다.

웰튼 아카데미는 엘리트 대학으로의 진학과 함께 사회 고위층으로 진입할 수 있는 직업으로 연계되는 마치 파이프라인의 한 지점과도 같다. 학생들은 오로지 공부와 시험에 열중하고 이것이 자신의 미래에 어떤 영향을 미칠지에만 관심이 있다. 그것이 웰튼 아카데미에서 오로지 공부에만 열중해야 하는 이유다. 그렇듯 시스템으로서의 학교가 운영되고 있었다. 이곳에 자녀들을 보내는 부모들도, 또 그에 순응하여 이곳에 오는 학생들도 이러한 시스템에 따로 질문을 던지지 않았다. 그런데 한 무리의 상급생들이 공부와는 상관없어 보이는 활동에 관심을 갖기 시작했다. 이 학교 선배인 존 키팅이 학생 시절 활동했다는 시문학 동인 '죽은 시인의 사회'가 그것이었다. 독특한 문학 수업으로 그는 인기가 높았지만 정작 그가 활동했던 시문학 동인에 대해서는 아는 학생들이 많지 않았다. 아이들이 도서관에서 그의 서명이 들어 있는 시문학 동인의 이름을 발견하기 전까지는 말이다.

닐, 토드, 녹스, 찰리, 리처드, 제라드, 스티븐 등 일곱 명의 학생들은 지나간 시대의 시문학 동인을 다시 결성해 활동하기로 한다. 그렇게 그들은 자신이 직접 쓴 시를 읽고 마음껏 자신의 감정을 표출하는 시간을 은밀하게 갖기 시작한다. 장소는 학교 근처의 동굴이다. 금기시된 담배도 피우고, 학교의 구성원이 아닌 여자들도 참여시킨다. 엄격한 기숙사 생활을 하는 학생들이 '탈선'할 수 있는 시간은 기껏해야 잠자는 시간뿐이었다.

철저하게 비밀리에 움직이는 '죽은 시인의 사회' 동인은 저마다의 개성 있는 활동을 만들어 가기 시작한다. 초대받은 집의 딸인 크리스와 사랑에 빠진 녹스는 그녀의 꽁무니를 쫓아다녔고, 찰리는 학교 신문에 '죽은 시인의 사회'라는 필명으로 학교에 여학생을 입학시켜야 한다는 글을 게재했다. 그리고 닐은 자신의 연극 무대를 꿈꾸며 연극 공연 오디션에 도전한다. 그러나 이들의 개성적인 활동은 생각처럼 쉽게 이루어지지 않는다. 학교 교장인 놀런은 찰리의 탈선을 체벌로 다스린다. 크리스는 녹스의 친구를 핑계로 그를 경계한다. 닐은 아버지에게서 공부에 집중하라며 연극 무대를 포기할 것을 강요받는다. '오늘을 즐기라'는 키팅 선생님의 조언과 당장 공부에만 매진하라는 아버지의 매서운 호통으로 닐은 혼란을 겪는다. 연극 공연을 앞두고 고민에 고민을 거듭한 닐은 결국 공연에 참가하기로 한다. 아버지에게는 공연을 포기했다고 거짓말을 한다. 그러나 아버지는 공연장으로 닐을 찾아왔고, 결국 공연이 끝난 후 닐은 집으로 소환되었다. 아버지가 바라는 의대에 진학하려면 공부에 매진해야 하는데, 웰튼 아카데미가 아들을 망쳐 놓았다고 판단한 것이다. 결국 공연을 성공적으로 마친 날, 아버지 손에 끌려와 학교를 떠나야 할 운명에 처한 닐은 자살을 선택한다.

닐의 자살을 계기로 시문학 동인 '죽은 시인의 사회'는 해체된다. 책임 회피를 위해 리처드가 비밀을 누설했기 때문이다. 시문학 동인에 참여했던 학생들은 놀런 교장의 계획 아래 웰튼 아카데미의 문학 교사 존 키팅이 관여했다는 거짓 문서에 서명해야만 했다. 그 과정에서 서명을 거부한 찰리는 퇴학을 당했다. 그리고 존 키팅은 학교를 떠나야 했고 그의 수업은 놀런 교장이 대신 맡게 되었다. 개인 물품을 가지러 교실을 방문한 존 키팅은 어색한 표정으로 아이들과 대면해야 했다. 바로 그때 가장 소심하고 표현이 미숙했던 토드가 놀런 교장의 음모를 밝히고, 존 키팅은 아무런 잘못이 없다고 외친다. 그리고 책상을 밟고 올라가 "오, 캡틴 마이 캡틴"을 외친다. 같은 수업을 듣던 반 이상이 넘는 학생들이 여기에 동참한다. 존 키팅의 수업은 이렇게 학생들을 변화시켰다. 그 모습에 감동을 받은 존 키팅은 학교를 조용히 떠난다.

엘리트 학교 웰튼 아카데미의 명과 암

명문 사학 웰튼 아카데미

　백파이프가 울려 퍼지는 고즈넉한 강당. 곳곳에 조명이 있지만 약간 어두운 듯 신성한 느낌을 자아내게 하는 곳. 학생들과 학부모 그리고 강당에 자리한 교수진들은 웅장한 강당의 문을 지나 입장하는 학교 기장 네 개가 강당 앞까지 이르는 모습을 지켜본다. 그 네 개의 기장에는 각기 다음과 같은 학교의 구호가 쓰여져 있다. '전통(Tradition), 명예(Honor), 규율(Discipline), 탁월(Excellence).' 그리고 이 기장들 앞뒤로 촛불을 든 교사들이 따른다. 이 촛불은 곧 새로운 학년이 시작되는 웰튼 아카데미의 모든 구성원들에게 전해진다. '지식의 빛(The Light of Knowledge)'이라는 이름으로 말이다. 그렇게 웰튼 아카데미에서 100년 동안 지켜 온 신성한 입학식이 시작되었다. 그리고 놀런 교장은 늘 그렇듯 자랑스럽게 참석자들에게 학교를 소개한다.

　　"100년 전 1859년 41명의 소년들이 여기 앉아 새로운 학년을 시작하면

서 여러분들을 반기는 것과 똑같은 질문을 받았습니다. 여러분, 우리 웰튼 아카데미의 교훈 네 가지가 무엇인가요? (상급반 학생들이 일어나 '전통, 명예, 규율, 탁월'이라고 또박또박 이야기한 후 자리에 앉는다.) 웰튼 아카데미가 설립된 해에 다섯 명의 학생이 졸업했고, 작년에는 51명의 학생이 졸업을 했습니다. 그중 75퍼센트가 넘는 학생들이 아이비리그에 진학했습니다. 이런 훌륭한 업적은 우리 학교가 열성적으로 원칙을 가르친 결과입니다. 그것은 곧 학부모님들이 자제분을 이곳에 보내는 이유이기도 하며, 이곳이 미국에서 최고의 대학 진학을 위한 예비학교가 된 이유이기도 합니다.

엘리트 명문 사학 웰튼 아카데미는 대학 진학을 위한 대학 예비학교다. 학비가 비싸기는 하겠지만 자녀들이 사회적으로 성공하기를 바라는 마음에서 부모들은 웰튼 아카데미를 선택한다. 사회적 성공의 지름길은 좋은 대학을 졸업하는 것이고, 미국 사회에서 좋은 대학이란 아이비리그로 상징되기 때문이다. 닐의 아버지처럼 닐을 하버드 대학교 의과대학에 진학시키고자 오래전부터 계획을 세우는 것이 자녀들의 성공을 바라는 부모의 마음이다. 자녀는 그런 부모의 마음을 잘 알고

있다. 부유한 부모의 지원 아래 웰튼 아카데미같이 엄격한 학교에서 공부할 수 있다는 사실만으로 자랑스러워할 수 있으며, 이는 곧 자신에게 기회를 준 부모를 절대 실망시켜서는 안 된다는 것을 의미한다.

웰튼 아카데미에서의 학업과 생활은 결코 만만치 않다. 엄격한 규율을 강조하고 최고의 성취를 요구하는 곳인 만큼 학생들에게 요구되는 것은 오로지 공부에 집중할 수 있는 환경에 적응하는 것이다. 개인의 흥미와 취향, 호기심과 직관적 끌림은 학업 앞에서 유보되거나 무시되어야 하는 것들이었다. 그래서인지 입학식이 끝나고 상대적으로 나이가 어린 아이들은 학교 생활을 두려워하며 부모와의 작별을 안타까워한다. 부모의 기대에 최선을 다하겠다는 학생들이 있는 반면, 부모의 특별한 위로와 격려가 필요한 학생들도 있었다.

한 해 겨우 50여 명의 졸업생을 배출할 정도로 작은 규모를 유지하면서도 100여 년의 역사를 지닌 명문 사학이라면 졸업생 한 명 한 명에 대한 자부심이 대단할 수밖에 없다. 거물급 정치인, 유명한 의사, 법조인, 학계의 유력 인사, 과학사에 족적을 남긴 사람들의 이름을 내걸며

학교의 명예를 이야기하지 않을 수 없다. 즉 학교의 역사는 곧 졸업생들의 역사이고, 이들이 만들어 가는 개인적 성취는 곧 다시 학교의 명예로 돌아온다. 그리고 축적된 학교의 명예는 다시 학부모들과 학생들을 끌어모으는 중요한 토대가 된다. 축적된 명예는 곧 전통으로 굳어지고, 이는 결코 무너뜨려서는 안 되는 역사로 자리매김하게 된다. 다시 강조하지만, 여기에는 그만큼 큰 비용이 소요된다는 것이 흠이기는 하지만 말이다.

'카르페 디엠'과 '캡틴, 오 마이 캡틴'

이 영화를 통해 가장 널리 알려진 용어가 '카르페 디엠'이 아닌가 싶다. 우리말로 직역하면 '오늘을 잡아라'라고 번역되겠지만 의역하면 '지금 이 순간을 즐겨라'라고 할 수 있다. 역설적으로 존 키팅은 전혀 '오늘을 즐길' 수 없는 공간 한가운데에서 학생들에게 '오늘을 즐기라'고 주문하고 있다. 웰튼 아카데미가 어떤 곳인가? 새로운 학기가 시작되자마자 수업을 담당한 교사들은 한 학기 동안의 강좌 내용과 과제 그리고 채점 기준을 제시한다.

[과학–물리] 프로젝트 목록 중 실험 세 개를 선택해서 5주마다 실험 경과 보고서를 제출하도록 해. 1장 끝부분 스무 문제는 내일까지 해서 제출할 것.
[라틴어] 애그리콜라, 애그리콜람, 애그리콜라이, 애그리콜라름, 애그리콜리스, 애그리콜라스, 애그리콜리스. 다시 한 번, 애그리콜라……
[수학–기하] 삼각함수는 정확성이 가장 중요하다. 누구라도 숙제를 제출하지 않은 학생이 있다면 최종 점수에서 1점을 감점당할 것이야. 날 시험하려 하지 않기 바란다.

웰튼 아카데미는 '오늘을 즐길' 수 있는 환경이 전혀 아니다. 오죽하면 학생들이 이곳을 '지옥의 학교(Hellton)'라고 부르겠는가? 각 강좌에서 어떤 성적을 받는가에 따라 자신이 갈 수 있는 대학교가 정해진다. 각 강좌는 최고의 전문가요, 오랜 교수 경험을 가진 교사가 담당한다. 학생 중심이 아닌 교사 중심, 지식 중심의 교수 학습 방법은 학생들을 뻔히 힘들게 할 것이다. 그런데 '오늘을 즐기라'니?

존 키팅은 웰튼 아카데미에서 자신의 첫 문학 수업을 다른 교사들과는 아주 다른 방식으로 진행한다. 휘파람을 불며 앞문으로 들어와 뒷문으로 나간다. 그러면서 자신을 따라오지 않는다고 학생들을 재촉한다. 학교의 명예와 전통을 상징하는 트로피, 유물, 사진 등이 진열되어 있는 곳에 아이들을 모아놓고 시를 읽게 한다.

시간이 있을 때 장미 봉우리를 거두라.
시간은 흘러 오늘 핀 꽃이 내일이면 질 것이다.

이 시의 내용을 라틴어로 옮기면 '카르페 디엠'이 된다. 바로 '오늘을 즐기라'는 말이 등장하는 대목이다. 그는 왜 이 말을 꺼냈을까? 시를 통한 그의 대답은 다음과 같다.

　우리는 모두 죽기 때문이다. 믿거나 말거나 우리 모두는 언젠가 숨이 멎고 싸늘해져 죽게 된다. 이쪽으로 와서 과거의 얼굴들을 살펴보거라. 너희와 별로 다르지 않을 거야, 그렇지? 머리 모양도 같고 너희처럼 젊고 패기만만한 학생들이지. 너희처럼 세상을 손에 넣어 위대한 일을 할 것이라 믿고 있지. 여기 이 사람들의 눈도 너희처럼 희망에 가득 차 있다. 하지만 그당시 그들의 능력을 발휘할 시기를 놓친 것일까? 이 사람들은 죽어서 땅에묻힌 지 오래되었다. 오늘을 즐겨라. 인생을 독특하게 살아라.

　학생들의 반응은 어땠을까? 한마디로 '뭐 이런 이상한 선생님이 다있나?' 했을 것이다. 그들의 평가는 '이상했다', '달랐다', '등골이 오싹했다', '(오늘 한 거) 시험에 나올까?' 등등 다양했다.

　'오늘을 즐기라'고 하는 그의 주문만큼 그는 자신의 수업을 독특하게 이끌어 갔다. 그는 자신을 평범한 교사가 아닌 학생들의 대장으로불러 달라고 한다. 한국의 초·중등학교에서 교사는 '선생님'으로 불린다. 교사라는 공식적 직함과는 달리 학생들은 이들을 사회적 존경을담아 '선생님'이라 불린다. 이렇게 말하고 보면 '선생' 혹은 '선생님'이라

는 호칭은 반드시 교사에게만 국한된 호칭이라 할 수는 없다. 의사를 직업으로 하는 사람은 흔히 의사라는 호칭 대신 '의사 선생님'으로 불리우고, 변호사 또한 '변호사 선생님' 등으로 불리우기 때문이다. 물론 모든 직업에 호칭으로 선생님을 붙이지는 않는다. '선생님'은 특정한 직업적 특징을 반영한 호칭이라기보다는 뭔가 사회적 거리를 둔 존칭 정도로 사용된다고 해야 할까? 흥미롭게도, 대학에서는 가르치는 사람을 '교수'라고 부르지 '선생님'이라 부르지 않는다. 마치 '교수님' 대신 '선생님'이라는 호칭을 사용하면 대상의 사회적 지위를 낮춰 버린다고 생각하는 사람이 많기 때문이다. 학과 혹은 학문적 특성에 따라 서로를 '선생님'이라고 부르는 경우가 있기는 하지만 대학에서의 호칭은 거의 '교수'로 통일되어 있는 듯하다. 어쩌면 초·중등학교에서 가르치는 일과 대학에서의 가르치는 일을 굳이 구분하려는 의도인지도 모른다.

웰튼 아카데미에서 교사는 '선생님(Sir)' 혹은 '박사님(doctor)'으로 불린다. 좀 더 엄격하게 구는 교사들에게는 성을 붙여 '○○○ 선생님'이라 불러야 한다. 이러한 규칙은 엄격하게 구분되는 교사-학생의 관계를 반영한 것이었다. 적어도 명문 사학으로서 엄격한 규율과 최고의 학업 환경을 가진 캠퍼스에서 공간을 공유하는 주체로서 교사는 그 존재 자체로 학생들로부터 존경받는 것이 당연했다. 학생은 교사를 대할 때 존경을 담아 호칭을 가려 불러야 했다. 그런데 존 키팅은 학생들에게 자신을 '선생님(Sir)'이라거나 성을 붙여 부르지 말고 '캡틴, 오 마이 캡틴'이라고 부를 것을 요구한다. 우리말로 하면 '대장님, 오 나의 대장님'이 될까?

가르치는 사람을 '대장님'이라고 부르면 순간 존재론적으로 이들 간의 관계인 가르치는 사람-배우는 사람의 관계가 달라진다. 그리고 적어도 학생들에게 '대장님'이라는 호칭은 익살스러운 리더의 역할로 다가온다. 즉 세대를 가로질러 동년배의 리더라는 느낌을 주기 때문이다. 마치 보이·걸스카웃 단체에서 학생 그룹의 리더와도 같은 이미지 말이다. 존 키팅은 자신이 학생들에게 '자기 목소리에 귀를 기울여라, 획일성에 저항해라'와 같은 가르침만큼 자신과 학생들과의 관계에 있어 보다 친밀감을 유지할 수 있는 호칭을 사용하라고 주문했다. 물론 선택은 학생들 몫이다.

다음은 키팅이 문학 수업 시간에 한 말로서 그의 독특한 수업 방식을 엿볼 수 있는 대목이다.

> 존 키팅 : 앤더슨 군은 자신의 내면에 있는 것은 모두 무가치하고 수치스럽게 보는군. 안 그런가? 그게 네 두려움이야. 난 네가 잘못되었다고 생각한다. 네 내면에는 매우 가치 있는 게 있어.
> (판서를 하며) '내 야성을 지르노라. 나는 이 세상 지붕 꼭대기에서.' …… 자, 토드 군. 이리 나와서 우리에게 야성이 무엇인지 보여 주게. 어서. 앉아서는 야성을 보여 줄 수 없지. 일어서, 어서

앞으로 나와. 야성의 자세를 취해. (중략) 저기 휘트먼 아저씨의
사진이 있다. 뭐가 떠오르지? 생각하지 말고 그냥 말해.

토드   : 미친 사람.

존 키팅 : 어떤 종류의 미친 사람? 생각나는 대로 대답해.

토드   : 정신 나간 미친 사람.

존 키팅 : 오, 좀 더 나아지는데……. 마음을 열고 상상력을 펼치고 머릿속
         에 순간 떠오르는 것을 이야기해. 바보 같은 이야기라도 좋아.

토드   : 땀에 젖어 이를 드러낸 사람.

존 키팅 : 좋아 잘했어. 너한테도 시적인 면이 있구나. 자, 이번엔 눈을 감
         아. 눈을 감아. 눈을 감아. 눈을 감고 무엇이 보이는지 말해라.

토드   : 눈을 감았습니다……. 그리고 그의 모습이 내게로 와요. 땀에 젖
         고 이를 드러낸 미친 그가. 땀에 젖고 이를 드러낸 그가 나의 뇌
         를 노려보고 있어요.

존 키팅 : 오, 훌륭해. 그에게 무언가를 시켜 봐. 뭔가를 시켜 보라구.

토드   : 그의 손이 뻗어 와서 내 목을 잡아요. 계속 뭔가를 중얼거립니다.

존 키팅 : 무얼 중얼거리고 있지?

토드   : 진실을 중얼거리고 있어요. 진실은 발을 차갑게 하는 이불 같은
         것입니다.

존 키팅 : (학급 친구들이 웃는다.) 무시하고 신경 쓰지 마. 이불 얘기를 계속

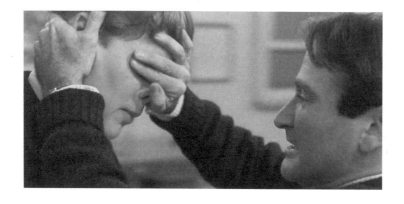

해 봐.

토드 : 잡아당겨도, 늘어뜨려도 이불은 부족합니다. 무슨 수를 써 봐도
이불은 우릴 덮어 주질 못합니다. 울면서 태어난 날부터 죽음으
로 떠나는 날까지 울고 절규하고 신음하는 우리의 얼굴만을 덮을
것입니다.

존 키팅 : (학급 친구들의 박수 소리) 오늘 수업을 기억해라.

시문학 동인, 죽은 시인의 사회

학생들은 소위 '이상한' 수업을 진행하는 존 키팅에게 관심을 갖게
되었다. 존 키팅은 웰튼 아카데미 재학 시절 졸업 연감 편찬을 책임지
는 역할을 맡았었다. 도서관에서 그의 졸업 연감을 찾아 든 학생들은
낯선 표현에 눈을 고정한다. '죽은 시인의 사회.' 이것이 무엇인지 알
길 없는 한 무리의 학생들은 도대체 죽은 시인의 사회가 무엇이냐고
존 키팅을 찾아가 묻는다. 키팅은 자신의 옛 사진과 졸업 연감에 감격
해하며 죽은 시인의 사회에 대해 설명한다. 그는 현재 학교의 분위기
로는 결코 용납하지 않을 것이며, 이는 서로 간의 비밀이라는 말을 해

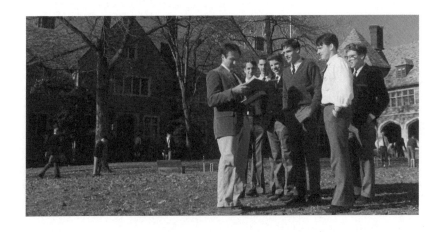

준다. 자신이 학생 시절에 참여했던 시문학 동인의 이름으로 소로 (Henry Thoreau)의 시에서 따온 것이라며, 이들은 오랜 인디언 동굴에 모여 회합을 열고 소로, 휘트먼(Walt Whitman), 셸리(Percy Shelley) 등의 시를 함께 읽었다고 했다. 여기에 참여하는 학생들이 독특한 개성을 발현하는 방법으로 시를 쓰고, 함께 읽고, 서로 비평하고, 어울려 함께 놀았던 동아리였다. 동굴에 모여 시를 낭송하고 그 시간을 즐겼던 사람들에 대한 키팅의 묘사를 보자.

> 환희로 모두 시의 마법에 걸린 기분이었지. 우린 남자들만의 모임이 아니라 낭만주의자들의 모임이었어. 시만 낭송했던 것이 아니라 시가 꿀처럼 흘러나왔던 거야. 영혼이 흘러나왔고, 여자들은 황홀해했고, 그 속에서 신들이 창조되었지.

수업 준비와 숙제로 늘 시간에 쫓기는 학생들에게 '어울려 놀았던 시공간'으로서의 죽은 시인의 사회는 미지의 세계였다. 도대체 소로의 시, 휘트먼의 시 그리고 셸리의 시를 '가장 위대하다'고 이야기하는 존 키팅의 말에 고개를 갸웃할 수밖에 없었다. 낭만주의자들의 모임? 시를 읽고 환희를 느낀다는 것? 도대체 시의 마법이란 어떤 것이지? 시가 꿀처럼 흘러나온다는 것은 어떤 걸까? 신을 창조하다니? 존 키팅의 말 한마디 한마디는 도무지 알아듣기 어려웠고, 이해할래야 할 수 없는 것이었다. 키팅이 이야기한 대로 현재의 웰튼 아카데미 교장인 놀런과 교사들 그리고 학교 정책은 결코 받아들일 수 없는 집단인 것만은 분명했다.

자신이 가진 예술적 재능을 주체하지 못하고 발산할 방법을 모르던 닐이 가장 먼저 반응했다. 자신들이 죽은 시인의 사회를 다시 시작해 보자고 제안한다. 닐을 포함해 가장 소극적인 토드까지 일곱 명의 학생들은 그렇게 취침 시간을 넘긴 밤, 기숙사를 빠져나와 옛날 시의 마법에 걸렸던 기분을 다시 창조해 내게 된다. 물론 모든 참가자들이 즐거운 마음으로 참여했던 것은 아니다. 떨어진 성적을 걱정하며 참여를 고민한 핏츠나, 무엇이든 시험에 나올 내용인지를 궁금해하는 스테판도 그 자리에 있었다.

빈틈없이 짜인 틀 속에서 고전 과목과 난이도 높은 주요 교과를 소화해 내야 하는 학생들에게 죽은 시인의 사회 회합은 거대한 해방구와도 같았다. 처음에는 키팅이 이야기했던 시인들의 시를 돌아가면서 읽

었다. 학생들에게 중요한 것은 학교에서 읽으라는 고전과 선별된 교과서 내의 문학 작품이었다. 진보적이고 자유주의적인 그리고 사회 참여적 시로 분류되는 소로, 휘트먼의 시들은 이들에게 전혀 다른 세상과도 같았다. 함께 파이프 담배도 피워 보고, 어둠 속에서 깡통을 치며 누구도 흉내 낼 수 없는 춤을 추기도 했다. 자신들의 즉흥시도 지어 발표하고 함께 느낀다. 학교에서는 볼 수 없는 여성들을 동굴로 데리고 와서는 선정적인 장면을 연출하기도 한다. 키팅이 말했던 것처럼 모두는 '시의 마법에 사로잡혀 환희'를 느끼고, 자신이 지은 시를 색소폰의 감미로운 음악처럼 꿀 흐르듯 내뱉는다. 멤버들에게 죽은 시인의 사회는 억압받는 영혼을 구원할 자신들의 해방구로서의 역할을 하면서 각자의 영혼과 감정에 충실하는 법을 배우게 했다. 물론 '그 일'이 있기 전까지는 말이다.

꿈과 현실의 갈림길

닐은 요즘식으로 말하면 '엄친아'다. 모든 교과목에서 A를 받을 만큼 똑똑하고, 친구들을 움직일 수 있는 리더십도 갖추고 있다. 대외적인 활동에도 적극적인 자세로 재능을 발휘해 많은 사람들의 기대를 받고 있는 모범생 중에도 모범생이었다. 입학식 날 놀런 교장이 닐의 아버지와 나눈 대화에서도 닐은 누구라도 부러워할 장래가 촉망되는 학생 중 하나였다. 이러한 닐은 아버지의 기대를 충족시켜 줄 것 같은 효자이기도 했다. 아버지가 이루지 못한 꿈, 즉 높은 사회적 지위를 획득하고 경제적 성공을 이루고자 했던 아버지의 꿈을 아들이 이루어 주는 것 말이다. 하버드 대학교 의과대학에 진학해, 남들이 다 우러러볼 수 있는 명망 있는 의사가 되어서 말이다. 원하는 대학, 원하는 직업을 얻

기 위해 이곳 웰튼 아카데미는 더 없이 중요한 학교가 아닐 수 없다. 놀런 교장이 입학식에서 자랑스럽게 말한 것처럼 졸업생의 75퍼센트 이상이 아이비리그에 진학하기 때문이다. 닐은 그러한 부모, 특히 아버지의 기대를 등에 업고 이곳 웰튼 아카데미에서 공부하고 있다.

똑똑한 닐이 성적 우등생인 것과 달리, 닐의 꿈은 학업과는 좀 거리가 있었다. 책임지고 졸업 연감 편찬 작업에 보다 열심을 내고, 죽은 시인의 사회 회합에서 시를 읊고 뜻을 음미하며, 시와 음악, 춤이 어우러진 감흥에 매력을 느낀다. 그리고 닐은 대중 앞에서 연극을 하고 싶어 한다. 누군가에게 자신이 맡은 역할을 정말 잘 해 보이는 훌륭한 배우이고 싶어 한다. 닐이 지역 사회에서 크리스마스를 앞두고 상연할 연극의 주인공 역에 지원하게 된 것도 이 때문이었다. 물론 닐은 이 역할을 하고 싶어 하지만 자신이 정말 이 역할을 잘할 수 있는지 그리고 공부 때문에 시간을 잘 낼 수 없는 자신이 연극하는 데 시간을 들이는 것이 바람직한지 고민하는 과정을 거친다. 무엇보다 키팅의 '오늘을 즐겨라'라는 학기 초의 조언과 '네 삶을 독특하게 살아라'라는 문학 수업의 영향이 컸다고 할 수 있다. 그렇게 닐은 지원한 역할을 맡게 되고,

연습에 몰두하며 정말 행복한 나날을 보낸다.

닐이 연극에 참여함으로써 행복을 느끼는 것과 달리 이 사실로 인해 괴로워하는 사람이 있었다. 바로 닐의 아버지였다. 그는 연극 연습을 끝내고 느즈막이 학교 기숙사로 돌아온 닐을 화난 표정으로 맞는다. 그리고 단도직입적으로 말한다.

아버지 : 넌 이미 너무 많은 시간을 연극 일에 허비했고, 나를 고의적으로 속였다. 어떻게 아비를 속이고도 괜찮을 거라고 생각했니? 대답해 봐! 배후에 누가 있지? 새로 온 그 키팅 선생?

닐　　 : 아무도 없어요. 저는 놀라게 해 드리려고 한 것뿐이에요. 학점도 모두 A예요.

아버지 : 정말로 내가 모를 거라고 생각했니? '아드님이 연극을 해요'라고 라크 부인이 말했을 때 뭔가 잘못 안 거라고, 우리 아들은 연극을 하지 않는다고 했다. 넌 날 거짓말쟁이로 만들었어. 닐. 내일 가서 연극을 그만두겠다고 얘기해라.

닐　　 : 그렇게는 못 해요. 제가 주인공이에요. 당장 내일 밤에 연극 공연을 한다고요.

아버지 : 내일 밤에 세상이 다 끝난다고 해도 상관없다. 연극은 못 한다. 알

겠어? 알겠냐고?

닐　　 : 네.

아버지 : 널 이 학교에 입학시키려고 많은 희생을 치렀다. 날 실망시키지 마라.

닐이 웰튼 아카데미에서 보내는 시간, 각 교과목에서 얻는 성적 그리고 닐의 미래는 닐의 것이라기보다는 아버지의 것이었다. 그의 아버지가 닐에게 '내일 세상이 끝나는 한이 있더라도 연극은 못 한다'고 단정적으로 말할 수 있는 이유는 오로지 아버지가 닐의 모든 것을 소유하고 관리하고 있기 때문이다. 닐은 학업적으로 우수한 모범생이었지만 그것만으로 아버지가 만족해하지는 않는다는 것을 알 수 있다. 닐은 아버지의 로봇과 같은 존재로, 아버지의 사회적 위신을 깎아 내리는 존재여서는 안 되었다. 닐이 웰튼 아카데미 같은 명문 사학에 다니고 결국 하버드 대학교 의과대학에 진학하는 것은 닐 자신만 아니라 아버지를 위한 일이기도 했다. 적어도 닐은 아버지의 꿈을 동일시해야 했고, 이를 거부하는 즉시 아버지의 권위주의적 압력에 눌려야 했다.

닐은 아버지 앞에서 차마 연극을 계속하겠다는 말을 하지 못해 조

심스럽게 '네'라고 대답했지만 결코 그럴 수 없었다. 적어도 자신을 지지해 줄 어른이 있을 것이라 믿었기 때문이다. 존 키팅 같은. 어떻게든 아버지와의 갈등을 피하고 싶은 닐에게 키팅은 '아버지에게 연극을 꼭 하게 해 달라고 부탁해 보라.'고 말한다. 아버지의 억압적 권위에 눌려 말조차 제대로 끝맺지 못하는 닐로서는 한번 거부당한 일에 대해 다시 질문하는 것은 쓸데없는 일로 여겨졌다. 닐이 자신의 처지를 두고 어두운 얼굴로 "저는 덫에 갇힌 거네요."라고 말하는 장면을 기억하기 바란다. 닐은 이러지도, 저러지도 못하는, 마치 덫에 갇힌 야생 동물 꼴이 되어버린 것이다.

닐의 죽음으로 인한 변화

결국 연극을 해야 할지 말아야 할지 판단은 닐 스스로 해야 했다. 당장 내일 있는 공연에 자신이 맡은 주인공 역할을 그만둘 수도, 그렇다고 불호령을 내리는 아버지의 명령을 어길 수도 없는 상황이다. 닐은 그야말로 덫에 갇혀 버렸다. 그 와중에 아버지에게 정말 연극을 하고 싶으니 공연을 할 수 있도록 해 달라고 부탁해 보라는 키팅의 조언은 닐에게 별 도움이 되지 않았다. 닐은 결국 공연을 하기로 했다. 아버지가 출장을 가게 되어 공연일인 내일은 집을 떠나 있을 것이고, 자신이 공연을 했다고 하더라도 절대 알 길이 없기 때문이었다. 그렇게 공연일이 밝았고, 닐은 그날 저녁 자신에게 맡겨진 역할을 완벽하게 수행했다. 그는 훌륭한 배우였다. 그런데 상황은 닐의 뜻대로 돌아가지 않았다. 아버지가 자신의 공연이 끝날 즈음 공연장을 찾아왔고, 공연장에서 자신의 아들 닐을 찾아냈다. 그렇게 공연의 마지막을 멋지게 끝낸 닐은 가장 두려운 상황과 맞닥뜨려야 했다. 연극을 하지 말라고 그렇게 신신당부했던 아버지를 대면하는 일이었다.

아버지는 아들을 집으로 데려와 풀 죽은 듯이 앉아 있는 아들에게 단도직입적으로 말한다.

아버지 : 우린 네가 왜 우리 말을 거역하려고 하는지 널 이해하려고 노력했다. 이유야 어찌되었건 간에 우린 네가 인생을 망치게 놔둘 순 없다. 내일 웰튼 아카데미를 그만두게 하고, 육군사관학교에 입학시키겠다. 넌 하버드에 들어가서 의사가 되어야 해.

닐 : 10년도 더 걸릴 거예요. 아버지 그러면 제 인생은…….

아버지 : 그만해. 감옥이라도 가는 것처럼 말하는구나. 닐, 너는 이해 못 하겠지만 너는 지금 내가 꿈도 꾸지 못한 기회를 가진 거야. 시간을 낭비하게 할 수 없다.

닐 : 제 생각을 말씀드릴까요?

아버지 : 뭐? 말해 봐. 그게 뭔데? 연극질이 그렇게 중요하냐? 넌 그런 건 다 잊어야 해.

닐 : 아무것도 아니에요.

아버지 : 아무것도 아니라고? 이제 그만 들어가 자거라.

자기 방에 들어간 닐은 쉽게 잠자리에 들지 못했다. 그날 공연했을 때의 화려한 순간을 떠올리며 희미한 미소를 지어 보인다. 그러나 다음 순간 그는 아버지 방으로 들어가 아버지 책상 서랍에서 본 권총을 꺼낸다. 그리고 탕! 닐은 그렇게 세상을 떠났다. 죽은 아들을 부둥켜 안은 아버지의 애처로운 모습에 공감할 사이도 없이 장면은 웰튼 아카데미로 옮겨진다. 흰눈 가득 쌓인 캠퍼스를 가로질러 소식이 전해지고, 죽은 시인의 사회 멤버들은 오열한다. 그리고 이 일로 죽은 시인의 사회 정체가 드러나고, 이 일의 책임자로 지목되는 존 키팅을 내쫓으려는 음모가 진행된다. 그렇게 키팅은 자신이 수업하던 교실을 떠나게 된다.

한 학교의 우등생이었던 학생이 권총 자살로 목숨을 잃었다. 도무지 믿기지 않는 일이 일어났지만 닐이 왜 죽었는지, 그의 죽음에 누가, 어떻게 책임을 져야 하는지 등 이를 대하는 방식은 사뭇 다양하다. 닐과 가까이 지냈던 친구들과 존 키팅이 닐의 죽음에 대해 갖는 생각은 학교의 교장인 놀런과 학교 당국이 이 일을 처리하는 방향과는 완전히 달랐다. 친구들은 닐이 자신의 꿈을 펼치지 못하고 아버지에게 매여 있어야 하는 입장을 이해한 데 비해 학교장을 비롯한 학교 당국은 닐의 죽음에 책임을 질 사람을 찾아 벌을 주는 일에 골몰했다. 그리고 그들이 생각하기에 이 일에 책임을 질 인물은 존 키팅이었다.

그는 평소 독특한 수업 방식으로 학생들에게 사색하는 법을 가르치겠다고 했다. 전통적인 교과 내용은 전통적인 교수법을 통해 가르쳐져야 했고, 이러한 교육의 전통은 잘 지켜져 다음 세대로 이어져야 했다. 이전 세대부터 전해져 온 교육 방식에 의문을 제기하는 것은 그 자체로 불순한 것이며, 교사가 의문을 제기하거나 혹 다른 방식을 보여 주는 순간 학생들 또한 쉽게 전염되어 버린다. 이것이 놀런 교장이 존 키팅의 별난 비전통적 문학 수업을 대하는 방식이었다. 그렇게 놀런 교장은 존 키팅을 학교에서 경계해야 할 존재로 찍어 놓고 있었다. 그때 마침 닐이 죽었다. 그가 연극을 한 후 아버지와 다툼이 있기는 했지만 그동안 우수한 성적을 거두어 온 모범생으로서의 닐을 생각해 보면 닐의 자살을 방조한 인물은 존 키팅밖에 없다. 문제는 증거가 없다는 것이다.

놀런 교장은 죽은 시인의 사회에 참여했던 학생들에게 사실과 다른

내용의 취조서를 만들고 그들의 서명을 받았다. 쉽게 이야기하자면 증거를 만든 것이다. 학생들은 그 취조서가 거짓으로 만들어졌다는 것을 알고 있었지만 웰튼 아카데미를 성공적으로 졸업할 권한을 쥐고 있는 교장에게 감히 대드는 것은 불가능했다. 그렇게 웰튼 아카데미에 어울리지 않는 유일한 인물, 존 키팅을 내쫓게 된다. 역설적으로 닐의 죽음과 존 키팅의 퇴장으로 웰튼 아카데미는 다시 일상을 되찾았다. 대학 준비를 위한 명문 사학으로서의 교수-학습 환경을 유지하는 멋진 학교의 모습으로 돌아간 것이다.

학교, 학생다움의 틀에 가두다

닐과 아버지

영화는 기숙사 아들 방을 찾은 닐의 아버지의 모습에서 시작된다. 그는 친구들이 함께 있는 방에서 닐에게 학업에 정진할 것을 당부한다. 그런데 그 말을 전달하는 방식을 잘 들어 보자.

아버지 : 이번 학기에는 들어야 할 교과가 너무 많으니 졸업 연감 일은 그 만두거라.

닐　　 : 하지만 저는 부편집장인걸요.

아버지 : 그렇다면 유감이구나.

닐　　 : 아버지, 안 돼요. 그건 말도 안 돼요.

아버지 : 여러분, 미안해요. 잠깐 단둘이 얘기하자꾸나. 사람들 보는 앞에서 나한테 반항하지 마. 알았어?

닐　　 : 아버지, 전…….

아버지 : 의대를 졸업하게 되면 그땐 네 마음대로 하거라. 하지만 그때까진 내가 시키는 대로 해라. 알겠어?

닐　　 : 네, 알겠습니다.

아버지 : 네 어머니가 너한테 얼마나 큰 기대를 하는지 알지?

닐　　 : 네. 아시잖아요. 항상 제가 너무 흥분해서 그러는 거…….

아버지 : 그래 착하지, 내 아들. 잘 들어라. 필요한 게 있으면 언제든 연락하 거라.

닐　　 : 네.

앞서 이야기했던 것처럼 아버지는 닐을 통해 자신이 못다 이룬 꿈을 실현하고자 하고 있다. 닐은 꿈을 대신 이루어 주는 아버지의 대리자다. 꿈을 이루기 전까지 닐은 아버지로부터 절대 독립할 수 없다. 마치 대리모가 수정란을 착상시킨 이후 자궁 속에서 아이를 키워 출산하기까지 태아가 철저히 엄마의 몸에 매여 있는 것과 같다. 세상에 태어난 아이가 이제 탯줄을 자르고서야 대리모와 신체적으로 분리될 수 있는 것과 같다고 할까? 닐은 아버지로부터 독립된 존재이고 싶지만 적어도 닐이 의대를 졸업해 의사가 될 때까지는 아버지로부터 결코 벗어날 수 없다. 닐은 아버지에게 학비를 비롯해 경제적으로 의지하고 있다. 적어도 자신이 아버지의 희생에 의해 무언가를 할 수 있는 기회를 가지게 되었다는 점을 늘 상기시키도록 한다. 이는 오로지 아버지가 부담하고 있는 학비, 이 학비를 마련하기 위한 아버지의 희생으로 표현된다. 닐이 죽던 밤, 아버지는 닐에게 자신을 배신하면서까지 연극한 것을 나무라며 이렇게 말한다. "닐, 너는 이해 못 하겠지만 너는 지금 내가 꿈도 꾸지 못한 기회를 가진 거야."

이미 영화에서 닐과 아버지 사이에 어떤 일이 있었는지, 결국 닐이 어떤 선택을 하는지 알고 있는 상황에서 첫 장면에 등장하는 닐 아버지의 당부가 별것 아닌 것처럼 느껴질 수 있다. 그러나 전개되는 이야기 속에서 아버지와 닐의 관계는 늘 이와 비슷하다. 언성이 좀 더 높으냐 낮으냐의 문제가 될 수 있을지 모르겠지만 늘 아버지는 닐에게 불만을 이야기하며 자신이 원하는 방향으로 닐이 결정하고 판단할 것을 강요한다. 닐은 자신이 하고 싶은 것을 하고 싶지만 결국 아버지 앞에서 공손해지고 자신의 것을 포기하는 순한 양이 된다. 아버지와 아들의 갈등은 결국 아버지의 승리로 마무리된다.

안타깝지만, 이러한 부모-자식 간의 긴장과 갈등 관계는 우리 사회에서도 너무나 흔하게 발견된다. 어쩌면 이 영화의 배경이 된 미국에서 이러한 부모-자식 간의 갈등이 우리 사회의 것과 너무도 비슷해서 놀랄 지경이다. 한국에서 부모들은 아이들의 교육을 위하여 희생하는 존재로 인식되고 있다. 아버지는 교육에 필요한 경제적 지원을 책임진다. 어떻게 돈을 벌고, 그 돈이 어떤 의미인지에 대한 대화는 가족들 사이에서 잘 공유되지 않는다. 어머니는 자녀의 교육적 성취를 높일 수 있는 효율적이고 효과적인 방법을 찾는다. 자녀의 학교 수준에 따라 달라지는 정보망과 사회 네트워크를 최대한 동원하는 것은 주로 어머니의 몫이다. 필요에 따라서는 거주지를 옮겨 다니기도 한다. 이러한 거주지 이동을 '맹모삼천지교(孟母三遷之敎)'에 빗대어 정당화한다. 교육의 수월성을 강조하는 지역으로의 거주지 이동은 대단한 비용이 든다. 공교육이 어느 나라보다도 잘 발달되어 있는 우리나라는 세계 최고의 사교육 기업 국가이기도 하다. 이런 역설이 어디 있나 싶다. 하여간 가정의 부모가 기획해 놓은 교육 계획은 빈틈없이 준비되어야 한다. 자신들의 삶을 어떻게 가꾸고 사회에서 어떤 역할을 담당해야 할 것인가에 대해서는 신경 쓸 겨를이 없다. 돈을 벌고 교육 정보를 따라다니고, 여기에 맞춰 자식들의 공부 스케줄을 짜 돌리는 일만으로도 너무도 바쁜 나날을 보내고 있기 때문이다. 적어도 이러한 삶의 사이클은 자녀가 대학에 들어가기까지 결코 끝나지 않는다. 그래서는 안 된다.

그렇다면 자녀들은? 공부만 하면 된다. 닐의 아버지가 했던 것처럼 부모들은 자녀에게 '상상할 수 없을 기회'를 제공하고 있다고 믿고 있고, 자녀들은 오로지 그 기회를 충실히 활용하기만 하면 된다. 좋은 대학을 목표로 하기 위한 여정은 태교라는 이름으로 엄마 배 속에서부터 시작한다. 출산 이후 우리말을 채 배울 틈도 없이 영어를 사용하는 가정 도우미에게서 영어를 배운다. 한글은 네다섯 살이면 마쳐야 하고, 유치원은 영어유치원을 다녀야 한다. 초등학교 들어가기 전에 이미 초등학교 저학년에서 배워야 할 것들을 마치기를 바란다. 두뇌 발달은 촉진하면 촉진할수록 좋다고 믿기 때문이다.

초등학교에 들어서면 반복되는 계산식과 단어(한자, 영어) 공부에 집중해야 한다. 그래야 국제중학교를 들어갈 수 있기 때문이다. 국제중학교에 들어가면 외고나 과학고, 혹은 꽤 괜찮은 자립형 사립고등학교에 진학해야 한다. 선발 시험을 거쳐 뽑는 이런 학교에서 나름 성공적인 진학은 곧 대학 진학에 중요한 발판이 되기 때문이다. 학교에서의 공부는 이미 선행 학습으로 '마스터'한 탓에 새로운 것이 아니다. 오로지 새로운 것, 좀 더 어려운 것을 가르쳐 주는 학원에서 시험 잘 치르는 방법을 갈고 닦으면 된다. 공부에 대한 흥미? 그런 것 없이도 반복되는 학습과 시험이면 족하다. 무엇보다 시험을 잘 치르는 기술을 익히는 데 별 문제가 없다. 공부에 대한 흥미와 스스로 동기부여하는 것이 필요할 때는 경쟁 심리를 이용한다. 그렇게 학교보다는 학원에서 습득한 기술들을 '무기' 삼아 대학 진학을 위한 싸움터에서 한걸음 한걸음 전진하도록 판을 짠다. 이런 공부의 '판' 위에서 자녀들은 부모가 짜 놓은 교육 계획에서 충실한 실행자가 되면 된다. 물론 그 성과를 부모에게 증명해 보여야 한다. 들인 시간, 들인 돈, 들인 정성에 비추어 자녀들은 자신의 학업 성과를 비용에 대한 효과로 되돌려 주어야 한다. 문제는 모든 아이들이 닐과 같이 모든 교과에서 A를 받을 만큼 성실하고 똑똑하지만은 않다는 사실이다.

자율과 규율의 대립

키팅은 문학을 가르치는 교사다. 웰튼 아카데미를 우수한 성적으로 졸업하고 아이비리그에 진학한 그는 미국이 아닌 영국의 명문 사립학교 체스터 아카데미에서 문학 교사로 일했다. 자신의 모교에서 가르칠 수 있는 기회를 가진다는 것, 그것도 모교가 유명한 소수정예 사립학교라면 그 기회는 결코 놓치고 싶지 않을 것이다.

키팅의 수업 방식은 독특했다. 학생들과의 첫 만남을 교실이 아닌 곳에서 갖기도 하고, 시를 분석하고 의미를 풀어 주기보다는 시를 통해 '현실을 즐기라'고 가르친다. 자신을 교사라기보다는 골목대장 격의 '대장님'이라고 부르게 한다. 아니나 다를까, 그는 교실에서 이루어진 첫 수업에서 시평론을 담고 있는 교과서의 첫 부분, 시를 이해하는 데 필요한 설명이 담긴 '서문'을 통째 찢어 버리라고 한다. 찢긴 페이지들은 '쓰레기통'으로 들어간다. 마치 농구공이 골대를 향해 쏙 들어가듯이. 웅성대는 이들, 과연 찢어도 되는가 고민하는 이들, 난생처음 교과서를 찢어 본 이들의 환호성, 구겨진 페이지들을 돌돌말아 던지는 쾌감을 즐기는 이들. 한마디로 수업이 이루어지는 교실이 시끄럽다. 만

약 누군가 이러한 키팅의 수업 방식을 보게 된다면 어떻게 반응할까? 바로 동료 교사 맥칼리스터의 반응을 보면 알 수 있다.

맥칼리스터 : 오늘 수업 참 재미있더군요, 키팅 선생님.

키팅　　　 : 놀라게 해 드렸다면 죄송합니다.

맥칼리스터 : 사과할 필요는 없소. 방향은 틀렸어도, 사로잡을 만했소.

키팅　　　 : 그렇게 생각하십니까?

맥칼리스터 : 학생들을 예술가가 되도록 부추기는 건 위험한 일이요. 그들은 자신이 위대한 렘브란트나 세익스피어, 모차르트 같은 예술가가 아니란 걸 깨달으면 당신을 미워하게 될 거요.

키팅　　　 : 예술가가 아니라 자유로운 사색가가 되라는 거죠.

맥칼리스터 : 17세의 자유로운 사색가라…….

키팅　　　 : 비꼬고 계시는군요.

맥칼리스터 : 비꼬는 게 아니라 현실적으로 말하는 겁니다. 몽상으로 자유로운 영혼을 보여 준다면 나는 만족할 거요.

키팅　　　 : 하지만 진정한 자유란 그들의 꿈에서만 가능합니다. 항상 그래 왔고, 앞으로도 그럴 겁니다.

　맥칼리스터의 반응은 놀런 교장으로 상징되는 명문 사학의 전통 계승자의 논평으로 이어진다. 적어도 놀런 교장은 기이한 방법으로 학생들을 지도하고 있는 키팅의 모습을 보았고, 그에 대해 들었을 것이다. 그리고 교장 및 학교의 선임 교사들과 모여 도대체 키팅이 무슨 일을 어떻게 하고 있는지에 대해 걱정 어린 평가들을 공유했을 것이다. 웰튼 아카데미에서의 문학 수업이란 시를 시답게 가르치고, 문학적 지식을 쌓아 대학 진학에 필요한 준비를 시키는 것이었다. 그런데 시를 외우도록 하는 것도 아니고, 시비평 이론을 제대로 가르치는 것도 아니

고, 거기다 시와는 전혀 상관없는 행진을 시키기까지 한다는 것은 있을 수 없는 일이었다. 키팅의 문학 수업은 교사들 사이에서 수군거림의 대상이 되었을 것이 분명했다. 놀런 교장은 이런 상황을 바로잡아야 한다고 생각했다. 이런 이유로 그는 키팅을 찾아가 다음과 같이 말했다.

놀런 교장 : 자네의 교육 방법이 비전통적이라는 소문이 돌고 있네. (중략) 그때 교정에서 무슨 일이 있었던 건가? 수업 시간에 교정에서 행진을 하고 손뼉을 치던 일 말이네.

존 키팅 : 아, 그거요. 획일화의 위험성을 보여 준 실험이었습니다.

놀런 교장 : 이곳의 교육 과정은 이미 정해져 있고 훌륭하다는 것도 증명이 되었네. 자네가 의구심을 갖는다면 학생들도 따라 할 걸세.

존 키팅 : 저는 교육의 목적은 사색하는 걸 가르치는 것이라 믿습니다.

놀런 교장 : 그들 나이에 말도 안 돼. 전통과 규율일세. 대학 입시에만 전념하게.

엘리트를 받아들이고 다시 엘리트들만 들어간다는 대학에 진학시키는 엘리트 명문 사학의 전통을 계승한 웰튼 아카데미에서는 교육에 관한 그 어떤 논쟁도 허용되지 않았다. 적어도 놀런 교장과 이 학교에 몸담고 있는 교사에게 명예를 가져다준 웰튼 아카데미의 전통은 계속 전수되어야 할 뿐만 아니라, 다시 다음 세대로 이어 가야 할 소중한 자산이었다. 놀런 교장이 키팅에게 "이곳의 교육 과정은 이미 정해져 있고 훌륭하다는 것도 증명이 되었네."라며 일침을 가한 것과 같은 맥락이다. 따라서 키팅이 학생들과 진행하는 수업은 놀런 교장에게는 불편함 그 자체였고, 절대 허용될 수 없는 교수법이었다.

놀런 교장과 키팅 사이에는 문학 수업을 어떻게 해야 하는가에 관한 교수법의 차이만 존재하는 것이 아니었다. 중등학교 단계에서 아이들을 어떻게 가르쳐야 하고, 가르침은 어떤 목적을 향해야 하는 것이냐에 대한 입장 차이도 분명하게 존재했다. 놀런 교장에게 중등학교는 대학 진학을 위한 예비 단계였다. 대학 진학에 필요한 교과를 충실하게 이수하도록 돕고 이를 온전히 숙지하도록 하는 것이 가르치는 사람이 할 일이다. 여기에 방해가 되는 것들은 교정하고 바로잡아야 할 '소음'과 같은 것이었다. 그리고 이에 끼어드는 논쟁이나 다른 방법에 대한 책임은, 사회적인 책임이라는 이름으로, 학생들보다 교사의 책임이 더 큰 것으로 여겨졌다.

키팅은 자신이 옳다고 생각하는 방향으로 수업을 이끌어 가서는 결코 안 되는 이유가 분명하게 존재했다. 키팅은 자신의 철학과 교육관을 고집하는 위치가 아닌 큰돈을 들여 대학 진학을 목표로 자녀를 이 학교에 보낸 학부모들과 그런 기대 가운데서 공부하는 아이들을 책임지기 위해 웰튼 아카데미에서 가르치는 중간 교육자다. 그러나 키팅에게 놀런 교장이 내세운 지식 체계, 전통, 명예, 사회적 책임감은 너무도 추상적이며 결코 정당화되기 어려운 목표들이었다. 적어도 배움은 한 개인이 개인으로 살아가도록 하는 데 실질적인 능력을 발휘할 수 있도록 해야 하며, 그 배움과 능력은 미래 어느 시점에 유용한 것이 아니라 바로 오늘, 이 자리에서 의미 있는 것이어야 했다. 키팅이 '카르페 디엠'을 학생들에게 강조한 것이 그러했고, 타인의 시를 읽고 분석하기보다 자신의 삶을 성찰하고 자신의 시를 써서 읽으라고 한 것도 같은 맥락이었다.

동료인 맥칼리스터 교사가 이런 키팅의 수업 방식이 '예술가'를 양성하기 위한 방법이라고 했지만 키팅은 이것이 어떤 특정한 직업인을 양성하기 위한 것이 아니라 모든 학생들에게 공히 적용되어야 할 문학 수업의 방향이라고 생각했다. 즉 학생은 사회적 지위로서 모든 현실적 감각과 느낌을 유보하고 미래를 준비하는 사람이 아니라, 바로 오늘을 살아가는 '사색적 인간'이어야 한다고 본 것이다. 공부는 수단이 아니라 삶의 한 부분으로 자신의 몸과 마음 그리고 영혼을 끊임없이 돌이켜 성찰하게 하는 목적 그 자체여야 했다. 키팅은 이러한 자신의 교육관을 휘트먼의 시를 인용해 설명하고 있다.

여러분은 생각하는 법을 다시 배우게 될 거야. 여러분은 말과 언어의 맛을 배우게 될 거야. 누가 뭐라고 하든 말과 생각은 세상을 바꿔놓을 수 있어. (중략) 시가 아름다워서 읽고 쓰는 것이 아니야. 인류의 한 부분이기 때문에 시를 읽고 쓰는 것이야. 인류는 열정으로 가득 차 있어. 의학, 법률, 경제, 기술 따위는 삶을 유지하는 데 필요해. 하지만 시와 미, 낭만, 사랑은 삶의 목적인 거야. 휘트먼의 시를 인용하자면 "오, 나여, 오 생명이여! 수없이 던지는 이 의문. 믿음 없는 자들로 이어지는 바보들로 넘쳐 흐르는 도시. 아름다움을 어디에서 찾을까? 오 나여, 오 생명이여! 대답은 하나, 네가 거기에 있다는 것, 생명과 존재가 있다는 것, 화려한 연극이 계속되고 네가 시한 편에 기여할 수 있다는 것." 여러분의 시는 무엇이 될까?

19세기 문학을 공부하는 것과 경영대, 혹은 의대에 진학하는 것은 어떤 관계가 있을까? 고등학교에서 음조와 운율은 왜 배워야 하는 것일까? 놀런 교장이 시문학, 그것도 고전 시문학을 학생들이 공부해야 한다고 생각하는 이유는 경영대와 의대에서 그것을 인문학적 소양으로 요구하기 때문이다. 비록 수업의 목적은 그렇지 않다고 하더라도 왜 배워야 하는가에 대한 답은 분명했다. 만약 아이비리그 진학 시 고전 시문학 점수를 요구하지 않거나 그다지 중시하지 않는다면 학교에서 이 교과를 배워야 할 이유가 없을 것이다. 지금은 써먹을 곳도 없는 라틴어를 배우는 이유도 마찬가지다. 그것을 고통스럽게 외우고 되뇌이는 과정을 통해 그들이 얻는 것은 대학 예비학교에서 중요한 성적표를 채우는 것이다. 그것 말고 또 무엇이 있겠는가? 그러니 주어진 교육 과정을 충실히 잘 따르는 것이 필요하다. 이 과정에서 무엇이 중요하고 중요하지 않은지, 혹 SAT의 시험 문제에 나올 법한 문구와 구체적인 문제들은 어떤 것이 될지 따져 보아야 한다. 교사는 이 길을 미리 걸었고, 또 다년간의 경험으로 아이들에게 덜 모험적인 방법을 전수해 주어야 한다. 그렇게 교사와 학생들은 지식을 매개로 모종의 친밀한 관계를 맺는다. 즉 지식과 지식의 체계를 전달하는 교사와 이를 온전히 받아들이는 학생이라는 관계다. 그리고 이러한 관계는 상당히 폐쇄적인 공간에서 사회적 지위와 경제적 자본을 매개로 판매된다. 누구도 판매라는 말을 쓰지 않겠지만 말이다.

키팅은 이에 반대한다. 문학은 오랜 인간 삶의 진실한 기록이다. 어느 순간 쓰인 기록이 하나의 전통이 되고 고전이 되어 그대로 전달되는 것이 문학 수업이어서는 안 된다고 본다. "여러분의 시는 무엇이 될까?"를 질문하는 키팅에게 가장 중요한 수업의 목적은 학생 스스로 각자의 독특한 삶을 살아가도록 하는 것이었다. 자기 언어를 발견하고, 이를 개성 있게 표현하는 방법을 찾도록 하고, 자신의 언어를 표현했을 때 자기 혼자만 껴안고 있는 것이 아니라 서로 공유하고 나눔으로써 삶의 의미를 사회적으로 확장해 내도록 하는 것이었다. 시는 다른 많은 삶의 부분 중 하나의 표현 형식으로 자신의 삶을 발견하고 확장해 내는 중요한 도구가 되었다. 자신이 과거 웰튼 아카데미의 학생 신분으로 '죽은 시인의 사회' 문학 동인으로서 가졌던 경험에서 그는 이를 증명하고 있다.

과연 누구의 말이 맞는 것일까? 문학 수업은 어떻게 진행되는 것이 맞을까?

덫에 갇힌 학생

'죽음의 트라이앵글'이라는 표현을 들어 본 적 있는가? 대학 입시를 준비하는 학생들에게 내신 성적, 수학능력 시험, 본고사(논술) 세 가지 모두를 고루 잘하도록 요구하는 방안이 제시되면서 고등학교 학생들이 느낀 입시 제도의 문제점을 표현한 말이다. 대학 입시 제도가 수도 없이 변한 과거의 사례들을 보면 이는 내신 성적 비중을 높일 것이냐, 학력고사(이후 수능) 비중을 높일 것이냐, 혹은 대학 단위의 평가인 본고사 비중을 높일 것이냐의 싸움이었다고 볼 수 있다. 대학보다 교육 정책을 조율하는 정부의 목소리가 클 경우에는 내신 성적과 수능시험의 비중이 대체로 높아지고, 대학의 자율성이 강조되는 경우에는 본고사와 내신의 비중이 상대적으로 높아졌다.

사실 수능의 비중이 높다, 낮다는 말은 모호한 점이 있다. '쉬운' 수능, 혹은 '어려운' 수능으로 나누어지면서 고등학교 교육 과정을 충실하게 반영할 것인지 아니면 응용 문제를 확대하여 교육 과정 이외의 내용을 많이 반영할 것인지에 따라 달라졌다. 각 시기의 대학 입시를 치르는 학생들은 이러한 제도의 특징을 잘 파악하여 준비해야 했다. 그런데 '죽음의 트라이앵글' 세대의 대학 입시의 내용은 셋 중 어느 것 하나 소홀히할 수 없도록 촘촘히 짜여 있었다. 학생을 평가하는 사람들 입장에서는 상당히 많은 자료들을 통해 입체적인 선발 방식이라 좋아할 만하겠지만 정작 입시의 주체인 학생들 입장에서는 거의 '죽도록 공부만 하라'는 무언의 압력과도 같은 평가 방식이었다. 매해 시험을 준비하면서 그리고 중요 시험이 치러진 후 꽃다운 나이를 마감하며 스스로 목숨을 버리는 학생들이 많은 사회에서 입시 제도는 곧 헤어나올 수 없는 죽음의 트라이앵글로 몸과 마음을 옥죄고 있다.

바로 닐이 그러한 상황이었다. 아버지와 학교의 기대를 저버리지 않는 모범생으로 자신의 역할을 충실히 하는 닐. 그러나 그의 가슴을 뛰게 한 것은 시 읽기와 연극이었다. 그는 학업에 게으름을 피우지 않앉고 성적도 좋았지만 닐의 아버지는 닐이 좋아하는 일을 결코 허용하지 않았다.

닐 외의 인물들이 겪는 상황도 크게 다르지 않다. 내성적인 성격의 토드는 무엇을 해야 할지 모르지만 누군가 꼭 해야만 한다고 하면 그냥 따라 다니는 소극적인 학생이다. 토드는 그 유명한 웰튼 아카데미의 졸업생 형을 등에 업고 이곳에 입학했다. 그러나 스스로도 자신이 형과는 아주 다른 사람이라는 것을 안다. 부모와 학교의 기대가 있기 때문에 겉으로 드러내지 않을 뿐이다. 자신에게 쏟아지는 관심과 높은 기대에 저항한 적도, 그럴 능력도 없다. 오로지 자신이 해야 할 일은 그 관심과 기대에 맞춰 학업에 열중하는 것뿐이다. 룸메이트인 닐이 자신에게 죽은 시인의 사회라는 시문학 동인에 참여하자고 할 때도 그는 아버지와 학교 교사들, 친구들에게 자기 목소리를 제대로 내지 못한다. 더욱이 자기를 찾아보라고 다그치는 키팅의 요구에 토드는 도무지 어떻게 행동해야 할지 몰랐다. 늘 누군가 정해 놓은 길을 따라만 가던 토드에게 '내면의 가치 있는 것'을 좇아 '생각하지 않고 그냥 말하는 것'은 지금껏 한 번도 해 보지 않은 일이다. 흥미롭게도, 이 영화의 화자는 토드다. 자신의 어릴 적 학창 시절, 비극적인 사건으로 이어지는 학교의 일들을 토드가 기억하는 바에 따라 회고하는 이야기다.

크리스를 사모하는 녹스는 어떠한가? 녹스는 천성적으로 나서기 좋아하는 학생이다. 우쭐댈 줄도 알고, 주변 환경이 자신에게 어떻게 대응하는지에 관심을 가지고 있다. 색소폰을 잘 불고, 누구보다 자기 표현에 강하다. 그리고 직설적이다. 안타깝게 이런 녹스에게 찾아온 사랑의 감정은 이미 남자 친구가 있는 크리스에게 향했다. 더 안타까운 것은 그 남자 친구가 고등학생들에게는 영웅으로 비추어질 만큼 멋

지고 인기 있는 풋볼 주장이었다. 어떻게 해야 하나? 녹스는 가슴을 졸일 뿐이다. 닐이나 다른 친구들처럼 공부에 열중하지도 못하고, 그들처럼 좋은 성적을 내지도 못한다. 그런데 마음은 크리스에게서 떨어질 줄 몰랐다.

그런 녹스가 한 회합에서 죽은 시인의 사회 동인들 앞에서 이렇게 내뱉는다. "여태까지 참기만 한 게 나의 문제인 거야." 그러면서 그는 전화기를 들고 크리스에게 사랑을 고백하기로 결심한다. 녹스는 잘 마시지도 못하는 독주로 인사불성이 되고, 사랑하는 사람의 남자 친구에게 죽도록 얻어터지는가 하면, 학교로부터 허락받지 않은 외출을 감행하기로 한다. 오로지 크리스를 향한 마음에 충실하기 위해서 말이다.

덫에 갇힌 학생들은 어떻게 살아가는가? 덫은 결코 헤어나올 수 없는 죽음의 늪인가? 덫이 눈에 보이지는 않지만 이를 가시적으로 만들고 운영하는 웰튼 아카데미에서 덫은 영속적인 시스템일까? 꼭 그렇다고 보지는 않는다. 잘 갖추어진 교육 과정을 아무런 저항 없이 좇아가고 있는 것 같지만 학생들은 자신이 순간순간 접하는 지식의 내용과 형식, 교사들의 가르침과 권위, 촘촘한 학교 규칙 속에서 저항하며 살아간다. 저항이 겉으로 표현될 만큼, 저항을 공유할 수 있는 학생을 넘어설 만큼 행동하기에는 더 큰 용기가 필요하지만 저항은 저항으로 곳곳에서 싹을 틔우고 있다. 숨막힐 듯한 기숙학교의 규율 속에서도 완벽한 순응만이 존재하는 것은 아니라는 점을 학생들의 언어에서 발견하게 된다. 웰튼 아카데미의 교훈 네 가지는 전통, 명예, 규율, 탁월이다. 그러나 학생들은 이를 다음과 같이 바꿔 부른다. 익살, 공포, 타락, 배설. 학교 이름은 '웰튼'이지만 학생들은 자신들의 공간을 지옥의 학교로 '헬튼'이라고 부른다. 여기에 사색하는 사람을 키우고자 했던 키팅의 문학 수업은 학생들에게 자신다움을 보다 적극적으로 표현할 수 있는 용기를 북돋아 주었다. 비록 저항으로 비추어지고, 배신으로 읽히지만 학생들의 판단과 행동은 보다 적극적으로 오늘을 살아가고자 하는 삶의 방식을 보여 준다. 덫은 덫일 뿐, 언제든 그 덫에서 벗어날 수 있다는 희망을 보여 주는 것처럼 말이다.

Chapter 10

의사 만들기, 제 길을 잃다
패치 아담스

영 화 명 : 패치 아담스
원　　　제 : Patch Adams
감　　　독 : Tom Shadyac
제 작 사 : Blue Wolf, Bungalow 78, Faller/Minoff
제작 연도 : 1998년

영화의 내용

「패치 아담스」는 유명한 의과대학교와 그 속에서 이루어지는 의사 양성 과정, 정말 훌륭한 의사에게 요구되는 가장 중요한 자질은 무엇인가에 대해 생각하게 하는 영화다. 바로 앞 장에서 다룬 영화 「죽은 시인의 사회」에서도 주인공으로 등장하는 로빈 윌리엄스가 이 영화에서도 가장 인간적인 의사로 등장해 의사에게 필요한 것은 딱딱한 전문 지식이 아닌 사람에 대한 관심이라는 점을 부각시킨다.

우울증을 앓고 있는 아담스는 자신의 우울증을 어떻게 하지 못해 자발적으로 정신병원을 찾아간다. 불안정한 부모 밑에서 자신 또한 삶의 불안정을 경험하고, 결국 정신적인 혼란, 수많은 자살 충동에 시달린다. 그러나 정신병원에서 위로와 치료를 받을 것이라 생각했던 아담스의 기대와는 달리 정작 환자들에게는 관심을 기울이지 않는 주치의와 그들을 말썽꾸러기 정도로 다루고 있는 병원 의료진들에게 실망하게 된다. 오히려 그는 같은 방을 쓰고 있는 룸메이트에게 자신이 위로와 정신적 안정을 찾아 주게 된 사건을 계기로 삶을 포기하는 대신 적극적으로 남을 돕는 자신의 미래를 그린다. 적어도 자신에게 아무런 힘이 되어 주지 못한 주치의 같은 의사가 아닌 개인의 삶에 진심으로 관심을 기울이는 의사가 되기로 한 것이다. 그는 정신병원에 자발적으로 들어왔지만 나갈 때는 마음대로 할 수 없었다. 그러나 그는 자신을 막아서는 사람들을 밀치고 그렇게 정신병동을 나섰다.

2년이 지나 아담스는 의과대학에 신입생으로 입학한다. 다른 젊은 신입생들과 달리 중년의 신입생 아담스는 초라해 보이기까지 한다. 학장으로부터 오로지 의학 지식을 머릿속에 주입시킬 것과, 제대로 된 의학 지식이 쌓이기 전까지는 대학 내 병원 출입은 못한다는 이야기를 듣지만 아담스는 의대 학장의 이야기를 전혀 귀담아 듣지 않고 병원을 드나들기 시작한다. 의대에 진학한 이유는 오로지 환자들을 만나고 그들에게 희망을 전해 주는 방법을 배우고 싶었기 때문이었다. 따라서 지식으로서의 의학과 치료법을 알아나가기보다는 환자들을 만나고, 그들의 삶과 개인적인 특성, 그들의 관심을 알아내는 것이 먼저라고 생각했다. 병원에서 아담스는 단지 관망하는 관찰자가 아닌 환자들과 대화하고, 그들의 삶에 대해 함께 이야기하는 상담사로 자리하게 된다. 그러나 이러한 아담스의 태도를 매 순간 못마땅해하는 사람이 있었다. 바로 의대 학장으로, 그는 아담스가 오랜 의대의 전통을 무시하고 지금껏 지켜 온 의사 양성 시스템을 무너뜨린다고 생각했다. 다른 한 사람은 아담스의 룸메이트로 의사 집안에서 자라 의사로 살아가는 삶에 대해 너무도 잘 안다고 생각하는 인물이었다.

늘 엉뚱하고, 전혀 의대 시스템에 익숙해질 것 같지 않은 아담스였음에도 그가 결코 비난받을 수 없었던 이유는 특이하게도 그가 모든 의학 지식을 평가하는 시험에서 늘 최고 점수를 받았기 때문이다. 특별히 시험 공부를 더 하는 것도 아닌 듯한데 성적이 늘 우수한 것을 두고 학장과 룸메이트는 의심을 품었고, 심지어 적대적으로 대응했다. 의과대학 학생은 병원을 드나들지 말라는 경고를 무시하고, 환자를 대하지 말라는 규칙을 어기고, 의사 자격증 없이 치료를 해서는 안 된다는 규율을 어겼다는 이유로 결국 아담스는 의대에서 쫓겨날 위기에 처하게 된다.

아담스는 의대 학생의 신분으로 환자들을 만나기 위한 임시 진료소를 마련하였고, 직접 치료는 아니더라도 환자들의 병을 호전시키기 위한 다양한 시도를 하고 있었다. 우여곡절 끝에 의대에서 쫓겨나는 것은 간신히 면했지만 다시금 아담스를 힘들게 하는 사건으로 결국 그는 의사가 되겠다던 꿈을 접기로 결심한다. 어렵게 마음을 얻어 애인이 된 여 동급생 카린이 치료를 목적으로 자신이 세운 진료소를 찾았던 환자에게 살해를 당한 것이다. 정신병력을 가진 사람에 의한 일이라고 하지만 어쨌든 자신의 진료소에서 비롯된 일이었다. 결국 자신이 하고자 했던 일에서 다시 실패했다고 생각한 아담스는 의대 입학 전 그토록 성공하고자 했던 자살을 완수하고자 한다.

그러나 생을 마감하기 위해 자살을 감행하려는 아담스 앞으로 마치 사랑하는 연인 카린이 자신을 위해 돌아온 듯 유유히 날아가는 나비의 생명력에 다시금 기운을 얻는다. 그리고 캠퍼스로 돌아온 아담스는 지금껏 자신에게 적대적이었던 룸메이트의 부탁을 받게 된다. 그는 아무리 훌륭한 지식에 근거하여 환자를 치료하려 하지만 겨우 환자가 식사를 하지 않는 문제로 고민하고 있었다. 아담스는 룸메이트가 그렇게 걱정하는 환자와 환자의 문제를 해결하는 방법을 알고 있었고, 결국 아담스는 누구도 해낼 수 없는 방법으로 환자에게 새로운 기운을 불어넣었다. 환자의 판타지를 실현시켜 주는 것이었다. 결코 어떤 의사도 생각해 낼 수 없는 방법으로 아담스는 의료계의 훌륭한 의사가 되었다.

들어가면서

「패치 아담스」는 걸출한 배우 로빈 윌리엄스가 등장하고, 유쾌하면서도 의미심장한 내용을 담고 있는 영화다. '패치(patch)'라는 말의 뜻은 '상처를 치유하다'는 뜻으로, 이는 실제 주인공 헌터 아담스가 정신병원에 있는 동안 붙인 별명이다. 이를 자신을 지칭하는 이름처럼 불러 달라고 해서 영화 제목도 '패치 아담스'가 되었다. 자료에 따르면, 헌터 아담스에 대해서는 다음과 같이 기술되어 있다.

> 헌터 아담스는 의대를 졸업한 이후 12년 동안 가정 진료소를 열었다. 이곳에서 아담스는 전혀 의료비를 받지 않았고, 언제고 다시 찾을 수 있는 병원으로 운영하였다. 제대로 된 병원이라 불리기 어려운 곳이었지만 그곳에서 1만 5,000여 명이 넘는 환자들을 진료하였다. 그리고 1998년 웨스트버지니아에 땅을 사들여 '게준트하이트(Gesundheit)'라 이름 붙인 병원을 짓고 있다. 아담스가 벌였던 치료 운동에 동참하기 위해 1,000명이 넘는 의사들이 줄 서 기다리고 있다.

비록 교육과는 꽤 먼 이야기처럼 들리지만 「패치 아담스」는 교육이 무엇이고, 교육은 개인의 구체적인 삶에서 어떤 기능을 해야 하는지에 대해 중요한 고민거리를 던져 주고 있다. 무엇보다 학교라는 이름으로 가르침과 배움이 제도화되어 오면서, 정작 그 속에서의 개인은 진정한 배움, 배움의 기쁨, 배움의 결과로서 사람다운 사람들 간의 관계가 사라져 가고 있음을 신랄하게 지적하고 있다. 즉 의사는 도대체 누구이고, 이들에게 가장 본질적인 능력은 무엇인가, 의사라는 전문가들은 어떻게 길러져야 하고, 이들을 가르치는 공간으로서의 의과대학, 그 속에서 의대생들의 삶과 고민, 환자와의 관계는 어떠해야 하는가에

대해 다루는 영화다. 의학과 의사됨이라는 소재로 보이는 내용이지만 이 장에서는 전문 직업인에게 필요한 학교 교육과 양성 기관은 어떤 곳이어야 하는가, 전통적으로 옳다고 여겨진 것들이 도전받는 상황에서 '교육적'이라는 말은 어떻게 해석되고 실천되는가, 지식과 학습을 둘러싼 힘의 관계는 어떠하고 이것은 어떻게 해결되어야 하는가, 사람을 다루는 직업인으로서 의사와 교사의 공통점 및 차이점은 무엇이고 이를 통해 볼 수 있는 교육은 어떤 것들인가라는 질문에 대해 고민해 보고 의사됨과 배움을 연계해 보고자 한다.

우울증 환자에서 의사가 된 헌터 패치 아담스

병력과 병명으로만 존재하는 투명인간

의사는 어떤 직업인으로 묘사해야 할까? 어느 국가를 막론하고 의사는 선호하는 직업의 최상위군에 있다. 한국도 다르지 않다. 흰 가운을 입고 근엄하게 차트를 살펴보고, 도무지 알 수 없는 글을 쓰고는 환자를 살피는 모습, 파란 수술복 가운을 입고 능숙한 솜씨로 환부를 도려내고 죽어 가는 사람을 살리는 모습, 환자에게 따뜻한 인사를 건네며 그사이 통증이 어떠한지 묻는 모습, 자신을 따르는 후배 의사들과 간호사들에게 환자의 생명을 살리는 일이 우선이라고 다그치는 카리스마 넘치는 모습, 의사는 영웅이고, 누구도 범접하기 어려운 전문적인 식견을 지닌 전문 직업인으로 비추어진다. 단지 병을 고치고 돈을 받는 직업인을 넘어 보다 건강한 삶을 디자인하고 이를 구현하기 위해 노력하는 영웅적 위인으로 그려진다.

그런데 「패치 아담스」에 등장하는 의사의 첫 모습은 이러한 상식적인 모습과는 다른 듯 보인다. 어찌 보면 전형적인 의사의 모습을 있는 그대로 잘 보여 주는 것 같기도 하고, 혹은 지나치게 환자에게 무심하게 그려진 권위적인 사람으로 보이기도 한다. 의사를 어떻게 인식하는가에 따라 달라 보이겠지만 앞서 묘사한 '생명을 사랑하는 영웅적 전문 직업인'이라는 측면에서 보자면 아담스의 우울증을 대하는 의사는 정반대의 특징을 보여 주고 있다. 그는 환자의 얼굴을 보지도 않고 진료를 시작한다. 아담스의 고민에 대한 관심보다 자신이 마시는 커피 맛

에 더 신경을 쓰는 것처럼 보인다. 환자에게 던지는 질문은 그 환자가 가진 고유한 특징과 문제를 찾아내기 위한 것으로 보이지 않는다. 훈련받은 대로, 환자를 대하는 매뉴얼대로, 누군가 자신의 차트를 보고 환자에 대한 평가 자료로 부족함이 없는 방편 정도로 보인다.

그 결과는 어떠한가? 아담스는 의료 차트에만 기록되어 있는 존재다. 병원에 존재하는 환자들은 한 사람 한 사람 독특한 개인이 아닌 개인의 병력과 병명으로만 존재하는 투명인간이며, 그저 말썽쟁이, 혹은 치료받아야 할 대상으로만 남아 있다. 그런 점에서 정신병원은 병원이라는 큰 건물과 병원을 운영하는 제도, 그 안에 있는 개개인을 생각해 보게 하는 의미심장한 상징적 공간이라 할 수 있다. 자신의 우울증을 치료하겠다고 정신병원을 찾아온 아담스가 정신병원이 결코 정신병을 치료하는 곳이 아닌, 인간성을 탈색시키고 객관화된 정신병을 관리하는 곳임을 깨닫게 되는 데서도 알 수 있다. 의사는 환자를 인간성이 탈색된 객관화된 병명으로 만들고 관리하도록 하는 데 가장 핵심적인 역할을 하는 사람들이다. 의사는 생명을 귀중히 여기는 존재가 아닌, 생명을 담보로 고도의 지식을 활용해 제도화된 권위를 행사하는 존재, 그 이상도 그 이하도 아니다. 적어도 이 영화의 시작에 등장하는 의사의 경우에 국한해서 보자면 말이다.

정상성과 비정상성의 경계

아담스는 정신병원에서 다양한 정신병력을 가진 환자들을 보게 된다. 자신 또한 시도 때도 없이 찾아오는 우울증으로 고생하지만 자신과는 다른 방식으로 '건강한' 의식을 유지하지 못하는 사람들을 신기한 듯 관찰한다. 이들 환자들은 모두 '정상적'이지 않다는 이유로 환자라고 불리는 사람들이었다. 치료의 일환으로 서로 다른 유형의 비정상적 성향을 보이는 사람들은 온전한 대화가 불가능하다. 이들은 오로지 자기 의식 속에 갇혀 남의 의식을 돌아볼 틈이 없다. 이들이 남의 이야기에 귀 기울이고 이를 통해 자신이 얼마만큼 비정상적인지, 그래서 자신의 힘으로 다시 정상적인 의식으로 돌아가게 하는 일련의 과정이 치료라는 이름으로 행해진다. 이들과 이들을 치료하는 사람들 간의 차이를 구분하는 기준은 오직 사회적 정상성이라는 개념이다. 이 장면에서 주목할 것은 아담스가 자신과 다르지 않은 사람들을 대하는 태도다.

아담스는 각자가 가진 서로 다른 비정상적 상태를 있는 그대로 받아들인다. 누구는 어떻고, 누구는 저렇고 하는 눈에 보이는 모습을 '도대체 왜 저래' 하는 방식으로 읽지 않았다. 말 그대로 각자가 지닌 정말 독특한 특징으로 읽고 이를 자신과의 관계로 만들어 간다. 자신이 무슨 생각을 하는지, 자신이 어떤 상태에 있는지조차 감당하기 어려운 환자들은 타인이 어떤 모습인지, 왜 그런지, 그 모습에 비해 나는 어떠한지를 돌아볼 겨를이 없다. 따라서 그들 또한 함께 자리한 사람들을 무신경한 모습으로 바라볼 뿐이었다. 아담스가 자신이 바라보는 사람

들의 모습을 새롭게 정의해 가는 동안 이 무신경한 환자들의 시선도 변화하기 시작했다. 그들도 아담스가 사람을 바라보는 방식대로 자신과 남을 의식하는 모습으로 바뀌어 간 것이다. 거기에 누구는 정상적이고, '누구는 비정상적이라는 구분은 보이지 않는다. 정확하게 말하면, 각자는 이러한 구분에 관심을 보이지 않는다. 결국 자신은 다른 사람과 다른 모습을 가진 사람일 뿐이라는 것을 알게 된 것이다.

아담스가 자신과 방을 함께 쓰는 사람에게 보여 준 행동도 이와 다르지 않다. 한밤중에 화장실을 가지 못하는 동료, 그가 내는 소음으로 결코 잠자리에 들 수 없는 아담스. 아담스는 그가 왜 그런 행동을 하는지 도무지 알 수 없었고 관심도 없었다. 그는 그저 동료가 잠잠해져 자신이 잠자리에 들 수 있기를 바랄 뿐이었다. 그러나 상황이 그리 간단하지 않았다. 그가 자신의 침대에서 움직이지 못하고 소음을 내는 이유는 온 방 안에 다람쥐들이 있고, 그 다람쥐들이 자신을 공격하려 한다고 생각하기 때문이었다. 그는 다람쥐들이 무서워 침대에서 내려오지 못하고 있는 것이었다. 아담스가 병실 친구에게 다람쥐는 없다고 아무리 설명하고 설득하려 해도 소용이 없었다. 동료가 침대를 내려서는 순간 자신을 공격하려는 다람쥐는 오로지 그의 의식과 눈에만 보이는 환상이었기 때문이다. 아담스는 그의 다람쥐가 그의 의식 속에만 존재한다는 것을 알게 되지만 그렇다고 그를 정신이상자 취급하고 무시한다면 아무것도 변화되지 않는다는 것을 알고 있었다. 그는 밤새 화장실을 갈 수 없을 것이고, 결국 아담스는 잠이 들 수 없을 것이다.

결국 아담스는 비록 그의 눈에 보이지는 않지만 동료의 환상을 공유하기로 한다. 아담스는 병실의 다람쥐들을 쫓아내야만 했고, 그것이 현실적인 싸움이 아니어도 오로지 그 친구의 의식 속에서만 사라지게 하면 되었다. 아담스는 다람쥐 떼와 한바탕 혹독한 전쟁을 치른다. 그리고 친구를 화장실에 무사히 들어갈 수 있도록 엄호한다. 그의 눈에는 애초에 다람쥐는 보이지 않았고, 혹독하게 치른 다람쥐 떼와의 전쟁 또한 허구라는 것을 잘 알고 있었다. 그러나 그는 자신이 타인의 환상 속에 있는 다람쥐 떼와 벌인 일로 다람쥐 떼가 실재한다고 믿는 사람을 보호할 수 있었다. 그리고 결국 자신 또한 잠자리에 들 수 있었다. 비정상적인 상황을 정상적인 상황으로 인정하고 받아들이면서 비정상적인 것과 정상적인 것의 구분을 없애 버린 것이다.

그런데 정상성과 비정상성을 뒤섞어 어느 것이 정상이고 비정상인지, 지금 경험하는 것이 현실인지 아니면 누군가의 환상 속인지를 구분하지 않고 뒤섞는 것을 불편해하는 사람들이 있다. 아니 불편해한다기보다는 거부하고 보다 철저하게 이러한 구분을 강제하려는 사람들이 있다. 아담스와 그의 환자 친구들이 보이는 즐거움에 결코 참여할 수 없는 사람들, 즉 의사와 그의 지시를 따르는 '정상적인' 사람들이다. 왜 그럴까? 그러한 구분을 통해 그들은 스스로 권위를 갖는다고 생각한다. 그런 권위가 도전받는 것을 그들로서는 도저히 참을 수가 없는 것이다. 더욱이 정상적인 것과 비정상적인 것의 뒤섞임은 분명 '혼란'을 동반한다. 이 뒤섞임은 누군가에게는 즐거운 대화의 순간이지만 누군가에게는 무질서와 혼돈 그 자체로 받아들여진다. 따라서 정상적인 것과 비정상적인 것은 따로 인식되어야 하고, 이 둘은 결코 뒤섞여 어느 것이 정상이고 비정상인지 구분하기 어려운 상황은 허용될 수 없다.

시스템을 거부하는 일탈자

아담스는 정신병원을 나오고, 2년 후 의과대학에 입학했다. 정신병원에서 룸메이트에게 도움을 주고 또 다른 입원 동료 아더 멘델슨의 환상에 공감했던 경험을 토대로, 마음이 아픈 사람들을 돕는 것이 자신이 할 일임을 깨달은 후에 선택한 일이었다. 아담스는 남을 돕는 것이 단지 남을 이롭게 하는 것을 넘어 자신의 우울증을 치료하고 사회 속에서 자신의 모습을 돌아보게 하는 데 중요하다는 사실을 알게 되었다. 자신이 경험한 의사는 자신을 허수아비 취급했지만 자신은 그와 다른 종류의 의사가 되고 싶었다. 그 첫 과정이 의대 진학 및 성공적인 의사 면허를 취득하는 일이었다.

의대 기숙사 룸메이트 미치 브로먼은 의사 가문에서 의사가 되는 것을 자기 인생의 유일한 선택으로 알고 성장한 의대 신입생이었다. 자신을 윌리엄 F. 톰슨 과학공로상을 받은 조지타운 대학교 졸업생이라 소개하는 장면에서, 자신은 누구보다 의학 지식이 뛰어나고 성실한 예비 의사라는 그의 우월감을 읽을 수 있다.

> 난 의학에 관한 모든 것을 알고 있어. 쉬지 않고 공부했어. 이 병원에 있는 모든 의사들보다 훨씬 능력 있고 진단도 잘 할 수 있어.

　브로먼은 사사건건 아담스와 대결한다. 자신보다 똑똑한 사람을 한 번도 경험하지 못한 듯, 그는 자신보다 시간을 덜 들이고도 우수한 성적을 거두는 아담스를 공격했다. 그리고 아담스에게서 의사로서 발전하기 어려운 단점을 찾아 결국 그를 내쫓고자 했다. 이유는 하나, 자신보다 더 똑똑하고 더 인정받는, 그래서 더 유능한 의사가 될 소지가 충분한 사람은 없어져야 했기 때문이다. 단순히 의사가 되는 것보다, 최고의 의사가 아니면 안 된다는 그의 생각은 모든 것에서 자신을 앞서는 아담스를 인정할 수 없었다. 경쟁에서 이길 수 없다면, 결국 경쟁에 참여할 수 있는 기회를 제거하면 된다. 그것이 브로먼이 아담스를 대하는 방식이었다.

　월콧 학장은 인간의 본성은 믿을 것이 못 되며, 믿기 어려운 인간을 혹독한 훈련을 통하여 '믿을 만한' 의사로 만들 수 있다고 큰소리친다. 그리고 자신이 학장으로 있는 의과대학은 오랫동안 이러한 의사 양성 시스템을 안정화하고 제도화해 온 축적된 경험을 갖고 있는 곳이다. 그는 이 시스템에 들어온 이상 의사가 되어 가는 시스템을 따르고 온전히 익히는 것만이 자신이 말하는 '믿을 만한 의사'가 될 수 있는 유일

한 방법이라고 주장하였다. 그러나 아담스는 이러한 시스템에 뭔가 문제가 있다고 보고, 직관적으로 행동한다. 따라서 월콧 학장이 보기에 아담스는 의학 시스템을 무시하는 일종의 일탈아였다. 그는 개인적으로 아담스가 의사가 되지 못하게 하는 것뿐만 아니라 경험적으로 축적해 온 의학 교육 시스템을 지키기 위하여 아담스의 도전을 엄격하게 다루고자 했다.

　브로먼이 개인적인 경쟁 상대로 아담스를 질시하였다면 월콧 학장은 시스템에 도전하고 자신의 오랜 경험과 지식을 무시하는 아담스의 도전 자체를 문제시했다. 그러나 브로먼과 월콧 학장의 질시와 적대시에도 불구하고, 아담스는 의대라는 시스템에서 자신의 역할을 찾아갔다. 비록 여러 사건을 일으키고, 논쟁을 불러일으키는 장본인이었지만 그는 기존 의학 교육의 시스템과 축적된 지식을 익혀 나갔고, 무엇보다 그의 천재적 능력을 부인하기 어려웠다. 그는 남들보다 공부 시간도 적고, 지식에 대한 탐닉과 특별한 기술을 보이지 않고도 어렵기로 소문난 의과 과목들에서 늘 최고 성적을 거두었다. 브로먼이 아담스의 성적을 보고 '커닝'한 것 아니냐고 의심하는 것도 결코 이상하지 않을 만큼 말이다.

의학 교육 시스템의 한계

이 영화는 병원과 의대를 배경으로 일어나는 일을 담고 있다. 의대에서 학생들이 주어진 과제에 집중하고 시험을 준비하는 장면, 시험 결과를 놓고 살벌한 등수 경쟁을 하는 장면, 환자들을 치료하는 곳이자 예비 의사들을 훈련시키는 장소로서의 병원, 그곳에 있는 사람들(의사, 간호사 그리고 환자)의 복잡한 상황들 등, 아담스를 중심으로 영화를 설명하다 보면 이 영화의 흐름이 갖는 특징을 발견할 수 있다. 아담스는 우울증을 앓고 있는 정신병원의 독특한 환자로 그려진다. 그의 병을 치료한 것은 의사가 아니었고, 더욱이 병원 시스템도 아니었다. 그로 하여금 자신의 병을 제대로 보게 한 사람은 역설적으로 자신과 같은 정신병을 앓고 있는 평범한 '환자'였다. 다수의 의학 관련 이야기들이 한 개인이 특정한 시스템에서 두드러진 성과를 달성한 것을 전제로 시작하는 것과는 사뭇 다른 이야기 전개다.

즉 이 영화는 겉으로 보기에는 의대와 의학 지식 그리고 이를 토대로 한 의학 교육 시스템 속의 예비 의사들과 의사들에 관한 영화로 보이지만 그보다는 병원, 그 속에서의 신음과 고통 그리고 매 순간 고통을 느끼고 살아가는 병원 속 환자들에 관한 영화다. 의사와 의대를 통하여 고통받는 환자를 역설적으로 보여 주는 영화인 것이다. 바로 아담스라는 한 인물이 이 두 건널 수 없는 세계의 벽을 가로지름으로써 말이다.

아담스는 의대 3학년생이 되어야 드나들 수 있는 병원을 허가도 받지 않고 드나들기 시작한다. 그러고 보면 의대생이 병원에 들어가는데 허가를 받아야 한다는 것에 의문을 품었던 것이 아담스가 처음이었을까 싶다. 도대체 뭐가 잘못인 걸까? 그는 만나서는 안 된다는 환자들과 웃고 떠들며 소란을 피웠다. 의대생으로서 어겨서는 안 되는 규정도 있었지만 병원은 조용해야 하고, 안정을 취하는 것이 환자들에게 최고의 환경이라는 병원의 규정 때문에 아담스는 결코 용서받을 수 없는 학생으로 찍혔다. 의대에는 의대의 규정이 있고, 시스템을 유지하는 과정이 있다. 병원은 병원 나름의 규정이 있고, 병원에서의 일들이 원활하게 돌아가도록 하는 과정이 있다. 아담스는 한마디로 이 두 가지 모두를 무시하는 난봉꾼이었고, 절대 길들여지지 않을 일탈자였다.

한편 병원이라는 공간은 환자들의 고통을 치료하는 곳이기도 하다. 이를 위하여 의학 지식이라는 것이 축적되어 왔고, 그 지식의 체계라는 것이 세분화되고 더욱 심화되어 왔다. 그리고 이를 다룰 줄 아는 사람들을 의사와 간호사로 구분하고 각자의 역할을 익히도록 하기 위한 의학 교육과 간호 교육이 별도로 발달해 왔다. 병원이 병을 고친다고 하지만 정확하게 이야기하면 환자들의 고통이 줄어들도록 하기 위한 의료 종사자들의 예언적 처치가 곧 병원에서 이루어지는 일들이다. 그런데 병원은 수많은 전문적 일들이 세분화되어 있다. 이 일을 담당하는 사람들 간의 구분 또한 명확하다. 의대는 병원이라는 공간을 전제하지만 어느 순간까지는 결코 가까이 할 수 없는 대상이다.

예비 의사는 병과 환자를 만나기 전 반드시 익혀야 할 지식이 있다. 예비 의사는 의사들의 축적된 경험을 따라야 하며, 이것이 또 다른 수준의 의술을 갖출 수 있는 최선의 방법이라 여겨진다. 환자들의 고통은 개인적인 차이보다는 병명이라는 것으로 범주화되며, 개인을 이해하는 것보다 병과 질병에 대응해 온 처치법을 익히는 것이 보다 타당한 의학 교육이라고 본다. 따라서 의대의 교육은 병원이라는 현장에 굳이 구애받지 않고 독립적인 교육의 공간으로 자리 잡고, 의사를 양성하는 교육 과정은 기존 의사와 예비 의사들의 '지식 전이(knowledge transfer)'로 충분하다고 본다. 결국 의대에서 의학 교육에 참여하는 예비 의사들은 환자 개인과 그들의 직접적인 고통을 책 속의 지식으로, 의사들의 강의를 통해 접하면 될 뿐이다.

만약 실습 과정에서 혹 자신이 배운 것과 다른 상황에 직면하게 되면 자신이 익힌 지식이 잘못된 것이 아니라 질병과 자신이 느끼는 고통을 제대로 표현하지 못하는 환자의 잘못이 크다. 병에 대해서는 환자보다 의사가 더 전문적으로 잘 알기 때문이다. 적어도 월콧 학장과 브로먼의 우월감은 의학 지식과 의학 교육의 시스템이 주는 전문성에 기인한다. 그리고 이 전문성은 누구든 쉽게 습득할 수 있는 것이 아니다.

브로먼이 아담스를 이길 수 없는 이유

스스로가 환자였던 아담스는 자신의 우울증을 극복할 수 없다는 자괴감에 빠져 살았었다. 자살을 시도했던 일도 그렇고, 그때마다 결국 죽지 못하고 다시 삶의 끈을 이어 왔던 것도 그렇다. 더욱이 자기 발로 정신병원을 찾아가 어찌할 수 없는 자신을 다잡아 보자고 했던 것도 그렇다. 그는 자신을 옭아매고 있는 자괴감, 불행했던 어린 시절에 갇혀 늘 우울한 과거에 집착하고 있는 모습을 보였다. 적어도 자신이 정신병원을 찾았을 때는 병원의 제도화된 전문성이 자신의 병을 치료하고 정상성을 회복할 수 있도록 도울 것이라 믿었다.

그러나 병원에서 그가 접한 것은 전문성이라기보다는 자신을 한 개인이 아닌 대상화된 환자, 의학 교과서에 등장하는 질환자 정도로 여

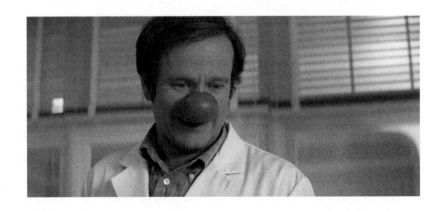

긴다는 점이었다. 이는 자신에게만 해당하는 일이 아니었다. 그와 함께 '갇혀' 있는 다른 환자들도 마찬가지였다. 병원과 그 내부에 있는 전문가들은 그가 의사가 되어 치료하겠다고 하는 '사람'에 집중하기보다는 '병'과 '환자', 그들이 직면하고 있는 경험적으로 알려진 '비정상성'에만 집중하고 있었다. 환자 개개인은 개성을 지닌 하나의 인격체가 아닌 정상성에서 벗어나 정상적인 상태로 돌아와야 하는 대상으로 취급되었다. 그렇게 병원은 제도화되어 왔고, 아담스는 제도화된 병원에서 희망을 찾지 못하고 더 좌절할 수밖에 없었다.

　자신에게 희망을 갖게 한 것은 환자로 함께 입원해 있는 동료였다. 이들은 서로 다른 증상을 가진 환자들이었지만 적어도 서로를 한 인격체로 대하고 서로에게 위로와 공감을 보여 줄 수 있었다. 아담스 스스로도 동료 환자들의 환상을 공유하고 공감하면서 그들의 삶이 가진 의미를 알아 나갈 수 있었고, 그들의 치료를 도울 수 있었다. 아더 멘델슨이 제시한 오묘한 손가락 숫자 맞추기, [그는 한 손의 네 개 손가락을 펴보이며 몇 개냐고 묻는다. 뻔한 질문을 왜? 그러나 그의 질문에 네 개라고 답하는 순간 아더는 모든 사람들이 미쳤다고 외쳐 댄다. 어떻게 그것이 네 개로 보이

냐며 말이다.] 밤마다 자신을 괴롭히는 다람쥐 떼로 화장실에 못 가는 루디를 위해 한밤중에 전쟁 치르기처럼. 아담스는 흰 가운을 입고 나서도 환자를 대하는 태도는 늘 같았다. 죽은 듯 누워만 있어야 하는 소아병동의 아이들에게 웃음을 주기 위해 루돌프 코 끼우기, 잭키에게 죽기 전 가장 화려한 인생의 장면으로 마지막 사파리를 경험하게 주기, 국수로 가득 찬 풀장에서 헤엄치기를 꿈꾸는 케네디 여사에게 국수 풀장 만들어 주기, 죽음 앞에 초연하지 못해 간호사들을 향해 요강을 던지는 환자 빌에게 죽음을 의연하게 받아들이도록 하기 등. 그리고 영화의 초반부에서 병원 복도에 누워 있는 환자를 두고 벌어지는

일에서 환자에 대한 아담스의 자세를 가장 잘 이해할 수 있지 않을까
싶다.

이튼 박사: 여기 어렸을 때 당뇨병에 걸린 환자가 있다. 피 순환이 잘 안 되
고 당뇨병 신경 장애야. 보다시피 수종이 생긴 당뇨병 궤양이
있다. 그리고 탈저정 증상이 보인다. 질문 있나?

학생 1　　: 골수염은요?

이튼 박사: 분명하지 않아. 하지만 없다고 확정할 수는 없어.

학생 2　　: 치료는요?

이튼 박사: 혈당량을 고정시켜야만 해. 항생제, 어쩌면 절단이 필요할 수도
있어.

아담스　　: 이름이 뭐예요? 저는 그저 환자 이름이 알고 싶어서요.

이튼 박사: 마조리.

아담스　　: 안녕하세요, 마조리.

마조리　　: 안녕하세요.

이튼 박사: 자, 이동하지.

아담스는 환자들을 지극히 정상적인 삶을 영위하고 있는 개성적인

사람들로 여겼다. 그리고 이들로 하여금 자신이 가진 고통과 질병은 영속하는 것이 아닌 삶의 일부라는 점을 알도록 했다. 그에게 치료란 질병에만 집중해 환자에게는 무관심한 것이 아니라 개성을 가진 사람들의 삶에 집중하고 그들이 그 삶을 즐기도록 하는 것이었다. 그리고 이 일은 오로지 의사라는 전문적인 훈련을 받아 형식적인 면허를 받은 사람들만의 영역이 아님을 보여 주려 했다.

어쩌면 브로먼이 아담스와 경쟁해서 결코 이길 수 없었던 이유도 바로 이것이었는지 모른다. 브로먼은 오로지 정해진 길로만 가려고 했다. 자신이 알 수 있고, 알아야만 하는 것들은 모조리 교과서 안에 있었다. 교과서 바깥에 있는 지식은 배울 필요도, 그럴 만한 가치도 없는 것이었다. 의사라는 직업인이 되기 위해 자신이 준비해야 하는 것은 이미 경험적으로 축적되고 전수되어 내려오는 것들로서 의과대학의 교육 과정과 전문적 교수진들에게 배우면 되는 것들이었다. 따라서 자신이 충실하게 따라야 할 것을 버려두고 또 다른 길을 찾으려고 하거나, 교과서 혹은 교수진이 하지 말라는 것을 좇는 행위는 말 그대로 무가치한 일이었다. 브로먼의 눈에 아담스는 그런 인물이었다. 그러나 누구

보다도 똑똑하고 잘 준비된 예비 의사로 자부하던 브로먼은 정작 환자 중 케네디 여사가 식사를 하게 하는 방법을 알지 못한다.

결국 자신이 알고 있는 모든 것이 교과서 속에 있다고 믿었던 브로먼도 환자를 한 인격체로 대하고 다가가는 아담스의 태도가 훌륭한 의사가 되는 데 있어 중요한 자질이라는 사실을 인정하지 않을 수 없었다. 그런 점에서 이 영화는 훌륭한 교사나 의사는 길러지는 것보다 타고난 천성의 비중이 크다는 암시를 주는 것만 같다.

사람 중심의 치료 운동

아담스는 이웃을 위한 무료 진료소를 열었다. 이는 "시스템은 시스템, 완벽하지 않지만 그것밖에 없어."라는 의사의 이야기를 어떻게든 바꿔 보고자 한 행동이었다. 오랜 구애 끝에 마음으로 자신을 받아 준 애인 카린 피셔와 함께 그는 자신의 진료소를 갖게 되었다. 이를 위한 장소를 제공한 사람은 정신병원에서 만났던 동료였다. 진료소에는 의료 보험 혜택을 못 받는 가난한 사람들, 병원에서 거부당한 사람들, 공공 진료소의 오랜 기다림을 참기 힘든 환자들이었다. 그리고 진료소는

갈 곳 없는 부랑아들과 사회적으로 적응이 필요한 사람들이 쉬어 갈 수 있는 쉼터 역할도 겸했다. 아담스는 이곳에서 누구든 환자를 만날 수 있도록 했다. 심지어 환자가 다른 환자들을 치료하거나 상담할 수 있도록 만남의 관계를 따로 정하지 않고 개방했다. 진료소는 함께 먹고, 자고, 서로를 위로할 수 있는 따뜻한 치료의 공간이 되어 갔다. 웃음(laughing)과 공감(sympathy), 서로에 대한 환대(hospitality)가 그 어떤 전문적 의술이나 치료제보다 훌륭한 처방이라고 믿는 아담스의 생각이 반영된 진료소였다. 그곳에서는 누구도 거부되지 않았다.

그러나 모든 일이 순조롭게 진행되지만은 않았다. 환자를 무료로 진료하고 치료하기 위해서는 고가의 장비와 약품이 아니더라도 가장 기초적인 물품이 있어야 했다. 붕대, 소독약, 솜, 거즈, 반창고 그리고 기본적인 약품들 등. 결국 아담스는 병원에 쌓여 있는 물품들을 가져오기로 한다. 물품을 옮겨 오는 데는 성공했지만 안타깝게도 이 사실이 월콧 학장에게 발각되고 만다. 이 일로 아담스와 진료소에 무언가 안 좋은 일이 닥치는 것은 시간 문제였다.

그러나 그 일이 있기 전 아담스의 연인 카린이 진료소를 찾았던 정신분열증 환자에게 살해당하는 일이 벌어진다. 카린을 사랑하는 그의 친구들은 그녀의 죽음을 슬퍼하며 떠나보낼 수 있었지만 아담스는 그럴 수 없었다. 사랑한다는 말조차 마음껏 하지 못했고, 앞으로 함께하기로 계획했던 일들을 제대로 시작도 하지 못했기 때문이다. 무엇보다 자신이 열어 운영했던 진료소에 그녀를 끌어들이고, 진료소를 찾았던 환자 중 한 명에게 피해를 입었다는 점 때문에 그녀의 죽음은 곧 자신의 잘못으로 여겨졌다. 그렇게 아담스는 월콧 학장의 소환이 있기 이전에 자신의 꿈, 즉 의사가 되는 꿈을 접기로 결심하고 학교를 뛰쳐 나갔다. 그리고 우울증으로 몇 번 시도했던 자살을 완수하고자 했다.

그러나 아담스는 죽지 않았다. 아니, 죽을 수 없었다. 죽음 직전 자신을 찾아온 나비 한 마리 때문이었다. 그는 그 나비가 죽어 자신을 떠난 카린이라고 여겼다. 어린 시절 카린은 주변의 남자들로부터 성적 희롱과 폭력의 대상이었다. 그 남자들로부터 벗어나고자 소망했던 카린은 창밖의 송충이를 부러워했다. 나비의 애벌레 송충이 말이다. 남자들에게 얽매여 벗어나지 못하는 자신과 달리 송충이는 허물을 벗고 다시 아무런 흠 없이 나비가 되어 하늘로 날아오를 수 있었기 때문이다. 이것이 그토록 아담스를 거부했고, 마음을 열어 그를 받아들이기 어려워했던 이유다. 즉 이 때문에 아담스는 자신의 마지막 순간 카린이 나비로 환생하여 자신을 찾아왔다고 믿었다. 그것으로 자신이 죽지 않고 다시 꿈을 이어 가야 할 이유는 충분했다. 그렇게, 사랑했던 연인의 죽음으로 인한 절망을 극복하고 아담스는 학교로 돌아왔다.

그러나 아담스를 기다리는 것은 월콧 학장의 '퇴학 통지서'였다. 퇴학의 이유는 앞서 아담스가 자신의 진료소에 쓸 물건을 병원에서 가져간 사건 때문이었다. 결국 월콧 학장은 아담스의 도전에 가장 가혹한

방법으로 대응하고자 했다. 죽음으로 연인을 보내고, 자신도 죽음 문턱까지 갔다 온 아담스는 더 이상 두려울 것이 없었다. 무엇보다도 그는 자신이 퇴학당할 만큼 잘못한 일이 없다고 생각했다. 결국 아담스는 자신의 '퇴학 통지' 사안을 주의학위원회 재판으로 가져갔다. 이 재판은 단지 의사와 의료 행위, 치료와 치료 아닌 것, 의료 공동체 속에서 우리와 우리 아닌 사람들의 의견을 통해 아담스의 의사 적격성을 판단하고자 했다.

꽤 긴 연설을 통해 아담스는 자신뿐만 아니라 예비 의사인 동료들에게 의사가 되기 전에 먼저 인간성을 갖추라고 주문한다. 틀에 짜인 의학 교육이 자신들을 재단하기 전에 사람을 먼저 보고 그들과 대화할 수 있어야 한다고 주문했다. 아담스는 재판부를 향해 자신을 동료로 받아들일 것인지, 아니면 비판적인 외부인으로 둘 것인지 선택하라고 호기를 부렸다. 오랜 논의 끝에 재판부는 아담스에게 의사가 되는 길을 열어 주었고, 비록 자신들이 인정할 수 없는 방식이라도 사람을 중심으로 한 치료 운동이 확대되기를 바란다고 치하했다. 그렇게 아담스는 의사가 되었다.

의대는 훌륭한 의사를 길러 내는가?

순응할 것인가, 붕괴할 것인가

유명한 의과대학의 학장으로 월콧은 자신과 의과대학의 교수진들이 의사를 길러 내는 일을 책임지고 있다는 점을 강조한다. 그가 처음 신입생들과 만나는 장소에서 던진 이야기를 들어 보자.

> 먼저, 해치지 말라. 이 간단한 의학의 교훈이 암시하는 것이 무엇인지 아는가? 엄청난 힘이다. 그 힘이란 해칠 수 있는 능력을 말하지. 누가 이 능력을 주지? 환자야. 자신들이 가장 두려운 순간에 환자는 여러분을 찾아와 칼을 주고는, "의사 선생님, 제 배를 갈라 주세요."라고 하지. 왜 이렇게 하지? 여러분을 믿기 때문이야. 그 환자는 어린아이가 엄마를 믿는 것처럼 여러분을 믿는다. 해치지 않을 것이라고 믿는 거지. 슬픈 사실은 인간은 믿을 만한 게 못 된다는 것이다. 거짓말하는 것이 인간의 본성이야. 빠른 길을 택하려 하고, 겁 많고, 피곤해하고 실수하지. 머리가 멀쩡한 환자라면 다른 사람을 믿지 못할 것이다. 그러나 우리는 그런 일이 없도록 만들 거야. 우리의 사명은 혹독하고 무자비하게 인간성을 걸러 내는 훈련을 시키고, 더 나은 것으로 만드는 것이다. 우리는 여러분을 의사로 만들 것이다.

월콧 학장은 의사가 된다는 것은 믿을 수 없는 인간의 본성을 죽이고 보다 나은 사람이 되는 것이다. 어디서 많이 들어 본 이야기 같지 않은가? 교육을 정의하는 방식이 이렇다. 교육은 인간 본연의 특성들이 부족하고, 빈틈이 있고, 길들여지지 않기 때문에 단련하고 다듬어서 보다 나은 인간으로 살아가게끔 하는 활동이다. 곧 월콧 학장의 이야기에 따르면 좋은 의사로 길러지는 것 자체가 곧 교육이라 할 수 있다. 그런데 여기서 중요하게 생각해야 할 부분이 있다. 인간의 본성

은 '믿을 만한 게 못 된다'는 것이다. 그런데 인간은 '혹독하고 무자비한 훈련'으로 보다 나아질 수 있다는 것이다.

따라서 의사가 되는 것과 마찬가지로 교육도 믿을 만하지 못한 인간의 본성을 벗어던지고 보다 고차원적인 문명과 지식의 세계에 들어가는 것이라고 보아야 한다. 월콧 학장은 이러한 세계에 들어간 사람들과 그렇지 않은 사람들은 그 자체로 구분되어야 한다고 본다. 즉 인간 세상은 누구를 믿지 못하는 상황이지만 가장 두려운 순간에 직면한 환자가 의사에게 칼을 주며 자신을 해하지 않을 것이라고 믿게 되는 것처럼 말이다. 의사는 자신이 받은 훈련으로 인해 환자에게 믿음을 살 수 있게 된다. 적어도 이론상으로는 말이다.

그러나 월콧 학장의 그럴듯한 '의사 되기'는 엉뚱한 학생 아담스로 인해 심하게 도전받게 된다. 아담스와 월콧 학장은 만나는 그 순간부터 서로 다른 세계를 바라보고 있는 사람들 같다. 그래서인지 월콧 학장은 굳이 자세히 이야기하지 않아도 되는 '상식적인 의학적 전문성'에 대해 진술한다. 그는 병원에 드나들어서는 안 된다는 규칙을 어긴 아담스를 대면해 다음과 같이 이야기한다.

자네가 의사가 되기를 열망한다는 소리도 들었다. 사실 헌터, 열망이 의사를 만드는 게 아니야. 내가 의사를 만들어. 알겠나? 의대생은 3학년이 되기 전에는 환자를 대할 수 없어. 알아들었나? …… 우리 방법은 수세기에 걸친 경험에서 나온 성과야. 다 이유가 있어. 여긴 내 병원이야. 그 안에서 일어나는 모든 일을 나는 알고 있어. 모든 일을 말이야.

의학 지식은 "수세기에 걸친 경험에서 나온 성과"다. 이를 체계적으로 정리하고 전달할 수 있도록 만든 곳, 그곳이 의과대학이고 병원이다. 의사가 되려는 사람들은 월콧 학장을 비롯한 의학적 전문성을 갖춘 사람들에게 무조건 순응하고 따라야만 한다. 일일이 따져 묻는 것은 시간 낭비일 뿐이다. 이미 그것이 만들어지고 정리되고 간추려지는 과정에서 쓸모없는 것들은 다 제거되고 오로지 익혀 알아야 할 '정수(essence)'만이 남게 된 것이다. 월콧 학장의 "다 이유가 있어."라는 말이 내포하는 의미는 바로 이것이다. 그리고 의사가 되려는 사람은 이미 모든 것을 알고 있는 의사로부터 배워야만 한다. 머리를 가득 채워야 한다. 손짓 하나, 말투 하나, 눈짓 하나까지 모두 배워 익혀야 한다. 그 과정이 '혹독하고 무자비하다'고 하더라도 참아 내야 한다. 그것이 의사가 될 수 있는 유일한 길이기 때문이다.

어쩌면 월콧 학장의 눈에 비치는 아담스는 정말 '괴짜'였을 것이다. 입장 바꿔 놓고 생각해 보면 아담스를 바라보는 학장의 마음은 답답하기 그지없었을 것이다. 굳이 따로 말하지 않더라도 잘 따라오는 다른 학생들과 달리 아담스는 뭐 하나 제대로 응하는 것이 없다. 하지 말라는 것을 하는 것도 문제지만 자신이 내세운 원칙의 의미와 본질적 토대를 허물어 내려는 그의 질문과 도전이 불편했다. 그러나 그를 더욱 힘들게 한 것은 아담스의 행동이 자신이 그토록 주장해 온 과거로부터 축적되어 온 경험과 지식에 비해 결코 뒤떨어지지 않는 효과를 냈다는 점이다. 즉 환자들이 병원에서 즐거워하고 약을 덜 먹고, 화를 덜 내고, 결국 환자의 병이 호전되어 갔다는 점이다. 월콧 학장에게 이는 단지 개인적인 관계에서 불편함을 안게 되는 것을 넘어 도무지 일어나서는 안 되는 자기 세계의 붕괴를 경험하는 일이었다.

아담스와 월콧 학장 간의 긴장과 갈등은 정확하게 학교 내에서의 학생과 교사와의 관계를 투영해 보여 준다. 교사에게 학생은 오로지 자신에게 부여된 과제를 수행하는 '머릿속이 비어 있는 교육의 대상'으로 인식된다. 교사는 모든 것을 알고 있고, 학생은 모든 것을 알고 있는 교사로부터 배워 익혀 다시 교사와 같은 지식을 자기 속에 형성해야 한다. 이 지식은 교과서의 교과 내용으로 존재하며, 이 지식이 오늘날의 교과 지식으로 만들어지기까지 수천년의 경험, 역사적 논쟁 그리고 결정의 과정을 거쳐 왔다. 교과 지식이 우리의 공식적인 지식이 되기까지는 다 그럴 만한 이유가 있다. 여기에 딴지를 거는 일은 시간 낭비에 불과하고, 순순히 하라는 대로 하는 것이 최선의 방법이 될 것이다.

우리 세계의 교육도 월콧 학장의 외침과 학생을 대하는 답답함이 그대로 묻어 있는 실정이다. 그렇듯 개별적인 특성을 지닌 호기심 가득 찬 수많은 '아담스'들은 월콧 학장의 의기양양한 호통 속에 조용히 '혹독하고 무자비한 훈련'을 감내하도록 틀에 가두고 있는 것이다. 앞으로 '의사'가 될 수 있다는 작은 희망을 부여잡은 채 말이다.

생체적 의료 기술인가, 환자의 감정과 삶인가

배움에 임하는 학생들이라고 모두 똑같은 과정을 거치진 않는다. 같은 또래의 아이들이라도 자신이 대면하는 세상과 사물에 대해, 자신이 만나는 사람에 대해, 그들과의 관계에 대해 똑같은 질문을 던지지 않는다. 어쩌면 아담스와 브로먼의 대결은 이 영화에서 아담스가 월콧 학장과 대립하고 갈등하는 가운데 아담스가 감동 어린 승리를 장식하는 장면보다 더 교육적인 장면이 아닐까 싶다. 나이 든 신입생 아담스, 의사 집안에서 성장한 엄친아 브로먼, 이 둘 모두 정말 의사가 되고 싶어 한다. 그것도 평범한 의사가 아니라 훌륭한 의사가 되고 싶어 한다.

아담스: 좋은 방이네요.

브로먼: 뭐 도울 일이라도?

아담스: 발 안마가 필요해요.

브로먼: 다시 말하면, 여기서 뭐하고 있는 거죠?

아담스: 당신의 룸메이트예요. 이사 왔지요.

브로먼: 무례하게 들릴지 모르지만 의과대학 신입생치고는 너무 나이가 많은 듯하군요.

아담스: 베이브 루스는 39세에 양키 팀에 들어갔지요. 그래요, 당신 말이 맞아요. 난 그런 예가 필요해요. 만일 당신이 찾게 되면 내게 말해 줘요. 안녕하세요. 저는 패치 아담스예요.

브로먼: 미치 브로먼입니다. 조지타운 대학교를 졸업했어요. 윌리엄 F. 톰슨 과학공로상을 탔답니다.

아담스: 에머슨 초등학교를 졸업했어요. 한번은 토끼 그림을 그려 금별을 두 개 탔지요.

가난한 집에서 그다지 잘 양육받지 못한 아담스는 오로지 자신이 경험한 세상, 험한 세상에서 살아가는 방법을 체득했다. 그는 삶의 고단함과 우울함, 고통과 연민을 유쾌함과 즐거움 그리고 공감의 관계로 풀어내려 한다. 따라서 그에게는 뭔가 질서 있는 것이 보이지 않는다.

도대체 어떻게 교과 시험 성적이 그렇게 잘 나오는지 모르겠지만 그것 하나를 제외하고는 전형적인 학교의 문제아로 보인다. 그에 비해 브로 먼은 질서정연하고 예측 가능하며 성과가 나올 것이라는 생각을 갖게 한다. 정말 재미없고, 딱딱하고 야박할 만큼 엄격한 기준과 잣대를 들 이대며 '우리'의 틀을 단단히 고정하고자 한다. 누가 보더라도 이 영화 에서 브로먼은 정말 고집스러운 엘리트주의자이자, 계층·계급을 염두 에 둔 차별주의자라고 하지 않을 수 없다.

그런데 이 글을 읽는 독자들도 마찬가지겠지만 '자녀가 어떻게 되기 를 바라는가'라는 질문에 거의 전부 브로먼을 꼽지 않을까 싶다. 안정 적인 직업을 가질 수 있는 집안의 지원, 차분한 성격, 성실한 태도, 집 중하고 노력하는 자세, 목표를 정하고 이를 달성하려는 집념 등, 그는 뭐 하나 나무랄 것이 없다.

그런데 이 둘은 살아온 세상이 다르고 성정이 다른 것만큼이나 의 학, 좋은 의사, 치료에 대한 입장도 사뭇 다르다.

아담스: 내가 커닝한다고 월콧에게 말했지. 네가 그랬다는 거 알아. 왜 그랬는지 설명해 봐.

브로먼: 속일 생각 마. 난 너하고 같은 방을 써. 네가 얼마나 공부하는지 안단 말이지. 그런데 나보다 더 잘해? 말도 안 돼!

아담스: 이 교만하고 거드름 피우는 개새끼 같으니라고……. 누가 너를 의학계 관리인으로 만들었지? 네 아버지와 할아버지가 의사였기 때문에? 유전적이라고?

브로먼: 그래, 네 말이 맞아. 난 그걸 보며 자랐어. 난 매일 죽어 가는 환자를 대하는 게 어떤 건지 알아. 그리고 난 저녁 먹으러 집에 오는 의사의 인생이 어떤지 잘 알아. 너는 그게 없어.

아담스: 너는 있다구? 내가 싫으면 그렇다고 말해.

브로먼: 난 네가 싫어.

아담스: 왜 날 싫어하지? 네가 개새끼인데도 난 널 좋아하는데.

브로먼: 넌 내 노력을 우습게 만들기 때문이야. 난 의사가 되기 원해. 그건 나한테 게임이 아니란 말이야. 공부하는 것은 노는 시간이 아니야. 이건 아주 중대한 일이라구. 나에게는 위대한 의사가 될 소질이 있어. 하지만 난 이 목표를 위해 희생할 필요가 있어. 더 나아지기 원한다면 말이야. 난 구할 수 없는 생명을 구할 거야. 나도 너처럼 농담하고 웃고 다닐 수 있어. 하지만 난 공부해야만 해. 더 배우면 배울수록 생명을 구하고 중대한 순간에 바른 답을 할 가능성이 높기 때문이야. 내가 개새끼라고? 그럴지도 몰라. 하지만 보통 사람이 죽음에 이르렀을 때 개새끼를 원할지 아니면 유치원 선생을 원할지 생각해 보라고. 그들의 죽음을 웃음거리로 만들면서 말이야. 왜냐하면 그날이 오면 나는 개새끼를 원할 거고, 너도 그럴 거야. 안 그래?

아담스: 더 이상 네가 젊다고 생각하지 마. 어떻게 개새끼가 되어야만 일을 성취할 수 있다고 생각하게 되지? 그리고 그게 마치 새로운 사실인 양 생각할 수 있냐고?

이 영화에서 브로먼은 교육 시스템에 잘 길들여진 학생의 전형을 보여 준다. 마치 교육이라는 것이 무엇인지 잘 알고 있고, 그 길에서 무엇을 하고, 무엇을 하지 말아야 하는지 잘 알고 있다고 믿는 그런 학생 말이다. 마치 한 생명을 구할 수 있는 의사라는 위치는 머릿속에 뭔가 차곡차곡 쌓아 가면 자연스레 얻어지는 결과물이라 여기는 학생, 그 과정에서 자신이 '개새끼'가 되건, 남을 짓밟는 괴물이 되건, 혹은 남의 아픔에 아무것도 느끼지 못하는 돌 같은 심장을 가지게 되건 아무 상관이 없다고 생각하는 그런 학생 말이다. 아담스와 브로먼의 이런 차이는 태생적·환경적 차이에서 비롯된 것일까? 그렇지 않다.

브로먼이 이야기한 것처럼 두 사람은 자라면서 각기 자기 성정과 태도, '보다 나은 세상'을 만들어 가기 위한 자신의 역할과 위치를 배워 나갔다. 그 과정과 결과에 대해서는 두 사람의 입장이 또 달라진다. 어떤 결과를 얻기 위해서는 과정이 체계적이어야 하고 그에 임하는 참가자는 희생을 치르더라도 순응해야 한다고 생각한 브로먼과 달리, 아담스는 과정은 상황과 여건에 따라 언제고 달라질 수 있다고 보았다. 체계적인 지식과 제도는 결과를 위한 하나의 과정일 뿐 그것에 구속될 필요는 없는 것이다. 과정은 언제든 새롭게 만들어질 수 있고, 똑같은 현상이라도 그는 서로 다른 접근으로 완전히 다른 결과를 가져올 수 있다고 믿었다. 브로먼이 완벽하지 않지만 시스템에 집착하는 것과 달리, 아담스는 시스템 또한 인간이 만든 것으로 인간이 시스템보다 우선해 고려되어야 한다고 보았다. 특히 생명을 존중하고 보호하는 의사로서 브로먼은 생명을 유지하는 생체적 의료 기술을 익히는 것이 중요하다고 본 반면, 아담스는 생체적 의료 기술 이전에 그 생체의 주인인 사람의 감정과 삶을 존중해야 한다고 보았다.

결국 이 둘의 차이는 식사를 하지 않으려 버티는 케네디 여사를 매개로 정리된다. 카린의 죽음으로 학교를 떠나려는 아담스를 브로먼이 막아선다.

아담스: 네가 날 이기기 전에는 떠나지 못한다는 거야? 그래 항복한다. 네가 최고야. 네가 최우수 학생이야. 네가 나보다 똑똑해. 그게 네가 듣기 원하는 거야? 이제 가도 돼?

브로먼: 212호 케네디 여사 알지? 그분이 식사를 안 해. 지난 3주 동안 매일 찾아갔어. 식사를 하도록 할 수가 없어. 난 의학에 관한 것이라면 모든 것을 알고 있어. 쉬지 않고 공부했어. 이 병원에 있는 모든 의사들보다 훨씬 잘 진단할 수 있다고 장담해. 하지만 식사를 하게 만들진 못하겠어. 넌 타고난 재능이 있어. 사람들을 잘 다뤄. 사람들은 널 좋아해. 네가 떠나면 난 그걸 배울 수 없어.

어떻게 좋은 의사·교사를 만들 것인가

이 영화의 주제는 '좋은 의사'란 어떻게 만들어지고, '사람을 치료한다'는 것의 의미는 무엇인가라는 질문으로 정리될 수 있다. 이 질문은 아담스가 월콧 학장 및 브로먼과 각각 표출해 내는 긴장과 갈등으로 표현되고, 이들이 긴장과 갈등의 관계를 이해하고 설명하는 방식으로 답변하고 있다. 무엇보다도 이 영화에서 가장 긴장감이 감도는 질문과 대답은 영화의 마지막 부분에 등장하는 아담스의 주의학위원회 재판 과정에서 발견할 수 있다. 좋은 의사는 누구이고, 의사가 환자를 치료한다는 말의 의미는 무엇이며, 의대에서 의사를 잘 길러 낸다는 제도의 의미는 무엇인지에 대해 곱씹게 하는 이야기들로 가득한 명장면이다. 무엇보다도 아담스를 퇴학시키고자 하는 월콧 학장 측과 월콧의 퇴학 통지에 저항하기 위한 아담스 측의 싸움이 흥미롭다. 형식적으로는 월콧 학장 측을 대변하는 듯하지만 결과적으로 아담스의 새로운 치료법과 의사상에 대해 박수를 보내는 주의학위원회의 논의를 지켜보는 것 또한 흥미롭다.

아담스는 무료 진료소를 열었다. 크게 문제삼지 않고 넘어갈 수 있는 일일 수도 있었지만 아담스와 동료들이 의대 부속병원에서 진료에 쓸 물건을 챙겨 나가면서 문제가 불거지기 시작했다. 이들은 아직 의사 면허를 받지 않은 예비 의사들로 '면허 없이 시술하면 위법'이라는 사실을 알고도 면허 없이 진료소를 운영해 고발당한 것이었다. 이들의 대화가 좀 길기는 하지만 여기에 옮겨 놓을 필요가 있어 나누고자 한다.

위원장　　: 당신은 면허 없이 의술을 행한 일로 고소를 당했습니다. 그건 심각한 죄입니다. 면허 없이 의술을 행하는 것은 위법이라는 사실을 알고 있습니까? 면허 없이 진료소를 운영하는 것이 당신과 대중을 위험하게 한다는 것을 알고 있습니까?

아담스　　: 집이 진료소입니까?

월콧 학장: 환자를 받고 치료를 하면 장소는 상관없습니다.

아담스 : 치료의 정의를 내려 주시겠습니까?

위원장 : 의술을 원하는 환자를 돌보는 것이 치료입니다. 환자들을 치료했습
니까?

아담스 : 여러 사람들과 함께 생활하고 있습니다. 마음 내키는 대로 오고
가죠. 내가 줄 수 있는 도움을 주죠.

위원장 : 당신의 목장에서 치료를 했습니까, 안 했습니까?

아담스 : 목장으로 오는 모든 사람들은 환자예요. 그리고 목장으로 오는
모든 사람들은 또한 의사이기도 합니다. 목장으로 오는 모든 사
람들에겐 여러 종류의 육체적·정신적 도움이 필요해요. 그들은
환자예요. 목장에 오는 모든 사람들은 다른 이를 돌보도록 되어
있어요. 요리를 하든지, 목욕을 시키든지, 단지 말을 들어주는
일이라도요. 그들이 의사라고 할 수 있죠. 폭넓은 의미이긴 하
지만 다른 이를 돕는 이가 의사 아닌가요? 언제부터 의사라는
말이 경외로운 것이 되었나요? …… 역사상 의사가 환자를 방
문하고 치료하는 믿을 만한 유식쟁이 역할 말고 한 일이 뭐가
있나요? 제가 의술을 행한 적이 있냐고 질문하셨죠? 만일 도움
이 필요한 이에게 문을 열어 주고, 고통받는 자를 보살피고, 말
을 들어 주고, 열이 떨어질 때까지 찬 수건을 대 주는 것이 의술

이라면, 만일 이것이 환자를 돌보는 것이라면, 저는 죄명대로 죄를 지었습니다.

위원장 : 당신이 행한 결과에 대해 생각해 봤습니까? 만일 환자가 죽었다면?

아담스 : 죽음이 잘못되었습니까? 뭐가 그렇게 두렵습니까? 왜 죽음을 인간답고 품위 있게, 예의 바르고, 유머러스한 태도로 다루지 못합니까? 죽음은 적이 아닙니다. 여러분, 만일 병과 싸운다면 지독한 병, 즉 무관심과 싸웁시다. 저는 전이와 직업적 거리감에 대한 강의를 많이 들었습니다. 전이는 피할 수 없습니다. 모든 인간은 다른 이에게 영향을 줍니다. 왜 환자와 의사의 관계에서 그걸 원치 않지요? 당신들의 가르침을 들었고, 그게 잘못된 것이라고 믿는 이유입니다. 의사의 사명은 죽음을 막는 것이 아니라 삶의 질을 향상시키는 것입니다. 그래서 병을 치료하면 이기기도 하고 지기도 하죠. 사람을 치료하면 결과가 어떻게 되었건 이기게 됩니다. …… 저는 의사가 되고 싶습니다. 다른 이들을 섬기기 위해 의사가 되고 싶었고, 그래서 모든 것을 잃었습니다. 그러나 모든 것 또한 얻었습니다. 환자들과 병원 직원들의 삶을 함께 나눴습니다. 함께 웃었고, 함께 울었습니다. 이게 제가 하고 싶은 일입니다. …… 오늘 결정이 어떻게 되건 저는 여전히 세상에서 가장 훌륭한 의사가 될 겁니다. 당신들은 제가 졸업하지 못하도록 할 힘은 있을지 모르겠습니다. 의사라는 직위와 흰 가운을 입지 못하도록 할 수는 있을 겁니다. 하지만 제 영을 지배하지는 못합니다. 배우지 못하게 하거나 공부하지 못하게 할 수는 없습니다. 당신들에게 선택권이 있습니다. 제가 당신들의 열정적인 동료가 되게 하든지, 아니면 여전히 도전적이고 솔직한 외부인이 되게 하든지. 어떤 쪽이든 저는 당신들에게 가시와 같은 존재일 것입니다. 하지만 한 가지는 약속드리죠. 저는 절대 없어지지 않을 가시일 겁니다.

위원장　：헌터 아담스, 우린 당신 방법이 마음에 들지 않습니다. 당신의 외모와 행실은 환자들의 신임과 존경을 얻기에 필요한 것이라고 믿는 것과 동떨어져 있습니다. 당신은 우리가 의학계의 척추 구실을 해 온, 오랫동안 존중되었던 관습을 고수한다고 공공연히 비난해 왔습니다. 하지만 우리는 당신 주변의 삶을 향상시키기 위한 당신의 노력이 잘못된 것이라고 할 수는 없다고 판단했습니다. 당신의 노력은 현재 존재하는 의술과 이론을 좀 더 발전시키려는 데 있어 잘못된 것이 없다고 판단합니다. 환자에 대한 당신의 사랑에 찬사를 보내는 바입니다. 당신의 성적은 상위권이고 그러므로 우리는 당신이 의대를 졸업하지 못할 근거가 없다고 결정했습니다. 당신의 행동이 우둔하고 거만했던 게 분명하지만, 우리가 간절히 바라는 것은 당신의 '환자에 대한 사랑'이 의학계에 들불처럼 번지는 것입니다. 그리고 월콧 학장, 다음부터 이런 문제는 당신 자신이 '과도한 행복(excessive happiness)'을 실천하면서 해결될 것입니다.

　아담스에게 있어 좋은 의사는 병과 싸우는 전문인이 아니라 사람을 치료하는 또 한 명의 사람이어야 한다. 병과 싸우면 이기든 지든 둘 중 하나지만 사람을 치료하게 되면 결코 지지 않는다고 장담한다. 즉 의사로서 길러지는 과정에서 병을 대상으로 한 지식과 방법적 기술만 익혀서는 안 된다는 말이다. 나중에 의사라는 직함과 흰 가운 그리고 남들이 부러워할 만한 소득을 올리는 것으로 의사다운 의사가 되었다고 할 수 없다는 외침이다.

　교육 또한 마찬가지다. 교육은 주어진 지식을 위에서 아래로 쏟아 붓는 행위가 아니다. 교육을 받고 안 받고의 기준이 교육 이후 치러지는 시험에 따라 좋은 직업을 가질 수 있고 없고로 구분되어서도 안 된다. 교육은 누군가에게 특정한 사회적 지위를 주기 위한 하나의 도구여서는 안 된다. 그리고 이러한 지위 분배의 기재로서 지식이 잘게 쪼개져 특정한 지식이 총체성을 잃어버리고 방법적 기술로서 해체되어버리는 상황 또한 교육을 교육답게 하지 못하는 요인이기도 하다.

의사가 의술을 통해 하려는 유일한 목적은 인간 삶의 질을 높이는 것이다. 교육 또한 특정한 목표를 실현하기 위해 순간을 희생하는 과정을 거치고, 그 과정에서 누군가의 삶의 질을 떨어뜨려서는 안 된다. 교육은 그 자체로 삶의 질을 판단하는 기준이 되어야 하며, 어느 한 순간이라도 삶의 질에 대한 판단을 잃거나 양보하거나, 혹은 희생하도록 강요되어서도 안 된다. 이를 위해 아담스는 자신과 함께 의사가 되기 위해 공부하고 있는 동료 의대생들에게 다음과 같이 호소한다.

오늘 이 방에는 의대생으로 가득 차 있습니다. 이들이 여러분을 마비하도록 내버려두지 마십쇼. 삶의 기적에 대해 여러분이 무감각해지게 두지 마십쇼. 항상 인간 육체의 놀라운 작동에 감탄하며 살길 바랍니다. 좋은 성적보다 그게 여러분의 초점이 되게 하세요. 성적은 여러분이 어떤 의사가 될지

가르쳐 주지 못합니다. 병동에 들어서기 전에 인간성을 회복하고, 인터뷰 기술을 지금부터 연마하세요. 낯선 이에게 말을 걸어 보세요. 지금 친구와 이야기해 보세요. 잘못 걸려온 전화에 대고 이야기를 해 보세요. 우정을 가꾸어 나가세요. 저 뒤에 있는 훌륭한 사람들과 간호사들 그리고 다른 사람들이 가르쳐 줄 겁니다. 그들은 매일같이 사람들을 상대하죠. 피와 배설물 사이를 헤쳐 나가는 사람들이에요. 그들과 여러분이 존경해 마지않는 교수님들은 많은 지식을 가지고 있습니다. 마음이 죽지 않은 사람들도 그들과 연민을 함께 나눕니다. 그게 전염성이 있게 해야 해요.

의사는 의술을 익히기 이전에 사람에 대한 연민과 공감 그리고 사회적 관계의 본질로서 인간성을 회복해야 한다. 적어도 이런 준비가 되어 있는 사람들이 의학이든 공학이든, 혹은 법학이든 연마하는 것이 의미가 있다. 오로지 의사가 되는 것을 목표로 하는 사람들은 의사가 되는 순간 자신의 목표가 상실되었다는 허탈감에 사로잡힌다. 그리고 그 허탈감에서 도피하고자 즉흥적이고 쾌락적인 극히 단기적인 목표에 매달린다. 그것도 아주 이기적인 방식으로 말이다. 똑똑하다는 이야기를 듣고 판사, 검사, 의사, 공무원이 된 사람들이 도무지 무엇 때문에 자신의 일이 의미 있는지, 사람들과 어떻게 살아가야 하는지, 자신이 만들고자 하는 세상이 어떤 세상이고 왜 그래야 하는지 제대로 설명하지 못하는 상황에 직면해 있지는 않은가? 이제 아담스의 외침과 호소를 다시금 돌아보아야 할 때다. 도대체 인간성을 회복한 의사란 무엇이고, 교육이 인간성을 회복하도록 한다는 것의 의미는 무엇인가?

Part Ⅳ

희망을 향한 배움

Chapter 11

세상을 바꿀 원리를 찾다
아름다운 세상을 위하여

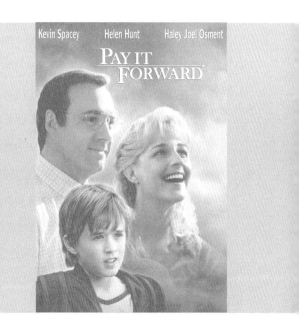

영 화 명 : 아름다운 세상을 위하여
원　　제 : Pay It Forward
감　　독 : Mimi Leder
제 작 사 : Bel Air Entertainment, Tapestry Films, Pathé
제작 연도 : 2000년

영화의 내용

　크리스 챈들러는 로스앤젤레스의 신문 기자다. 폭우가 내리는 날 밤, 경찰과 대치하는 인질 사건 현장에서 자신의 오래된 중고차가 박살난다. 그런데 그런 자신의 모습을 보고 한 신사가 아무렇지도 않게 신형 재규어 세단의 키를 넘겨준다. 도대체 얼굴 한 번 본 적 없는 사람에게 호의라고 하기에는 엄청난 선의를 베푸는 이유가 무엇인가? 크리스 챈들러는 꼬리에 꼬리를 무는 이 일의 실체를 캐내고자 로스앤젤레스에서 라스베이거스까지 먼 여행을 시작한다. 그는 자신에게 새 차의 열쇠를 넘겨주었던 신사는 변호사이고, 변호사는 라스베이거스의 좀도둑이었던 시드니 파커에게서 뜻하지 않은 선의를 받았으며, 챈들러가 감옥에서 만난 시드니는 라스베이거스 외곽에 살고 있는 홈리스 할머니 그레이스에게서 도움을 받았다는 사실을 알게 된다. 그리고 그 할머니는 자신에게 쌀쌀맞게 굴던 딸 알린에게서 용서와 더불어 사랑하는 손자에게 할머니 역할을 할 수 있는 기회를 얻게 되었다는 이야기를 전해 듣는다. 할머니를 용서한 알린은 중학교 1학년생인 트레버의 엄마로, 트레버가 생각해 낸 세상을 바꾸는 공식 3^n의 첫 도움 주기 대상이었다.

　챈들러 기자가 추적해 온 이야기들은 꼬리에 꼬리를 무는 도움 주기의 과정이었고, 이는 트레버가 학교 사회 수업 시간에 교사 시모넷이 학생들에게 부여한 '어떻게 세상을 바꿀 것인가?'라는 한 학기 동안의 과제를 이행하는 과정이었다. 중학교 1학년에 막 입학한 트레버는 엄마와 단둘이 살고 있다. 먹고사는 것이 버거운 엄마는 라스베이거스의 척박한 노동 조건에서 두 직업을 가지고 있다. 집에 돌아오면 피곤한 몸과 마음을 술로 달랠 수밖에 없는 상황이다. 결국 알콜 중독자였던 자기 엄마가 그러했듯 그녀도 술이 없이는 살아가기 어려워졌다. 가끔 집에 들르는 아빠는 폭력적이었고, 자신에게도, 엄마에게도 비인간적인 떠돌이 아빠는 트레버의 마음에서 지워진 지 오래였다. 가난한 사람들이 이리저리 흩어져 살고 있는 마을은 마약하는 사람들, 노숙자들 그리고 폭력과 범죄가 상존하는 장소였다. 그렇게 하루하루 불안정하고 고된 삶이 이어지고 있었다. 그런데 중학교 입학 첫날 첫 수업인 사회 시간에 담당 교사인 시모넷은 '세상을 바꿀 수 있는 너희만의 생각들을 내 보라'고 주문한다. 시간이 흐르고 한 학기 동안 만들어 갈 프로젝트의 생각들은 다양했다. 쓰레기를 버리지 않을 것, 물을 절약할 것, 부모님 심부름을 잘 할 것, 심지어 SNS를 통해 중국 전체 인구가 동시에 점프하라고 하겠다는 의견까지 다양했다. 따라서 세 사람에게 선의의 도움을 주고, 이것이 다시 각각 세 사람에게로 도움으로 이어져 확산시키겠다는 트레버의 생각은 독특하면서도 비현실적으로 보였다.

트레버의 도움 주기 대상은 불쌍한 알콜 중독자 엄마, 친구들에게 늘 시달림을 당하는 초등학교 때부터 친구인 아담 그리고 거리의 노숙자이자 마약 중독자인 제리였다. 트레버는 한편으로는 자신이 고민한 공식을 공유하면서 조심스럽게 도움 주기를 시도하지만 한 번의 도움을 주는 것조차 쉽지 않다는 것을 곧 알게 되고, 도움 주기는 단순히 일방적인 도움을 베푸는 것으로 성공하지 않는다는 점을 깨닫게 된다. 도움을 주는 사람과 도움을 받는 사람들의 복잡 미묘한 관계, 신뢰가 형성되어야 했고, '변화'라는 것을 만드는 데 일회성 도움은 그 영향력이 너무도 작았다. 그러나 트레버의 작은 손길에서 시작된 도움 주기는 도움받는 사람들의 마음과 몸을 조금씩 바꾸도록 견인했고, 결국 도움 주기는 넉 달이 지나는 동안 트레버가 살고 있는 라스베이거스를 넘어 미국 전역의 사회 변화 운동으로 퍼져 나갔다.

신문 기자 챈들러는 자기 주변 사람들의 변화를 희망하는 작은 행동이 어떠한 결과를 가져오게 되었는지 기사로 작성하고, 트레버를 방송에도 출연시키게 된다. 그러나 이 영화는 이것으로 끝나지 않는다. 트레버가 늘 도움을 주고자 시도했지만 제대로 성공한 적 없는 친구 아담은 방송 녹화가 있던 날도 괴롭힘을 당했다. 이 모습을 목격하게 된 트레버는 친구 아담을 돕고자 달려드는데, 안타깝게도 트레버는 아담을 괴롭히던 또래 아이들이 소지하고 있던 칼에 찔려 목숨을 잃는다. 그렇게 트레버는 자신의 죽음으로 마지막 순간에 친구 아담에게 도움을 주게 됨으로 자신의 도움 주기를 완성한다.

사회 숙제로 시작된 세상 바꾸기

중학교 1학년생의 '세상'

영화는 빗속에서 일어나는 총격 사고로 시작한다. 그러나 이는 이 이야기를 풀어 나가는 기자를 등장시키기 위한 것일 뿐이다. 이야기의 주인공이 등장하는 트레버의 중학교 1학년 교실에서 시작해 보자.

트레버는 7학년(중학교 1학년)이 되는 첫날 새로운 학교로 갔다. 익숙한 아이들보다는 낯선 아이들이 눈에 띈다. 서너 달 동안의 여름 방학이 끝나고 등교하는 첫날, 그것도 유치원을 포함해 7년 동안 다니던 학교를 떠나 중학교로 오는 길은 낯설다. 초등학교를 다니는 동안에도 폭력적인 아이들이 있기는 했지만 당장 칼을 들고 나타난 동년배 아이들로 긴장감이 더하다.

첫 시간은 사회 시간이다. 등을 돌리고 지도에 뭔가를 표시하던 선생님이 시작 종소리와 함께 아이들과 마주한다. 트레버를 포함해 모든 학생들이 일제히 긴장감을 감추지 못했다. 선생님의 얼굴은 화상을 입

어 잔뜩 일그러져 친근한 이미지라곤 도무지 찾아볼 수 없었기 때문이다. 그러한 아이들의 생각을 아는지 무시하는 것인지, 선생님은 수업을 시작한다.

> 중학교에 올라온 걸 환영한다. 너희가 마냥 선망하는 고등학교로 가기 위한 위태로운 흔들다리지. 다리를 무사히 못 건널까 봐 건널 때까지 숨을 참고 눈을 감고 싶을 수도 있다. 말해 두는데, 이 교실에서는 그렇게 못한다. 사회 시간에는 세상사에 대해 배운다. 세상으로 나가기 싫더라도 너희는 나가야 한다. 사실이다. 그러니 미리 세상의 의미를 배우는 게 좋겠지?

초등학교를 졸업하고 중학교에 진학한 학생들에게 세상은 어떤 모습일까? 사춘기가 시작되는, 혹은 벌써 사춘기를 겪고 있는 아이들에게 세상은 어떻게 경험될까? 자신이 경험하는 학교만이 세상의 전부라고 할 수는 없다. 그러나 유치원을 포함하여 7년 동안 다녔던 학교와 전혀 다른 시공간인 중학교에서 학생들이 경험하는 세상은 달라질 수밖에 없다. 사회 교사 시모넷은 자기 수업에 들어온 학생들에게 중학교는 고등학교에 이르기 위한 다리라고 못박아 설명한다. 또한 고등학교에 이르기 위한 과정이 그리 쉽지 않을 것이며, 이 과정에서 열심히 하지 않으면 안 된다고 강조한다. 시모넷은 교사로서 학생들이 열심히 공부에 임할 수 있도록 동기를 부여해야 한다는 생각 그리고 자신의 수업에 참여하는 학생들이 이러한 동기부여를 적극 수용할 수 있기를 바라면서 이렇게 말했을 것이다. 그런데 시모넷의 이야기를 통해 과연 중학교는 어떤 교육의 과정과 어떤 삶을 사는 장으로 이해되어야 하는지 고민해 보지 않을 수 없다. 과연 중학교는 고등학교에 이르기 위한 다리 역할만으로 충분한가?

우리나라에서는 2015년부터 전국에 '자유학기제'가 전면 시행되었다. 자유학기제는 중등학교에 진학하면서 지식 위주의 교과 공부에 몰두하기보다는 자신의 직업을 탐색할 기회를 충분히 줄 수 있도록 한 정책이다. 진학을 위한 교과, 경쟁적 시험보다는 꿈과 끼를 발휘할 수 있는 진로 탐색이 보다 중요하다고 본 것이다. 아일랜드에서 경험한 '전환 학기제'의 영향을 받아 초등 단계와 중등 단계의 교육 활동을 유연하게 연결할 수 있는 방법으로 채택한 것이다.

그러고 보면 초등 단계를 거쳐 중등 단계로 이행하는 단계에 잘 적응해야 한다는 요구가 있는 것은 분명하다. 그러나 중학교는 고등학교와 다르다. 고등학교 교육 과정이 좀 더 어렵기 때문에 반드시 알아야 하는 교육 과정상의 교과 지식을 중학교 때 좀 더 쉽게 배우는 것으로는 충분하지 않다. 중학교에 입학해 3년(학교에 따라 4년) 동안 학습자로서 학생이 자신의 삶에서 고유한 학습 경험을 할 수 있도록 해야 한다. 단순히 무엇을 마친 후 다음의 어떤 목표를 향하여 중간에 거쳐가야 하는 과정으로 이해되어서는 안 된다. 그런 점에서 중등학교 전체 6년의 교육 과정이 고등학교를 중심으로 논의되지만 오히려 고등학교가 대학 입시를 위한 수단이라고 비판받고 있듯이 중학교 또한 고등학교 진학을 위한 또 다른 수단 과정으로 논의되고 치부되는 것을 조심해야 한다.

중학교 1학년생으로 사회 교과 첫 시간에 아이들이 내놓는 답변은 순진하다. 세상은 "집에서 쇼핑몰까지 3킬로미터" 정도로 경험되는 공간이다.

하층 계급의 삶과 아동 양육

알린은 트레버의 엄마다. 싱글맘으로 트레버의 아빠는 어디 있는지 모른다. 이혼을 했는지, 아니면 혼인 관계는 유지하고 있는지는 영화 상으로는 알 수 없다. 트레버의 아빠가 등장하고, 마치 건달처럼 다시 집을 나선다. 알린에게 다정하게 대하지도 않고, 트레버는 자기 기억 속에 마치 아빠는 없는 것처럼 아빠를 거부한다. 트레버의 가족은 라 스베이거스에서 살고 있다. 트레버의 엄마 알린은 두 가지 일을 한다. 낮에는 호텔 도박장에서 동전을 바꿔 주며 음료수 서빙 일을 하고, 밤에는 성인클럽에서 서빙을 한다. 어느 직업 하나 힘들지 않은 것이 없다. 일을 마치고 집에 오면 아들 트레버는 이미 잠들어 있다. 그리고 트레버가 학교에 간 이후에야 잠에서 깬다. 너무 일이 힘들어서 알린 은 술을 마시기 시작했다. 그리고 점점 더 독한 술을 많이 마시다 보니 알콜 중독자가 되어 버렸다. 이제 술이 없이는 잠들 수 없고, 쌓인 피 곤을 감당할 정신이 없다.

트레버는 학교 가는 날이면 늘 잠자고 있는 엄마를 볼 수 있을 뿐이

다. 방에는 술 냄새가 진동한다. 어느 순간부터는 몸을 못 가눌 정도로 술을 마시는 엄마와 싸우기 시작했다. 그리고 그런 싸움은 엄마에게서 다시는 술을 마시지 않겠다는 약속을 받아내는 것으로 끝이 났다. 그러나 그런 약속도 잠시뿐 엄마는 술을 끊지 못했다. 결국 트레버는 엄마의 술을 발견할 때마다 싱크대에 쏟아 버렸다. 그러자 엄마도 나름의 전략을 만들어 낼 수밖에 없었다. 술을 숨기기 시작한 것이다. 어차피 트레버와 얼굴 마주치는 시간이 거의 없으니 트레버가 없을 때 술을 마시면 된다. 술 냄새는 음식으로 없애거나 아니면 잠을 자면 그만이었다. 세탁기 안에, 천장의 등갓 안에, 책장 위에, 자신도 어디에 숨겨 두었는지 찾기 어려울 만큼 숨기는 곳도 다양해졌다. 트레버와 엄마가 술병을 놓고 전쟁을 치르는 상황이었다.

알린의 엄마도 알콜 중독자였다. 알린이 어렸을 때 엄마는 그녀를 떠났고, 알린은 어쩔 수 없이 학교를 중퇴하고 돈을 벌어야 했다. 지금 트레버의 아빠를 만나 임신을 하고 아이 아빠도 없이 아이를 키우는 싱글맘이 되었다. 정신없이 살고 있지만 전혀 안정적인 삶을 유지한다고 하기 어렵다. 늘 돈에 쫓기고 시간에 쫓긴다. 아이를 보살피고, 먹

을 것을 챙겨 주고, 무엇보다도 중학생이 된 아들의 학교 수업과 과제를 챙겨 살펴야 한다는 것을 잘 알지만 마음만큼 몸도 안 따라 주고, 무엇보다 도무지 마음의 여유가 없다. 오로지 경쟁적인 자본주의 사회에서 살아남아야 한다는 일념으로 악착같이 돈만 벌고 있을 뿐이다. 그리고 매달 들어오고 나가는 돈의 흐름을 잘 파악하고 있어야 한다.

알린은 이 고달픈 삶의 첫단추가 자신의 엄마로 인해 잘못 끼워졌다고 생각한다. 마음속에 엄마에 대한 증오가 오래도록 남아 있고, 어떤 계기로도 결코 자신의 엄마를 용서할 수 없다고 생각한다. 비록 그 엄마가 굶어 죽는 처지에서 자신에게 도움을 요청하더라도 말이다. 멀지 않은 곳에서 노숙자로 생활하고 있는 엄마가 아들 트레버를 위해서라도 어떻게든 자신의 삶에 영향을 미치게 해서는 안 된다고 믿고 있다.

알린이 아닌 트레버의 입장에서도 집은 결코 행복한 공간이 아니다. 늘 술에 취해 자고 있는 엄마를 보는 일이 지겹다. 아직 중학교 1학년 어린 나이지만 아빠 없이 자신을 키우는 엄마가 가엾다고 느낀다. 그러나 지금 당장 자신이 할 수 있는 일이란 없다. 사춘기를 겪기도 전에 철이 들어 버린 트레버. 그러나 엄마와의 관계가 그리 좋을 리가 없다. 술병 때문에 싸우고, 적어도 얼굴을 마주할 수 있는 주말 동안의 일정 때문에 싸운다. 공부에 집중하기 어렵다. 자신과 놀아 주고, 자신의 공부를 봐 주고, 무엇에 관심이 있는지 물어 주고, 그날 있었던 일들에 대해 시시콜콜 이야기할 만한 상대가 없다. 가끔 엄마 친구가 와서 집안을 정리하거나 식사를 챙겨 주기도 한다. 그러나 바쁜 엄마를 이해하면서도 그것도 그다지 성의 있게 받아들여지지 않는다. 왜 '우리집'은 이럴 수밖에 없는가?

트레버와 엄마 알린의 가정이 밥을 굶을 만큼 가난하다고 할 수는 없다. 그러나 밥을 굶지 않는다고 해서 가난하지 않은 것도 아니다. 트레버에게 엄마는 존재 그 이상 자신의 삶에 영향을 끼치지 못한다. 그래서 트레버는 모든 일을 혼자 알아서 해야 한다. 영화 속에서 트레버는 상당히 건강한 아이로 등장한다. 그러나 사회 경제적으로 빈곤층의 아이들은 학교에서 정상적으로 적응하지 못한다. 미국의 경우, 특히 도심의 하층 계급이 몰려 있는 지역에서 초등학교에 입학하는 학생들은 알파벳을 거의 익히지 못하고 학교에 입학한다. 학교에서 문자와 숫자에 대한 배움을 처음 시작하는 아이들의 수업 준비 상태는 평균에 훨씬 미치지 못한다. 더구나 학교를 다니기는 하지만 학부모의 지적·정서적 지지를 얻기 어렵다. 교실 수업에서 부여되는 과제를 제대로 해내기 위해서는 부모의 도움이 있어야 하지만 안정되지 않은 집안 분위기, 책을 꺼내 놓고 공부하기 어려운 환경, 가족 구성원 간 폭력적 상황들로 인해 가난한 집 아이들은 결국 집 밖으로 나돈다. 비록 이 영화의 주인공인 트레버는 바쁜 엄마, 술주정뱅이 엄마를 걱정하는 착한 사춘기 아이로 비추어지지만 가난한 일상은 아이들에게 학교 생활에서 적응하기 어려운 가장 큰 요인이 된다.

세상을 바꾸는 공식 3^n

사회 교사 시모넷은 수업 첫날 학생들에게 '세상의 의미'에 대해 묻는다. 앞에서 이야기한 것처럼 초등학교에서 중학교로 막 새로이 적응해야 하는 풋내기들에게 세상은 여전히 멀고도 낯선 개념이다. 아직 세상에 대해 잘 모르지만 그 세상 속에서 할 수 있는 일이란 기껏 누구의 시선도 받지 않고 크는 일일 뿐이다. 누구도 중학교 1학년생들에게 세상이 무엇이냐고, 왜 그런 것이냐고 따져 묻지도 않는다. 시모넷은 처절할 만큼 솔직하게 갓 중학생이 된 아이들에게 세상에 대해 이야기한다.

> 왜 세상 걱정을 해? 열한 살짜리인 우리한테 뭘 기대한다고…. 세상이 네게 뭘 기대할까? [아무것도 기대하지 않아요.] 기대 안 한다…. 맞는 말이야. 기대를 안 해. 너흰 운전도, 투표도 못 하고 허락 없인 화장실에도 못가는 중학교 1학년생이니까. (그러나) 영원히 그렇지는 않아. 언젠가는 자유로워진다. 자유롭게 되었을 때 자신은 준비가 덜 되어 있고 아직 세상을 제대로 둘러보지도 못했는데, 세상이 마음에 안 들면, 그래서 아주 실망스럽다면? 세상이 정말 엿 같다면…. 너희가 세상을 바꾸면 돼. 자, 오늘부터 시작하자.

그러나 시모넷이 아이들에게 세상에 대해 이야기한 이유는 다른 곳에 있었다. 시모넷은 한 학기 동안 수행해야 할 과제를 설명하기 위해 무언가 중요한 화두가 필요했고, 아이들의 마음을 사로잡을 단어를 골라야 했다. 비록 세상에 별 의미를 부여할 수 없는 중학교 1학년생들이지만 오늘이 아닌 내일의 세상에 대해, 오늘 중학교 1학년생의 내일은 어떠한 모습이고, 어떻게 만들어질지 생각하게 하고자 했다. 이로써

1년 동안의 과제를 수행해야 할 명분이 생긴다. 그리고 시모넷이 학생들에게 던지는 과제의 내용이 등장한다.

세상을 바꿀 수 있는 아이디어에 대해 생각해 보고, 바로 실행에 옮길 것.

아이들의 표현대로 "괴상하고 어렵고 짜증 나는" 주제의 과제가 될 것이다. 성적이 달린 문제였고, 무언가 기대하는 교사 시모넷을 놀라게 해야 하는 부담이 아이들에게 주어졌다.

아이들이 가져온 아이디어는 이러했다.

환경 문제로 대통령에게 전화하기.
쓰레기 재활용에 관한 전단을 슈퍼마켓에 붙여 놓기.
지축을 흔들기 위해 중국 사람들이 동시에 제자리에서 뛰도록 하기.

그런데 트레버의 주제는 독특했다.

한 사람이 세 사람을 도와줘요. 도움을 받은 세 사람은 각각 세 사람에게 도움을 주죠. 그러면 아홉 명이 되지요. 그 아홉 명은 각각 다시 세 사람에게 도움을 줘요. 도움을 준다는 말은, 이들 스스로 할 수 없는 것을 제가 대신 해 주는 거죠.

세상을 바꾸는 공식 3^n이 등장한 과정이다. 한 명이 세 명에게, 세 명이 다른 세 명씩에게 그리고 다시 각각 다른 세 명씩에게……. 한 명이 세 명이 되고, 세 명이 아홉 명이 되고, 아홉 명이 스물일곱 명이 되며, 다시 스물일곱 명이 여든한 명이 된다. 그 숫자는 장소에 구애받지 않고 빠른 속도로 번져 나가게 된다. 시모넷은 자신의 교직 생활 중 한 번도 들어 본 적 없는 아이디어라며 칭찬한다. 단, 그는 이 아이디어가 실행되기 위해서는 아주 큰 관문을 거쳐야 한다는 조건을 달았다. 온 세상이 함께하는 프로젝트로 이것이 성공하기 위해서는 서로 착한 마음을 믿어야만 한다는 것이었다. 좋아 보이기는 하지만 결코 이루어질 것 같지 않은 유토피아적 발상이라고 할까?

트레버는 어떻게 이런 생각을 하게 되었을까? 트레버와 트레버의 첫 번째 도움 대상이었던 노숙자 제리에 따르면 "세상이 엿 같았기 때문"이었다. 이 표현을 얼마나 정확하게 이해할 수 있을지 모르겠지만 트레버에게도, 제리에게도 세상은 말 그대로 '엿' 같았을 것이다. 트레버는 늘 엄마의 술주정과 싸워야 하는 자신의 고독한 일상이 그러했을 것이고, 노숙을 택한 마약 중독자 제리에게는 삶의 모든 것이 그렇게 보였을 것이다. 도움을 받은 다른 사람들에게서도 나타나지만 이 아이디어는 애초에 트레버에게서 나왔음에도 정작 도움을 받은 사람들이 자신의 아이디어라고 주장한다. 마치 제리가 트레버의 도움을 받으며

자신이 왜 아무런 대가 없는 도움을 받고 있는지 이해하는 방식, 그것을 스스로 내면화한 결과였다. 그렇게 트레버에게 시작된 도움 주기는 넉 달이 지나면서 어느 곳에서 어떻게 진행되는지 알 수 없을 만큼 번져있었다. 그 도움 주기의 대상은 수백 마일 떨어져 있는 로스앤젤레스의 기자 크리스 챈들러에게까지 뻗어 나갔다.

시작은 거창했으나

누군가 전혀 알지 못하는 사람으로부터, 혹은 잘 알고 있는 누군가로부터 대가 없이 도움을 받게 된다면 사람들은 어떤 반응을 보일까? 이를 일반화할 수 있으리라 기대하지는 않는다. 어떤 사회과학자들도 적어도 누군가 다른 누군가를 도와준다고 할 때의 반응을 묻는다면 이에 대해 정확하게 들어맞는 기대치를 제시할 수 있는 이론을 제공하지 못한다. 이러한 점에 있어 도움 주기를 시작한 트레버와 도움을 받는 사람들 그리고 그들의 이후 행동을 살펴보는 것은 상당히 흥미롭다.

트레버는 자신이 처음 정한 계획에 따라 도움을 줄 세 명을 정했다. 한 명은 길거리 노숙자 제리, 다른 한 사람은 아이들에게 괴롭힘을 당하는 친구 아담, 마지막 한 사람은 자신의 엄마 알린이다. 제리는 마약중독자다. 노숙을 하면서 마약 중독자가 되었는지, 아니면 마약 중독자가 되어 노숙자가 되었는지는 알 길이 없다. 그러나 노숙자이면서 마약에 쩔어 사는, 소위 갈 때까지 간 사람이다. 트레버는 학교를 오가면서 제리를 보아 왔을 것이다. 물론 노숙자가 제리만 있는 것은 아니었다. 그러나 몇 번의 눈 마주침과 오가는 길가에서 자주 잠들어 있는 제리를 눈여겨보아 왔기 때문에 선택했을 뿐이다.

어떤 기준이 있었을까? 정확히 알 수는 없지만 트레버는 제리를 집으로 데리고 왔다. 씻게 하고 먹을 것을 나눠 주고, 옷을 내주었다. 그리고 밤을 지샐 장소로 창고에 있는 고장 난 트럭의 뒤쪽 짐칸을 내주었다. 트레버가 제리에게 뭔가 해 주겠다고 했을 때 제리는 어쩌다 생긴 행운이라고 여겼을 것이다. 그래서 집까지 따라갔다. 그리고 마약을 끊어야겠다고 생각했을 것이다. 그러나 제리는 트레버와는 달리 자신을 못난 침입자 정도로 여기는 트레버의 엄마 알린 때문에 불편할 수밖에 없었다. 이는 그가 트레버의 집을 나간 이유이기도 하다. 그런데 집을 나가 다시 자기가 머물던 거리에서 그는 트레버와 했던 약속을 저버렸다. 트레버로부터 떨어져 꽁꽁 숨어 버린 것도 그 때문이었다. 그는 다시 마약에 찌들어 살게 되었고, 거처는 다시 길거리가 되었다.

아담을 돕는 것은 쉽지 않았다. 몸집이 작은 아담은 동갑내기 불량배들이 괴롭히기 좋은 대상이었다. 아담은 자신이 가지고 있는 것도 빼앗겼다. 트레버는 가능한 한 아담을 돕고 싶지만 당장 눈앞에서 무슨 일이 일어나지 않거나, 혹 눈앞에서 무슨 일이 생긴다고 하더라도

자신의 힘으로 그 불량배들을 상대하기는 쉽지 않다. 더욱이 새 학기 첫날부터 불량배 중 한 명이 칼을 가지고 있다는 것을 알고 나서 아담을 돕는 것이 결코 쉬운 일이 아니라는 것을 느끼게 한다. 쓰레기통에 처박히는 아담을 향해 트레버는 마음만 앞설 뿐 할 수 있는 일이 없다는 것을 느낀다. 트레버는 좌절한다. 결국 아담에게는 도움 주기를 할 수 없는 것인가?

구제불능 엄마는 트레버에게는 불쌍한 존재였다. 자신을 먹여 살려야 하는 보호자이지만 자신이 보기에 엄마는 자기 삶을 전혀 살지 못하는 사람이다. 두 가지 일을 하면서 꾸역꾸역 하루하루를 살아간다. 외할머니가 그리 멀지 않은 곳에 살고 있지만 왕래가 거의 없다. 아빠는 어디 있는지 알 길이 없다. 자기 편한 대로 왔다가 결국 싸움으로 끝나 버리는 엄마와 아빠의 관계는 도무지 이해할 수가 없다. 그러면 엄마는 울고, 결국 술을 찾는다. 술 없이는 살 수 없는 중독자가 되어 버렸다. 자신은 엄마를 위로할 수도, 대신 일을 해 줄 수도 없다. 그가 할 수 있는 일이라고는 엄마가 여기저기 숨겨 놓는 독주들을 찾아내 싱크대에 쏟아 버리는 것이다. 비록 힘들지만 제발 술 없이 견뎌 보라는 것이다. 가끔 엄마 친구가 찾아와 수다를 떨다 가고, 정말 바쁜 때에는 자신을 돌봐 주는 일을 맡기지만 이런 일이 자주 있는 것은 아니다. 그래서 엄마는 항상 일과 시간에 쫓겨서 종종거리며 산다. 그런 엄마를 어떻게 도와주어야 할까?

트레버는 엄마에게 남자 친구를 만들어 주기로 한다. 다른 사람이 아닌 자신의 학교 사회 교사인 시모넷이다. 서로 데이트할 수 있는 시간과 장소를 중재해 주고, 함께할 수 있는 시간에 자신은 개의치 않아도 되게끔 신경 쓴다. 이 일로 둘의 관계가 좋아졌다. 그렇게 서로를 향해 신경을 곤두세우던 두 사람이 편하게 함께 있는 시간이 가능해졌다. 그런데 갑자기 아빠가 나타났다. 그 아빠로 인해 엄마에게 남자 친구를 만들어 주는 것으로 도움을 주고자 했던 계획은 물거품이 되어버렸다. 아빠는 트레버의 계획에 없었던 것이다. 트레버는 결국 엄마에게 도움을 주고자 했던 자신의 계획은 실패로 끝나 버렸다고 생각한다.

노숙자 제리도 그렇고, 엄마 그리고 아담도 트레버의 도움을 성공적으로 받아들이지 않았다. 도움을 주는 첫 단계에 도움을 받는 사람들은 그것이 뭔지 모르고 받아들인다. 그러나 이 도움 주기는 단 한 번의 도움을 주는 행동으로 성공할 수 있는 것이 아니다. 트레버의 '세상을 바꾸는 공식'에 대해 잔뜩 흥분해 설명하던 제리는 자신의 원래 공간인 마약에 찌들어 사는 삶의 모습으로 되돌아갔다. 엄마는 아빠와의 관계에서 이러지도 저러지도 못한다. 그것이 겨우 그녀 곁으로 다가왔던 시모넷을 떠나게 한다. 트레버는 아담을 도와줘야 한다는 생각을 행동으로 옮기지도 못한 채 우물쭈물한다. 트레버는 자신이 생각했던, 그리고 제리가 그리도 열렬하게 설명했던 공식에 따라 변화되는 사람들의 숫자는 시작도 못 하고 있었다. 3^n은 아직 발걸음도 못 떼고 있었다. 여전히 n은 트레버 안에서 0에 머물러 있었다.

꼬리에 꼬리를 물고 이어진 도움 주기 운동

영화의 처음으로 돌아가 보자. 크리스 챈들러라는 로스앤젤레스 신문사의 기자는 경찰과 범인 간 대치 상황이 치열한 현장에 있었다. 어느 순간 범인이 도망가고, 이를 뒤쫓는 경찰의 추격전이 벌어지면서 자기 차가 망가진다. 누구한테 하소연할 수도 없다. 더욱이 비까지 계

속 내리는 상황에다, 추격전을 뒤쫓아가 취재를 해야 하는데, 난감하기만 하다. 이러지도 저러지도 못하고 있던 그때 웬 신사가 지나가던 길에 말을 건넨다.

신사 : 차에 문제가 생겼소?

챈들러: 관찰력이 뛰어나시군요.

신사 : 내가 도우리다. 이 재규어요.

챈들러: 당신 차로 집까지 태워다 달라는 말인가요?

신사 : 요즘 내게 많은 행운이 따랐소. 그냥 가져요. 내겐 필요 없게 되었소.

챈들러: 재규어를 공짜로 줘요? 아무것도 바라는 것 없이요?

신사 : 증명할 수 있소. 명함을 줘요. 내가 연락하리다.

챈들러: 잠깐만요. 아내를 죽여 달라거나 그 밖에 다른 것을 원하는 것은 아니죠?

신사 : 좋은 생각이지만, 아니에요. 그냥 관대한 선물이라고 생각해요.

챈들러: 관대한 선물? 이건 재규어라구요. 이걸 그냥 가지라구요? 당신 정말 미쳤군요. 이 차를 타라고요? 폭탄을 설치했나요? 이렇게 비까지 오는데, 산산조각 내려고요? 날 바보로 아쇼? 게다가 난 차도 있어요. 완전히 망가지긴 했지만……

챈들러가 최신 자동차 재규어 키를 넘겨받은 후 왜 저렇게 반응하는지 알 법하지 않은가? 도무지 이해할 수도, 받아들일 수도 없다. 당연히 '내가 저 사람을 모르지만 저 사람은 뭔가 나한테 꿍꿍이가 있어서 이러는 거 아냐? 뭐 좋은 일로 나한테 이럴 것 같지는 않고, 내가 뭐 잘못한 거 있나? 그렇다면 저 차를 받아 몰면 나한테 좋은 일이 일어날 리가 없다. 결국 나를 죽이려는 고도의 수작인가?' 이 정도가 상식적으로 크리스 챈들러의 머릿속에 떠올랐을 것이다. 그러나 챈들러에게는 아무 일도 일어나지 않았다. 겉으로 보기에도 근사한 그 차는 말 그대로 누구나 갖고 싶어 할 만한 최신 재규어 세단이었다. 그런데 가만히 생각해 보자. '도대체 그 신사는 왜 나한테 이런 호의를 베풀었을까?' 결국 챈들러는 그를 수소문해서 찾아간다. 그 신사는 로펌의 변호사였다. 그는 도대체 왜 그런 호의를 베풀었을까? 그런데 그를 찾아간 챈들러에게 그는 도무지 아무런 답변을 하지 않는다. 기자로서의 끈질김 때문이었을까? 결국 입을 연 그 신사는 놀라운 이야기를 한다. 바로 트레버의 아이디어, 세상을 바꾸는 공식, 3^n이었다.

그 변호사 토르센에게는 사랑하는 딸이 하나 있다. 늘 천식으로 고생하는 딸아이는 종종 숨이 막힐 정도로 기침을 한다. 그럴 때면 약을 먹어도 소용없고 응급실을 찾아가게 된다. 그날도 변호사 토르센은 기침하는 아이를 데리고 응급실을 찾았다. 여느 때와 같이 응급실은 정신없이 돌아간다. 대기실에서 기다리라는 말 외에는 달리 조치를 취하지 않는 의사, 간호사들에게 화가 날 지경이다. 기침을 하는 딸아이는 증세가 점점 심해지고 숨이 막히기 시작한다. 그럴 때면 얼굴이 샛노래지고, 간혹 시커멓게 변하기까지 한다. 의사와 간호사를 다시 다급하게 불러대지만 잠깐 와서는 기다리란 말만 남기고 다시 자리를 떠난

다. 바로 그때 옆에서 팔에 피를 흘리며 진료를 기다리던 어떤 흑인 청
년이 갑자기 일어나더니 권총을 꺼내 허공을 쏘아 대며 의사와 간호사
에게 빨리 토르센의 딸아이를 치료하라고 다그친다. 그렇게 딸아이는
그의 도움으로 목숨을 건졌다.

그 변호사 토르센은 도무지 이 상황을 이해할 수 없다. 자신도 피를
흘리며 응급 치료를 받아야 하는 입장인데, 뻔히 경찰에게 체포될 줄
알면서도 권총을 쏜 후 자신의 딸아이를 도와주다니 말이다. 고맙다는
말조차 제대로 하지 못하고 딸의 치료를 위해 대기실을 나서게 된 그
는 이 상황에 대해 그에게 어떻게 질문을 해야 하나 고심했다. 결국 수
갑을 차고 경찰서로 향하게 된 청년과 마주치는데, 그는 여전히 변호
사의 딸아이의 건강을 염려한다. 그리고 그는 고맙다는 인사에 미소를
지어 보이며 '다른 세 사람에게 도움을 주세요'라고 말한다.

흑인 청년 시드니는 라스베이거스에서 불량배였다. 건들거리며 도
심을 배회하다가 누군가에게서 물건을 뺏거나 아니면 만만한 가게를
털었다. 그날도 길가 전자 제품 상가의 유리를 깨고 멋진 오디오를 하

나 빼 들었다. 그런데 경찰이 너무 빨리 현장에 도착하는 것이 아닌가? 그는 있는 힘을 다해 도망쳤다. 익숙한 동네 뒷골목이라지만 경찰을 따돌리기는 쉽지 않았다. 달리고, 넘고, 돌고, 다시 달리고, 날쌔게 움직였지만 이렇게 가다가는 꼼짝없이 잡힐 상황이었다. 그런데 골목을 나와 큰길로 들어서 뛰어가는데, 웬 차 한 대가 문을 열고 도움이 필요하냐고 묻는 것이 아닌가? 생각할 겨를도 없이 차를 얻어 탄 그는 무사히 경찰을 따돌릴 수 있었다. 가슴에는 훔친 새 오디오가 놓여 있었다.

차를 운전한 늙은 여자는 자신이 살고 있는 듯한 허름한 곳에 와서는 차를 멈추었다. 그녀는 대뜸 아무 말도 없이 술을 꺼내 마시기 시작한다. 둘 사이에 조용한 적막이 흘렀다. 흑인 청년은 늙은 노인네에게 무어라 말을 꺼내 고맙다고 해야 할지 생각 중이었다. 그런데 그 노인네는 대뜸 그냥 가라고 말한다. 다른 세 사람에게 도움을 주라는 말을 덧붙이면서 말이다. 라스베이거스를 배경으로 건달 생활을 하던 흑인 청년은 이렇게 도움을 받은 후 로스엔젤레스로 오게 된 것이다.

늙은 여자 그레이스는 라스베이거스 도심 바깥의 빈민들이 떠돌이 생활을 하는 곳에 머무르고 있다. 차에 온 세간살이를 싣고 다니며 잠은 바깥에서 잔다. 노인에다 가진 것도 별로 없으니 누가 해코지 하는 사람도 없다. 그녀에게는 딸이 하나 있다. 딸은 학교도 졸업하지 않고 일을 한다고 밖으로 돌더니 덜컥 임신을 해 버렸고, 지금까지 아빠도 없이 아이를 키우며 힘들게 살아가고 있다. 늙은 여자는 다 큰 딸의 엄마로서 딸의 삶에 대해 하고 싶은 말이 많지만 딸 앞에서 한없이 작아지기만 한다. 더욱이 그 딸은 자신과의 만남을 극도로 꺼리고 절대 용서할 수 없다고까지 말한다. 자신이 딸을 낳아 키우는 동안 제대로 관

심을 기울이지도 못했고, 더욱이 알콜 중독자로 딸에게 좋은 양육자로
서의 모습을 보여주지도 못했기 때문이다. 그 딸아이가 자신과 비슷한
길을 걷고 있는 듯해 안타까우면서도 죄스러운 마음이다.

그런데 어느 날 그 딸아이가 자기 앞에 나타났다. 도무지 엄마를 볼
것 같지 않았던 딸의 모습을 보는 것만으로도 믿기지 않을 정도였는
데, 딸은 그레이스에게 상상도 못 한 말을 던졌다. "엄마, 내가 용서할
게." 그 순간 그녀는 온몸이 무너져 내리는 듯했고, 왈칵 눈물이 쏟아
졌다. 그런데 도대체 딸에게 무슨 일이 있었던 것일까? 왜 갑자기 나타
나서는 결코 하지 않을 것 같은 말을 하는 것일까? 더욱이 살갑게 어떻
게 살아가는지 묻기도 하고, 곧 생일이 다가오는 손주 트레버의 축하
파티에도 초청을 했다. 단, 술을 마시지 않은 온전한 정신으로 방문한
다는 조건하에 말이다. 그레이스는 그때 딸에게서 도움 주기에 관한
이야기를 전해 들었다. 그것은 아무런 조건 없이 다른 세 사람에게 그
사람들이 할 수 없는 일을 대신 해 주는 것이었다.

챈들러는 자신에게 재규어 신차의 키를 넘겨받은 이후 놀라운 이야
기들을 듣게 되었고, 꼬리에 꼬리를 무는 이 '도움 주기 운동'에 관한

소문을 듣게 된다. 결국 챈들러는 이 모든 일의 시작이 중학교 1학년생인 트레버에게서 시작되었다는 것을 알게 되었다. 트레버가 엄마 알린에게 도움을 주고, 알린은 엄마인 그레이스에게, 그레이스는 흑인 청년 시드니에게 그리고 시드니는 로펌 변호사 토르센에게, 토르센은 챈들러에게 도움을 준 것이다. 도움 주기가 이루어진 길을 찾아 나선 챈들러는 그 뿌리를 발견할 수 있었지만 이 운동이 어떤 모습으로, 어떤 결과로 이어지고 있는지는 도무지 알 수 없었다. 오로지 자신이 목격하고 들은 일들만 알고 있을 뿐이다. 기자로서 챈들러는 트레버가 다니는 중학교를 찾아갔다. 그리고 트레버와 대면하여 어떻게 이 일을 시작하게 되었는지, 이 일이 가져온 놀라운 일들에 대해 어떻게 생각하는지에 대해서 인터뷰를 하게 되었다.

충격적인(?) 3^n의 결말

트레버는 호기심 많은 중학교 1학년생이다. 사회 시간에 내준 숙제를 제대로 해내지 못했다는 생각에 자기 성적이 어떻게 나올지 궁금하다. 더욱이 자신의 프로젝트에 담당 교사인 시모넷이 포함되어 있어 한 교실에 있는 둘 사이에 묘한 긴장감이 존재한다. 그렇다 하더라도 딱히 티를 내서는 안 되는 상황임을 너무 잘 알고 있다.

자신이 고민하고 제시했던 '사회 변화 공식, 3^n'은 너무 허황된 것이었나 보다. 자신이 애초 이 계획을 발표할 때 친구들은 '터무니없다, 이상하다'는 반응을 보였고, 시모넷은 '유토피아'적인 아이디어라고 했다. 칭찬인지 비아냥인지는 모르겠지만 유토피아라는 것이 결코 이 세상에 존재할 것 같지 않다는 점에서 트레버의 아이디어는 '가능하지 않은' 것이었다.

이 숙제를 내주면서 시모넷은 적어도 세상을 바꾸는 것이 '가능하다'고 믿어 보라고 주문했었다. 세상이 도무지 중학교 1학년생들에게 기대할 것이 없고, 중학교 1학년생들조차 세상에 대해 관심조차 갖지 않는 상황에서 '세상을 바꾸는 것이 가능하다'고 믿고 생각을 모아 보라는 시모넷의 주문은 애초 실패를 염두에 둔 그저 '교육적'인 시도였는지도 모르겠다. 트레버는 자신의 3^n 공식이 첫 관문도 채 제대로 통과하지 못하는 모습에 심한 마음의 상처를 입었다. '절대 가능해 보이지 않는다, 누가 그걸 하려고 하겠어, 허황되어 보인다'는 친구들의 냉소를 이제 있는 그대로 받아들여야 하는 듯했다.

그런데 트레버는 이를 포기하지 않았다. 제리를 찾아다니며 자신과의 약속을 지키라고 외쳐 댔다. 마치 자신의 외침을 제리가 듣고 있다는 것을 아는 것처럼 말이다. 조용하게 왔던 아빠가 다시금 폭력적인 모습을 보이고는 사라지자 엄마와 시모넷의 관계를 다시 개선시킬 수 있으리라는 생각을 한다. 그리고 이제 이 일은 자신이 아닌 엄마가 나서서 할 것들이었다. 트레버가 할 수 있는 일은 그냥 믿고 지켜보는 것

이다. 자신은 최소한 중간에서 방해만 하지 않으면 된다.

그런데 아담에게 도움을 주는 것은 어렵다. 그가 불량배들에게 당하는 순간을 목격한다고 하더라도 어떻게 해 볼 수 있는 일이 없다. 도움을 받는 사람들은 그런 도움으로 자기 삶이 바뀔 것이라거나 자기 삶에 어떤 영향을 미칠 것이라 믿지 않았다. 이 때문에 그들의 실망과 체념은 트레버가 계획한 세상 바꾸기에 대한 실망과 체념으로 다가왔다. 그러나 트레버의 생각과 달리, 사실 트레버에게 도움을 받은 사람들은 변하고 있었다. '도대체 트레버가 내게 해 준 게 뭐길래?'라고 생각하기보다 그들은 자기 삶을 돌아보게 되었다. 그리고 어린 트레버조차도 남을 도울 수 있다면 자신들도 뭐라도 할 수 있지 않을까 생각하며 트레버가 세운 계획을 실현하는 한 사람이 되고자 했다. 더 나아가, 트레버의 계획이 아닌 자신의 계획인 것처럼 자발적으로 참여해 보기로 결심했다. 그렇게 제리는 노숙 생활을 접고 고향으로 향했고, 고향으로 가는 여정 중에 자살 시도를 하는 여성을 구했다. 트레버의 엄마 알린은 자신의 엄마에게 결코 할 수 없는 일을 해 주는 것으로 도움 주기를 이어 갔다. 다만 아직 트레버가 아담을 온전히 돕는 일은 성공하지 못한 상태다.

챈들러와의 인터뷰가 끝나고 트레버는 집으로 갈 준비를 했다. 늘 자전거를 타고 등하교를 했기에 그는 자전거를 세워 둔 곳에 갔다. 인터뷰 때문에 집으로 가는 시간이 약간 늦어졌는데, 마침 아담이 눈에 보였다. 그런데 그는 또다시 불량배들에게 폭행을 당하고 있었다. 그 모습을 본 트레버는 미처 생각할 겨를도 없이 무작정 불량배들에게 달려들었다. 아담을 도와 그를 구해야 한다는 생각뿐이었다. 그러자 불량배들이 칼을 빼들어 트레버의 옆구리를 찔렀다. 아담을 돕겠다고 나섰던 트레버는 그 자리에 쓰러졌고, 결국 목숨을 잃었다. 어떤 수식어가 적절할지 모르겠지만 트레버는 자신의 죽음으로 사회 숙제로서 자신이 계획했던 프로젝트를 완수할 수 있었다. 비로소 3^n의 공식에서 자신이 담당해야 할 $n=1$을 마친 것이다.

필자는 이 영화를 수십 번도 더 감상했다. 그런데 꼭 트레버가 죽고 추모되는 장면이 등장할 즈음이면 눈물을 삼킬 자신이 없다. 그는 자

신이 시작한 '세계 변화'의 흔적들을 챈들러로부터 들을 수 있었다. 어쩌면 우쭐했을 수도 있다. 그리고 사회 시간에 성적을 매개로 고민한 아이디어가 실제 세상에서 작동하고 있는 모습에 신기해했을 수도 있다. 어딘가 역설적이지 않은가? 트레버는 자신이 죽어서야 비로소 3^n 공식의 첫 번째 도움 주기를 마쳤다. 그런데 어떻게 도움 주기가 이 지역을 넘어 미국 전역의 사회 운동으로 번져 갈 수 있단 말인가? 시모넷 교사도 이야기하지 않았던가? 서로를 믿어야만 실현될 수 있는 것이라고. 그런데 당장 도움을 주는 사람과 도움을 받는 사람 사이에 신뢰 관계가 형성되었는지조차 파악되지 않고 있고, 도움을 받았던 사람들에게 그 어떤 삶의 변화도 볼 수 없지 않은가? 도대체 어떻게 일이 진행되고, 대체로 실패했다고 여겨지는 일의 성과가 어떻게 확산될 수 있는가 말이다. 도무지 이해할 수 없는 노릇이다. 적어도 트레버는 자신이 아담을 위해 목숨까지 희생할 생각을 했다고 볼 수 없다. 더욱이 자신이 도움 주기의 발안자로 도움 주기의 실제 결과가 나쁘지 않았다면 그것으로 만족해했을 수도 있다. 그런데 트레버는 아담을 위해 몸을 던진 것이다. 왜 이런 영화의 끝은 꼭 이렇게 비극적인가 모르겠다.

어떻게 세상을 바꿀 것인가?

3^n의 성공 비결

화두를 던져 보자. 트레버가 제안한 '세계를 바꾸는 공식, 3^n'을 오늘 우리가 살고 있는 곳에 적용한다면 어떻게 될까? 누군가 이 일을 지금 한국에서 시작한다면 어떻게 될까? 이 글을 읽는 여러분이 트레버가 되어 이 일을 시작한다면 3^n에서 n은 어느 숫자까지 도달할 수 있을까? 당신은 트레버가 자신의 죽음으로 완수했던 $n=1$을 마칠 수 있을까? 만약 n의 숫자를 키워 가는 것이 가능하려면, 이것으로 우리가 살고 있는 세상을 바꿀 수 있고 또 실제 바뀌고 있다는 것을 알게 하려면 어떻게 하면 될까? 좀 더 간단히 표현해 보자면 세상을 바꾸는 공식 3^n의 작동 원리는 무엇일까?

첫째, 도움을 주는 사람은 도움이 필요한 사람을 찾되, 그가 스스로 할 수 없는 일을 대신해 줄 수 있어야 한다. 도움을 주되, 도움을 받는 사람이 스스로 할 수 있는 일을 대신 해 주는 일은 고려에서 제외되어야 한다. 트레버가 도왔던 세 사람의 이야기를 들어 보자. 아담은 스스로 불량배들에게서 벗어날 수 없었다. 엄마는 자기 삶을 스스로 돌아보고 계획할 수 없었다. 제리는 마약 중독자로 웬만해서는 자기 힘으로 그 중독 상태에서 벗어날 수 없었다. 알린이 도움을 준 그녀의 엄마 그레이스는 어떠한가? 그녀는 자기 딸 알린와의 관계를 스스로 개선할 수 없었다. 오로지 알린만이 엄마와의 해묵은 관계를 건드릴 수 있었다. 경찰에게 쫓기던 흑인 청년 시드니도 스스로 구원할 수 없었고, 변호사 토르센은 대기실에서 기침이 심한 딸의 응급 처치를 앞당길 수 없었다. 그리고 자신의 차가 망가진 상황에서 챈들러가 할 수 있는 일이라곤 자신의 차를 들이받은 인질범을 원망하는 것뿐이었다.

결국 도움을 받은 사람들은 자신이 직접 그 상황을 개선할 수 없는 상황이었다. 그 시간, 그 장소, 그 상황에서 도움을 줄 수 있는 사람의 도움을 그들은 받았다. 자신이 할 수 있는 일을 대신 해 주는 일이었다면 그들은 결코 자신이 받은 도움의 의미에 대해 성찰하지 않았을 것이다. '나도 할 수 있는 일이었는데 굳이' 하는 마음으로 간단히 감사의 인사를 건네는 것으로 상황은 종료되었을 것이다.

둘째, 도움을 받은 사람은 도움을 준 사람에게 되갚는 것이 아니라 다른 세 사람에게 같은 방식으로 도움을 주어야 한다. 이것은 해도 되고 안 해도 되는 일이 아니었다. 자신이 받은 도움은 자신이 결코 해결할 수 없는 문제를 해결하는 것이었다. 그것이 로펌 변호사 토르센이 병원에서 겪었던 일처럼 즉각적인 상황에 대응하는 것이었든, 그레이스가 딸 알린과의 오랜 관계를 개선하는 것이었든 상관 없다. 그러한 문제 상황에 처한 사람들에게 도움을 주고, 그들이 다시 다른 사람들에게 도움을 줄 수 있도록 안내해야 한다. 어떤 되갚음을 바라거나 되갚음으로 이익을 얻으려고 해서는 안 된다. 따라서 도움 주기를 통한 세계 변화의 공식 3^n은 어떤 되갚음을 바라고 도움을 주는 행위를 상정하지 않는다. 돌고 돌아 결국 나에게 또 다른 도움 주기가 올지는 모르겠지만 적어도 도움을 주는 그 순간, 그 판단에는 전혀 영향을 미쳐서는 안 된다. 도움 주기는 오로지 다른 사람을 향한 온전한 도움이어야 한다.

셋째, 도움 주기를 한 사람은 도움을 받은 사람이 도움 주기를 하는지 안 하는지에 관여할 아무런 권한이 없다. 윤리적인 차원에서 세계를 바꾸어 나가기 위한 3^n 공식을 서로 공유했다고 하더라도 도움을 받은 사람이 이 운동에 참여할지는 스스로 결정한다. 따라서 트레버로부터 비롯된 이 공식의 시작은 사실 매 순간 관련된 개개인에게서 끝나고 다시 그 사람에게서 새롭게 시작된다. 세계를 변화시켜야 할 필요성에 대한 인식, 이를 적어도 개선하기 위한 의지와 행동은 온전히 도움을 받는 개인의 몫이다. 세계 변화에 대한 인식이 충분하다고 하더라도, 이를 위한 의지가 있다고 하더라도 행동으로 옮기지 않거나 못

할 수도 있다. 그렇다고 그가 도움을 준 사람과의 관계에서 윤리적인 책임을 지는 것은 아니다. 도움 주기는 n이 하나씩 옮겨 가면서 그 숫자가 커지는 것이 아니라 영원히 0에서 1로 옮겨 가는 과정을 겪는다. 이는 성공할 수도 있고 그렇지 않을 수도 있다. 그러나 한 개인이 늘 새롭게 3^n을 재창조해 내는 것이다.

넷째, 도움 주기를 통해 세상을 바꾸는 것이 가능하기 위해서는 인간 삶에서 '신뢰'라는 것을 믿어야 한다. 영화에 등장하는 에피소드를 보면 알 수 있겠지만 영화 속 세상은 우리 삶의 모습 그 자체다. 교사와 학생 간에는 넘기 어려운 권위가 존재하고, 학교 안과 밖에는 지식을 둘러싼 벽이 상당히 높다. 어느 곳에든 폭력과 갈등, 긴장이 존재하고, 사람과 사람은 대화보다는 싸움의 장에서 더 자주 접촉하는 듯하다. 시모넷이 트레버의 세상 바꾸기 프로젝트의 아이디어를 듣고 처음 했던 이야기도 마찬가지였다. "서로를 믿어야만 가능한 아이디어"라고 했다.

삶은 참 복잡하다. 누군가의 행동을 예측하고, 뭔가 기대하는 관계가 복잡하게 발전해 왔다. 뭔가 아무런 대가 없이, 계산 없이, 이해관계 없이, 거저 선의를 베풀고 관대함을 제공하는 일은 흔하지 않다. 따라서 사람들은 제공되는 호의와 관대함에 값을 매기고자 하고, 이에 대응하는 되갚음을 염두에 둔다. 즉 호의의 크기만큼이나 되갚음의 크기 또한 클 것이라고 말이다. 챈들러가 변호사의 호의에 대해 했던 말을 기억해 보자. 최신형 재규어 세단은 적어도 남의 집 아내를 청부 살해한 정도의 일에 대한 보상으로나 주어질 만한 것이었다. 즉 사람 간의 관계는 항상 계산된 거래로 인식될 뿐 그것이 모종의 인간성을 위한 선의와 호의로 온전히 받아들여지거나 이해되진 않는다.

그러나 도움 주기는 되갚는 것이 아니기 때문에 계산된 거래, 도움 준 개인에 대한 모종의 채무 의식으로는 이루어질 수 없다. 선의와 호의가 가능하고, 그것을 줄 만하며, 그것을 받을 만한 상황을 있는 그대로 수용하는 것이 전제되어야 한다. 그리고 이것이 다시 다른 사람과의 관계에서 일어나도록 행동하는 것이 필요하다. 따라서 도움 주기는 인간관계에 대해 완전히 새로운 패러다임을 전제한다. 계산된 거래에 토대한 관계가 아니라 인간이 인간에 대해 할 수 있는 가장 최선의 행동이 가능하다는 신뢰의 관계에서 행동하는 것이다.

만약 3^n 공식에서 n의 숫자가 점차 커져 도움 주기에 참여하는 사람들이 많아진다면 이는 계산에 따라 잘 계획된 프로젝트가 제대로 시행되어서가 아니다. 앞서 이야기한 대로 개인의 내면에서는 n이 계속해서 0에서 1을 실현할 수 있는가에 대한 고민이 계속될 것이고, 그러한 싸움을 통해 행동하는 개인이 늘어날 때 n은 의도하지 않은 가운데 점차 커질 것이다. 그리고 n의 증가와 도움 주기 운동에 참여하는 사람의 숫자가 많아지면 적어도 이 세상 사람들은 자신이 만나는 사람들의 관계를 더 이상 주고받는 계산된 관계로 보게 되지 않을 것이다. 이는 언제고 아무런 대가 없이 도움을 주고받을 수 있는 인간성 회복이 이루어지는 토대가 형성되는 과정이 될 것이다.

세상을 어떻게 바꿀 것인가

'세상을 어떻게 바꿀 것인가'는 오랜 사회학 연구의 관심 주제였다. 사실 학술 연구는 '어떤 변화를 일구어 낼 수 있는 행동'을 제안하지 않는다. 대신 세상이 어떤 모양으로 존재하는가, 세상은 변화가 필요한가, 변화를 요구하는 사회 문제는 무엇인가, 사회 변화는 어떻게 일어나는가, 사회 변화를 가져왔던 요인은 무엇인가, 무엇이 사회 변화를 가능하게 하는가와 같은 질문에 대한 답을 내놓는다. 그러나 일련의 사회 구조, 사회 문제, 사회 변화 과정, 사회 변화 추동 요인, 사회 변화 주체를 묻는 질문이 겨냥하는 대답은 결국 '세상을 어떻게 바꿀 것인가'가 된다.

'교육을 한다(Doing education)'는 것은 세상을 변화시키자는 오랜 연구 주제와 어떤 관련을 갖는가? 생각보다 이에 대한 답은 쉽지 않다. 교육은 사회 변화에 가장 적극적으로 저항하는 활동이면서 동시에 사회 변화를 가져올 수 있는 가장 포괄적이고 중요한 요인이기도 하다. 교육이 사회 변화에 저항한다는 말은 무엇인가? 한 세대가 다음 세대에 전통을 가르치는 이유는 그들이 지켜야 할 중요한 것이라 생각하는 가치와 내용을 다음 세대에 온전히 전수하기 위함이다. '온전히 전수'한다는 말은 전달 과정에서 변화와 왜곡, 누락이 있어서는 안 된다는 것을 뜻한다. 말 그대로 다음 세대가 자신들이 고귀하게 여기는 것을 똑같이 고귀하게 여기고 그대로 행동해 줄 것을 기대한다. 이를 가능하게 하는 것이 바로 교육이다.

따라서 전통적인 의미로 교육은 세대와 세대 사이의 시공간의 변화와 그 시공간을 채우는 구성원의 변화에도 불구하고 이들의 구조와 관계가 변화되지 않을 것이라 기대하는 것이다. 만약 교육이 없다면 이러한 기대는 존재할 수 없다. 오로지 교육이 존재하고, 교육을 형식화한 제도가 있기 때문에 전통의 유지와 존속, 변화에 대한 저항이 가능하다. 즉 교육은 사회 변화를 가장 적극적으로 막아 낼 수 있는 상당히 효율적이고 효과적인 도구인 셈이다.

그러나 교육은 동시에 사회 변화를 일으키게 하는 가장 중요한 요인이기도 하다. 사회 변화는 사회가 변화해야 할 필요가 있다는 인식에서 시작한다. 내가 숨 쉬고 살아가는 세상에 아무런 불만도, 문제 인식도 없다면 굳이 변화를 이야기할 아무런 이유가 없다. 만족스러운 상황을 어떻게든 유지하면 되기 때문이다. 그러나 내가 희망하고 선택하는 일들을 보다 잘하거나 나와 맺어지는 사람들과의 관계에 만족할 수 없다면 삶은 고단하기만 할 뿐이다. 이는 제리가 트레버의 엄마 알린에게 세상이 바뀌어야 할 이유를 "세상이 엿 같기 때문"이라고 답한 것과 같은 맥락이다. 무력하게 '엿 같은 세상'을 바라보고 그 속에서 살아가는 것은 그냥 숨만 쉬고 있을 뿐 인간다운 삶을 살고 있지 못하다는 것이다.

따라서 세상은 바뀌어야 한다. 문제를 인식한 당사자는 다음 순간 어떻게 바뀌어야 하는지 전략을 강구한다. 이 전략은 그냥 하늘에서 뚝 떨어지지 않는다. 문제를 일으키는 요인이 무엇이고, 이 요인의 가장 약한 고리가 무엇인지 찾아내야 한다. 계란으로 바위 치기 식이라할지라도 자신이 가진 계란으로 깨뜨릴 수 있는 것이라도 찾아내야 한다. 이런 일련의 문제 인식-사회 분석-전략 탐색-계획 수립-행동은 혼자 할 수 없다. 동일한 상황에서 같은 세계관을 가진 사람을 찾아내거나 그 수준에 이르지 못한 사람들에게 같은 세계관을 갖도록 해야 한다. 세상은 혼자 바꿀 수 있는 것이 아니기 때문이다.

3^n에서 n이 0에 머무른다면 그저 한 개인의 일로 머무를 뿐이다. 그러나 n이 1에서 2로, 2에서 3으로 그리고 4, 5, 6, 7, 8, 9, 10으로 커져 간다면 이 일은 단지 한 개인의 일이 아니라 사람과 사람의 관계, 그 사람이 속한 사회의 문제, 사회와 사회의 집합으로서 우리 전체의 일이 되어 버린다. 이러한 일련의 과정이 교육이다. 서로 가르치고 배우는 일련의 활동이 없이, 자신의 행위와 실천이 자신을 넘어서 다른 사람에게 그리고 사회 속으로 스며들어 가는 일은 없다. 따라서 변화를 위한 개인의 적극적인 교육 활동은 자신을 포함한 다른 사람 그리고 사람과 사람들의 사회로 변화를 확산시키도록 한다.

학교에서의 공식적인 교육 과정은 변화를 가져오는 이런 교육을 수행하고 있을까? 이 질문에 두 가지, 즉 그렇다고도 그렇지 않다고도 답변할 수 있다. 학교를 비롯한 형식적 교육제도를 사회 변화를 향한 저항의 영역으로 인식하며 이를 적극적인 교육 의제로 내세우려는 사람들이 있다. 이들에게 교육은 곧 변화를 추동하는 힘이다. 그러나 학교는 공식적으로 사회 변혁을 위한 교육의 과정에 집중하지 않는다. 사회 변화를 추구하는 교육 활동은 공식적이기보다 비형식적이고 무형식적이다. 의식적이고 의도적인 실천 활동으로서의 사회 변화를 위한 교육은 보다 문제 중심적이다. 이는 형식적 교육으로서의 학교 교육이 지식을 매개로 변화에 저항하는 것과는 다른 교육의 패러다임이다. 그리고 이는 지식이 아닌 사람 간의 관계를 중심에 둔다. 지식을 절대시하지 않고, 맥락적이고 가변적인 것으로 인식한다. 지식을 수단화하며, 결코 목적 그 자체로 이해하지 않는다. 지식은 오로지 지식 그 자체로 존재하는 것이 아니라 인간 삶의 질을 향상하도록 하는 수단적 존재로 이해한다. 지식과 지식에 대한 인식이 인간성을 퇴보하도록 해서는 안 된다고 믿는다.

시모넷이 사회 교사로서 내 준 과제이기는 했지만 트레버는 도대체 왜 이런 생각을 했을까? 중학교 1학년생으로 그가 대면한 세상은 도대체 어떤 모습이었길래 '변화'를 향해 모든 사람이 참여할 수 있는 아이디어를 내게 되었을까? 그 숫자가 빠른 시간 안에 엄청나게 빨리 불어난다는 것은 짐작했겠지만 중학생으로서 트레버가 3^n이라는 공식을 알았을 리 만무하다. 트레버는 이러한 기하급수적 숫자의 증가를 몸으로 경험한 적이 있을까? 제리에게 자신의 생각을 이야기할 때는 어떤 방식을 택했을까? 아주 단순한 방식의 숫자 증가는 그렇다 치더라도, 앞에서 3^n 공식이 작동하기 위한 원칙을 주저리주저리 정리한 것처럼 트레버의 머릿속에 철저한 계획이 있었을까? 아무리 높게 평가한다고 하더라도 평범한 중학교 1학년생 트레버는 결코 치밀하게 이 계획을 준비하지 않았다. 어쩌면 결코 치밀할 필요가 없다고 느꼈을지도 모른다. 오로지 자신이 다른 사람에게 도움을 주고, 도움을 받은 사람들은 자신이 한 것처럼 할 것이라고 믿었기 때문이다.

이 점에서 트레버는 낙천적인 성격이면서 인간에 대한 신뢰가 있었다고 볼 수 있다. 비록 엄마와의 삶이 무미건조하고, 엄마의 고단한 삶 때문에 신경 쓰고 싸워야 할 일이 많기는 했지만 트레버는 엄마에 대한 신뢰가 있었다. 엄마는 트레버에게 종종 나약하게 보였지만 그럼에도 트레버의 삶에 든든한 지지자가 되어 주고 있다는 믿음을 아들에게 주고 있었다. 또한 트레버와 엄마의 삶이 지금 당장은 어렵지만 이들의 미래는 지금보다 나아질 것이라는 기대가 있었다. 적어도 트레버는 이러한 기대가 무너지는 경험을 하지 않았을 것이다. 친구들과의 관계나 학교에서의 배움은 트레버가 세상을 보다 낙관적으로 소망하고, 이를 위한 자신과 사람들과의 관계가 여전히 믿을 만한 것이라 생각하게 했다. 3^n의 첫 실천이 가능했던 이유는 트레버가 3^n 공식이 '가능하다' 생각했기 때문이다. 만약 트레버가 이 공식이 결코 이루어질 수 없다고 생각했다면 머릿속에서 계산된 숫자가 어머어마하다고 하더라도 그는 이 아이디어를 시모넷과 같은 학급 친구들 앞에서 발표할 생각을 하지 못했을 것이다. 트레버에게 사회 변화는 곧 자신의 문제였고, 자기 삶의 소망과 맞닿아 있는 문제였다. 그래서 잘 계획된 계산에 따라 '가능하다'는 것으로 그칠 것이 아니라 '가능해야만' 하는 문제였다. 그것이 자신과 엄마가 살아야 할 삶이었기 때문이다.

어떻게 가르쳐야 하는가

이 영화에서 주목해야 할 또 한 명의 주인공이 있다. 사회 교사인 시모넷이다. 새로운 학교에 부임해 아이들을 맞이하는 그는 자신의 일그러진 얼굴만큼이나 늘 긴장감을 안고 사는 남자다. 그는 누구든 자신을 거부할 뿐만 아니라 가까이 하려 하지 않을 것이라 생각한다. 그래서 먼저 그 어떤 사람도 자신에게 다가오도록 허용하지 않는다. 비록 교사이지만 학생들과의 관계는 엄격하게 정해진 선에서 유지되어야 한다. 학생들과의 관계뿐만 아니라 다른 교사, 학부모들과의 관계도 마찬가지다. 학교 이외의 자기 삶에 대해 그 누구의 개입도 허락하지 않는다. 누가 뭐라 하건 그것은 사적인 삶의 영역이기 때문이다. 시모

넷은 늘 평정심을 유지하고, 자기가 처한 상황을 통제한다고 여긴다. 그러나 한 순간, 자신이 홀로 지켜 온 사적인 영역이 침범되거나 간섭받는 상황이 되면 스스로의 감정을 통제하지 못한다. 적어도 그는 자기 삶에 그 누구도 끼어드는 것을 용납해 본 적이 없다. 교사가 되고 얼굴이 일그러져 버린 이후로 말이다.

그런 시모넷은 중학교 사회 교사다. 그가 새 학교로 부임한 이래 첫 수업에 들어온 1학년 새내기들에게 했던 것처럼 그는 세상을 어떻게 이해하고, 어떻게 살아야 하는지에 대해 가르쳐야 할 교사다. 그래서 그는 중학교 1학년생이 아이디어를 내 봤자 특별한 건 없을 것이라는 생각을 하며, 사회 교과에 대한 이해도 없는 아이들에게 '세상을 바꾸는 방법'에 대해 1년짜리 과제를 내 준다. 대부분의 아이들이 내놓은 의견들은 그에게 익숙한 주제와 내용들이었다. 즉 그가 충분히 통제할 수 있는 주제였다. 그런데 트레버가 가져온 내용은 자신도 처음 들어보는 것이었다. 아주 간단해 보이지만 이것이 어떻게 전개될지는 도무지 예측할 수가 없다. 숙제를 하기 위해 트레버가 누군가에게서 듣고

아무 생각 없이 따라 한 것인지, 아니면 혼자서 뭔가에 홀린 듯 생각해
낸 것인지는 알 수 없다. 다른 많은 아이들처럼 집에서 엄마가 대신 해
준 숙제일 수도 있다. 어쨌건 중학교 1학년생으로 세상을 바꾸겠다고
내놓은 생각으로는 참신하고 창의적이다.

그런데 이것이 가능할까? 정작 세상을 바꾸는 아이디어를 내고, 이
를 실행에 옮기는 것에 대한 가능성을 말한 사람은 시모넷 자신이었
다. 아이들은 칠판에 쓰인 숙제의 내용을 대하고 괴상하고, 어렵고, 짜
증 나는 주문이라고 평가했다. 시모넷은 어떤 생각을 하든 그것이 세
상을 바꿀 수 있다고, 이를 믿으라고 주문했었다. 심지어 중국어 웹사
이트를 열어 모든 중국인들이 한꺼번에 뛰게 하겠다고 한 학생의 이야
기도 '지축을 바꿔 보도록 하겠다'는 아이디어로 승인했다. 그런데 트
레버가 내놓은 아이디어는 어떻게 평가해야 할지 몰랐다. 중학교 1학
년생이 내놓은 아이디어라곤 믿기지 않는 생각에 일단 칭찬하기는 했
지만 두고 볼 일이었다.

교사로서 프로젝트가 진행되는 것을 지켜보기는 하겠지만 자신의
프로젝트는 아니었다. 1년이 지나 프로젝트 평가 이후 성적을 부여하
면 될 뿐이었다. 그런데 이 프로젝트를 제3자의 문제로만 넘길 수 없게
되었다. 그 계획에 자신도 포함되어 있었던 것이다. 시모넷은 세상을
어떻게 바꿀 것인가에 대해 트레버가 내놓은 3^n 공식이 어떻게 되건 상
관없었다. 그러나 이 일로 자기 삶이 영향을 받는 것은 큰 문제였다.
그러고 보면 시모넷은 트레버의 계획인 세상을 바꾸는 공식 3^n을 믿지
않았다. 비록 자신이 아이들에게 '가능하다'고 믿으라고 했고, 트레버
의 계획이 성공하기 위해서는 '서로 믿는 마음'이 중요하다고 했음에도
불구하고 정작 자신은 그 계획이 성공하든 그렇지 않든 상관없다고 생

각했다.

　도대체 교사는 학생과 어떤 관계여야 할까? 도대체 교사는 자신이 가르치는 지식의 내용에 대해 어떤 태도를 가지고 있어야 하는가? 교사는 자신이 가르치는 내용에 비추어 어떤 삶을 살아야 하는가? 이 영화에서 시모넷과 트레버의 관계는 교사와 학생, 교사와 교과 지식 그리고 교사의 삶에 대한 질문을 던지게 한다. 시모넷은 공적이든 사적이든 트레버와 결코 가까이할 수 없었다. 교과 지식을 사이에 두고 교사는 학생과 지켜야 할 선이 분명히 있어야 했다. 시모넷은 교과 지식에 대해 정통한 전문가였을지는 모르지만 그 교과 지식은 자신의 삶과 그다지 별 상관이 없었다. 학생들과 진행하는 수업에서 자신의 교과 지식에 대한 전문성이 도전받지 않으면 될 뿐이었다. 트레버가 시모넷에게 했던 질문을 떠올려 보자.

> 트레버 : 세상을 바꾸지 못한다면 낙제 성적을 받게 되나요?
> 시모넷 : 그렇지는 않겠지만 중간 정도의 성적만 받겠죠?
> 트레버 : 선생님은 어떤 일로 세상을 바꿨죠?
> 시모넷 : 난 밤에 충분히 잠을 자고, 아침밥을 충분히 먹고 지각은 하지 않는단다.

　시모넷이 자신의 과제에 대해 아이들을 이해시키기 위한 자기 방식의 '사회 변화 실천'은 아주 개인적인 일이었다. 물론 그 개인적인 일정을 잘 지키고 사적인 영역에서 성실한 것이 교사라는 직업을 충실하게 수행하도록 하는 힘이 된다는 전제하에 말이다. 이것이 시모넷의 사회 변화 참여 방식이었다. 교사는 자신의 삶을 학생들과 공유할 필요성을 느끼지 않는다. 그 대상이 아직 어린아이들인 경우는 더욱 그렇다. 시모넷이 아이들에게 내 준 과제에 대한 이해의 기대 수준에 비할 때 트레버가 가져온 3^n은 판단하기 어려운 것일 수밖에 없었다. 더욱이 자신을 끼워 넣어 엄마와 엮어 보려는 트레버의 시도는 자신의 삶의 원칙을 심하게 간섭하는 일이었다.

그러나 시모넷은 교사이기 이전에 한 개인으로서 트레버의 계획에 편입되어 가는 것을 알게 된다. 그리고 그 계획에서 자기 자신이 바뀌어 가고 있음을 알게 된다. 한 번도 자기 주변 사람을 믿어 보지 않았던 차가운 마음이 개방되면서 느끼는 희열도, 그리고 믿고 바랐던 관계가 깨지면서 다시 한 번 사람에 대한 믿음의 부질없음도 느끼게 되었다. 그럼에도 불구하고 시모넷은 자기 의지와는 상관없이 트레버가 시작한 도움 주기의 과정에서 자신의 변화가 중요한 역할을 한다는 것을 나중에 알게 된다. 교사라는 사회적 지위에 의존하지 않고, 사람과 사람의 관계로 트레버와 시모넷의 관계가 재설정되면서 비로소 시모넷의 삶에도 변화가 생길 수 있었다.

교사는 학교에서 가르치는 사람이라는 사회적 지위를 가지기 이전에 한 인간이다. 자신의 세계관과 삶의 방식을 만들고 유지하는, 그 속에서 희로애락을 느끼는 사람이다. 그러나 자신이 만나는 학생들과의 관계로 인해 삶이 바뀌고 새로운 삶의 문제를 해결해 나갈 수도 있다. 어쩌면 오로지 사람과 사람의 관계만 있을 뿐 교사-학생 간의 만남이라는 개념 자체가 무의미하지 않을까 싶다. 비록 그 장소가 학교이고, 제한된 공간으로서의 교실이라고 하더라도 서로의 세계관이 만나 긴장과 갈등 속에서 서로 영향을 받아 수정되는 과정이 있을 뿐이다. 또한 교사는 자신이 가르치는 교과 내용과 분리될 수 없다. '쓰레기를 버리면 안 된다'고 가르치면서 당장 교실 바깥에서 담배 꽁초를 바닥에 버리고 지나가는 교사를 본다면 어떤 생각이 들겠는가? 세상을 바꿀 수 있다는 믿음을 힘 주어 이야기한 시모넷의 도전은 자기 삶이 조금도 흔들리도록 하지 않을 것이며, 자기 삶에 개입하는 그 어떤 것도 허용할 수 없다는 완고함으로 진정성 없는 울림으로 퇴색되어 버린다.

트레버는 과제를 수행하기 위한 하나의 과정으로 '세상을 바꾸는 공식 3^n'을 제시했지만 이 과제를 대하고 수행하는 과정에서 시모넷은 트레버에게서 배워야 할 것들이 많았다. 세상이 어떠한 곳이어야 하는가에 관한 생각, 세상은 어떻게 바꿀 수 있을 것인가에 대한 생각, 세상을 바꾸기 위해 가장 먼저 사람을 이해하고 믿어야 한다는 것 그리고 그것이 가능하다는 것, 도움을 주기 위해 노력하는 사람의 진정성은 결국 통하게 되어 있다는 것, 남을 돕는다는 것은 단지 말로만의 위로를 넘어 목숨까지 내 줄 수도 있는 위험한 것이라는 것 등. 그럼에도 남을 돕기 위해 포기하지 않고 실천하는 것, 세상은 결국 바뀐다는 것, 그러기 위해서는 세상 가운데서 내가 먼저 바뀌어야 한다는 것, 가르치는 사람으로서 교사도 예외는 아니라는 것을 배워야 했다.

Chapter 12

리더십은 아이러니다
고독한 스승

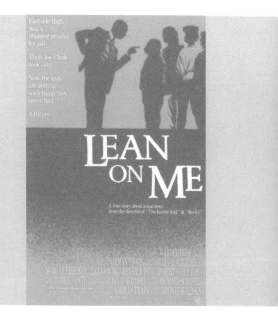

영 화 명 : 고독한 스승
원　　제 : Lean on Me
감　　독 : John G. Avildsen
제 작 사 : Warner Bros.
제작 연도 : 1989년

영화의 내용

조 클라크는 열정적인 흑인 교사였다. 그는 1970년대에 흑인으로서는 드물게 백인 고등학교에서 가르쳤다. 더욱이 그는 학생들에게 카리스마 있고, 교수 능력이 탁월해 인기가 많았다. 그가 근무하는 이스트사이드고등학교는 뉴저지주 뉴어크에 소재한 명문학교였는데, 재정 문제 때문에 교육 과정 편성을 교육청에 위임하기로 결정한다. 타고난 불같은 성격의 조 클라크는 학교 교육 과정의 자율성이 침해당하는 것에 반발하여 그 학교를 떠난다. 그리고 20여 년이 흐른다. 학교는 그사이 백인 중산층 아이들이 다니는 곳에서 유색인들, 주로 빈민층 흑인 아이들이 그저 희망 없이 학교에 오는 곳으로 변했다. 학교 벽면은 온갖 낙서로 어지러울 지경이었고, 곳곳에서는 학생들의 폭력과 무질서가 난무한 상태였다. 그러나 더 큰 문제는 누구도 바로잡을 수 없을 정도의 통제 불능 상태였다. 수업은 거의 불가능했고, 학생들은 교사를 존경하는 마음으로 대하거나 규칙 따위에 신경 쓰지 않았다. 학생들의 학업 성취도가 어떠한지에 대해서는 아무도 진지하게 생각하지 않았다.

학교 외부 환경도 바뀌었다. 주 정부에서는 학생들이 학교에서 도대체 무엇을 배우고 있는지를 문제 삼고 있었다. 교육청은 학업 성취도가 주 정부에서 정한 기준에 미치지 못하는 학교를 폐쇄하겠다는 방침을 세웠다. 연방 정부에서 정한 학력 표준에 미치는지 여부가 표준화 평가를 통해 가려질 예정이었다. 당장 한 번 치른 시험에서 이스트사이드고등학교 학생들의 불과 20퍼센트만이 기초 학력 기준을 통과했을 뿐이었다. 결국 공립 학교에 책임을 지는 시장, 교육감 그리고 시 교육위원회 위원장이 모여 문제를 해결하기 위한 방안을 논의하기에 이른다. 이들이 선택할 수 있는 것은 그리 많지 않았다. 기존의 교장을 그대로 두면 교육청이 정한 가이드라인에 따라 학교는 폐쇄를 피할 수 없었다. 그렇다고 이를 타개해 나갈 뾰족한 수가 없었다. 이때 교육감의 옛 동료였던 조 클라크를 교장으로 불러와 학교를 맡기는 방안이 떠올랐다. 그는 무엇이든 똑 부러지게 하는 사람이기 때문이었다. 그러나 도무지 권위에 순응할 줄 모르고 자신의 고집을 꺾지 않는 그는 '미치광이 조(crazy Joe)'라는 별명으로 이미 널리 알려진 인물이었다. 그렇다고 학교가 폐쇄되는 것을 눈 뜨고 볼 수만은 없었다.

결국 조 클라크는 이스트사이드고등학교의 교장으로 돌아왔다. 이 학교에서 평교사로 시작한 그로서는 놀랄 만큼 폐허처럼 변해 버린 학교와 학생들의 폭력적인 태도 그리고 이에 무관심과 무신경으로 일관하는 무력한 교사들의 모습은 그야말로 충격 그 자체였다. 그가 교장으로 부임해 처음 한 일은 학교 벽면의 지저분한 낙서들을 지우는 것이었다. 두 번째 한 일은 마약 및 폭력 사건에 연루되어 있거나 의심받는 학생들은 모조리 학교에서 내보내는 것이었다. 한마디로 전혀 말을 들을 것 같지 않은 불량아들은 퇴학 조치하는 것이었다. 수십 명의 아이들이 강당에 모였다가 한꺼번에 떠밀려 퇴학당한 이후 학교는 갑자기 조용해진다. 다음으로 그는 교사들을 한자리에 모아 두고 자신의 말에 절대 복종할 것을 명령했다. '절대 복종' 말이다. 클라크 교장은 다시 학교위원회를 열어 학부모들 앞에서 자신의 학교 운영에 관한 방침을 추인받았다. 물론 그가 보일 성과가 부담스러운 몇몇 학부모들의 공공연한 비난이 있었지만 말이다.

주 정부에서 정한 가이드라인에 따라 표준 학업 성취도 평가에서 기초 학력 수준의 학생 수가 70퍼센트를 넘어야 폐교를 면할 수 있었다. 20퍼센트가 채 안 되는 현재 상태로는 거의 불가능한 상황이라는 점은 누가 보아도 분명했다. 조 클라크의 고집불통스러운 면을 탐탁지 않게 생각한 시장과 몇몇 힘 있는 학부모들은 그의 학교 혁신이 성공하기를 결코 바라지 않았다. 학교 성적이 여전히 개선되지 않아 폐쇄되면 학교를 차터 스쿨화하려는 의도가 있었기 때문이다. 그러나 이러한 이해관계는 학교를 유지하고자 하는 교육감, 이를 통하여 정치적 이득을 보고자 하는 시장과는 서로 다른 입장이었다. 클라크는 학교 혁신을 통해 학생들의 성적을 올리는 데 이렇듯 사방의 적을 둔 외로운 투사로서의 모습을 보이고 있다. 공부에는 관심 없는 학생들, 학생들을 통제하지 못하는 교사, 전혀 도움이 안 되는 학부모들, 학교 예산을 쥐고 통제하려는 시장과 교육감. 아니나 다를까 예비로 치러진 시험에서 이스트사이드고등학교는 몇 퍼센트만 상승한 거의 절망적인 수준의 성적을 보여 주었다. 늘 그러했듯이, 학생, 교사, 학부모들은 이 결과에 그다지 놀라거나 특별한 반응을 보이지 않았다. 이 일로 교장은 이들을 더 다잡아야겠다고 마음먹었다.

수학을 가르치는 교사를 축구부 부코치로 발령하고, 자신에게 바른말 하는 교감에게 학교를 그만두라고 이야기한다. 담당 학급의 성적이 저조한 교사들에게는 경고를 보내고, 학교를 떠날 각오를 하라고 압박한다. 이러한 엄격한 규칙을 적용하는 교장의 방식은 다양한 저항을 불러왔다. 무엇보다도 학교에 순응하기를 거부하는 학생들이 튕겨져 나가는 상황이 이어졌다. 교장은 여기에 더하여 학교 외부의 마약상, 폭력 조직 그리고 학생들의 공부를 방해할 수 있는 사람들의 출입을 막으려는 의도로 학교의 모든 문을 자물쇠로 걸어 잠그게 했다. 허가받지 않은 사람들 이외에는 안에서도 문을 열 수 없도록 말이다. 학교를 온전히 자신의 영향력 아래에서 통제하고자 하는 그의 성향 때문에 힘들어 하면서도 학교는 점차 공부를 위한 공간으로 바뀌어 갔다. 시험을 치기 바로 직전 교장은 학생들을 강당에 불러 모으고는 함께 노력하자고 사기를 북돋운다. "내게 어깨를 기대(Lean on Me)"라는 노래 가사는 그의 마음을 학생들에게 고스란히 전달한 것이었다.

시험을 치른 이후 이스트사이드고등학교는 일상적인 수업이 이루어지는 공간이 되었다. 그러나 교장이 학교를 혁신해 나가는 동안 이를 못마땅하게 바라보고 있던 시장과 학부모들이 갑자기 학교를 찾아오게 된다. 외부인의 출입을 철저히 막기 위해 설치한 잠금 장치가 미 연방의 소방법에 저촉되기 때문에 법을 어긴 교장을 체포하기 위해서였다. 이스트사이드고등학교의 특수한 상황에서 충분히 공감할 만한 조치라고 넘어갈 수 있겠지만 법을 어긴 것은 엄연한 불법 행위였다.

그렇게 교장은 학생들이 보는 앞에서 호송되어 간다. 교장을 구치소에 가둔 시장과 학부모, 교육감은 사태 수습을 논의한다. 그들은 이스트사이드고등학교 학생들이 충족할 만한 시험 성적을 거둘 리 없다고 판단했기 때문에 클라크 교장을 해임하고, 민영 차터 스쿨로의 전환을 추진하고자 했다. 그러나 교장의 호송을 지켜본 교사와 학생들은 클라크 교장의 석방을 외치며 시청 앞에서 시위를 벌였다. 시장도, 교육감도 그리고 그 어떤 사람들도 학생과 교사로 구성된 시위대와 대화를 할 수 없는 상황에서 시장은 클라크 교장에게 도움을 청한다. 그가 학생들 앞에 나와 이들을 진정시키고자 하는 순간, 교감이 편지 하나를 들고 온다. 이스트사이드고등학교가 표준 학력 성취도 평가에서 주 정부에서 정한 기준을 통과했다는 기쁜 소식이었다. 조 클라크는 그 소식을 학교 구성원들과 공유하면서, 자신을 자리에서 끌어내리고자 애썼던 사람들에게 더 이상 학교 문제로 괴롭히지 말 것을 주문한다.

이스트사이드고교와 조 클라크 교장

학교의 변천

이 영화는 뉴저지주 뉴어크라는 도시에 위치한 이스트사이드고교에서 있었던 실화를 바탕으로 한 것이다. 뉴욕의 주변 도시인 뉴어크는 가장 큰 쇼핑몰, 웅장한 도서관과 박물관 그리고 우아한 시청사 건물까지, 20세기 상업 도시로서 명성을 떨쳤었다. 그러나 다양한 국가로부터 이민 노동자들이 몰려들고, 다른 도시로부터 일자리를 찾아 모여든 흑인 인구가 증가하면서 도시의 지형은 바뀌어 갔다. 이러한 상황에서 백인 중산층들이 도심 외곽으로 이주하면서 뉴어크는 가난한 유색 인종들이 모인 폭력 도시라는 이미지가 강해졌다.

영화의 초반부에 등장하는 이스트사이드고교는 1960년대를 전후한 모습으로 백인 중산층이 여전히 도심에 거주하고 있던 시절의 모습이다. 영화에서도 보면 알 수 있듯이, 학급을 구성하는 학생들은 거의 전부 백인들이다. 특이하게도, 그 학급의 교사가 유일한 흑인이라는 점이 눈에 띈다. 그러나 흑인들은 이미 19세기 후반부터 학업적 진전을 바탕으로 사회적 성공을 일구어 왔다. 공립 학교 교사도 그중 하나였다. 조 클라크는 잘 가르치는 유능한 교사로 알려져 있었고, 그의 교수 실력은 동료들에게도 인정받고 있었다.

세월이 흘러 20세기 후반, 더 정확하게는 1980년대 이후의 이스트사이드고교는 이전의 모습을 떠올리기 어려운 곳이 되어 버렸다. 청결함이라고는 찾아볼 수 없는 학교 건물, 학생은 거의 전부가 흑인이었다. 간혹 백인이 보이지만 이들은 가난한 이주민이거나 다른 곳으로 이주할 수 없을 만큼 가난한 가정 출신이었고, 그 외 아시아계 학생들

이 몇 명 있었다. 학교는 덩치 크고 폭력적인 학생들에게 점령당한 상태였고, 아무도 이들을 막지 못했다. 마약 거래가 빈번하게 이루어지고 있었고, 총기를 소지한 외부인들이 언제든 학교를 드나들며 학생들을 상대로 장사를 하고 있었다. 폭력 사건으로 경찰이 상주하다시피 하고, 교사들은 가르치는 일에 집중하기보다는 자신의 안전을 먼저 챙길 수밖에 없는 환경에 처해 있었다.

학교는 시대에 따라 변하기 마련이지만 이스트사이드고교의 모습은 극단적인 학교의 변화상을 보여 주고 있다. 그러나 이 영화를 대하는 사람들은 학교가 그렇게 변하게 된 원인을 알 수 없다. 학교의 본질을 보고 설명하기보다는, 학교의 변화를 이끈 한 교장의 리더십을 영웅적으로 그려 보인다는 점에서 이 영화는 교육의 모습을 일부만 보여 주고 있다.

교장의 역할은 어디까지

클라크 교장은 학교의 극적 변화를 추진하는 데 중심적인 역할을

하는 인물로 그려진다. 그를 상징하는 대표적인 이미지는 확성기를 손에 든 채 뛰어다니는 모습일 것이다. 그는 언제 어디서나 사람을 불러 세우고 빠르고 큰 목소리로 엄하게 나무라거나 명령을 내린다. 사소한 학생들의 내밀한 이야기를 듣고 상담하는 자상한 아버지와 같은 역할에서부터, 학교 전체의 안전을 책임지기 위해 모든 구성원을 일사분란하게 움직이게 만드는 카리스마형 독재자 역할까지 한다. 모든 교사 및 안전 요원에게 무전 송수신기를 나누어 주고 오로지 서로만 알 수 있는 암호로 명령을 전달하고 이를 이행하게 하는 모습에서 그의 관리 능력은 최고조에 이른다.

　　교육 지도자들이 갖추어야 할 리더십 유형에는 관리자형, 인화단결형, 변혁지향형이 있다. 관리자형은 학교라는 공간을 행정적인 절차가 이루어지는 공간으로 보고, 이 행정의 대상인 교사(인적 자원), 예산(물적 자원), 학교 건물 및 기자재의 관리와 통제를 리더십의 핵심 내용, 목표로 삼는다. 인화단결형은 학교의 목표로서 학교가 가진 이슈들을 해결하기 위하여 다양한 구성원을 협력하도록 만드는 리더십을 보여준다. 실제 학교를 구성하는 조직의 관리와 통제에 효율적인지 아닌지를 판단하기는 어렵지만 조직의 관리와 통제는 오로지 인간적인 화합을 강조하는 것으로 해결될 수 있다고 믿는 유형이다.

앞의 두 리더십 유형이 학교의 고유한 교육 목표와 전략에 그다지 관심을 기울이지 않는 반면, 변혁지향적인 리더는 교육의 본질적 목표를 추구하면서도 학교 내외의 구성원들의 변화와 참여를 독려하기 위해 다양한 전략을 구사한다.

클라크 교장은 어떤 유형의 리더라고 할 수 있을까? 아마도 그를 영웅적인 교장으로 그리고 있는 이 영화에만 국한시켜 보자면 그는 이 세 유형을 모두 갖춘 복합적인 리더십의 소유자라 할 수 있다. 자신의 생각과 다른 이야기는 전혀 듣지 않고, 일사분란함을 깨는 어떤 행위도 거부하는 태도는 전형적인 관리자형이다. 학생 개개인의 문제에 귀를 기울이고 즉각적으로 문제를 해결해 줌으로써 개인과 개인 간의 관계에 기초한 조직 운영에 관심을 기울이는 태도에서 보면 그는 또한 인화단결형 리더이기도 하다. 여기에 학업 성취도를 높여야 한다는 본래적인 목표를 달성하는 것과 함께 교육이 갖추어야 할 교사와 학생 간의 교수-학습 관계를 회복하고 이를 북돋아 주어진 과제를 완수하게 하는 모습에서는 감동적인 변혁지향형 리더의 모습을 보여 주기도 한다.

한 개인의 리더십을 어느 하나의 유형에 맞춰 보기는 어렵다. 누구나 복합적인 면을 갖고 있고, 사실 관리자형이나 인화단결형의 리더라도 변혁지향형 리더로서 감동적인 교육의 목표를 실현하고 싶어 한다. 클라크 교장은 어쩌면 이러한 리더로서 교장이 갖추어야 하는 모습을

골고루 조화롭게 보여 준 사례라고 할 수 있을지도 모르겠다.

그러나 이러한 그의 리더십은 늘 저항에 부딪힐 수밖에 없었다. 그의 리더십을 복합적인 리더십이라고 하지만 다른 한편으로는 갈등을 조장하는 리더십이었기 때문이다. 그는 자신의 견해에 반대하는 교감과 늘 갈등을 유발했다. 쓰레기를 줍기 위해 잠시 몸을 움직인 교사는 움직이지 말라는 교장의 말을 어겼다는 명목으로 축구부 코치에서 부코치로 강등당했다. 그 교사는 이러한 그의 처사에 반발해 책상을 뒤엎기까지 했다. 클라크 교장은 학생들 앞에서 음악 교사에게 모욕을 주면서도 그것이 왜 잘못되었는지 돌아보지 않았다.

교장이 퇴학시킨 학생들은 학교에 드나들기 위해 늘 틈을 노렸고, 한 번 일이 생기면 적어도 칼부림으로 끝나곤 했다. 조직과 체계에 의한 돌봄이 아니라 자신의 권위와 능력에 의한 돌봄은 돌봄을 받는 아이들과 그렇지 못한 아이들로 나뉘게 했다. 그는 늘 자신이 옳다고 여겼고, 그런 자신에 대항하는 사람들은 잔소리를 들어야 하는 존재로 인식했다. 칭찬을 하기는 했지만 상당히 인색했다. 그를 두고 '고독한 스승'이라고 부르는 이유가 달리 있지 않았다. 비록 영화는 그를 따르는 학생들과 그가 이룬 성취에 따른 훈훈한 감동으로 마무리되고 있지만 그가 있는 시공간은 늘 긴장과 갈등의 연속이었다. 과연 그는 자신의 역할을 잘 수행하고 있는 교장이었을까?

표준 학력 성취도 평가

한국의 경우에는 '표준화 평가(standardized test)'라는 것이 그다지 어색한 말이 아니다. 국가가 교육 시스템을 만들고, 교육 과정을 제정·개정하고, 교수–학습 방법에 대해 주도적인 훈련을 실시해 왔고, 또 이것이 잘 작동하고 있는지 검사 도구를 만들어 측정하고 평가해 왔기 때문이다. 어떤 교육이 좋고 나쁘고, 교육의 어떠한 면이 혁신되어야 하고 그렇지 않은지에 대해서 국가를 떼어 내고 생각하기 어려운 곳이 한국이다. 따라서 교육부 장관은 교육의 자잘한 모든 일에 대해 책임을 져야 할 것 같은 위치에 있다. 언젠가 어느 고등학교 졸업식 때 학생 간 폭력 사태가 발생했다는 기사가 나오고 장관이 직접 나와 고개를 숙인 일이 있다. 즉 개별 단위 학교의 일이라도 그것이 교육과 관련되어 있으면 곧 국가가 책임지고 모든 일을 지휘해야 한다는 것이 적어도 이 나라의 교육 시스템을 바라보는 사람들의 인식이다.

그러나 미국은 그렇지 않다. 50개의 서로 다른 주가 서로 다른 교육법을 갖고 있고, 또 한 주에 속한 교육청별로 별도의 교육 시행령을 갖고 있다. 물론 연방 헌법과 연방법 그리고 주 정부가 정한 교육법에 따라 큰 틀에서의 교육 체제에 대한 합의가 있기는 하지만 연방 정부나

주 정부가 단위 학교의 교육 과정과 교수법 그리고 교육 성과를 움켜쥐고 관리, 통제하지는 않는다. 워낙 미국의 지방 자치 전통이 오랫동안 자리 잡아 온 역사가 가장 큰 이유일 것이다. 여기에 정치적 영향력이 서로 다른 환경에서 더 좋은 교육이 무엇인지에 대해 각 주에서는 교육 체제와 교육의 성과에 대해 서로 다른 기준을 만들고 발전시켜 왔다. 더욱이 잘 바뀌지 않는 미국의 제도를 염두에 둔다면 교육을 둘러싼 혁신은 국가 차원이 아닌 철저히 단위 학교 차원의 문제로 여겨지는 상황이었다.

이러한 미국의 교육 체제에 변화가 생긴 시기는 1980년대 초반이다. 당시 대통령이었던 레이건은 「위기에 처한 국가(A Nation at Risk)」라는 대통령 교육 자문위원회의 보고서를 토대로 연방 국가 중심의 교육 개혁에 시동을 걸었다. 당시 교육 개혁의 주요 골자는 다음과 같다. 연방 차원의 국가 교육 과정을 만든다. 주요 교과에서 학생들의 성과를 비교할 수 있는 표준화 평가 시험을 치른다. 우수한 성과를 거둔 학교에는 성과 인센티브를, 그렇지 않은 학교들은 극단적으로 폐쇄도 고려한다. 그리고 학교의 성과를 증진시킬 수 있는 방법으로 바우처 제

도 및 차터 스쿨 등의 학교 민영화를 적극 도입한다. 유명 사립학교를 제외하고 대부분의 학교가 공립 학교이고, 이러한 학교는 집에서 도보로 등하교가 가능한 거리에 있어야 한다는 인식이 이때부터 바뀌기 시작했다. 자신이 선택한 학교에 다니기 위하여 학교 버스의 역할, 혹은 부모의 차량 제공이 차지하는 역할이 커질 수밖에 없었다.

이스트사이드고교는 연방 정부에서 추진한 교육 과정의 표준화와 더불어 성과 평가, 즉 (우리 식으로 말하자면) 일제 고사를 치러야 했고, 책무성에 근거한 기준을 만족시키지 못할 경우 학교의 폐쇄도 감내해야 했다. 무엇보다도 이러한 정책은 이스트사이드고교처럼 유색 인종의 배경을 가진 가난한 학생들이 대부분을 차지하는 학교에 크게 불리한 것이었다. 가난한 가정의 아이들은 학교에서 공식적인 교육 과정을 시작하기 위한 첫 단계에서 잘 준비되어 있지 않았고, 출발 단계에서의 불평등한 능력 차이는 학교에 머무는 시간이 길어질수록 더욱 커졌다. 비슷한 수준의 아이들이 모이면서 공부에 대한 흥미와 동기를 갖

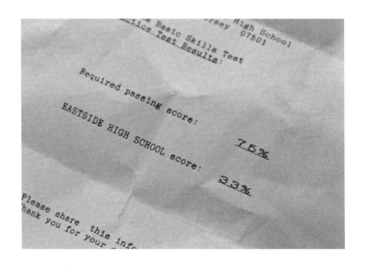

기 어려웠고, 교사들은 공부에 흥미를 갖지 않은 아이들에게 효과적인 방법으로 가르칠 수 있는 열정과 능력을 갖추고 있지 않았다. 그저 시간이나 때우고, 자신에게 사고나 일어나지 않기를 바라는 마음으로 하루하루 학교와 교실에서 아이들을 만날 뿐이었다. 성적이 좋지 못한 학교라는 딱지는 다시금 지역 사회에 안 좋은 소문으로 나돌고, 그나마 아이들의 미래를 걱정하는 학부모와 학생들의 발길을 다른 학교로 옮겨 가도록 했다.

결국 이스트사이드고교처럼 누구든 이런 학교에서는 해결 불가능한 문제로 인해 허우적거릴 수밖에 없었고, 학교를 살리는 유일한 방법은 학교의 운영권을 빼앗아 민간 사업자에게 넘기는 것뿐이었다. 이를 강제할 수 있는 가장 효과적이고 효율적인 방법이 바로 시험이었다. 누구나 인정할 수밖에 없는 객관적인 문항으로 구성된 시험 결과에 따라 학교의 성과를 따져 묻는 것이었다. 시험은 성과를 측정하고 평가할 수 있는 최고의 도구였다.

학교, 교사 그리고 교수-학습

이스트사이드고교의 학생들은 애초에 공부할 준비가 전혀 되어 있지 않았다. 이들의 흥미를 끌고 동기를 부여하는 일조차 가능해 보이지 않는다. 더욱이 문제가 있는 아이들이 어느 순간 어떤 사고를 칠지 몰라 안절부절못하는 상황이 이어진다. 그런데 학교 외부에서는 학생들의 성적이 형편없다며 교사들에게 비난의 화살을 퍼붓는다. 이스트사이드고교의 교사들은 이 영화에서 거의 존재감을 찾아볼 수 없다. 학교를 배경으로 한 영화지만 교장의 리더십을 충족시켜 주지 못하거나, 혹은 교장의 리더십을 실현시키는 충실한 조연 역할에 머물러 있다. 그런 점에서 교사는 학교의 흥망성쇠와 더불어 그들의 능력과는 상관없이 학교 바깥의 비난을 몸소 받아 내는 대상에 그친다.

영화에서 그려지는 몇몇 교사들의 모습을 살펴보자. 이들은 하루하루 정직하고 충실하게 자신에게 맡겨진 아이들을 가르치기 위해 노력하는 사람들이다. 말 안 듣는 아이들이 모인 교실에서 자신이 가르쳐야 할 과목의 내용을 잘 정리하고, 아이들에게 흥미를 줄 수 있는 방법을 찾아 매 순간 최선을 다한다. 그러나 교실에서 수업이라는 이름으로 이루어지는 활동에 아이들이 참여하지 않는 한 이들의 노력은 소용이 없다. 그저 말을 잘 듣는 척하거나, 그마저도 교사에 대한 존중 없이 수업 방해로 이어지기 일쑤다. 교사들에게 수업의 자율성이란 자신이 가르쳐야 할 내용을 전달하는 시공간에서 누구의 간섭도 받지 않는다는 것을 의미한다. 자신이 믿고 추구하는 교육의 목적을 이루기 위한 내용과 방법을 사용해야 하는 것을 뜻하지는 않는다. 따라서 교사는 오로지 주어진 과제를 충실히 수행하는 서번트(servant)로 기능할 뿐이다.

이 영화에서 이스트사이드고교는 주 정부가 정한 표준 학력 성취도 평가라는 시험으로 인해 모두가 초긴장 상태다. 학교가 폐쇄되는 것을 막기 위해 교장도, 교사도, 학생도 집중하고 열심히 노력해야 한다. 그리고 이 영화를 감동적으로 끝맺게 되는 이유는 오로지 학교의 학업 성취도 수준이 주 정부에서 정한 기준을 넘어섰다는 데 있다. 이 상황에서 교사들이 할 수 있는 일은 무엇일까? 교사들은 교수법에 집중할 수밖에 없다. 학생들이 시험에서 배운 지식을 틀리지 않고 잘 풀 수 있도록 가르치는 기술로서의 교수법 말이다. 교사도, 학생도 집중하는 이유, 이것은 시험에서 좋은 성적을 거두기 위한 것이다. 교사로서 교과 지식을 연구하고, 보다 타당한 지식을 학생들 수준에 맞추어 가르치기 위한 수업 연구는 여기에서 무용지물이다. 시험에 나올 법한 내용을 골라내고, 어려울 법한 내용보다는 알 만한 쉬운 내용을 잘게 쪼개 알기 쉽게 설명하고는 절대 틀리지 않도록 일러 준다. 교수법이라고 하지만 시험의 결과로 많은 것을 결정하는 사회에서는 모든 교육의 순간과 관계는 시험을 위주로 이루어질 수밖에 없다. 이것이 오늘날 한국 사회에서 입시가 모든 교육의 내용, 방법, 관계를 다 집어삼킨 이유다.

그래서 이 영화의 원래 제목처럼 '내게 기대(Lean on Me)'라고 말할 수 있는 정서적인 지지가 큰 부분을 차지하는지도 모르겠다.

Sometimes in our lives we all	가끔 우린 살면서
have pain	고통을 느끼고
We all have sorrow	슬픔을 느끼죠
But if we are wise	하지만 우리가 현명하다면
We know that there's always	언제나 내일이
tomorrow	있다는 것을 알죠
Lean on me,	내게 기대요,
when you're not strong	자신이 약하다고 느껴질 때
And I'll be your friend	그럼 친구가 되어 줄 테니
I'll help you carry on	고통을 견디는 것을
For it won't be long	도와줄게요
'Til I'm gonna need	나 역시 얼마 안 가
Somebody to lean on	기댈 사람이 필요할 테니까
Please swallow your pride	자존심은 잠시 누르고

If I have things	당신이 필요한 것이 내게 있다면
you need to borrow	빌려요
For no one can fill those of	아무 말 하지 않는 이상,
your needs	당신이 무엇이 필요한지는
That you won't let show	아무도 모르니까
You just call on me brother,	도움이 필요하면
when you need a hand	그냥 나를 불러요
We all need somebody to lean on	누구나 기대고 살 사람이 필요하죠
I just might have a problem that	당신도 이해하는 문제가
you'll understand	내게도 있을지 몰라요
We all need somebody to lean on	누구나 기대고 살 사람이 필요하죠
Lean on me,	내게 기대요,
when you're not strong	자신이 약하다고 느껴질 때
And I'll be your friend	그럼 친구가 되어 줄 테니
I'll help you carry on	고통을 견디는 것을
For it won't be long	도와줄게요
'Til I'm gonna need	나 역시 얼마 안 가
Somebody to lean on	기댈 사람이 필요할 테니까

가난과 동등한 교육의 기회

이스트사이드고교의 겉모습과 학교 구성원들이 변하게 된 이유는 무엇 때문이었을까? 학교가 위치한 지역 사회가 변한 탓이다. 유색 인종과 가난한 사람들이 모여 있는 도시의 전형적인 학교가 된 것이다. 그 학교의 학생들은 대체로 가난하다. 부모가 모두 있는 아이들의 경우도 반을 넘지 않으며 나머지는 한부모 혹은 조손 가정의 아이들이다. 부모 중 한 명이 없거나 두 명이 다 없다는 것은 말로 표현할 수 없는 개인의 불행이다. 그러나 개인의 불행이라 이야기하기 전에 이들의 불행을 사회적으로 완화시켜 줄 수 있는 체제가 마련되어 있어야 한다. 그렇지 않으면 한 개인의 태생적 불리함이 평생을 좌우하게 함으로써 형평성 있는 사회를 지향할 수 없기 때문이다. 먹고사는 문제가 온전히 한 개인의 책임으로만 간주되는 사회에서 아이를 교육적으로 잘 키우는 것은 늘 먹고사는 문제보다 우선순위에서 밀려날 수밖에 없다.

영화 속에서 카니샤라는 여학생 또한 전형적인 가난한 집의 아이로 등장한다. 카니샤는 아버지를 알지 못하는 한부모 가정에서 자랐다. 엄마는 10대에 카니샤를 임신하고 고등학교를 중도 포기하여 지금까지 어렵게 하루하루를 살아가고 있다. 카니샤는 천성적으로 밝은 성격을 가진 아이지만 엄마가 술에 취해 험한 말을 하면 두려움으로 이내 조용해진다. 카니샤가 고등학교에 진학하고 나서 엄마는 부쩍 카니샤를 퉁명스럽게 대한다. 그 이유는 정확하게 알 수 없지만 직장이 불안

정하고, 그로 인해 받게 되는 스트레스가 쌓인 탓이라 추측할 뿐이다. 어쩌면 자신이 채 마치지 못한 고등학교를 다니고 있는 카니샤를 질투하는 것인지도 모르겠다. 결국 엄마는 카니샤를 집에서 나가라고 한다. 농담이겠거니, 엄마의 투정이겠거니 했지만 엄마는 진심이었나 보다. 결국 카니샤는 언제든 찾아오라던 교장 선생님에게 이러한 자신의 사정을 이야기하고 도움을 청한다.

교장이 카니샤의 집을 방문해 면담하는 가운데 엄마는 카니샤에게 차마 이야기하지 못했던 속마음을 교장 앞에서 털어놓는다. 교장은 카니샤에게는 엄마가 필요하다며 일자리와 좀 더 살 만한 집을 구하도록 도와주겠다고 약속한다. 그렇게 해서 카니샤는 다시 학교에서 발랄한 학생으로 돌아오게 된다. 그러나 나중에 카니샤는 같은 학년의 남학생과 사귀어 임신을 하게 되고, 자신이 갖고 있던 공부에 대한 의지와 미래에 대한 희망을 포기해야 하나 걱정하게 된다. 누구도 가르치지 않았지만 카니샤는 이렇게 엄마가 지나온 길을 다시 걸어가는 것일까?

카니샤로 대변되는 가난한 집 아이들이 학교에 다니는 이야기는 우리가 평범하게 경험하는 학교 생활과는 너무 동떨어져 있다. 10대에 아이를 낳아 혼자 키워 온 엄마가 10대가 된 딸을 집에서 내보내려 한다. 만약 누군가에게 이런 상황이 일상적으로 일어나게 된다면 학업에 집중할 수 있을까? 학교에서 교사와 학급 친구들과 미래에 대해 진지하게 이야기하는 토론에 임할 수 있을까? 다가오는 시험에서 다른 친구들보다 더 점수를 잘 받아 보겠다고 밤새워 가며 공부할 마음을 가질 수 있을까? 단정 지을 수는 없겠지만 아무리 성정이 발랄하고 낙천적인 아이라도 이러한 상황에서는 학업에 집중하고, 학교 생활에 집중하기는 어려울 것이다. 가난한 가정의 아이들이 '가난' 때문에 공부에 집중할 수 없다고 하면 사람들은 가난을 핑계로 낮은 성적을 합리화하지 말라고 한다. 그러나 개인이 처해 있는 사회·경제적 환경이 자신의 공부를 방해하고 있고, 또 문화적인 압력에 의해 학습 의욕을 가질수 없는 지경에 처해 있다면 자기 능력껏 공부할 수 없을 것이고, 그 결과는 결코 좋지 않을 것이다. 수많은 연구에서 학생의 학업 성취도를 결정하는 요소가 가정 환경이라고 지적해 온 것을 카니샤의 예에서 다시 한 번 상기하게 된다.

교육 현장에서의 각기 다른 이해관계

우리나라의 교육 제도가 미국의 영향을 크게 받았다고 하는데, 틀린 말은 아니다. 그러나 이러한 제도적 영향을 논하자면 중등학교 단계까지의 영향보다는 고등교육 이상의 교육 제도에 미친 영향이 더 크다 할 수 있다. 그런데 초·중등 단계의 제도적 영향은 교육 자치제에 잘 나타나 있다. 1948년 「교육기본법」에 따라 교육 자치제를 명문화해놓기는 했지만 우리나라의 교육 자치제는 중앙 정부의 통제와 관리에 따라 온전한 교육 자치제를 향한 실험이 계속되고 있다.

이 영화에서 흥미로운 부분은 시장과 교육감, 학부모들이 참여하는 교육위원회가 이스트사이드고교의 운명에 대해 서로 다른 이해관계를 갖고 있다는 점이다. 학생과 교사, 일상적인 교수-학습이 일어나고 있는 학교의 이야기, 실제 학생들을 학교에 보내고 있는 학부모들의 이야기와는 아무 상관없이 말이다. 이스트사이드고교를 둘러싼 이들의 이해관계를 잠시 살펴보기로 하자.

시장의 유일한 관심사는 자신의 정치적 입지를 넓혀 재선에 성공해 다음 단계의 정치적 야망을 펼치는 것이다. 그런데 자신이 관할하고 있는 지역의 공립 학교가 영 엉망이다. 자신이 직접 관할하는 것은 아니지만 결국 자신의 관리와 지휘권 아래에 있으므로 늘 신경이 쓰일 수밖에 없다. 이 학교를 계속 남아 있게 하려면 '똥통' 학교라는 오명을 벗게 해야 하고, 만약 그럴 수 없다면 폐쇄시켜 소란을 잠재워야 한다. 즉 학교를 개혁할 수 있는 사람, 아니면 학교를 문 닫게 할 수 있는 사람이 필요했다.

교육감은 시장이 임명한다. 물론 몇몇 지역에서는 주지사가 교육감을 임명하기도 한다. 그러나 대체로 시 관할 교육구의 공립 학교 교육감은 시장의 권한으로 인정, 임명하게 되고, 교육감은 시장에게 책무성을 가진다. 시장은 교육감에게 공립 학교의 원활한 행정 지원과 개혁을 강조했을 것이고, 교육감은 시장의 지시에 따를 수밖에 없다. 언제든 교육감을 교체할 수 있는 권한이 시장에게 있기 때문이다. 교육감은 꽤 오랜 교육 경력을 가진 교사나 교육 행정가 출신이고, 자신의 경력이 교육 행정, 즉 공립 학교의 유지·발전에 기여할 수 있기를 바

란다. 이 영화에 등장하는 교육감은 조 클라크의 오랜 친구로 공립 학교에 대한 강한 애착을 가지고 있으며, 지역 사회에서 학교가 공헌할 수 있기를 바란다. 따라서 이스트사이드고교가 혹시라도 폐쇄될 수 있다는 가능성은 교육감의 선택 옵션에 존재하지 않는다. 어떻게든 이 학교를 정상화해서 학생들의 학업 성취도를 높일 수 있기를 바란다.

교육위원회는 시 교육청의 교육 정책 및 행정 업무를 심의하고 자문하는 역할을 한다. 특정한 정책을 시행할 것인지에 대해 결정할 수 있는 권한까지는 없다. 그러나 교육위원회를 구성하는 교육위원은 선거로 선출된다. 즉 정치적인 영향력에 의해 교육위원이 될 수 있는지가 결정되고, 일단 교육위원으로 당선되면 교육 행정 및 교육청의 업무를 둘러싼 정치적 역학에 나름의 영향력을 행사할 수 있게 된다. 어떤 생각으로 교육위원에 당선되었든 교육청과 교육감을 견제하고 이들의 교육 정책에 대해 정치적 행동을 할 수 있는 자리다.

이 영화에 등장하는 여성은 교육위원장으로 교육감의 공립 학교 옹호 정책을 강하게 비판하고, 오히려 학교를 민영화하고자 한다. 학교 선택권을 강화함으로써 오히려 학교의 질을 높이고, 민영화된 학교들이 지역 학생들에게 보다 질 높은 교육 서비스를 가져다줄 것이라 믿는다. 따라서 이스트사이드고교와 같은 구제 불능의 학교는 폐쇄되어야 마땅하다고 생각한다. 그러니 이 학교를 살리겠다고 유능한 교장을 데려오고, 그 유능한 교장이 역량을 발휘해 혹시라도 학교가 유지 존속되도록 내버려 둘 수 없다.

변혁을 위한 리더십은 강압적이어도 되는가

이스트사이드고교는 1960년대까지만 해도 한창 잘나가는 공립 고등학교였다. 미국의 대학 진학률이 그리 높지 않던 시절, 고졸 학력으로도 괜찮은 직업을 얻고 생활할 수 있다고 믿었던 때가 있었다. 제1차 세계대전 이후부터 대공황이 있기 전까지가 어쩌면 공립 학교, 특히 공립 고등학교 교육의 황금기였다고 할 수 있다. 그러다가 제2차 세계대전 후 과학과 수학을 중심으로 교육 과정이 한 차례 바뀌었고, 1960년대 민권 운동의 회오리바람과 함께 다시 교육 개혁이 이루어졌다. 그러나 분명한 것은 (몇몇 사립학교를 제외하고) 공립 학교는 미국인들이 꿈과 희망을 성취할 수 있도록 하는 중요한 발판이었다는 점이다. 교육을 통해 미국의 정체성을 형성하도록 해 왔고, 신기하게 미국은 실제 그러한 꿈을 이룬 듯이 보였다. 이를 가능하게 한 것은 '모든 사람들에게 동등한 교육의 기회를 부여'하는 것으로, 곧 공립 학교의 발전과 미국의 꿈은 함께 보조를 맞춰 왔다.

그러나 어느 순간부터 미국의 공립 학교는 국가발전을 저해하는 적으로 간주되기 시작했다. 레이건 정부에서 발간한 「위기에 처한 국가」라는 보고서는 '그냥 그런' 아이들을 양산해 내고, 도무지 학교에서 배우는 것이 없는 세대의 교육을 한탄하고 있다. 그리고 기존의 교육 정책을 다른 국가에서 미국에 강요한다고 하면 이를 선전 포고로 여기겠다고 강조했다. 즉 공립 학교 문제로 어느 순간 국가가 침몰할 수도 있는 중대한 위기에 처했고, 이는 어떤 방식으로든 극복해야 할 과제였다. 그리고 30여 년이 더 지난 지금도 미국의 공립 학교는 여전히 침몰하고 있다. 다시 되살아날 가능성 없이 끝 모르는 추락을 경험하고 있는 것이다. 그렇다고 미국의 교육이 침몰하고 있다고 하기는 어렵다. 왜냐하면 굳건하게 자리를 지키고 있던 공립 학교가 문을 닫아 가면서 그 자리를 다른 유형의 학교가 채워 가고 있기 때문이다. 이는 「위기에 처한 국가」라는 보고서 이후 등장한 교육 개혁 운동의 연장선상에서 이해할 수 있다.

미국의 교육 개혁은 하나의 운동으로 이어져 오고 있다. 운동가들은 진보주의적 교육 개혁을 통하여 아동 중심 교육 과정이 도입되고, 흥미 위주의 교수-학습이면 된다고 믿는 교육 과정 개혁에 반발하면서 제대로 된 '지식'을 가르쳐야 한다고 강조하였다. 따라서 학년별로 배워야 할 단어의 종류를 세분화하여 정하고 이에 기초하여 교과서 및 관련 교육 내용을 구성한다. 역사, 과학 및 수학 지식을 세분화하여 전문적인 수준에 이르도록 구성할 수 있다고 볼 것이다. 단, 학생들은 이렇게 구성된 지식을 열심히 습득하기만 하면 된다. 교사들은 다른 방식의 지식을 탐색하기보다는 교과로 구현되어 있는 주어진 지식 체계를 학생들이 잘 암기하고 학습할 수 있도록 가르치는 능력을 숙달해야 했다.

지식을 선정하고, 세분화하고, 교과화하고, 세련된 교수법에 근거하여 전달하고, 지식의 습득 정도를 측정·평가하는 일련의 교육 과정·평가 모형은 교육의 질을 판단할 수 있는 환류 체계로 인식되었다. 따라서 이러한 환류 체계에 의해 학생들에게 지식을 잘 전달할 수 있는 주체가 반드시 교사여야 할 필요도 없고, 만약 좋은 성과를 낼 수 있다면 그것이 꼭 학교라는 공간일 필요는 없었다. 더욱이 고만고만한 아이들이 모인 공립 학교에서 모두에게 양질의 교육이 이루어질 것이라고 기대할 수는 없다.

따라서 교육 개혁을 운동으로 만들어 간 지도자들은 교육의 질을 향상하기 위하여 기존의 틀을 과감히 벗어던질 필요가 있다고 보았다. 즉 학교 간 경쟁 도입, 전통적인 교사 교육을 받지 않은 엘리트들의 교원 임용, 교육 성과에 따른 교사 성과급제 도입, 투명한 성과 측정을 위한 표준화 시험 횟수 증가, 공립 학교 외의 민간 운영 학교 설립 및 학교 선택제 확대 등. 결국 어떤 것이 더 바람직한가에 대한 논쟁은 교육 개혁 운동가들이 내세운 방안들이 기존의 공립 학교와 경쟁·비교되면서 그 성과에 따른 논쟁으로 번져 갔다. 미국에 만연해 있는 차터 스쿨과 바우처 제도 그리고 점차 그 중요성이 커지는 표준화 시험은 교육 개혁 운동이 점차 성공하고 있다는 증거이기도 하다.

실존 인물의 실화를 바탕으로 했다는 점에서 조 클라크의 영웅적 성과는 누구도 흉내 내기 어려운 것이리라. 그런 점에서 2010년 개봉된 「웨이팅 포 슈퍼맨(Waiting for Superman)」에서 그리고 있는 영웅으로서의 실존 인물은 조 클라크인지도 모른다. 그러나 이 장에서 나누고자 하는 바는 특정 개인으로서 조 클라크의 활약이 아닌 보다 본질적인 문제다. 어쩌다 공립 학교는 평범한 교장과 교사가 평범한 학생들을 교육하는 공간이 되지 못하고 조 클라크처럼 슈퍼맨으로 불리는 영웅을 기다리게 되었는가? 과연 어떤 위인이 질퍽한 늪에 빠진 공립 학교를 위기에서 구해 낼 수 있단 말인가? 과연 그것이 가능하긴 할까?

비록 이 영화가 고등학교를 배경으로 하고 있지만 초·중등 단계의 공립 학교는 애초에 어떤 꿈과 이상을 갖고 시작했던 것일까? 공립 학교는 미국이 아닌 프랑스에서 처음 생겨났으며 민족 국가 형성 이후 국가 이념을 전달하고, 국민으로서의 덕성을 함양하도록 하기 위한 방편으로 시작되었다. 학교가 갖는 다양한 역사적 기원을 굳이 언급하지는 않겠지만 일단 국가가 주체가 되어 시작된 공립 학교는 학교와 엄연히 구분되어야 한다.

미국에서의 공립 학교는 3대 대통령이었던 토머스 제퍼슨(Thomas Jefferson)의 제안과 호레이스 만(Horace Mann, 당시 메사추세츠주 교육위원회 위원장)의 노력을 거쳐 19세기 중반에 시작되었다. 20세기를 전후하여 전 세계에서 이주해 오는 인구가 늘어나면서 공립 학교는 미국민의 정체성과 이념을 전파할 수 있는 가장 중요한 장으로 기능했다. 이로써 제퍼슨이 민주적인 사회를 만들기 위해 모든 사람에게 가장 기본적인 교육을 행할 수 있도록 국가가 이를 지원해야 한다는 의미로 제안했던 공립 학교의 이상이 완성되는 듯했다.

그러나 학교에서 어떤 사람을 길러 내야 하고, 같은 학교 공간에 누가 있어야 하는가라는 문제, 학교에서 길러진 동년배들끼리 경쟁해야 하는 상황이 생기면서 학교는 도전받는 전장이 되어 갔다. 프로테스탄트 배경을 가진 미국인들에게 가톨릭교도 이주민들은 배척의 대상이

되었고, 가톨릭 신앙을 학교에서 가르칠 수 있도록 해 달라는 요구는 받아들여질 수 없었다. 흑인을 노예로 대해 왔던 백인들에게 그들과 같은 장소에서 같은 교육 내용을 배운다는 것은 모욕으로 여겨졌기에 그들은 흑인들을 내쫓거나 피해 다녔다. 남성 중심의 사회에서 여성들이 배워야 할 것이 별도로 있다고 여겼던 시대가 지나면서 남성과 동일한 권리를 요구하는 여성들은 학교 내에서 정당한 권리를 두고 싸우는 관계가 되었다. 영어의 절대적인 권위도, 영국계 백인 중심의 역사 서술도, 학교에서의 종교 행위도 모두 도전받게 되었고 바뀌어 갔다.

두 차례의 세계대전을 거치면서 공립 학교는 전 지구적으로 보편적인 교육의 기회를 제공하며 민주적인 가치를 홍보하는 모델로 부각되었다. 1970년대 중반이 지나 세계 경제가 침체하기 시작하면서 이러한 침체의 주요인으로 학교 교육의 낮은 성과가 지목되었다. 결국 신자유주의 이념이 미국과 영국을 중심으로 전 세계에 확산되면서 학교 교육은 효율적인 체제하에 높은 성과를 내야 하는 기업 논리로 인식되기 시작했다. 따라서 다양한 사회 계층과 문화 공동체 간의 갈등과 긴장으로 격변을 경험해 온 학교라는 장은 높은 성과를 요구하는 세계 시장 논리의 지배를 받게 된다. 그리고 중요한 지식은 무엇이며, 그것을 어떻게 평가할지를 판단하면서 다른 학교와의 성과 차이에 민감하게 반응하는 조직으로 변해 갔다.

결국 학교는 미국이 독립하던 시기에 부여받은 역할인 '모든 시민들이 자유와 평등의 기치를 내건 민주 사회의 시민으로 교육받기 위한 장소'에서 국가의 경제적 이익에 봉사하지 않으면 안 되는 조직으로 변화해 왔고, 그렇지 못한 학교 교육은 무가치한 것으로 도전받게 되었다.

교육적 긴장과 갈등의 해소 방법

이 영화에서 이스트사이드고교가 주 무대로 등장한 것은 그 학교가 쓰레기더미처럼 더러워서도, 그 학교 학생들이 폭력적이어서도, 그렇다고 그 학교 교사들이 무기력해서도 아니었다. 물론 이런 복합적인 이유도 있겠지만 본질적인 이유는 이스트사이드고교가 공립 학교로서의 기능을 못 하게 하려는 표준 학력 성취도 평가 때문이었다. 왜 이러한 평가 도구가 나오고, 극단적으로 학교를 폐쇄하도록 하는 조치까지 만들어졌는가를 묻는다면 그 대답이 달라질까? 그렇지 않다고 본다. 앞서 이야기한 바와 같이 학교는 더 이상 공립 학교가 세워지고 발전하던 시기에 요청되었던 시민 사회적 이상, 즉 자유와 평등의 가치를 실현하기 위한 자율적 민주 시민을 길러 내는 장으로서의 기능으로 만족하지 않는다. 만족하지 않는다고 하기 전에 학교는 오히려 다른 기능을 요구받는다. 사회적 지위를 배분하기 위한 선발과 배치 그리고 학교 바깥의 사회 경제적 경쟁을 이겨 내기 위한 중요 수단으로 기능

할 것을 요구받는다. 학교는 더 이상 스스로의 자율성도, 사회적 가치를 보존하고 만들어 내기 위한 독립적 지위도 부여받지 못하는 상태가 되었다.

그런데 이 영화에서는 이러한 학교 교육을 둘러싼 세계 질서의 흐름과는 상당히 다른 모습을 보여 주는 동시에, 학교는 결코 이러한 변화를 촉진하는 흐름에 순응하지 않는다는 메시지를 전하고 있다. 즉 학교는 학교 바깥의 질서와 요청에 긍정적으로 반응할 것을 요구받아 왔다. 하나의 조직으로 학교에서 교장이 교사에게, 교사가 학생들에게 순응을 강요하고 따르라고 요구하는 것처럼 말이다. 이런 측면에서 조 클라크는 학교에 요구되는 순응적 체제를 충실하게 이행하는 중간 관리자 역할을 담당하고 있다. 어떠한 저항이나 의견도 묵살하면서 말이다. 그러면서도 조 클라크는 학교 구성원들이 자율적이고 독립적으로 성장할 수 있는 환경을 만들어 주었다. 이는 자신의 독재적 통제 스타일에도 불구하고 교사와 학생들이 그를 구명하기 위한 가두시위를 벌이는 것으로 확인된다. 무엇이 옳고 그른지를 판단할 때는 학교 외부의 지시와 체계에 따르라고 가르쳤지만 정작 학교에서 학교를 구성하는 개개인의 판단과 행동은 정확하게 그에 따르지 않고 있다. 학교는 학교에 요구된 질서와 변화에 온전히 순응하기보다 일종의 자율성을 갖는 것이다. 이것이 무엇인지, 이러한 자율성의 정도와 깊이는 어떠한지 판단하기는 결코 쉽지 않다. 바로 이것이 영화 「고독한 스승」에서 보여 주는 교육의 힘이 아닐까 싶다.

앞으로 공립 학교는 어떻게 진화할 것인가? 학교의 진화를 이야기하려면 미래 학교 담론에 기대기보다는 미시적으로 학교와 교육을 둘러싼 긴장과 갈등을 보다 구체적으로 이해할 필요가 있다.

　도대체 공립 학교를 둘러싼 긴장과 갈등은 어떻게 바라보는 것이 좋을까? 조 클라크가 영웅처럼 등장하는 이스트사이드고교에는 한 가지로 정의하기 어려운 긴장과 갈등이 존재한다. 학교와 교육을 둘러싼 긴장과 갈등은 사회·정치·문화적 갈등의 속성을 지니고 있으며, 학교에서의 갈등은 이를 다시 재생산하거나 재연하고 있다. 조 클라크가 등장하기 이전의 이스트사이드고교에서의 긴장은 학교 바깥의 빈곤과 사회·문화적 계층 간의 갈등이 오롯이 재연되는 양상을 띠고 있다. 겉으로야 폭력적인 학생 간의 세력 다툼, 학생을 통제하지 못하는 교사, 수업이 전혀 이루어지기 어려운 형편없는 학교 시스템, 이로 말미암아 학교가 없어져야 한다고 판단하는 학교 바깥의 정치인들 등.

　이스트사이드고교를 둘러싼 긴장과 갈등은 전혀 교육적인 논의의 대상이 아니다. 학교를 무대로 등장하는 사회 계층 간의 불평등한 관계, 학교의 성적을 매개로 정치적 입지를 키워 가려는 권력 간의 갈등, 교육과 무관한 관계에 저항조차 못하면서도 교육이라는 이름으로 무언

가를 일상적으로 유지하려는 교육과 교육 아닌 것 간의 긴장과 갈등. 그러나 조 클라크의 등장과 함께 이러한 긴장과 갈등의 양상은 조금 변한다. 교육이라는 이름으로 교육적인 관계를 정상화하기 위한 비교육적인 권위가 등장하고, 이로써 교육을 위한 교육과 교육 아닌 것 간의 긴장이 더 강조된 것이다.

그렇다고 해서 학교 바깥의 사회적이고 정치적인 긴장이 해소되거나 줄어든 것은 아니었다. 조 클라크를 중심으로 한 권위적 위계질서는 마치 학교 바깥의 긴장과 갈등을 줄여 주는 듯해 보이지만 정작 외부는 크게 바뀐 것이 없다. 다만 조 클라크라는 주인공을 통해 학교와 외부 세계가 충돌하는 완충 지대가 좀 더 확장되었다는 정도다. 따라서 학교 외부의 갈등 관계가 학교에서 온전히 재연되는 방식이 약화되는 반면 학교 내부에서의 교육 주체들 간의 갈등은 심화된다. 결국 교육이라는 이름으로 이루어지는 긴장과 갈등은 그 총량에 있어서 결코 달라진 것이 없다. 따라서 교육이 온전한 활동으로 이루어진다고 전제되는 학교에서의 긴장과 갈등은 일상적인 것이고 어쩌면 결코 사라지지 않는 것으로 인정해야 한다. 어떻게든 이를 감추고 드러내 보이지 않도록 하려는 것으로 교육과 교육이 이루어지는 시공간에서의 긴장과 갈등이 없다고 하기는 어렵다.

교육을 둘러싼 긴장과 갈등을 일상적인 존재로 인정한다면 이를 어떻게 교육적인 긴장과 갈등으로 표출해 내도록 할 수 있을까를 고민하는 것이 좋을 것이다. 교육적인 긴장과 갈등은 어떤 것이 더 '교육적'인가를 놓고 서로 대결하는 양상을 띠도록 해야 한다. 그리고 이러한 긴장과 갈등의 대결은 학교 외부보다는 학교 내부에서 자율적이고 독립적으로 이루어지는 것이 더 바람직하다. 학교가 사회의 한 기관으로 학교 외부의 환경에 영향받지 않을 수 없다는 것을 인정한다고 하더라도 학교와 학교에서 이루어져야 할 교육의 교육다움에 대해 보다 치열한 긴장과 갈등이 교육적으로 이루어지는 것이 중요하다. 결국 공립학교를 통해 모든 사람들이 더불어 살아가기 위한 민주적이고 정의로운 사회를 만들고자 했던 선조들의 교육적 이상과 꿈을 실현할 수 있도록 공립 학교와 그 속에서 이루어져야 할 원칙에 관한 '인민 협정(People's Agreement)'이 필요한 것은 아닐까?

Chapter 13

배움에는 끝이 없다
퍼스트 그레이더

영 화 명 : 퍼스트 그레이더
원　　　제 : The First Grader
감　　　독 : Justin Chadwick
제 작 사 : BBC Films, UK Film Council
제작 연도 : 2010년

영화의 내용

키마니 마루게는 케냐의 한적한 시골에 살고 있는 84세의 할아버지다. 그는 초라한 자신의 집 앞에 있는 조그만 땅에서 채소를 기르고 몇 마리 되지 않는 염소를 키우며 살고 있다. 어떤 삶을 살아왔는지 도통 알 수 없을 만큼 그는 주변 이웃 사람들과 잘 어울리지 않는다. 찾아오는 사람도 없고, 그렇다고 그가 찾는 사람들도 없다. 그런 그에게 한 통의 편지가 배달된다. 이야기는 여기서부터 시작된다.

어느 날 TV와 라디오를 통해 전국에 대통령 담화가 발표되었다. 그리고 그 담화는 다음 날 일간지 1면을 장식했다. 케냐의 모든 국민은 교육받을 권리가 있으며, 국가는 초등 교육을 무상으로 제공할 의무를 갖는다는 것이었다. 새로운 학년이 시작되는 날, 케냐 전국의 초등학교는 학교 등록을 위해 길게 줄을 선 학부모와 아이들로 북새통을 이루었다. 흥미롭게도 이 무리 속에 쉽게 끼지 못하고 학교 울타리 밖에서 관심을 끄는 사람이 있었다. 바로 84세의 노인, 마루게였다.

"모든 케냐 국민에게 초등학교 교육을"이라는 신문 기사를 내민 마루게로 인해 학생 등록을 처리하던 교사들은 당황하지 않을 수 없었다. 신문 기사 내용이 '모든 국민'을 지칭한 것은 맞지만 초등학교 1학년 학생으로 84세의 할아버지를 입학시키는 것은, 몰려드는 아이들도 다 수용하지 못하는 시골 학교 형편에서는 용납되기 어려웠다. 그러나 마루게 할아버지의 입학 요청에 대해 딱히 거절할 이유를 명확하게 댈 수 없었다. 결국 '아이들처럼 교복을 입고 와야 한다'고 말하며 돌려보냈다. 마루게는 집으로 돌아오는 즉시 시장에 가서 아이들의 교복과 색깔이 같은 옷가지들을 사가지고 와서 집에서 직접 교복을 만들었다. 그리고 다음 날 교복을 입고 학교에 찾아가 또다시 입학을 요청했다.

학교장이었던 제인은 결국 마루게를 1학년에 입학시킬 수밖에 없었다. 초라한 교실에 꽉 들어찬 아이들 속에 키가 큰 할아버지를 들여놓고 보니 모양새가 이상하지 않을 수 없었다. 더욱이 그는 시력이 좋지 않아 앞자리에 앉혀야 했다. 그런데 마루게의 1학년 입학을 둘러싸고 학부모들 간의 불평이 커지고, 지역 교육청의 부정적인 대응이 이어졌다. 아주 어린 학생들과의 훈육을 둘러싼 긴장과 갈등도 커졌다. 비록 그의 입학이 전 세계적인 뉴스였던 만큼 방송을 둘러싼 언론의 관심이 모아지긴 했지만 상황은 마루게의 입학을 결정한 제인 교장의 타 학교 전출로 이어졌다. 새로운 교장이 부임하지만 학교에 발을 들여놓지도 못하고 학생들의 반대로 되돌아가게 된다. 마루게는 초등학교 등교를 포기하고 청소년과 성인을 대상으로 한 문해 교실에도 가 보지만 누구도 관심을 기울이지 않고, 난장판인 그곳도 다니기 어렵다고 판단한다. 결국 이 모든 일을 둘러싸고 벌어진 일들을 해결할 필요가 있다고 본 마루게는 케냐 교육부를 찾아가 제인 교장의 학교 복귀를 요청하였다. 이 일로 제인은 다시 학교로 복귀했고, 마루게도 제인의 초등학교 1학년 교실로 돌아가게 되었다. 단 정식 학생이 아닌 보조 교사로 아이들의 공부를 돕는 역할로 말이다. 제인의 배려로 그는 계속 공부를 할 수 있게 된 것이다.

이 과정에서 마루게는 자신이 영국의 식민 정부에 저항하며 케냐의 독립 항쟁에 참여했다는 사실, 그로 인하여 받은 고문으로 눈이며, 귀 등 성한 곳이 없다는 점, 사랑하는 자신의 가족이 눈앞에서 총살당했다는 점을 상기할 수밖에 없었다. 자신이 늙어 인생의 마지막에 이르러 케냐 정부가 그를 독립 유공자로 인정하고, 마루게를 비롯한 희생자들에게 감사를 표현하며 보상을 약속하였지만 그는 대통령 이름으로 보내진 케냐 정부의 서신을 읽을 수가 없었다. 마루게가 자신의 눈으로 그 편지를 읽고 싶은 마음에 선택한 것이 초등학교 입학이었다. 이 영화의 마지막 장면에서 마루게는 누구에게도 보여주지 않고 자신이 직접 읽고 싶어 간직하고 있던 편지를 제인 교장에게 내민다. 비록 자신의 눈과 입으로 직접 읽은 것은 아니지만 편지의 내용을 확인하게 된 마루게는 인생의 또 다른 목표를 세우게 된다. 바로 공부를 계속하는 것이었다. 그렇게 84세 노인의 공부 인생은 한 여정의 마침표 위에서 또 다른 도전을 향해 나아가게 되었다.

마루게, 초등학교 입학 투쟁기

"모두를 위한 교육", 마루게 할아버지, 기회를 잡다

2000년 UN은 새천년개발목표(Millennium Development Goals, MDGs)를 발표하였다. MDGs는 전 지구적으로 존재하는 빈곤(poverty), 무지(ignorance), 질병(disease) 그리고 환경 파괴를 공동의 문제로 인식하고, 이를 해결하기 위한 개발 의제였다. 교육은 생존을 위한 빈곤 타파와 함께 가장 근본적인 인권의 문제로 인식되었다. 따라서 모든 사람에게 배움의 기회를 제공해야 한다는 점에서 UN은 국가가 국민들에게 적어도 6년 이상의 학교 교육을 무상으로 제공해야 한다고 선언했다. 학교 교육이 곧 인간 배움의 근원적 모델은 아니지만 이러한 국제 사회의 움직임은 큰 의미가 있는 일이었다.

마루게가 초등학교에 입학하겠다는 결심을 하게 한 사건은 바로 이러한 맥락에서 케냐 정부가 마련한 「기초 교육법」에 따른 것이었다. 케냐 정부는 2000년대 초반 모든 국민에게 6년 기간의 초등 교육을 무상으로 제공한다고 발표했다. 이전과 비교하면 이는 상당히 파격적인 법안이었다. 실제 케냐에서의 초등학교 교육은 영국에서 독립하기 이전의 식민지 교육 잔재를 벗어나지 못하고 있었다. 학령기 아이들을 학교에 보내 교육받게 해야 한다는 생각은 식민 모국이었던 영국도, 독립 이후의 케냐 정부도 하지 못한 생각이었다. 식민 모국으로서 영국은 식민 정책 차원에서 선택한 것이라면, 독립 국가의 행정 부서로서 케냐 정부는 재원의 부족과 이를 지원할 시스템의 미비 때문이었다.

UN의 MDGs에 따라 초등학교 취학률을 제고하고, 국민에게 적절한 기초 교육의 기회를 제공해야 한다는 입장을 취한 것은 케냐 정부만이 아니었다. 초등 기초 교육에 큰돈을 지원하겠다는 소위 선진국들의 도움을 받고자 저개발 국가 및 개발도상 국가들은 교육 정책으로 초등학교 교육 기회 확대를 가장 큰 중점 과제로 내세웠다. 사하라 이남 아프리카 개발도상국들이 여기에 포함되었고, 동남아시아, 중남미 개발도상국들의 교육 개혁 의제가 이러한 국제 사회의 문제 제기와 해결 방안을 받아들였다. 실제 15년이 지난 2015년 발간된 UN 및 UNESCO의 연구 보고서들을 살펴보면, 케냐를 비롯한 전 세계 개발도상국의 초등학교 취학률이 상당히 높아졌다. 2000년에 내세운 목표가 취학 연령대 아동의 완전 취학이었던 것을 생각한다면, 아직은 목표점에 이르렀다 보기는 어렵다. 그럼에도 불구하고 대부분의 개발도상국에서 초등학교 취학률이 90퍼센트 이상에 도달했다는 점에서 각 국가의 교육 정책은 나름 성공적이라는 평가를 받을 수 있다.

그러나 당장 학교 입학의 기회를 넓히고, 학생들을 학교에 등교하도록 하는 제도를 만들었다고 해서 교육이라는 이름으로 배움이 생겼다고 판단할 수는 없다. 2000년부터 지난 15년 동안 케냐를 비롯해 개발도상국에서 있었던 교육 기회의 확대는 말 그대로 학교 등록 학생 수의 무지막지한 증가를 가져왔다. 그 결과는 우간다, 케냐, 탄자니아, 나이지리아 등 1년 내내 더운 국가에서 한 교실에 100명에서 많게는 150여 명에 이르는 학생들이 모여 공부하는 환경으로 이어졌다. 또한 학생들이 학교에 출석은 하는지, 학생들이 무엇을 배우는지, 학생들에게 적절한 교수 학습 자료들은 배분되는지 등에 대해서는 속시원한 답을 얻기 어려웠다. 무엇보다도 학생들에게 즐거운 학습 경험을 제공할 교사의 부족이 가장 큰 문제로 대두되었다. 그렇지 않아도 식민 경험을 가진 국가들의 경우 교사에 대한 사회·경제적 지위가 낮았고, 좋은 직업으로 인식되지 않아 교사들의 능력에 이런저런 문제가 제기되고 있었다. 여기에 더하여 갑작스레 늘어난 학생들을 받기 위해 2부제, 3부제 수업이 생겨나고, 여기에 배치할 교사들이 필요해지자 교사 교육을 제대로 받지 않은 무자격 교사들이 늘어났다. 이로써 이들이 실제 아이들에게 어떤 교육적 경험, 배움을 불러오는지 파악하기 어려워졌다. 정부 재원의 부족으로 학생 수에 맞는 학교를 새롭게 짓는 데 한계가 있었고, 학생들에게 제공할 교육 기자재를 충분히 마련하기 불가능했던 것은 교육 환경의 또 다른 문제였다.

영화가 시작되고 등교하는 아이들을 묘사하며 건조한 평야를 뛰어가는 한 무리의 학생들은 적어도 2000년대 초 케냐가 맞게 된 새로운 교육의 기회를 잘 표현하고 있다. 그러나 마루게가 맞닥뜨리게 된 케냐 시골의 한 초등학교와 1학년 교실의 수업 장면은 주어진 기회만큼이나 좋은 교육을 위해 넘어야 할 과제가 많음을 보여 준다.

제인, 아프리카 시골 학교 교장 선생님

제인은 아직 젊지만 다른 교사들에 비해 잘 가르치고, 리더십이 있다. 학교를 구성하는 다른 선생님들을 이끄는 교장 선생님, 그가 이 학교에서 갖고 있는 직책이다. 우리나라도 교직 경력이 길지 않더라도 교장 공모제를 통해 교장이 되는 길이 열리기는 했다. 그러나 특별한 경우가 아니라면 우리나라에서 교장이 되기 위해서는 20여 년이 넘는 교사 경력과 교육 행정 경력을 쌓아야 한다. 그러나 케냐의 경우 교장이 되는 것이 이처럼 까다롭지 않다. 초등학교 교사는 대체로 중등학교를 마치고 1~2년의 교사 훈련을 거쳐서 교사가 된다. 중등학교의 경우에는 3년, 혹은 4년의 사범대학 교육 과정을 마치면 교사가 된다. 더욱이 2000년대 초반 학생 수가 폭발적으로 증가하는 상황에서 부족한 교실 못지않게 교사가 필요해졌고, 부족한 교사들을 위한 임시 교원 양성소가 대거 설립되었다. 물론 무엇을 어떻게 잘 가르쳐서 이들을 질 높은 교사가 되도록 할 것인가에 대한 계획은 구체적으로 제시되지 않았다. 그렇게 양성된 교사들이 주로 시골 학교에 배치되고, 이들보

다 먼저 학교 교사직을 시작한 교사들은 교장으로 배치되었다. 제인은 그러한 사람 중 하나였다.

그런데 실화를 바탕으로 했기 때문에 더욱 사실적으로 다가올 수밖에 없는 문제가 있다. 누구도 시골 학교에는 오고 싶어 하지 않는다는 것이다. 제인의 남편은 케냐의 수도 나이로비에서 능력 있는 사업가다. 둘은 떨어져 살고 있지만 남편의 이해로 제인은 시골 학교에서 자신의 역할에 충실할 수 있었다. 그러나 제인처럼 도시에서 대학 교육을 받고 교사로 임용된 이들이 시골 학교를 찾는 경우는 드물다. 이는 교사를 순환 근무하도록 하는 시스템이 자리 잡혀 있지 않고, 전 교직 경력 기간 동안 승진하는 체계가 잘 마련되어 있지 않기 때문이다.

시골 학교에 배치받아 그곳에만 머물게 된다면 교사 또한 학교에 별로 신경을 쓰지 않게 된다. 학교는 그저 자신의 공적 지위를 둔 '자리'에 불과하다. 그래서인지 시골 학교에 배치되더라도 교사들은 거주지를 가족들과 가까운 도시, 혹은 읍내에 자리 잡는다. 그러다가 학교 출근이 어려운 명분이 생기면 학교에 가지 않는다. '아파서 병원 가느라 못 간다', '비가 너무 많이 와서 갈 수 없다', '버스가 오늘 너무 늦어 타고 갈 수 없었다' 등. 이런 이유로 많은 개발도상국 시골 학교의 교사들이 자주 결석을 한다. 심지어 교장도 학교에 잘 나타나지 않는다. 그렇다면 아이들은 자연스레 학교에 늘 나와야 할 명분도, 공부를 열심히 할 동기도 갖기 어렵다. 결국 학교까지 학생들을 불러모으긴 했지만 학교에서 학생들에게 뭔가를 가르치고 이들의 삶에 변화를 위한 큰 계기가 만들어지기 어려운 구조가 재생산된다.

제인은 성실하고 학생들에게 헌신적인 교사다. 학생들을 잘 이해하고, 각자의 수준에 맞는 교수 방법을 적절하게 활용할 줄 아는 교사다.

그런 그녀 앞에 마루게가 나타났다. 한 인간으로서 마루게에게 연민을 보낼 수는 있지만 학교를 운영해야 하는 교장의 입장에서 마루게를 받아들이는 것이 얼마나 어려운 일인지 알고 있다. 제인이 근무하는 학교와 유사한 많은 학교에서 등록 학생 수가 증가하고 있다고 보고된다. 실제 학교에 출석하는 학생 수는 많지 않음에도 불구하고 학생 등록률이 점차 증가한다고 보고되는 이유는 간단하다. 학생 수에 비례해 정부로부터 학교 운영비를 배분받기 때문이다. 따라서 등록 자체를 거부할 아무런 이유가 없으나 마루게는 이를 거부당했다.

그러나 정부에서 발표한 내용이 '모든 국민'을 포함하고 있어 제인과 교사들은 등록을 거부할 명분을 만들기 위해 다양한 이유를 들이댄다. '등록하려는 학생들이 너무 많아 학급에 수용할 수 없다', '유니폼을 입고 와야 한다.' 결국 유니폼을 차려입고 나타난 할아버지 마루게를 제인은 받아들일 수밖에 없었다. "난 글자를 배워야만 해"라는 말이 그녀의 마음을 움직였기 때문이다. 그렇게 할아버지는 정식 초등학교 1학년 학생이 되었다. 영화의 내용을 볼 때 오로지 제인 교장의 전적인 이해가 있었기에 가능한 일이었다. 적어도 제인은 학교 운영비 때문에 마루게를 받아들인 인물로 비추어지지는 않는다. 그러나 제인의 마음에 여전히 의문점이 남아 있었을 것이다. "도대체 저 할아버지는 왜 초등학교에 입학하려 하는 걸까?"

1학년 교실의 할아버지 마루게

제인이 담임하고 있는 초등학교 교실은 학생들로 꽉 들어차 있다. 케냐 등의 사하라 이남 개발도상국의 경우에도 요즘 새로 들어서는 학교 건물들은 시멘트 벽돌로 사방이 튼튼하게 지어진다. 교육부에서 정한 학교 건물에 대한 표준안이 있어 누가 짓건 학교의 모습이 크게 다르지 않다는 점을 발견하게 된다. 그러나 많은 국가의 시골 학교들은 여전히 교실다운 모습을 갖추지 못한 경우가 허다하다. 마루게가 공부하는 1학년 교실 또한 비슷하다. 햇빛이 고스란히 들어오는 벽면으로 둘러싸인 교실은 길쭉한 책상과 함께 여러 명이 한꺼번에 앉을 수 있는 걸상이 빼곡히 들어차 있다. 그러나 모든 학생들이 다 앉기에는 모자라 학생들은 책걸상의 주변 바닥에 앉아 있다. 그래도 교실 안에 있다는 것만으로도 행복하다는 표정이다. 그중 제일 기쁜 학생은 아마도 마루게였을 것이다.

제인은 워낙 큰 키의 마루게를 맨 뒷자리에 앉도록 안내하였다. 그러나 마루게는 뒷자리에서 앞 칠판의 글씨를 볼 수 없어 결국 앞자리로 자리를 조정하였다. 이제 난생처음 코흘리개 1학년들과 막 수업을 시작한 마루게는 연필을 쥐는 방법조차 모른다. 눈에 보이는 뭔가를 따라 해 보려고 하지만 잘될 리 만무하다. 손자뻘밖에 안 되는 꼬마 아이들과 처음으로 글을 써 보려고 안간힘을 써 보지만 종이가 찢겨 나

가고 연필심이 부러져 버린다. 그래도 마루게는 이 상황이 너무 행복하다. 그 큰 키의 할아버지가 앞자리에서 머리를 연신 들었다 숙였다 하며 글씨를 쓰는 모습은 누가 봐도 흥미로웠다.

그러나 정작 담임 교사인 제인은 마루게의 일거수일투족이 조심스럽고 신경 쓰일 수밖에 없다. 어느 교실이건 교사가 지시하는 일을 잘하는 학생들이 있고, 그냥 따라 하는 학생들, 어쩌면 그렇게 못할까 싶을 만큼 뒤처지는 학생들이 있다. 물론 교사의 지시에 아랑곳 않고 자기 즐거움에 빠져 딴짓하는 아이들도 있기 마련이다. 그런데 마루게가 있는 교실을 떠올려 보라. 학교라고는 처음 경험한 아이들이 글자라는 것을 배운다. 물론 제 나이에 맞게 들어온 아이들보다는 한두 살, 많게는 서너 살 많은 아이들도 있다. 그러나 뒷자리도 아닌 앞자리에 자기보다도 더 큰 어르신이 교실에서 정식 학생으로 앉아 있는 상황을 상상해 보라. 그가 학교 생활에 잘 적응한다면야 좀 덜하겠지만 상황은 그렇지 않다. 연필 하나 준비하지 못하는 가난한 할아버지이고, 글이라고는 한 번도 배워 본 적이 없는 말 그대로 '무식한 할아버지'다. 제인은 모든 순간 마루게의 행동과 활동을 눈여겨보아야 했고, 이러한 관심은 평소 아이들을 가르치는 것의 몇 배나 힘이 드는 일이었다. 그러한 동안 제인은 마루게가 '왜 배우려고 하는지' 그 이유를 듣게 되기를 고대하고 있었다.

마루게를 바라보는 사회적 시선

"케냐에서 84세의 할아버지가 시골 초등학교에 입학하다." 이 한 줄의 문장으로도 이 사건은 이미 전 세계 언론의 주목을 받을 만하다. 그렇게 우여곡절 끝에 초등학교 1학년이 된 마루게는 국내 언론과 세계 언론의 관심 대상이 되었다. '어떤 이력을 가진 사람이냐?', '왜 초등학교에 입학하게 되었느냐?', '학교에서는 무엇을 배우느냐?', '늙어서 배운다는 것은 어떤 것이냐?' 질문 하나하나는 의미심장하지만 마루게의 초등학교 등록을 소개하는 언론들은 마루게를 신기한 이야깃거리의 소재 정도로 다루었다. 그러나 확실하게 마루게는 케냐 교육 정책의 상징처럼 여겨졌다. 앞서 소개한 개발도상국의 '모든 이를 위한

교육' 정책의 일환으로 기초 교육을 확대하려는 케냐의 노력이 성공했다는 홍보와 함께 말이다. 심지어 마루게의 사진이 담긴 홍보 문구와 책자 그리고 홍보물이 나라 곳곳에 뿌려지고 내걸렸다. 마루게는 케냐 교육 정책의 훌륭한 홍보 수단이 된 것이다. 그렇게 먼 시골 마을까지 마루게를 찾는 언론 기자들이 많았고, 이들은 학교를 찾으며 의례적으로 사탕 같은 간단한 선물을 들고 왔다.

그러나 정작 마루게가 다니는 학교의 학부모들은 마루게에게 적대적인 태도를 보인다. 전 세계적으로 유명한 사람이 옆에 있으면 존경하고 귀하게 여기는 것이 상식적인 상황 아닌가? 마루게처럼 연로한 동네 노인들은 마루게가 학교를 다니는 모습을 보고 비아냥댄다. "그 나이에 배워 뭐해? 여기 와서 술이나 한잔 하고 가지 그래?" 마루게는 이러한 동네 친구들에게 "난 학교 가네"라고 짧게, 그러나 단호하게 대응할 뿐이었다. 여기에 더해, 영화 속 마루게는 그와 한 반에 속한 아이의 아버지로부터 끊임없이 괴롭힘을 당한다. 그 이유는 대략 이렇다.

그렇지 않아도 아이들이 많은데, 거기에 노인네가 끼어들어 아이들이 제대로 배울 수 없도록 한다.

키가 큰 노인네가 앞자리에 앉아 뒷자리 키 작은 아이들이 칠판을 제대로 볼 수 없도록 한다.

이런저런 방송·언론 인터뷰를 하면서 돈을 제법 벌었을 텐데, 우리에게 나눠 달라.

학급 담임인 제인과 그렇고 그런 사이 아닌가?

마루게 입장에서는 말도 안 되는 험담이었고, 대응할 가치조차 없는 이야기들이었다. 그러나 이러한 해코지를 하는 사람들 때문에 수업이 방해받고, 특히나 자신을 감싸는 제인이 곤혹을 치르고 있었다. 제인은 사람들이 마루게를 괴롭히는 상황이 도무지 이해가 되지 않음에도 불구하고 이를 선전하듯 하여 자신과 학교에 해를 가하는 모습을 참아 내기 어려웠다. 거기에 제인의 남편에게 제인의 사생활을 험담하는 이야기까지 전해지는 통에 제인은 더 이상 시골 학교의 교장직을 유지할 수 없었다. 마루게를 포함한 학교의 모든 사람들이 만류했지만 제인을 둘러싼 상황은 어쩔 수 없이 그를 떠나보내도록 했다.

도대체 마루게 할아버지의 주변 사람들은 왜 그토록 마루게의 수업을 방해하는 것일까?

끝나지 않은 마루게의 즐거운 배움

마루게는 늦깎이로 시작한 글자 공부가 무척 즐거웠다. 알파벳을 한 글자 한 글자 익혀 나가고, 자음과 모음 소리들을 모아 단어를 발음하는 것, 그리고 비슷한 소리가 나는 단어들을 묶어 연달아 발음해 보고, 반복하기를 거듭하면서도 그는 결코 지치지 않았다. 더욱이 마루게는 훌륭한 교사이기도 했다. 똑똑한 동급생들이 있기도 했지만 아무리 배워도 자신이 배우는 것을 익히지 못하는 아이들도 있었다. 마루게는 이런 아이들에게 어떻게 글자를 익힐 수 있는지 자신의 경험을 바탕으로 안내자 역할을 했다. 스스로 교사라 칭할 수 없는 초등학교 1학년생이었지만 마루게는 이제 학급에서 학생들의 배움을 촉진시키는 훌륭한 매개자가 될 수 있었다. 함께 배우는 것이 이렇게 재미있다니, 마루게는 뭔가 새로운 것을 알아 가면서 마치 평소의 자신과는 아주 다른 낯선 누군가가 된 듯했다. 마루게는 그야말로 배움의 즐거움에 푹 빠져 있었다. 이렇게 배우다 보면 '어느 순간 내가 읽고 싶은 것을 읽을 수 있겠지?' 하는 것이 마루게의 꿈이었다.

그런데 마루게는 자신을 향한 괴롭힘과 비방 때문에 결국 더 이상 학교에 다닐 수 없게 되었다. 그에게 던지는 뭇 사람들의 이야기는 한결같았다. "그렇게 글자를 배우고 싶다면 성인 문해 교실을 가면 되지, 왜 초등학교를 들어가는데?"

학교에서 쫓겨나다시피 나온 마루게는 가까운 읍내의 성인 직업 학

교를 찾아갔다. 이곳은 직업 기술 훈련을 가르치는 곳으로, 글자도 배울 수 있는 곳이다. 그러나 마루게는 그곳에서 수업에 집중할 수 없었다. 글자를 배우는 수업에 참여하는 학생들은 자기처럼 나이 든 성인들이라기보다는 학교를 중도 탈락한 청소년들이었다. 이들은 공부할 동기를 찾지 못하고 그냥 몰려다니는 한량이었다. 시끄럽고 산만한 아이들 옆에서 마루게는 도저히 글을 배울 자신이 없었다. 더욱이 그는 자신을 향한 아이들의 빈정거림과 소란스러움을 참아내기 어려웠다. 결국 그는 그곳에서의 글자 배우기를 포기하게 된다.

그런 마루게를 제인이 다시 찾았다. 여건상 마루게를 학생으로 받을 수는 없었다. 제인은 마루게가 자기 학급의 보조 교사로 있도록 초청하고자 했다. 논란을 피하여 그가 다시 학교에 나올 수 있도록 한 것이다. 마루게는 이 초대를 즐거운 마음으로 받아들였다. 그런데 제인 교장이 다른 학교로 발령을 받아 자리를 비우게 되는 일이 발생한다. 이때부터 제인을 돌아오게 하려는 마루게의 먼 여정이 시작되었고, 제인은 모두의 희망처럼 다시 마루게가 있는 학교로 돌아오게 되었다. 제인이 돌아온 날, 마루게는 평소처럼 업무에 바쁜 제인을 찾아가 한 손에 든 편지 봉투를 내밀었다. 그리고 자신을 위해 읽어 달라고 했다. 받아 든 편지를 한숨에 읽은 제인은 바로 옆에 있던 동료 교사 찰스에게 편지를 소리 내어 읽으라고 건넨다.

친애하는 4339번 수감자에게
케냐 공화국을 대표하여
귀하께서 영국 식민지 시절에 수용소에 갇혀 겪으셨던
모진 고문과 폭행에 대해
위로금을 받을 자격이 있음을 알려 드립니다.

귀하는 4339번 수감자로,

1951년부터 1953년 홀라 수용소,

1953년부터 1955년 랑가타 수용소,

1955년부터 1957년 만야니 수용소,

1957년부터 1959년 엠박키 수용소에서의 수감 기간 동안

독립 맹세를 저버리지 않았다는 이유로

수용소에 갇혀 잔인하고도 비인간적인 고문을 받았다는 것이

명백히 기록되어 있습니다.

조국의 독립을 위한 귀하의 영웅적 희생에 감사드립니다.

케냐 공화국 대통령 올림

가슴 아픈 역사 속 인물인 마루게는 이 편지 하나 제대로 읽자고 이 초등학교에서 모험적인 여정을 시작한 것이다. 그는 아직 글을 익숙하게 읽을 수는 없었지만 이제 자신의 이야기를 알릴 수 있을 만큼 편지의 내용을 담담하게 들을 수 있게 되었다. 적어도 제인과 동료 교사 찰스에게 건넨 편지는 마루게 개인의 역사가 비로소 케냐 국민의 역사로

인식될 수 있는 계기가 됨을 상징하고 있다.

그런데 흥미롭게도, 마루게는 이제 이 편지 하나 읽는 것으로 자신의 여정을 끝맺고 싶지 않았다. 자신이 글자를 배우려고 했던 목표를 완벽하게 달성했다고 볼 수는 없지만 그는 제인을 통해서 이 목표가 더 이상 자신의 목표가 아님을 알게 되었다. "글자를 배워 편지를 읽어야 해"라는 자신의 유일하고 단기적인 목표는 마루게에게서 새로운 배움으로 진화했다. 마루게는 자신에게 편지를 읽어 준 제인과 찰스에게 이렇게 말한다. "난 계속 배울 거야."

84세에 배움의 기쁨을 알아 나가다

마루게가 글을 읽어야 할 이유: 뼈아픈 케냐의 역사

이 영화의 줄거리를 이해하기 위해서는 영국의 케냐 식민 통치 그리고 기쿠유(Gĩkũyũ)족을 중심으로 한 마우마우 사태(Mau Mau Uprising, 반백인 비밀결사 조직), 독립 이후 이 사건을 둘러싼 케냐의 복잡한 정치적 혼란을 약간이라도 이해할 수 있어야 한다. 그래야 마루게가 왜 그토록 글을 배워야 한다고 했는지, 그리고 글을 읽기 위해 다른 곳이 아닌 초등학교 교실을 찾아가 학생으로 등록하려 했는지 이해할 수 있기 때문이다.

케냐는 오래도록 이슬람 문화권 왕국들이 이어져 온 지역이었다. 인도양에 접해 있으면서 집단 농장과 무역이 일찍부터 발달한 곳이었다. 따라서 애초 스와힐리어를 모국어로 사용하는 전통적인 유목 문화를 바탕으로 한 이 지역은 이슬람 문화권 아래 아라비아어, 페르시아어, 인도와의 계절풍 무역에 따른 힌두어, 근대의 영어와 프랑스어까지 유입되어 활용되는 복잡한 문화 충돌지대로 변화해 왔다. 영국은 이런 케냐를 1888년 식민지로 복속시킨다. 영국 식민청은 집단 농장을 발달시키고, 아프리카 대륙 안쪽의 보다 비옥한 자원을 바닷가까지 끌어오기 위한 철도 확장 사업을 추진했다. 1963년 케냐가 독립하기까지 영국은 케냐의 소수민족들 간 갈등을 부추겨 분열시키고, 자원을 약탈하는 데 주력했다.

1952년부터 1960년까지 발생한 마우마우 사태는 이러한 영국과 이에 봉사하는 케냐 지식인들을 상대로 촉발된 무력 투쟁이었다. 마우마우 사태는 영국이 기쿠유 족의 분열과 경제 침탈을 가속화하는 데 저항하여 식민지 이전의 기쿠유 문화와 전통을 회복하자는 민족 독립 운동의 일환이었다. 비록 이것을 계기로 영국이 식민지로서 케냐를 통치하는 방식이 조금 유연해졌다고는 하지만 이 사건에 연루된 마우마우 소속 단원들은 체포와 함께 무차별 폭행, 고문을 당하며 투옥되었고,

사태에 대응하는 영국군은 급기야 대규모 학살을 저질렀다.

이 사건으로 가장 큰 피해를 입은 기쿠유족은 비공식적으로 2만 명 이상(공식적으로 1만 2,000명) 살해당한 것으로 알려져 있다. 영국을 비롯한 유럽인들의 인명 피해가 32명이었던 것에 비하면 엄청난 피해가 아닐 수 없다. 물론 피해 규모가 정확하게 집계되지는 않았다. 이 사건을 파헤친 몇몇 학자들에 따르면 사망자는 13~30만에 이르며 이 중 10세 미만의 아이들만 5만 명이라고 보고하고 있다. 마우마우 사태는 영국이 저지른 전쟁 범죄로 기록되어 있으며, 여전히 밝혀지지 않은 반인권적 제노사이드로 연구되고 있다.

이러한 마우마우 사태는 독립 이후에 반식민지 운동으로 관심을 받지 못하고 잊힌 상태였다. 이로 인해 고통받은 유가족이나 투옥, 고문, 폭력의 피해자들은 영국 정부에 피해를 배상하라고 줄기차게 요구하였지만 케냐 정부는 이에 대해 공식적으로 지원하지 않았다. 심지어 이를 요구하는 시민 사회의 요구(Mau Mau Movement)는 정부로부터 활동을 금지당해 왔다. 마치 마우마우가 무차별적인 폭력 조직으로 반인권적인 테러 활동을 한 것인 양 반대 여론을 내세우기도 했다. 적어도 2003년까지는 이런 분위기가 대세였다.

그런데 소극적인 케냐 정부와 달리 영국 정부가 먼저 화해의 제스처를 보내 왔다. 마우마우 사태에 침묵으로 일관하는 영국 정부를 향하여 전 세계적인 인권 단체들의 비난이 쇄도하고, 반인권적인 역사적 사건에 대한 일련의 보고서들이 발간된 것이었다. 결국 영국 정부는 2005년 케냐 정부에 공식적으로 사과를 하게 된다. 그리고 2011년 영국 법원은 이 사건으로 피해를 입은 사람들에게 배상하기 위하여 법적 절차를 밟을 수 있는 길을 제시하였다. 그러나 배상을 피하고자 하는 영국 정부는 헤이그의 국제사법재판소에 이 사건을 가져갔고, 수많은 피해자들(거의 3만 명에 이르는)과 영국 정부 그리고 케냐 정부 사이에 아직까지 결말 없는 싸움이 진행되고 있다.

마루게는 마우마우 단원으로 무기 탈취 및 무장 투쟁 활동에 참가하였다. 그리고 체포되어 다른 단원들과 함께 독립할 때까지 감옥에서 보냈다. 마우마우에 관한 정보를 캐내고 동료 단원들을 색출하려는 영국군들은 무자비하게 마루게를 몰아세웠다. 도무지 입을 열지 않는 마루게를 협박하던 영국군은 마루게의 눈앞에서 그의 사랑스런 아내와 갓난 아들을 총살하기까지 하였다. 그렇게 마루게는 평생 지울 수 없는 가슴의 상처를 안게 되었다. 어두운 밤, 고요한 밤에 그는 처연하게 쓰러진 사랑스러운 아내와 채 정을 나누지 못한 자신의 아들을 불러내

보곤 한다. 그러나 그가 지닌 트라우마는 그것 이외에도 일상생활의 순간순간에서 나타났다 사라지길 반복한다. 자신의 고막을 찢은 뾰족한 연필은 고통 그 자체로 기억되고, 옷으로 덮여 보이지 않는 살갗은 어느 한 군데 성한 곳이 없다. 채찍으로 얻게 된 상처가 온몸을 두르고 있었기 때문이다. 죽지 않고 살아난 것은 어쩌면 행운이었다고 해야 할까?

마루게는 독립 이후 살아남기 위해 일을 해야 했고, 80이 넘는 나이에 겨우 작은 오두막에서 하루하루를 살아가고 있었다. 그런데 어느 날 멋진 봉투에 화려한 글씨로 가득한 편지 한 통이 배달되었다. 어렴풋이 그 편지는 자신이 젊어 활동했던 마우마우 사태와 관련이 있다는 정도만 알 수 있었다. 그러나 도대체 그 내용이 무엇이고, 누가 이것을 보낸 것인지, 그래서 자신의 삶이 어떻게 보상받을 수 있는지에 대해서는 알 수 없었다. 자신의 고통스러운 인생이 담긴 한 통의 편지 앞에, 마루게는 오로지 한 가지밖에 생각나지 않았다. "어떻게 하면 이 글을 읽을 수 있을까?" 이것이 마루게가 글을 배워야만 하는 이유였다.

84세, 배우기에 늦지 않은 나이

2004년 1월 케냐의 한 시골 초등학교에 마루게가 입학하였다. 그의 나이 84세였다. 영화 속 가상 인물의 이야기인 것 같지만 그는 실존 인물이다. 그는 기네스북에 여전히 가장 많은 나이에 초등학교에 입학한 사람으로 기록되어 있다. 마루게는 초등학교에 입학한 이후 다음 해 학생 회장으로 뽑혔고, 2005년에는 뉴욕에 위치한 UN에서 새천년 개발 목표를 논의하는 개발 정상 회의에서 연설도 했다. 그의 인생에서 최초로 경험한 비행기 여행이었다. 어쩌면 그의 인생에서 가장 화려하

게 자신의 삶이 조명받던 시기가 아니었을까 싶다. 그러나 초등학교를 졸업하기 전인 2009년, 마루게는 89세의 나이로 위암 투병 중 세상을 떠난다.

영화에서 등장한 마루게는 시골 마을에서 소박하지만 안정되게 생활하는 노인이다. 그러나 현실 세계에서 살았던 마루게는 하루하루가 버거운 삶을 살고 있었다. 케냐의 정치적인 불안정 때문이라고 해야할까? 2007년 있었던 대통령 선거 이후 정파 싸움이 내전 양상으로 치달았다. 그 와중에 그가 살던 집의 세간살이들은 도둑을 맞았다. 주변 사람들은 초등학교 입학 이후 전국적으로 그리고 전 세계적으로 유명한 사람이 된 듯 보인 마루게에게 뭔가 숨겨 놓은 돈이라도 있을 것 같다고 생각했나 보다.

마루게는 집을 떠나 피난민 수용소에 머물러야 했다. 그곳에서 자신이 통학하는 학교까지는 4킬로미터. 마루게는 자신의 거주지와 학교 사이 먼 길을 매일 빠지지 않고 걸어다녔다. 그리고 2008년 그는 자신이 머물던 피난민 수용소를 떠나 수도인 나이로비 근처의 다른 수용소로 옮겨졌다. 그를 바라보는 사람들은 '이제 그만하면 되었으니, 학교를 그만두고 노인요양원으로 옮겨 가는 것이 어떠냐'고 말했다. 거주지가 바뀌면서 자신이 다니던 학교를 떠날 수밖에 없던 마루게가 새 거주지 근처의 초등학교에 다니겠다는 생각을 굽히지 않았기 때문이었다. 89세의 나이로 죽음을 앞둔 상황에서도 마루게는 휠체어에 의지해 초등학교를 다녔다.

배움에 적절한 시기라는 것이 있을까? 평생 교육이라는 말이 너무도 일상적인 말이 되어 버린 시대에서 배움에 적절한 나이를 따지는 것 자체가 불경해 보인다. 앞으로 100세 시대를 살아갈 것이라며, 배움은 학교 교육이 아닌 학교 밖 교육, 직장에서의 직무 관련 교육 그리고 퇴직 이후의 새로운 삶을 위한 탐색적 교육으로 확장되고 있다. 따라서 마루게가 보여 준 84세의 초등학교 입학 도전기는 놀라운 일임에 분명하지만 새삼스러울 것 없는 이야기로 여겨질 수 있다.

그러나 마루게가 살았던 사회, 국가로서의 케냐를 떠올려 보면 꼭 그렇지도 않다. 초등학교 취학률은 거의 100퍼센트에 이른다고 보고되지만 정작 학교에서 배워야 할 시기에 적절하게 수업에 참여하고 있는 학생의 비중은 반이 채 되지 않는다. 배움이 점차 더 어려워지는 사회를 살고 있다. 배움의 한계와 요구도 점점 더 높아지는 상황이다. 글자를 배우는 것만으로 충분히 배움을 성취했다고 받아들여지던 시기가 있었다. 그러나 2015년 지속 가능 발전을 위한 목표 속에 등장한 의제들을 보면, 국가는 모든 사람들에게 고등 교육의 필요를 충족시켜 주어야 한다고 명시하고 있다. 배움에 접근하는 사람들은 배움 이후에 얻을 것 때문에 배움을 시작해야 한다고 믿는다. 배움이 일자리를, 배움이 정치적 권리를, 배움이 사회적 인정을 가져다줄 것이라는 말을 들으면서 말이다.

그러나 84세에 글 읽기를 위해 학교에 입학했던 마루게에게 배움의 목적은 배움을 통해서 무언가 새로운 권리를 획득하거나 경제적 이득을 얻기 위한 것이 아니었다. 자신이 살아온 삶의 의미를 정리하고 오로지 한 개인의 경험 속에 머물러 있는 역사 속의 자신을 해방시키는 것이 목적이었다. 대통령의 친서를 받아 들고 그의 머릿속에는 여러 장면이 스쳐 지나갔을 것이다. 그토록 역사 속의 자신들을 인정하지 않던 국가의 수장인 대통령이 직접 서명한 편지를 받게 되다니. 이 문제에 있어 케냐는 자신들이 저항했던 영국보다 더 소극적이었지 않았던가. 더욱이 자신들을 일개 감당하기 어려운 폐쇄적 민족성을 지닌 폭력적 테러집단으로 평가절하하지 않았던가. 비록 먹고사느라고 이 문제에 적극적으로 임하지는 못했지만 자신의 온몸이 증언하고 있듯이 역사 속 자신의 활동과 체포 후 겪었던 고난에 대해 독립국 케냐 정부는 제대로 된 평가를 해야 했다. 마루게의 배움은 이를 위한 긴 여정의 시작이었다. 이렇게 시작한 마루게의 배움은 멈추는 지점 없이 이어졌다. 배움의 본질이 그렇다. 시작은 있지만 끝이 없다. 마루게처럼 비록 그 시작이 정말 늦더라도 배움이 주는 삶의 진화는 끝나지 않는다.

글자를 통한 세계 읽기

마루게는 학교 교실에 적응하는 데 적잖은 시간을 보내야 했다. 콩나물 시루처럼 빡빡하게 들어앉은 아이들 틈에 있는 것도 어려웠고, 잘 보이지 않고, 들리지 않는 것도 신경 쓰였다. 어느 순간 교육이라는 이름으로 자신에게 고문을 가했던 식민 지배자들의 폭력적 장면들이 떠오를 때면 마음을 진정시킬 수 없을 만큼 불안정했다. 비록 고령의

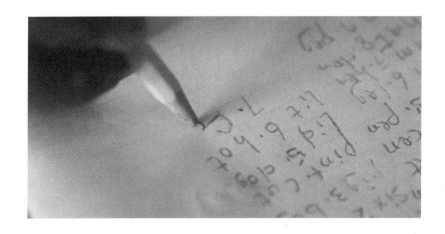

노인이었지만 초등학교 1학년 아이들보다 억센 몸짓과 평생 몸에 밴 훈육 스타일 때문에 몇 세대나 차이가 나는 어린아이들과 같은 공간을 공유하기가 힘들었다. 학교 밖 사람들이 뭐라 욕하건, 술주정뱅이 친구들이 비아냥대건 일단 교복을 차려 입고 학생이 되기로 결심한 마루게는 개의치 않았다. 그는 글자를 배우는 것이 즐겁기만 했다.

그러나 마루게는 지금까지 배우는 일이 이토록 즐거운 경험인지 몰랐다. 평생 글자를 보아 오기는 했지만 그 글자들은 자신과 상관없는 기호였을 뿐이다. 간혹 눈에 익은 글자가 보이더라도 굳이 알려 하기보다는 머릿속을 스치고 지나가는 뭔가를 지칭하는 표현이려니 하고 넘겼다. 알려고 해 봐야 머리 아픈 노릇이고, 지금 당장 먹고사는 삶에 그다지 써먹을 일이 없는 것들이라 생각했기 때문이다. 너무도 간절하게 무슨 뜻인지 궁금한 것들이 있기는 했지만 도무지 어떻게 그것을 알 수 있는지 그리고 배우는 데 시간이 얼마나 걸릴지도 모를 일이었다. 이 나이에 누군가에게 그것을 알려 달라고 하는 것도 우습고, 자기처럼 나이 든 사람들을 받아 줄 만한 장소를 찾을 수도 없었다.

그렇지 않아도 그는 죽기 전에 여전히 몸과 마음에 깊숙이 패여 있는 상처들이 치유될 수 있기를 갈망했다. 이런저런 이야기가 나오지만 영국의 식민 지배에서 독립한 지 50여 년의 세월이 흐른 지금, 그는 오히려 자신의 식민 저항 투쟁을 모욕하는 발언들을 간혹 듣는다. 도대체 케냐는 영국으로부터 독립한 것이 맞는가 싶을 만큼 영국의 눈치를 보는 정부가 원망스럽다. 정부의 어설픈 대응을 받아 적어 보도하는 신문과 방송, 이를 앵무새처럼 따라 읊어 대는 주변 사람들도 밉다. 그때 대통령이 자신들의 항영 투쟁을 인정하고 치하하는 친서를 보낸 것이다.

그런데 안타깝게도 읽을 수가 없다. 노안 때문이 아니라 글자를 읽을 줄 몰라서다. 편지를 받아 놓고 시간이 흐르기만을 기다려야 하나? 마루게는 고민하지 않을 수 없었다. 우연히 듣게 된 방송 소리에서 대통령이 등장해 '케냐 국민 모두에게 초등학교 입학 기회를 부여한다,

그것도 무상으로'라는 이야기를 듣게 되었다. 이후 마루게는 주변 사람에게 대통령의 연설을 담은 기사를 구해 달라고 했다. 그리고 학교가 문을 여는 날, 그는 등록을 위한 긴 줄에 합류하게 된 것이다.

마루게는 학교에서 글자를 배우는 것만이 자신이 할 일이라고 생각했다. 적어도 등록 이후 처음으로 등교한 날 연필을 잡는 법을 배우면서 그는 그런 생각에 사로잡혔을 것이다. 그러나 배움은 결코 글자와 글자로 이루어진 단어를 익히는 데만 한정되지 않았다. 단어를 표현하는 그림을 보면서 마루게는 비로소 자신의 삶에서 경험했던 실재와 글자를 연결해 볼 수 있었다. 수없이 자신에게 던져진 질문들을 공허하게 날려 보냈던 시간들을 아쉬워하며, 새롭게 익숙해지는 문자 세계를 현실 속 실재와 연결할 수 있었다.

브라질의 교육사상가 파울로 프레이리(Paulo Freire)는 이처럼 글자를 배우고 익히는 과정 자체를 학습자가 삶과 만나는, 삶을 둘러싼 다양한 맥락을 이해하는, 좀 더 나아가 삶 속에서 자신이 위치한 사회·문화·경제적 억압을 깨달아 알게 되는 과정이라고 보았다. 글을 배우는 것은 글을 구성하는 낱낱의 세분화된 지식을 머릿속에 구겨 넣는 일이 아니라 글이 표상하고 있는 세계와, 세계가 구성되어 움직이는 사회적·정치적·문화적·경제적 질서를 인식하는 과정이라고 간파했다. 그는 글과 글이 표상하는 세계가 결합될 때에만 학습자는 세계를 읽어 낼 수 있는 진정한 자기 자신, 즉 인간화의 과정에 들어선다고 보았다.

마루게는 비록 늦은 나이에 배움을 위한 첫발을 글자 공부로 시작했지만 글자가 표상하고 있는 현실 세계 속 실재들을 글과 연결하고 이를 통해 자기 삶이 거쳐 온 사회적이고 정치적이며 문화적인 세계를 읽어 낼 수 있게 되었다. 자기 몸의 상처를 교육부 고위 관료들 앞에서 드러내는 일로 마루게는 자신을 거부하는 세계와 직면했다. 그리고 자기만의 고통으로 남아 있는 마우마우단의 역사가 제인에게 공개되도록 허용하면서 마루게는 마음속 깊은 트라우마를 극복하려 했다. 그가 글을 배우겠다고 하지 않았다면, 수많은 도전에 직면하여 학교를 포기했었다면 결코 있을 수 없는 일이었다. 마루게의 배움은 그렇게 세상과 만나 새로운 배움으로 진화하게 된 것이다.

마루게는 실존 인물이었고, 「퍼스트 그레이더」라는 이 영화는 실존 인물과 그를 둘러싼 사건을 토대로 만든 실화다. 마루게는 케냐가 영국의 식민지로 1950년대 한창 독립 항쟁이 심할 무렵 스스로를 희생하며 국가의 독립을 위해 싸운 마우마우단의 투사였다. 아이러니하게도 케냐는 여전히 영국의 영향권 아래 있고, 당시 독립 운동을 했던 투사들은 이렇다 할 모습도 내보이지 못한 채 정책적 배려의 대상이 되지 못하고 있다. 지난 그의 삶은 주변 사람들에게 감추어져 왔고, 뼈아픈 일들은 오로지 어둠 속에서 원치 않는 방식으로 되새김질되었을 뿐이다. 그에게 믿을 수 있는 유일한 것이 있다면 오로지 과거에 대한 기억과 이를 되새김질하는 자신뿐이었다.

스스로 자랑스럽게 여기는 자기 민족과 국가를 위한 희생은 그 누구도 관심 가져주는 주제가 아니었다. 젊은 혈기로 '저항'하는 자신의 모습을 어떤 식으로 포장한다고 하더라도, 함께 투쟁하는 비밀 조직에 관해 발설할 수 없었던 자신 때문에 눈앞에서 총살당하는 가족들, 갓난아이와 아내의 모습을 떠올리는 일은 처참함 그 자체였다. 수년 동안 악독하기로 소문난 식민지 감옥을 전전하며 맞은 케냐의 독립을 통해 그가 얻을 수 있었던 것은 딱 하나, 감옥에서의 출소뿐이었다. 그리고 그의 삶의 유일한 목표는 살아남아야 한다는 것이었고, 그렇게 60여 년의 세월이 흘렀다.

한 인생에서 80이 넘은 바싹 마른 노인이 된 마루게에게 배움이란 무엇이었을까를 곰곰 생각하게 된다.

에필로그: 나에게 배움의 조건이란?

이 글을 읽은 여러분은 어떤 영화의 어떤 장면이 정말 교육적이라고 생각했을까? 어떤 교육을 발견했을까? 또 왜 그것을 교육적이라고 보았을까? 이 책에서 소개한 13개의 영화들은 내가 교육을 이야기하기에 적절하다고 선택한 것일 뿐, 여러분이 나와 똑같은 생각을 했으리라고 보지는 않는다. 그러나 적어도 교육이 무엇이라는 말을 쉽게 내뱉기에는 그것이 너무도 복잡하고, 오묘한 사회적 현상이라는 것 정도는 공유하지 않았을까 싶다.

'배움의 조건'이라는 좀 더 그럴듯한 표현의 제목이 등장하기 전까지, 나는 원래 이 책의 제목을 '교육의 이름으로: 희망과 절망의 교차점'으로 하려고 했었다. 교육의 긍정적 조건을 제시하거나 교육이 무엇인지를 개념적으로 정의하고 알려 주기보다는, 교육이라는 이름으로 등장하는 수많은 긴장과 갈등을 그려 보여 주고 싶었다. 그리고 그것이 어쩌면 교육의 진정한 모습이 아닐지에 대한 고민거리를 던져 주려고 했다. 교육이 희망이라는 뭇 사람들의 기대와는 달리, 교육이라는 이름으로 우리가 볼 수 있는 것은 이 세상의 험한 싸움과 폭력을 품고 있는 탄탄한 긴장의 모습을 하고 있다는 점을 보여 주고 싶었다.

「불을 찾아서」에서 등장한 8만 년 전의 원시부족민에게서 흥미로운 학습 양상을 보았는가? 나는 그들이 불을 찾아 떠나 결국 불 피우는 방법을 배우게 된 결과보다는, 원시부족민들이 이 과정을 얼마나 힘들게 배울 수밖에 없었는가를 보여 주고 싶었다. 「더 리더: 책 읽어 주는 남자」에서 문해의 세계를 알게 된 한나는 결국 글자를 둘러싼 세상을 버리는 결과로 이어졌다. 「쿵푸 팬더」에서는 누구도 자기 안의 가능성을 알지 못한다는 점에서 배움은 결국 자신의 몫임을 말하고 있다. 「퍼스트 그레이더」에서 84세 마루게의 배움은 수많은 사회적 편견과 질투를 이겨 내야만 얻을 수 있었다.

「죽은 시인의 사회」와 「패치 아담스」에서 보여 주는 암울한 학교의 배움 공식이라던가, 「쿵푸 팬더」, 「빌리 엘리어트」, 「천상의 소녀」에서처럼 특정한 사회문화적 배경에 처해 있다고 자기 삶의 경로를 강요받는 상황은 우리 주변에서 흔하게 볼 수 있는 교육의 덫임에 분명하다. 「솔저」에서 볼 수 있듯이 태어나면서부터 교육 혹은 배움이라는 이름으로 살인 기계로 길러지는 토드의 삶은 편견이 체화된 채 일그러진 것일 수밖에 없다. 가장 교육적이라고 할 수 있는 아름다운 관계로서 교육과 학교가 존재하리라 기대하는 우리의 이상과는 거리가 아주 먼 장면들이 아닐 수 없다. 「디 벨레」의 마지막 장면처럼, 우리는 교육이라는 이름으로 개개인을 죽음으로 몰아넣고 있는지도 모른다. 연극이 끝난 자리에 허무한 느낌만이 머무는 것처럼 말이다.

물론 몇몇 영화에서는 결국 배움의 끝에 희망하는 것들이 이루어지고, 궁극적으로 변화의 계기가 이어진다는 점을 보여 준다. 포는 전설로 이어져 내려온 용의 전사가 된다(「쿵푸 팬더」). 원시부족은 물속에 빠져버린 불을 다시 살려 낼 수 있는 기술을 얻게 된다(「불을 찾아서」). 마루게 할아버지는 결국 1학년 교실 한 켠을 차지하고 글자를 배우게 된다(「퍼스트 그레이더」). 채피는 로봇과 인간의 경계에서 영원히 살 수 있는 길을 찾는다(「채피」). 패치 아담스는 의대를 졸업해 의사가 되고(「패치 아담스」), 조 클라크 교장은 학교를 정상화하는 데 성공한다(「고독한 스승」). 빌리는 유명한 발레 무용수가 되고(「빌리 엘리어트」), 트레버는 자신의 세상을 변화시키는 공식을 온전히 실현하게 된다(「아름다운 세상을 위하여」). 아픈 만큼 성장한다고 해야 할까? 교육은 이렇게 긴장과 갈등 속에서 희망을 이야기해야만 하는 것일까? 트레버가 자신의 공식을 완성하고자 했던 행동이 결국 자신의 목숨을 앗아가도록 할 수밖에 없었던 것처럼, 교육이 희망이라는 말을 하려면 교육이 딛고 있는 절망적인 현실 속 긴장과 갈등을 부둥켜안아야만 하는 것일까?

나는 이 책이 오늘을 살아가는 사람들에게 '어떻게 사는 것이 좋다'는 한 편의 자기 계발서가 되지 않기를 바란다. 누군가의 삶을 제대로 이해하지 않는 상황에서 수많은 여건과 상황을 마치 자기의 경험 안에 구겨 넣어 일반화시켜 버리는 것은 폭력에 가까운 일이다. 누군가에게 '이렇게 사시오', '이것을 하시오', '그렇게 하면 안 되오'라는 말을 너무도 쉽게 내뱉는 현대 사회에서 교육은 대표적인 자기 계발의 주제로 자리매김해 있다. 따라서 이 책이 누군가에게 보다 교육다운 교육을 위한 정답을 제공하는 양 여겨지기는 것은 앞선 수많은 자기 계발서들의 전철과 다르지 않으리라.

다만, 이 책에 나오는 13개 영화 이야기는 웃고 울게 되는 사람 사는 이야기를 넘어서서, 적어도 교육이라는 이름으로 불리는 상황을 어떻게 해석하고 또 바라봐야 하는지에 관한 나의 관점을 보여 준 것이었으면 한다. 배움의 조건이 있다면, 적어도 나의 배움과 너의 배움이 결코 동일하지도, 동일해지려 해서도 안 된다는 것 정도는 공유할 수 있었으면 좋겠다. 그래서 배운다는 것은 어렵다. 배웠다고 이야기하는 것도 결코 쉬운 표현이 되어서는 안 된다. 그리고 나의 배움이 남의 배움을 일반화하고 동일시하기보다는 어떻게 다른지를 표현해 주는 주체적 배움으로 남겨지기를 기대한다. 쿵푸를 전수받는 5인방(타이그리스,

몽키, 맨티스, 바이퍼, 크레인)의 쿵푸 실력을 그대로 따라 하자고 했던 팬더 포는 결국 자신만의 쿵푸 스타일을 만들었고, 또 이를 실현하는 방법 또한 그들과 아주 달랐던 점을 보지 않았는가? 누군가에게 널리 일반화된 배움의 공식이 배움의 조건이 되기보다는, 자신만의 배움의 조건을 찾아 떠나는 것이 이 책에서 전하는 유일한 배움의 조건이다. 어찌 아는가? 살날을 얼마 남겨 두지 않은 마루게 할아버지처럼 배움의 끈을 놓지 않고 평생 배움의 즐거움을 누리며 살게 될지 말이다. 혹시 아는가? 인간이 아니면서 인간다움을 추구하는 채피의 삶을 살게 될지 말이다.